JN192208

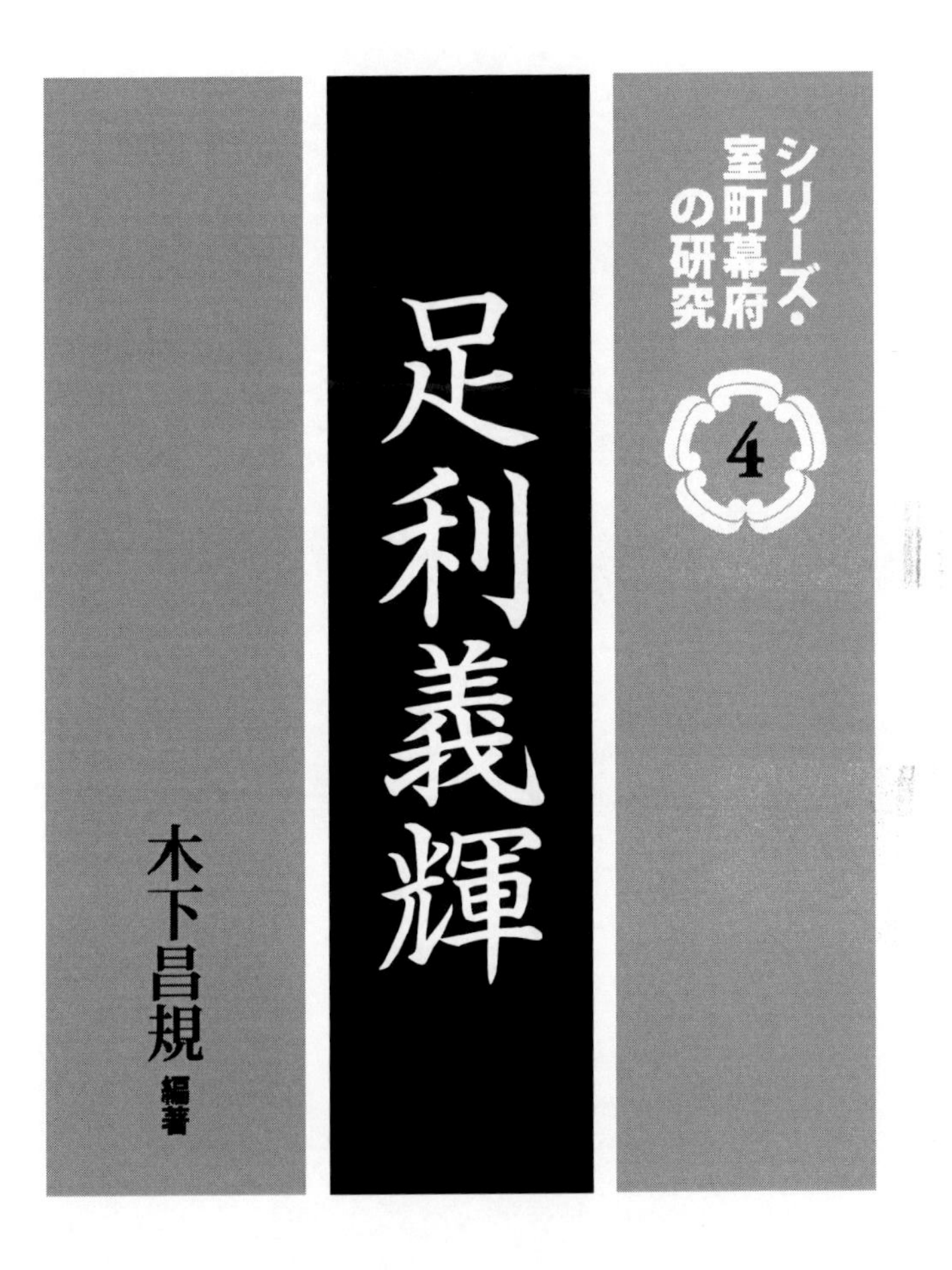

シリーズ・室町幕府の研究 4

足利義輝

木下昌規 編著

戎光祥出版

序にかえて

本書は、「シリーズ室町幕府の研究」の第四巻目の論文集となる。著者はこれに先立ち、同シリーズ第三巻『足利義晴』の編者を担当した。本書では、その義晴の後継者である第十三代将軍足利義輝（一五三六〜一五六五、在職：一五四六〜一五六五）に関する十二本の論考を収録した。前将軍義晴期との接続もあり、内容の一部は前シリーズと重複する点があるため、前巻『足利義晴』も合わせて参考にされたい。さらに、本書に続けてシリーズ第二巻の『足利義昭』も参考にされることで、義晴―義輝―義昭三代と、室町幕府末期の将軍権力像がより明確になると思われる。

足利義輝といえば、「剣豪将軍」とのイメージや、三好・松永氏に弑逆された最期など、戦国期の将軍のなかでも最後の将軍足利義昭と並んで比較的認知度が高い将軍といえる。しかし、義輝に対する専論はその認知度と比較すると多いとはいえない。実際に、義輝期そのものを総体的に扱った研究、あるいは本格的な評伝は現在ほとんどないといってよい。さらに、義輝が殺害された永禄の変は、その後の畿内の政治動向や、続く織田政権・豊臣政権成立に繋がっていくように、後世に他大な影響を与えることになる。その点、本書が刊行される意義があろう。

また、義輝期において特に重要な視点となるのは三好氏との関係であろう。義晴期の後半には、三好氏が主家細川京兆家との対立し、畿内の権力として台頭してきた。義輝が将軍に就任した時代は、まさに三好氏勃興の時代にあたる。義輝期の多くはこの三好氏との対立に費やされており、義輝や義輝期の幕府を評価するためには、三好氏との関係は決して看過できる問題ではない。三好氏と義輝は協調関係にあったのか対立関係であったのか、三好氏の幕府内での位置づけやその評価は、戦国期室町幕府にとって重要な問題をはらんでいる。

義輝期は義晴期と異なり、幕府内部の史料の残存状況はよくない。義晴期には大館氏や蜷川氏に残された記録により幕府内部の動向が確認できたが、義輝期には幕府関係者による日記は一部を除いて存在しないため、内部構造について確認することができない。そのため、総論でも述べるが、義輝期の幕府内部の政務運営の動き、特に義晴期では明らかにできた御前沙汰運営の実態を把握することは難しい。一方、京都の公家衆の日記や史料はある程度残存するため、義輝のおおよその動向は検証できる。本書の総論では、史料で判明する限りその点も検証していきたい。

本書の構成として、総論に続いて、義輝に関係する研究論文十二本を、各テーマごとに3部に分けて収録した。最後に第4部として、義輝期の番帳が収録された『室町殿日記別録』の史料紹介・翻刻（番帳部分）と、管見の限り判明する義輝の発給文書（御判御教書・御内書・公帖など）一覧、幕府関係者一覧表を掲載した。なお、本書は、まだ単行本に収録されていない学術論文を収録することを前提とするため、義輝に関する重要な研究成果であっても、収録していないものもある。また、諸般の事情により掲載できなかった成果も含まれるが、個別の成果については総論のなかで言及し、本書に収録された論文と合わせて述べていくことで、ご容赦いただきたい。

義輝期の幕府をどのように評価するかは、義輝個人の問題のみならず、戦国期の足利将軍家、それをめぐる全国的な権力・秩序構造の評価にも繋がる。本書がその一助となれば幸いである。

まずは、本書にご賛同いただいた、各著者の方々に御礼を申し上げたい。さらに、戎光祥出版株式会社編集長の丸山裕之氏や、本書の編集を担当していただいた石田出氏にも御礼を申し上げたい。

平成三十年八月　　木下昌規

目次

足利義輝

総論　足利義輝政権の研究

木下昌規

はじめに――足利義輝の研究史

本書は、室町幕府第十三代将軍足利義輝（天文五年〈一五三六〉～永禄八年〈一五六五〉、在職：天文十五年〈一五四六〉～永禄八年〈一五六五〉）に関する研究成果を収録した論文集であるのと同時に、義輝の事蹟や研究史を概観するものである。義輝の将軍在職期間はおよそ二十年間に及ぶが、その多くの期間は地方（近江）に流浪するものであり、将軍として在京した期間は長くない。その背景には、細川京兆家の内紛にはじまる畿内の政情不安があった。特に三好氏の台頭が挙げられよう。

義輝や当時の幕府についての専論は、義晴期と比較して多くない。その意味では、現在も研究途上のテーマといえよう。義輝研究の嚆矢は一九七〇年代以降の今谷明氏による戦国期室町幕府研究や、それに関連する一連の三好氏研究であろう(1)。今谷氏の研究は義輝に限定したものではなく、あくまでも戦国期の室町幕府史の一部として検討されているものだが、義輝期研究の端緒としてきわめて重要なものである。

その後の義輝研究は、基本的に四点に分けられる。一点目は、義輝と三好氏との関係である。今谷氏以降、三好氏に関する研究を発展させたのが天野忠幸氏である［天野：二〇〇六ほか］。天野氏は当該期の三好氏の位置づけを検討していくなかで、義輝政権について、将軍権威は低下し、三好氏にとって京都・山城支配の障害でなく、外交も一貫した方針は義輝になく、遠国大名との外交や栄典授与も三好氏に脅威を与えるものでなかった、と三好政権と相対化するなかで否定的に評価される［天野：二〇一六・二〇一七］。二点目は、外戚である近衛家との関係である。これについては、前代の義晴期からの「足利―近衛体制」が維持されていたことが湯川敏治氏［湯川：一九九八］・高梨真行氏［高梨：一九九八・二〇〇七］・黒嶋敏氏［黒嶋：二〇〇四］・金子拓氏［金子：二〇一五］・小谷量子氏［小谷：二〇一七］らによって指摘されている。三点目としては、義輝と大名間和平調停がある。本書にも収録した宮本義己氏による義輝の和平調停をめぐる論考を端緒として［宮本：一九七四・一九七五］、近年では黒嶋氏が義輝による将軍大名秩序の再編との評価がある［黒嶋：二〇〇四］。四点目には、伊勢貞孝をめぐる研究がある。これは、義輝の幕府権力再編にも関係するもので、本書収録の松村氏による貞孝の基礎的研究［松村：一九九七］、山田康弘氏による義輝期の政所の研究(2)、本書収録の高梨氏による貞孝以後の政所をめぐる研究がある［高梨：二〇〇四］。

以上の四点が、義輝政権の評価の中心となっている。しかし、義輝政権の実態については、なお判然としない部分が多い。政権内部としては、義輝の側近衆の動向や意志決定構造の実態を把握することも不可欠であろうが、現状では御前沙汰運営などを含め、それらの専論は前述の研究を除外すれば多くない。それは、幕府内部の残存史料に恵まれた前代の義晴期と比較して、蜷川氏関係の史料を除けば、幕府内部の残存史料が僅少なことにもよるだろう(3)。

総論では、先行研究に恩恵を受けながら、義輝の事蹟動向と、それに関連する研究成果について紹介するほか、従来言及されてこなかった点については、新たにいくつかの紹介を行ったうえで編者の見解を述べていきたい。なお、附録の文書一覧に所収されているものは［文書：（文書番号）］と、本書所収論文と後掲する主要参考文献については［（論者）：（初出年）］と表記する。

一、義輝の登場と将軍就任まで

（1）誕生から元服まで

足利義輝（はじめ義藤。以下、義輝で統一）は、第十二代将軍足利義晴と御台所近衛氏（これ以降は便宜上、慶寿院とする）との間の嫡男として、天文五年（一五三六）三月十日に誕生した（「御産所日記」・『群書類従』、以下『群書』）。幼名は菊幢丸。現職の将軍と正室との間に嫡男が誕生したのは、寛正六年（一四六五）に第八代将軍足利義政と日野富子との間に誕生した義尚以来である。さらに、将軍家と摂関家との血を引く将軍家の男子は、菊幢丸が初である。同年八月に義晴は、「まじない」のために「御代」を誕生したばかりの菊幢丸に譲り隠居することを宣言した（『鹿苑日録』天文五年八月廿九日条・「厳助往年記」天文五年九月三日条〈以下「厳助」〉）。しかし、菊幢丸は誕生してまもない幼児で、実際に将軍職が移譲されたわけでもなく、義晴の政務が停止したわけでもない［拙稿：二〇一七］。この際に設置されたのが、幕府の意志決定に関わる大館常興をはじめとした将軍側近集団の内談衆である。

将軍家嫡男の養育は、本来、政所頭人である伊勢氏が勤めるが、菊幢丸が伊勢氏（伊勢邸）に養育されていたことを示す史料は管見上ない。むしろ、菊幢丸は実父母のもとで養育されたと思われる。天文三年の帰洛以降、義晴の御座所は南禅寺にあり、その後、伊勢邸を間借りし、さらに新たな将軍御所である今出川御所に移徙している。その間、伊勢氏当主貞孝が義輝の養育に直接どのように関わったのかは判然としない。小谷量子氏は、実母である慶寿院が義輝のもとを離れず、手元に置いて養育したと指摘されている［小谷：二〇一七］。この指摘を踏まえれば、慶寿院が直接養育に関わるなかで、貞孝が義輝養育に果たした役割は大きくないことが想定されよう。(4) ほかに義輝の養育に関わった人物として、乳人局（のちの春日局、以下、春日局とする）がいる。春日局については後述する。

（2）元服・将軍就任後の義輝

天文十五年二月に、菊幢丸元服の費用が賦課されているので、この時点では菊幢丸の元服は決定していた［拙稿：二〇一七］。菊幢丸の元服は、浜口誠至氏の論考(5)や拙稿（二〇一七）によれば、十一歳での元服は、将軍に就任した義晴自身の先例を重視したためであった。同年四月二十七日には、幼名より実名の「義藤」に改めるのと同時に従五位下に叙されている（『歴名土代』）。そして、十一月十九日には将軍家後継を意味する左馬頭に任官し、正五位下に昇進した（『歴名土代』・『後奈良天皇宸記』では、従五位上とある）。

しかし、京都の政情不安により義晴・義輝父子は近江の六角定頼を頼り、近江坂本の樹下宅にて元服することになった［拙稿：二〇一七］。十二月十九日に定頼の加冠により元服し、その翌日に義輝は乗馬始ののち征夷大将軍に就任し、同時に従四位下に叙された。同日にはさらに評定始と御判始、御前沙汰始と御吉書始も行われている。義輝発給文書の初例は、この吉書始で発給された石清水八幡宮宛寄進状［文書：1］である。義晴発給文書の初例も、同じく吉書始で発給された石清水八幡宮宛寄進状である。これは、将軍家の吉書始の先例で、義輝も将軍家の先例に倣ったのである。一連の儀式を終えた同二十五日には坂本より帰洛し（「光源院殿御元服記」・『続群書』）、翌十六年正月二十五日には将軍就任後初めて参内している（『言継』同日条）。さらに、二月十七日には参議兼左近衛権中将に任官し、以後その死まで義輝の官職昇進はなかった。

天文十六年に帰京したのち、義晴と義輝を中心とする幕府はしばらく安定し、天文十七年六月十四日には義晴・義輝は祇園会を見物している。その意味については河内将芳氏の研究に詳しいが［河内：二〇一三］、義晴の先例をもとに祇園会を見学することで、義輝の威信を示そうとしたという。義晴は、義輝を後見しながら権力移譲を進めていったと思われる。しかし、この安定は長くは続かなかった。

二、近江動座と帰京

（1）義晴の死と義輝

天文十八年、細川京兆家の内紛による畿内の政情不安のため、義晴・義輝父子は近江に動座した。さらに、天文十九年五月四日に義晴が動座先である近江穴太にて薨去したため、義輝は十五歳で名実ともに幕府の首長となった。一連の義輝の元服、将軍就任を主導したのは父義晴であり、そこに義輝の意志が入り込む余地はないため、これ以前の義輝には政治的主体性は認められない。しかし、義晴在世中に義輝が御内書を発給している事例が複数ある。一覧表からは計七通［文書：1～7］が確認できるが、［文書：1］は判始めによる吉書で、歴代将軍就任時の形式的なものである。そのなかで、特に注目されるのが、［文書：3・7］であろう。これらの御内書は、形式的な文書発給でもなく、義晴とは別個に義輝が主体となって発給されたものである。［文書：3］は東北で勃発した天文の乱の調停を行った際に発給されたもので、義輝の対大名御内書の最初期のものとなる。この際、実権をもつ大御所義晴でなく、若年の義輝の御内書が発給された背景は不明だが、伊達父子（父稙宗・子晴宗）間対立という構図のなかで、先代（父義晴）による調停ではなく、当代の将軍（子義輝）による調停が望まれたのであろう。

また、［文書：6］の晴光副状には「被成　御方御所様御内書」と見える。[6]「御方御所様」との表記から、いまだに実権は大御所の義晴が保持していたことがみてとれる一方で、御内書発給により徐々に義輝自身の政務が進んでいることがうかがえる。［文書：7］は、病の義晴の本復を期待するために発給されたものであるが、義晴は翌四日に自害した［拙稿：二〇一七］。

義晴死去前後の様子は一次史料からは判然としないが、「万松院殿穴太記」（『群書』）に詳細に記載されている。それによれば、義輝は義晴死後の七月二日に御沙汰始を行っているため、実際の代替わりはこの時点だったと理解されよう。しかし、義晴の病床時の天文十九年には、正室の近衛氏（慶寿院）が義輝に代わって「御内書」を発給していた事例が知られる。[7]そのため、義晴薨去ののちは生母慶寿院やその外戚である近衛家が後見となっていたことが想定できる。義晴自害の時点までに幼年の将軍を支える体制が形成されていたのか、その途中段階であったのかはわからない。義晴期の内談衆はすでに活動していなかったが［拙稿：二〇一七］、義輝の将軍就任から義晴の死去する天文十九年までは四年ほどの期間があり、その間に義輝への権限移譲や義輝を支える体制を形成しようとした可能性は指摘できよう。義輝の御内書を保証するため、慶寿院による代行文書が発給されていたという桑山氏の指摘を踏まえれば、そのような体制はいまだ途上であったと思われる。その意味でも義晴の死は、残された義輝にとって想定外だったといえよう。義晴・義輝に近侍していた進士晴舎は、浪々とする現状を上野の横瀬成繁に伝えている。[8]

（2）朽木動座と伊勢貞孝の動向

義晴死後も幕府・晴元方は戦利を挙げることができず、十一月二十日に坂本へ動座した。翌年の正月晦日に伊勢貞孝ら一部の直臣が義輝を連れて、上洛を強行しようとして失敗した事件が勃発する（「厳助往年記」同日条）。二月十日には、六角定頼の申し出により近江の朽木に動座した。[9] 朽木はかつて、父義晴が足利義維を擁立する阿波の細川六郎（のち晴元）らの勢力により京都を追われ、一時滞在した場所である。さらに、朽木の領主は義晴の内談衆の一員・朽木稙綱であった。しかし、朽木に供奉せず離反した直臣もおり、その代表が伊勢貞孝である。貞孝は御供衆かつ将軍家家政と洛中動産訴訟を担う政所頭人で、幕府の京都支配における重要人物であった。貞孝は朽木の義輝に奉公するのではなく、三好氏の勢力下にある京都に帰還して義輝のもとから離反する。その後、天文二十年二月二十四日には、三好勢とともに貞孝勢が近江志賀に出陣しているなど軍事的にも協調関係を結んだ（『言継』同日条）。

今谷氏によれば、貞孝と三好氏との関係が形成されたのは、長慶が不慣れな京都支配を円滑に進めるために貞孝の事務能力に期待したためであるという。しかし、同年三月七日には、貞孝の三好邸訪問中に小童による放火計画が露顕した事件（『言継』八日条）、同十四日には貞孝邸を訪問した長慶を、貞孝とともに帰京していた奉公衆の進士賢光が襲撃する事件が起こる（『言継』同年三月十四・十五日条）。十四日の襲撃は失敗し、賢光は自害した。その後、貞孝と在京している奉公衆・奉行衆などの直臣は長慶を見舞いに行ったが、貞孝に責任があるとされ、三好方の兵に襲撃されるなどの被害に遭っている。このことから、両者の関係が常に緊張をはらんだものであったことが想像される。

（3）義輝の帰京

天文二十一年正月二十八日、義輝と長慶の和睦が成立し、義輝は帰京した（「厳助」天文二十一年正月条、『言継』正月二十八日条など）。和睦にあたり、長慶嫡男千熊丸が近江に人質になっている（「厳助」）。その際、晴元嫡男聡明丸（のち六郎、昭元）も同道しているが、晴元は出奔した（『公卿補任』）。なお、義輝の帰京前の正月二日には義晴政権期より幕府を支えた六角定頼が死去しており（『歴名土代』など）、その子義賢が義輝の帰洛を主導していたと思われる。貞孝も赦免され、義輝に出仕した。翌二十九日には公家衆らの参礼もあったが、その際に大舘晴光から「朽木へ御見舞に不参之輩、御見舞不可有之」（『言継』同日条）と通告された。山科言継は「無足」であったことを理由に御礼が承認されているものの、義輝は三好方に従順したものや、傍観する態度をとっていたものに不信感を抱いていた。

翌月二十六日には長慶が義輝のもとに出仕し（『言継』同日条）、その際、長慶は御供衆に加えられ、直臣の立場となった。さらに、新たな京兆家の家督として細川氏綱もこのとき出仕している。氏綱は翌三月二十一日には右京大夫に任官し、名実ともに京兆家の当主となり、その弟藤賢は典厩家を継承して同日右馬頭に任官した。ここに、「義輝―氏綱・長慶体制」が始動することになる。

三、三好氏との対立と動座

（1）協調関係の破綻

帰京後、義輝は今出川御所内の常御所新造や庭園整備（「厳助」天文二十一年二月条）をはじめ、奉行人奉書発給数などからうかがえるように幕府再興を進めていた[10]。しかし、当時十七歳であった義輝への周囲の評価は、「御わかく（若）いらせをはしまし候ほとに、御ふあんない（不案内）にいらせをはしまし候」というもので、政権の主体者としてはまだ若年であるというものだった[11]。

義輝と長慶との協調関係は継続せず、翌二十二年閏正月には長慶が、義輝側近の上野信孝・杉原晴盛・細川晴広・彦部晴直・祐阿・細川某に対して人質を要求するなど、緊張関係が発生する。彼らは晴元に内通していたとされ、人質が三好方に渡され、「無事」となったという（『厳助』）。そして二月二十七日になり、義輝が長慶と対面したうえで、人質が渡された。このような緊張関係のなか、七月二十八日には義輝は晴元を赦免した。これによって、和睦後の「義輝―氏綱・長慶体制」が否定され、義輝と三好方との敵対関係が再開した（『言継』）。八月一日には松田監物を大将とする「東山霊山城」に三好方が攻め入り、松田監物らが討死して落城した。同日に義輝は京都を退座し、同月三十日に朽木に動座した（『厳助』）。義輝が帰洛するのは永禄元年（一五五八）十一月で、五年間京都は将軍不在となる。

（2）破綻の背景と将軍直臣の動向

義輝・長慶の協調関係破綻の要因としては、上野信孝に代表される反三好氏の側近衆の存在が挙げられよう。山田氏は信孝などの反三好派が義輝を促し、三好氏との同盟を破棄させたとする［山田：二〇〇二］。信孝は先代義晴期から幕府に出仕していたが（『元服記』）、将軍の供奉以外に義晴期には主だった活動はなかった。しかし、この時期に将軍側近として重用されることになる。言継は、一連の抗争と義輝の没落は信孝の「悪興行之故」（『言継』八月一日条）とし、信孝が義輝周辺の反三好派の中心的人物と認知されていたことがうかがえる。

義輝と三好氏との関係が緊張する天文二十二年初頭で注目される事象が、天文二十二年二月の伊勢貞孝らによる義輝への諫言である[12]。貞孝や長慶等は連署状で、信孝らの側近衆により「殿中御様体余猥候之間」義輝に諫言するとし、大舘晴光・朽木稙綱ら義晴期の内談衆をはじめ複数の直臣が賛同して署名した。これについて天野氏は、「義輝は幕臣を統率できておらず、その多くは三好氏との和睦を支持し、義輝が寵愛する上野信孝らの側近層に反感を抱いていた」とする［天野：二〇一七］。

この背景として注目されるのが、天文二十一年六月の尼子氏の八ヵ国守護職補任である[13]。この補任国のなかには赤松氏の守護国である美作・備前が含まれているが、当然赤松氏の反発が予想される。赤松氏の大名別申次は伊勢貞孝であったため、その利益を守るために貞孝による抗議があったことが想定される。それにもかかわらず、尼子氏への守護職補任が成功したのは、貞孝の義輝への影響力低下がその要因と見なせよう。貞孝らによる反発を抑えての守護職補任が、直臣内での軋轢を生じさせたと理解するのは早計ではないだろう。

そして、天野氏が指摘するように、当時義輝周辺で信孝をはじめとした反三好氏の側近衆と、貞孝ら三好氏協調派との確執があったことは明白である。結果から判断すれば、反三好氏派の側近衆のほうが義輝への影響力が強かったといえる。信孝らが重用された背景として、義輝は朽木に供奉や参礼しなかった者に対して不信感を抱いていたこと、一方で信孝らは義輝に扈従し続けたことで、義輝との信頼関係が構築されていったことが容易に想定できよう。ただし、義輝が主体的に三好氏と断交することを意図したのか、反三好派側近衆の影響で反三好氏の活動を行ったのかは判断が難しい。また、義輝の独断によるものでなく、後見役だった慶寿院なども信孝らを支持しなければこのような決断はできなかったと思われる。その後、八月七日には、長慶は義輝に供奉する直臣に対して強硬手段に出た。松田盛秀父子や中澤光俊、治部光栄などの一部の奉行衆を拉致したほか、所領問題をあげて帰京を迫ったのである（七日・十四日条）。その結果、大和晴完など複数の直臣が義輝の動座に供奉せず帰京する。これは、前述のように信孝ら側近衆への不満もその背景にあろう。

髙梨氏は、義晴・義輝期の奉公衆について検討するなかで、直臣は経済的に困窮するなかで、将軍への奉公が形骸化していったとする［髙梨：二〇一六］。そして、三好氏との対立により義輝が離京すると、将軍と直臣の行動に齟齬が生じる場面があったことを指摘している。義輝は朽木動座中の直臣の暇乞いに対して、再出仕の誓紙の提出を求めるだけでなく、誓紙の案文の作成にも関わっていたという。それは、奉公する直臣が次第に乖離していくなかで義輝がとった直臣をつなぎとめるための手段であり、それだけ両者の主従関係は危機的だったことが知られる。

（3）近江動座中の義輝

義輝は天文二十二年八月の没落直後、入洛の願文を発給しているが［文書：42］、京都没落後の義輝の動向については、改名したことと、朝廷や大名との音信を除けば断片的にしかわからない。前述のように、「奉公衆も前御共之時百廿人也、只今祗候之輩四十余人」で「大概上洛」したため、「大樹一向無人」の状態となった（『言継』同十四日条）。西島太郎氏によれば、義輝に供奉したことが確認される幕府関係者は、近衛稙家、女房衆は清光院・宮内卿局・春日局、大名細川晴元、御供衆大館晴光、御部屋衆細川藤孝、申次衆飯川信堅・三淵晴員、奉公衆曽我晴助、奉行衆の諏方晴長・飯尾貞広ら八名、同朋衆祐阿であった[14]。このほかに慶寿院や上野信孝、進士晴舎などの側近衆も供奉していたことは間違いないだろう。義輝の様子は「一向微々御体」（『言継』九月十七日条）で、義輝の周辺環境が悪化したことは確かである。

動座中の義輝の活動として注目されることは、地方の大名との音信や和平調停であろう。［文書：44〜54・56・57］のように、遠方との音信は、豊後大友氏や奥州伊達氏などが挙げられるほか、本願寺と越前朝倉氏へは和平調停を行っている［文書：62］。大友氏は義輝の朽木動座という状況を把握していながらも、年始御礼などの音信を継続し、天文二十三年には肥後国守護職に補任されている［文書：54］。全国的な権力秩序のなかで、将軍である義輝がどのように位置づけられていたかは歴然であろう。三好氏が義輝を追放し、京都を実効支配しても、守護補任権は将軍のみが保有し、そこに三好氏が介入する余地はなかった。しかし、今谷氏の指摘のように事実上、将軍による京都支配は停止していた[15]。これは、洛中を実効支配するようになる三好氏に紛争解決が期待されていたことや、複数の奉行人が帰洛したことも影響しよう。この間の三好氏は、天野氏が指摘するように、義輝と和睦せず、将軍家一族も擁立しないまま、「極めて異例で画期的な状況」のなかで京都支配を行ったのである［天野：二〇一七］。

なお、義輝は近江動座中の天文二十三年二月十二日、当時名乗っていた「義藤」から「義輝」に改名している（『公卿補任』）。この改名は、京都を逐われた義輝が心機一転を図るために行ったものであろう。しかし、この名字勘申や「輝」字採用の背景については、管見上関連史料がなく不明である。

四、帰京後の義輝と三好氏

（1）義輝の帰京と将軍御所

永禄元年五月三日、義輝は、晴元に供奉されて坂本に御座を移し（『惟房公記』・『お湯殿の上の日記』〈以下『お湯』〉）、同七日には武家伝奏広橋国光を介して正親町天皇の代始めの御礼を行っている。その後、六月四日に如意嶽の北白川城に入り、八日には三好方と合戦に及んでいる（『言継』・『惟房公記』）。この合戦では、三好方が勝利を得られなかった（『お湯』）。この義輝の上洛戦において水野智之氏は、三好方と交戦する義輝方を公家衆の山科言継が「敵」と理解していたと指摘される[16]。それによれば、三好氏は京都を守護する勢力として京都の人々に認知され始めていたためという。しかし、ここでの「敵」が義輝を指すとは断定できないため、その評価は留保される。その後、六角義賢の仲裁で義輝と三好氏との和睦が成立し、十一月二十七日に義輝は帰京して相国寺に渡御した。この際、御供衆の一人として三好長慶も供奉している。これにより、京都の守護者は三好氏より将軍家に復したといえよう。

同年十二月二十三日には、近衛稙家娘との婚姻もあった（「貞助記」）。義輝の帰京が決定したことについて、『お湯』永禄元年十一月二十七日条に、「むろまちとの御のほりの事にて、天下おさまりめてたし〳〵」とあり、朝廷では義輝の帰洛を歓迎する姿勢を示している。これにより、幕府は京都で再興された。

帰京後、義輝は義晴期以来の今出川御所ではなく、二条の妙覚寺に入り御座所とし（『お湯』永禄元年十二月三日条）、永禄二年八月一日より、斯波氏の屋敷跡に御所（武衛御所）を造営している（「厳助」）。この御所には、堀が巡らされていたことが史料から確認される（『言継』永禄二年十月二十三日条・同三年二月二十四日条）。これは当然防衛として期待されるものだが、堀の造営を三好氏のみに対して警戒したものと早急に判断はできない。義輝は永禄三年六月十九日に新御所に移徙し（『お湯』）、これ以降は武衛御所が義輝期の将軍御所となる。

翌二年正月七日には、通例の正月参賀が行われ、公家衆はじめ直臣らが参礼している（『言継』）。同年二月二日には尾張の織田信長が上洛し、次いで美濃の斎藤義龍や越後の長尾景虎が続くが、義輝をめぐる環境は帰京後に安定していったと理解できる。

（2）永禄五年の騒乱

義輝帰洛後の「足利―三好体制」に大きな影響を与えたのが、永禄五年の三好氏とそれに対抗する六角義賢・畠山高政（政長流）との戦乱である。畠山・六角氏ともに三好氏と領国を接しており、「足利―三好体制」が安定化するなかで、領国内への三好氏の侵入を警戒したことで戦乱が勃発した。六角氏は義輝の近江動座期にそれを支え、永禄元年の上洛も支援しており、義輝を支える有力な大名家であった。畠山・六角氏は三好氏と交戦し、当初は長慶の実弟である実休を三月五日に戦死させるなど（『厳助』同年三月六日条）、当初優勢であったものの、結局五月二十日の教興寺合戦にて敗北する（『お湯』同年五月十九日条）。

小谷利明氏はこの戦乱を「幕府分裂戦争」と評価し、伊勢貞孝・大館晴光・大覚寺義俊が河内畠山氏と連携して敗北したメンバーだったとした[17]。これに対して髙梨氏は、この三者が畠山氏と連携したと評価するのは検討が必要とする。伊勢氏の場合、六角氏との連携は確認されるものの、畠山氏との連携を示す一次史料は確認されないとする。さらに、晴光は畠山氏担当の申次であるが、畠山氏と連携したのではなく、あくまでも申次としての職掌範囲内の活動だったという。義俊に関してはあらためて後述するが、この戦乱中に越前に下向している。髙梨氏の指摘のように、晴光はその後も義輝近臣として諸大名との申次を継続しており、失脚したわけではない[18]。そのため、小谷氏によって敗北を指摘されたメンバーは、貞孝父子やそれに連携した一部の奉公衆といえる。

この動乱により、義輝は三月六日に八幡に避難している（『お湯』）。その後、六月二十二日に上洛するまで京都を不在とした。その間、六角氏は戦闘を有利に展開して京都を占拠し、三月十八日には洛中に対して徳政令を発布している[19]。六角氏の在京期間に、六角氏の徳政令に関連する徳政・徳政免除で貞孝が独自の活動を行っている[20]。

これに対して義輝は、義輝・三好方に忠節を尽くすものには徳政を承認する姿勢を示すのと同時に[21]、貞孝発給の公験の一切の効力停止を通達した[22]。義輝は六角氏・伊勢氏による徳政を否定しつつそれも利用することで、味方の増加を図ったといえよう。

六角義賢は前年、京都の政情が不安定化するなかで、義輝に対して、三好氏との抗争でも「被奉対　公儀一切無別義」と述べており[23]、義輝への敵対を示したわけではなかった。そのため、この戦乱は六月二日に義輝の仲介により[24]、三好方と六角方が和睦して終結する。天野氏は、畠山・六角氏は義輝に敵対するつもりはなく、三好氏の本当の敵は義輝だったと指摘されるが［天野：二〇一四］、三好氏に敵対したのは義輝周辺では貞孝父子など少数で、大館晴光らも申次としての活動を行ったのみであり、三好方に敵対したわけではない。また、六角・畠山氏が義輝に敵対するつもりがなかったとしても、義輝がその背後にいたことにはならないだろう。しかし、これにより畿内周辺の勢力のうち、六角氏・畠山氏が大名として義輝政権を支える可能性が消滅し、三好氏が単独で義輝を支える体制がより確固たるものとなった。義輝政権は、三好氏に大きく依存せざるをえないことになったともいえよう。

（3）義輝と三好氏・松永久秀

三好氏と義輝との関係については、前述のように研究者により評価が異なる。特に、三好氏研究の嚆矢である今谷氏は、義輝の帰京後に幕府奉行人連署奉書の発給が急増したことから、幕府が復活して三好氏は京都支配から締め出され、三好政権は凋落したと評価された[25]。山田氏は、三好氏が義輝に対して「専制」体制を取りえず、義輝を自由にできない部分があったと指摘し、義輝の実権を評価する［山田：二〇〇二］。一方、天野氏は永禄年間に行われた京都関係の相論から、飯盛山城の長慶が相論裁定者としてなお臨んでいたこと、そのため在地から裁許主体として認められていたことを指摘する。特に、永禄六年の御前沙汰において、本国寺と清水寺との相論に際して発給された奉行人連署奉書の発給過程をもとに、奉書の発給に関しては義輝の意向が必ずしも反映されず、松永久秀の意向が反映されたことを指摘している［天野：二〇〇六］。

この相論は御前沙汰で行われていたが、本国寺の檀越である久秀が介入したことで、清水寺が提訴を取り下げ、最終的には久秀の意向が反映された判決となった。このことから、単に奉書の発給から幕府・将軍の権威が回復したとは評価できないこと、長慶を中心とする裁許体制がなお京都や山城国内で継続していたことが指摘される［天野：二〇〇六］。三好氏がなお裁許権を保持していたというこの指摘は同意できよう。しかし、久秀の介入があったとしても、幕府奉行人奉書すべてがこのような経緯で発給されたわけではない。むしろ例外的であったため、奉書にわざわざこの経緯が記載されたと理解すべきである。さらに、ここで求められている裁許状は三好氏発給の裁許状ではなく、幕府の裁許状であったことは注目される。当事者が公験として求めたのは、幕府の奉書であり、その点では天野氏の評価は留保されよう。さらに天野氏は、三好氏は幕府の絶対性を否定した最初の権力が三好氏であると評価する。そして、義輝との和睦後も、「幕府の秩序や権威に包摂されたわけでなく、むしろ、その秩序を乱す身分違いの地位を占めていたと認識されていた」とする［天野：二〇一三］。三好氏が京兆家などの既成の大名と異なる立場であったとの指摘は注目されよう。

また、長慶のみならず、その被官である松永久秀の存在も重要であろう。義輝期における久秀の立場について検討されたのが田中信司氏である［田中：二〇〇八・二〇〇九・二〇一七］。久秀は永禄三年正月二十日、長慶が御相伴衆となったと同時に三好義長と並んで御供衆に新加した。実際に、同年二月六日の義輝参内の御供衆触廻文には義長と並んで久秀の名があり、[26]実際に御供衆としての活動を行っている。さらに、義長が供奉しない御供にも久秀へ触れが出ており、[27]久秀は名実ともに直臣身分となっていた。これにより、久秀が少なくとも将軍に供奉する御供衆という点で、義輝と長慶に両属する存在であったといえる。単に長慶の被官、すなわち陪臣ではなく、直臣としての地位を得たことは、久秀の行動原理を理解するうえでも重要であろう。

その一端がうかがえるのが、政所沙汰への関与である。永禄五年の曼殊院と松梅院の相論において、一旦政所で裁許が出されたが義輝が再審を指示した。それに対して久秀はそれは政所沙汰の独自性を侵害するもので、義輝が介入するのは不都合であると非難した(28)。この時点で久秀は貞孝を支援する姿勢を示しているが、前述したように同年の貞孝離反に際しては、討伐軍として貞孝を討っている。この場合、久秀は貞孝個人を支援していたのではなく、政所沙汰の独自性を支持していたと理解してよいだろう。久秀が義輝の権限強化を危惧したためと理解するか、従来の幕府における相論裁許体制を保守したかったためと理解するかは判断できないが、直臣としての久秀の立場が前提にあったことは間違いないだろう。

田中氏は義輝期の久秀について、義輝に意見する立場にあり、三好氏の被官にしばられず、御供衆としての立場を得たことで、実際に直臣として活動したと評価する［田中：二〇〇八］。さらに、権力を壟断するのではなく、「久秀は三好政権の一員として対幕府交渉を忠実につとめていた」［田中：二〇一七］とし、両者の連携維持が目的であり、幕府と三好氏との秩序維持を図っていたと評価した。義輝期の久秀の活動は、幕府と三好氏に両属する異例のものだが、三好政権の特殊性が背景にあるという。このような田中氏の評価を肯定すれば、少なくとも久秀は義輝と対立する存在ではなかったといえる。

しかし、義輝と久秀の音信には、信孝・晴舎などの側近が担当申次としてあったことは注目される。直臣であれば、義輝への意見や申し入れに対して、このような担当の申次が置かれることはないだろう。そのため、久秀の立場を信孝などの将軍側近と同列に理解することはできず、その意味では久秀は義輝周辺と別個の存在だったといえる。

義輝と三好・松永氏との関係で特に注目されるのが、永禄六年三月十九日に義輝娘が松永久秀への人質とされた一件であろう（『言継』）。義輝娘が人質となる異例の出来事について天野氏は、永禄五年の騒乱での義輝方への不審が要因だったとされ、義輝と三好氏との力関係を露骨に世間に示したものという［天野：二〇一六］。しかし、騒乱終結からすでに半年以上あり、その間様々な交渉がなされたことが推測できる。

京兆家の細川氏綱がこの年の十二月に淀城で没し（「厳助」同二十一日条）、六角氏も義輝との関係が断絶するなかで、畿内周辺で三好氏以外に義輝を支えることが可能な勢力は存在せず、現状において義輝には三好氏との連携以外に選択肢はなかった。義輝と三好・松永氏との関係は、永禄元年末より協調関係を維持するものの、いったん関係が不安定になると、相互に緊張が発生してしまうものであった。その結果が前述した義輝娘の人質提出であり、義輝は三好氏との協調関係を継続せざるえないため、それを拒絶できなかったのである。

五、将軍直臣と政務運営

（1）義輝期の番帳

義輝期の直臣全体については検討したものとしては、髙梨氏の研究［髙梨：二〇一六］と、木下聡氏による奉公衆を中心とする直臣の構成に関する研究があげられる(29)。個別の義輝期直臣研究としては、奥州家細川輝経の事蹟を扱った福原透氏の研究［福原：一九九八（本書所収）］、三淵藤英を扱った金子氏の研究、千秋輝季を扱った伊藤信吉氏、彦部氏を扱った亀田俊和氏の研究、一色藤長を扱った拙稿などがある。[30]なお、本書での直臣とは奉公衆（御供衆・御部屋衆・申次・番衆・詰衆など）と奉行衆、同朋衆、足軽衆などである。

義輝期の直臣を中心とする幕府構成員を知る基本史料として知られるのが、「永禄六年諸役人附」（以下、「諸役人附」・『続群書』）である。福田豊彦氏・長節子氏・黒嶋敏氏らがこの番帳について検討されている。[31]「諸役人附」の冒頭には、「光源院殿御代当参衆并足軽以下衆覚、永禄六年五月日」とあり、御供衆以下・御部屋衆・申次・外様衆詰衆以下・御小袖御番衆・奉行衆・同朋衆・御末・足軽衆の名前が列挙されている前半部分と、御供衆から大名在国衆が列挙されている後半部分の二つに分けられる。これについて、長氏は前半部分と後半部分に記載された直臣の交名から、前半は義輝期の直臣、後半部分は義昭期の直臣であることを指摘された。また、「外様衆詰衆以下」の箇所は「外様衆詰衆」と一つの身分ではなく、外様衆と詰衆が混同されたものと思われる。

このほか、天文二十一年～永禄二年頃にかかるとされる、岩瀬文庫架蔵の『室町家日記別録』所収の番帳も存在する。[32]これは、義晴・義輝期の重臣大館晴光作成によるものというが、検討の必要がある。この史料の性格や成立年代については本書の付論を参照されたいが、実際の成立は永禄元年の帰洛から翌年初頭のものと思われる。[33]ほかに、今谷明氏の紹介された「貞助記詰衆五番組」がある。[34]この史料のうち、「詰衆」の箇所が義輝期（永禄年間）のものという。しかし、これらの番帳にはすべての直臣が記載されているわけではない。一つ一つ比較はしないが、「諸役人附」には御供衆以下足軽衆まで計百六十六名が記載される。帰京後の実際の幕府人員は、これらの番帳に記載された総数を越える二百名前後であったと思われる。

また、三好・松永に被官化していたことが指摘されている奉公衆の結城忠正や、もと義維の奉行衆であった斎藤基速も、永禄年間に将軍御所に出仕している事例が確認できる[35]。この両名は、永禄年間には直臣としての立場も形式的にせよ保持していたと思われる。また、『後鑑』所収の「伊勢貞助記」の性格を評価された木下聡氏によると、伊勢貞助は、直臣としての立場のみならず、三好氏の政治・儀礼面での顧問としての役割もあったという［木下聡：二〇〇九］。このように、直臣と三好氏との密接な関係性を、「義輝―三好」体制が順調であったと評価するのか、将軍の求心力が三好氏と相対的に低下したと評価するのかは、判断が分かれよう。

（2）側近衆

天文二十二年の三好氏との和睦決裂の背景には、側近衆があった。そのため、義輝期も前代の義晴期同様に、側近衆の動向を把握することは不可欠である。義輝期の政務運営と側近衆を理解するうえで、前代の義晴期の内談衆のような側近集団が存在していたかどうかが問題となろう。義晴の内談衆はすでに活動停止していたが、義輝の将軍就任時には大館晴光・摂津元造・朽木稙綱が健在であり、その後も晴光ら旧内談衆は義輝に出仕している。

髙梨氏は、義輝に近侍したとして大館晴光・伊勢貞孝・摂津元造・上野信孝・細川晴経・進士晴舎・彦部晴直・杉原晴盛・沼田光兼・飯川信堅らを挙げている［髙梨：二〇一六］。さらに、そのほかに近侍していた存在として、大館晴忠・摂津晴門・細川晴広・一色藤長・細川藤孝なども挙げられよう。これを踏まえれば、義輝期の側近衆は基本的には、義晴期の側近を継承したものと、新規登用の側近から構成されると理解できる。しかし、大館晴光ら義晴期の側近衆が義輝期にそのまま同じ活動を行っていたとは、早急に判断できない。

そのなかで、傍証を含めて義輝の奉書の発給者・副状を複数発給したことが確認されるのは、伊勢貞孝、上野信孝・量忠父子、大館晴光・輝氏父子、大館晴忠、朽木稙綱・輝孝父子、進士晴舎、摂津晴門、彦部晴直、三淵晴員・

藤之父子、細川藤孝などであり、彼らが代表的な側近衆であったと判断してよいだろう。ただし、このうち貞孝は、奉書の発給はあるものの、前述のように義輝に離反する時期が長く、単純に側近としては認められないだろう。

①大館晴光と義晴期内談衆　義晴の内談衆のうち、晴光は義輝期にも将軍側近の一員として活動している。特に大名別申次として、越前朝倉氏・越後長尾氏・豊後大友氏・甲斐武田氏・上野由良氏などと義輝との間の取次を行っていたことは注目されよう［第４部表３参照］。対外的に晴光は、義晴期より継続する重要な将軍側近と理解できる。

晴光の活動について、髙梨氏は永禄三・四年の浄土真宗高田派の内部紛争をめぐる相論で、義輝期の晴光の活動の一端に言及している［髙梨：二〇〇七］。この相論で、晴光は依頼者の真智派のため、すでに発給された奉行人奉書の内容を無効とする旨の御内書を獲得した。それは、最終的に対立する堯恵派を支援する大覚寺義俊の介入により、さらにその御内書を無効とする奉行人奉書が発給され失敗に終わったという。結果的に近衛一門の義俊の影響力に破れるものの、晴光は義輝に相論内容を披露したり、その裁定のための御内書発給を依頼することができる立場にあった。このように、相論依頼者のために尽力する姿勢は晴光に限定されるものではないが、義輝政権内にてそれが期待される存在であったことは間違いないだろう。

永禄三年以降、義輝の供奉は晴光の子輝氏が勤めることが増えるようになり（『兼右卿記』永禄三年二月六日条など）、輝氏への世代交代が進められていたとみられる[36]。一方、同じ内談衆であった摂津元造は、神宮方頭人としての活動が散見されるのみで（『お湯』永禄二年五月二十二日条）、晴光のような活動は確認されない。しかし、元造の養女春日局は義輝の乳人であり、実子晴門は政所頭人に就任するなど、義輝期における摂津氏の立場はなお大きい[37]。また、朽木稙綱は義輝の御成等の供奉や毛利氏宛ての信孝との連署の奉書発給が散見されるが[38]、その他の活動事蹟は顕著ではない。しかし、その子藤綱・輝孝は義輝に近侍しており、朽木氏も義輝期の重要な直臣であった[39]。この旧内談衆のなかで、晴光は義晴期・義輝期とほとんど唯一、幕府政治の中枢に位置し続けており、義輝期の将軍側近としての晴光の役割はより注目されよう。

②上野信孝・進士晴舎　晴光のような義晴期以来の側近がいるなかで、義輝期に重用された側近として特に注目されるのが、前述の上野信孝と進士晴舎であろう。信孝の家系「上野民部大輔家」は代々御供衆、四番衆番頭を勤める家格である。前述のように、義輝の周辺にあって、当初は反三好活動の中心的人物とみなされていた。信孝は大名別申次の一人として毛利氏一門を中心とした中国地方や伊予河野氏などの大名勢力と義輝との取次を行っていた[40]。なお、信孝が義輝の側近として将軍偏諱を得る家でありながら、将軍の偏諱を得ないことの理由は不明である[41]。

晴舎は当時申次衆で、後述する義輝側室小侍従局の父であり、フロイスの『日本史』に、「はなはだ高位の殿で、宮廷でもっとも有力者の一人」で「公方様の舅」とある[42]。永禄八年にフロイスは晴舎を取次として義輝と謁見したが、晴舎は義輝側近のなかでも有力な人物と認識されていた。

また、この信孝・晴舎両名は三好・松永氏の取次担当者となっている［拙稿：二〇一八］ほか[43]、両名の連署奉書発給も顕著であり[44]、義輝への披露は内々のものを含めてこの両名が中心となっていたと思われる[45]。特に、永禄五年に頭人貞孝のもと政所沙汰で裁許された曼殊院と松梅院との相論では、信孝・晴舎は義輝の意向を伝達するのみならず、久秀の非難に対してはそれに意見して、その行動を制している[46]。しかし、両名が帰洛後に義輝の側にあって反三好氏として活動した形跡はなく、三好氏との取次を行ってるように関係の改善がみられる。信孝は天文二十二年の伊勢貞孝らによる直臣らの反発にも影響されず、義輝側近としての地位を永禄六年四月二十九日の死去までつとめた。なおここで信孝や晴舎の家格・役職から判明するように、側近としての活動と御供衆・申次という家格は対応しない。

後述する永禄の変では三好氏はこれらの側近衆排除を要求しており、義輝期の権力構造を理解するうえで、今後これら側近衆の具体的な役割や活動を踏まえていくことは不可欠であろう。

③御前沙汰の運営　義晴期の御前沙汰においては将軍側近衆である内談衆が存在し、内談衆と奉行衆を中心として各種の訴訟や問題を審理決裁していた。一方で、義輝期の御前沙汰運営については、義晴期と異なり、関係者の史料が存在していないため、内談衆のような側近集団があったのか、どの程度審議に関与していたかなど詳細は不明である。

帰京後の相論の審議過程を確認すると、永禄四年には侍所小舎人・雑色の地子銭徴収に関する侍所開闔による意見状が発給されているほか[47]、奉公衆石谷光政と赤塚家政との相論などでも奉行衆へ意見が尋ねられていることが確認できる[48]。これら意見状発給は、御前沙汰での審議過程で将軍より諮問がなされていることが前提であることから、義輝期にも奉行衆による意見制が行われていたことは間違いない。これは、義輝が裁許者として御前沙汰を主催していたことを示している。ほかに、所務沙汰で訴訟の審議過程である三問三答も行われており[49]、基本的には帰京後、義輝が主催する御前沙汰が運営されていたことは確かである。このなかで、側近衆がどの程度相論審議に関与していたのか、その実態については今後の課題ともなろうが、前代の義晴期と後代の義昭期には側近による奉行人への賦（奉行人奉書発給を指示する奉書）があることや[50]、前述の信孝や晴舎の活動から、側近衆が相論審議や奉書発給などに直接関与していたと理解することは問題ないだろう。

（3）伊勢貞孝と政所頭人職

義輝期の幕府構造の大きな変化としては、政所頭人伊勢氏の没落がある。政所は基本的に将軍家家政のほか、それに関連する御料所の管理、洛中の動産訴訟、徳政などを扱っていたため、その権限は大きい。特に、政所に提訴される動産訴訟など（政所沙汰）については、将軍ではなく頭人が最終裁許者となっていた。永禄五年の騒乱で六角方が京都を退去したのち、貞孝父子は幕府より出奔した。その後、八月には牢人の柳本・薬師寺氏と連携し、洛中に侵入するが、九月十一日に三好・松永方に攻められ敗死する（『お湯』）。なお、この際に敗死した直臣としては貞孝父子のほか、本郷判官・有馬源二郎重則・結城将監がいたという（「年代記抄節」同日・『後鑑』）。

貞孝が六角氏と連携した要因として、今谷氏は、「政所執事の権限を過信するあまり独自のふるまいに出た」とされる[51]。しかし、その背景として指摘しえるのが、義輝と貞孝との確執である。義輝期の貞孝は、義輝からの離反や三好氏への接近という動向から、義輝と信頼関係が成立していたとは理解し難い。山田氏によれば、義輝はそれまで伊勢氏が専管していた政所沙汰に介入し、将軍権力の強化を図ったという。そのため、伊勢氏と三好氏との間を離反させ、貞孝が三好氏との同盟を破棄し、六角氏との連携の素地を作ったという[52]。

松村氏は義輝期の貞孝について、三好氏が幕府内に取り込まれていくなかで、敵対勢力としての実力を漸減させ、相対的に将軍権力が向上していったことで、政治的位置が微妙なものとなっていったと指摘される［松村：一九九九］。永禄五年の騒乱では、義輝が最終的に貞孝を排除することに成功したとし、貞孝が御料所代官の権限を奪取された時点ですでに失脚していたという。しかも、貞孝は幕府法に逸脱する行為を行っていたことも失脚の背景にあったとする。いずれも義輝が貞孝を排除することが目的であったと評価している。義輝の貞孝への不信がその要因でもあろう。

貞孝の離反後に頭人に就任したのは、摂津晴門である。晴門は、義晴期の内談衆摂津元造の息子であった。摂津氏は幕府の要職を多く勤めてきた家であるが、摂津氏の政所頭人就任は初である。晴門登用の背景として、父元造の養女が春日局で、義理の兄妹（姉弟）関係から山田氏は、「義輝―春日局―頭人晴門」という意思伝達ルートが成立し、義輝が介入しやすい状況になったという。さらに髙梨氏は、晴門が実際に政所内談に奉行人とともに参加して裁許を行った事例を挙げており、頭人の裁許の独立性が後退しているとされ、晴門期と貞孝以前の政所の変質を指摘される［髙梨：二〇〇四］。また、木下聡氏は登用の理由として、頭人就任の先例がある二階堂氏が義輝と疎遠となっていたこと、洛中や三好氏との関係性から登用された可能性を指摘されている(53)。

髙梨氏によれば、晴門による政所頭人としての活動がうかがえる初見は、貞孝離反後の永禄五年八月二十日である(54)。これは本来政所の管掌である徳政免除に関するもので、晴門がこの時点で頭人に就任していたことが判明する。髙梨氏は、晴門の登用を伊勢氏排除のための暫定的な処置である可能性を指摘している。八月二十日時点で義輝から離反しているが貞孝は存命であり、すでに晴門が正式に就任していたのか、六角氏の発布した徳政令に対する暫定的な処置であったのか判然としない。この時点では貞孝の帰参の可能性も否定できず、頭人職を解任されたのかは断定できない。以前より貞孝は義輝よりたびたび離反していたが、天文二十一年・永禄元年における義輝帰洛の際には、赦免され幕府に出仕していたため、復帰の可能性もあったのである。

天野氏はこの頭人職改任について、結果的に政所の信頼が低下したことで奉行人奉書の発給が減少し、その目論見は失敗であったと評価された［天野：二〇一六］。しかし、この改任により政所関係の奉行人奉書の発給数が減少したことを示すものはなく、現存数＝当時の発給数とはならないことからも、そのような評価はできないだろう。義輝が当初より貞孝排除を意図していたか、貞孝の離反をきっかけに結果的に晴門の登用となったのかなど、義輝の権力志向を理解するためにも、義輝と貞孝の関係について、さらなる評価が必要となろう。

六、近衛一門と女性たち

（1）近衛家とその一門

義輝期の外戚近衛家の活動とその位置づけは、髙梨氏の研究［髙梨：一九九八］や湯川氏の研究［湯川：一九九八］に詳しい。義輝期の近衛一門としては、当主近衛稙家と晴嗣父子、稙家弟である久我晴通、大覚寺義俊と聖護院道増がいる。さらに、遠戚である徳大寺家出身の梅仙軒霊超[55]のほか、生母慶寿院や正室稙家娘も含まれる。それに対し、同じ稙家弟の一人である興福寺一乗院門跡覚誉については南都に居住していたためか、基本的に一門の活動には加わっていない。しかし、義輝弟（覚慶、のちの義昭）が稙家の猶子となり、一乗院に入室していることは注目される。水野智之氏によれば、将軍家の男子が公家の猶子になった事例は、足利義視の息実相院義忠を除けばないという[56]。覚誉は、南都にあって将軍家の覚慶を預かるという形で貢献したといえよう。

稙家の行動について湯川氏は、武家社会に同化したわけではないが、武家伝奏と同様の役割、地方の武士への任官の取次や、子息前久の関東下向の画策など、武家社会への政治的行動が目立つとする。その行動背景の一つには、将軍家に通じることで家領の保持を期待したという。さらに、稙家の行動は「将軍の食客」としてなされた可能性も指摘される［湯川：一九九五］。

永禄元年十二月に上洛した義輝は、同月二十三日に近衛稙家娘と婚姻した。これにより、将軍家と近衛家はより深い血縁を結ぶことになった。しかし、稙家の嫡男晴嗣は天文二十四年に義晴の偏諱を捨て、「前嗣」に改名しており(『公卿補任』)、将軍家との関係に一定の距離を置いたことは注目される。水野智之氏は、「これまでの将軍偏諱授与のありようとは全く逸脱している」と述べ、近衛家が将軍権威を相対的に見做していたと指摘する。(57) このような前嗣の行動は異例ともいえるが、湯川氏が指摘する武家社会と同化したわけではないとの指摘に関連しよう。しかし、これによって「足利―近衛体制」が動揺したというわけではない。

稙家実弟で、久我家を継承した晴通の活動と政治的な位置づけは、金子拓氏が詳細に検討されている。それによれば、晴通は兄同様に義晴に近侍し、その死後は義輝に近侍したという。しかし、晴通は天文二十二年四月八日に落髪して「宗入」と称した。その理由について、『言継』同九日条には「就世上之儀、武家御母儀へ種々御意見雖被申候、無御同心、御述懐云々」とみえ、姉である慶寿院へ「世上之儀」を意見したものの、容れられなかったため不満に思い、出家したという。これについて、金子氏は晴通が出家後も義輝に近侍していたことから、「政権内部における権力抗争のような大きな問題につながるものではなく、単純に宗入の姉に対する個人的な不満」によるものとされた[金子：二〇一五]。具体的な「世上之儀」の内容は不明だが、時期から判断すれば義輝と三好氏との関係について何らかの具申をしたものと理解して問題ないと思われる。晴通が反三好氏にあったのか、親三好氏であったのかは不明だが、天文二十二年の直臣団内部の対立など、義輝周辺の情勢に危機感をもっていたことは想定できるだろう。

宗入の義輝期における活動で注目されるのが、毛利・大友間の和平調停であろう。宗入は聖護院道増とともに永禄三・六年に豊後へ下向し、直接大友氏と交渉している。この活動は、のちに義昭期の和平調停でも継続される。天野氏は、このような大名間調停などで近衛一門が活躍したのは、義輝が三好氏を御内書副状発給者に取り込めなかったためと指摘している［天野：二〇一七］。しかし、後述するように、その貴種性も関係しよう。

また、大覚寺義俊の活動も注目される。義俊については、川嶋将生氏や木村真美子氏が朝倉氏との関係から研究されたほか、高梨氏が義輝政権での役割について検討された。高梨氏は近衛一門の活動を検討するなかで、それぞれ役割の分掌があった可能性を指摘された。前述の永禄三・四年における浄土真宗高田派内の相論をもとに、義俊は幕府内での相論に関与し、その裁定を左右しうる存在であったという［高梨：二〇〇七］。このように、義俊は義輝政権内で枢要な立場にあったことが指摘され、他の兄弟とは異なる重要な存在であったと理解できる。

近衛家が将軍家に接近した一方で、同じ摂関家の九条家は義維方に接近し、独自の行動を取る。義輝政権を明確に否定した公家衆は、この九条家のみである。

（2）義輝を支えた女性たち

義輝期を支えた代表的な女性としては、生母の慶寿院、乳人春日局、側室でもある小侍従局などが挙げられよう。従来、義輝期の女房衆の活動については、ほとんど言及されてこなかった。生母の慶寿院のほか今後の研究の進展を期待して、義輝を支えた女房たちについて紹介したい。

①慶寿院　生母慶寿院は第十二代将軍足利義晴の御台所で、摂関家の近衛尚通の娘である［拙稿：二〇一七］。義晴の死に際して五月九日に落髪し、慶寿院を称した。そして、永禄の変の際には御所を脱出することを拒み、義輝に殉じた（『言継』同日条）。なお、桑山氏が慶寿院発給の消息とした文書には、署名部分に「い」とあることから、実名の一字は「い」であったことが知られる。生年については、「永禄以来年代記」（『続群』）によれば、慶寿院は五十二歳で没したとあるから、永正十一年（一五一四）誕生となる。なお、居所については、フロイスの『日本史』（第一八

章）に、御所のうち「一つ離れた宮殿」に居住していたという。

前述の桑山氏の指摘のように、慶寿院は義輝を後見していた大御所義晴の代行として「御内書」の発給も行っており、義晴と並んで義輝の後見役として期待される存在であった。将軍正室及び次代将軍の生母という立場でこのような存在は日野富子以来であり、結果的にはこの慶寿院で最後となる。

義輝期の慶寿院の活動を検討したものとして、湯川氏の研究［湯川：一九九八］と小谷氏の研究［小谷：二〇一七］がある。湯川氏は、義晴期を中心に御台所としての慶寿院の活動を検討された。それによれば、慶寿院は義晴期にすでに幕府政治へ介入し、義輝期には将軍家の権威高揚のため、長尾景虎の上洛を画策したという。小谷氏は、義輝期を中心に慶寿院の将軍家内での位置づけを行っており、慶寿院が将軍後見役としてさまざまな訴訟に関与して影響力を行使し、場合によっては義輝の裁許を覆した事例もあげている。さらに小谷氏は、この慶寿院の発言力の背景には近衛一族があったとされ、「足利―近衛体制」の要であり、当時の「将軍家家長」であったと評価する。

これに反して、慶寿院の姪である義輝御台所（近衛稙家娘）の主だった活動は確認されない。慶寿院と義輝御台所との役割分担などは今後の課題となろうが、前将軍の後家で将軍生母という二重の立場である慶寿院の義輝への影響力が大きく、御台所が活躍できる余地がなかったことが理由であろう。御台所はそもそも同じ近衛家出身である慶寿院と対立すべき存在ではなく、あくまでも将軍家と近衛家との関係を保証する存在として奥にあったと考えられる。
②春日局　義輝乳人である春日局に言及した研究としては、その生涯を叙述した平山敏治郎氏と菅原正子氏のものがある。(61) 菅原氏によれば、天文二十一年までは「乳人局」と呼称されており、その後、弘治三年以降に「春日局」と呼称されるようになったという。この間には、「左衛門督局」（『言継』天文二十一年九月二十三日条）も称している。お

そらく、義輝の近江動座のなかで改称したのであろう。この義輝乳人である春日局当人の出自は不明だが、義晴期の内談衆摂津元造の養女となり、さらに昵近公家衆日野晴光の室でもあった。そのため、義輝乳人という立場を利用して、嫁ぎ先である日野家の家領保持も担った（後述）。この春日局について、義輝乳人という以外に政権内での位置づけは明確にされていない。なお、﨟次は中﨟である（「伊勢貞助記」永禄三年六月十九日項・『後鑑』）。中﨟の女房は申次として将軍との取次を担当する場合もあったことが指摘されており[62]、春日局も同様と思われる。なお、春日局という局名は義満以降、摂津氏出身の女性に対して付けられるもので、この義輝乳人だけを指すわけではない。義輝乳人も摂津氏の養女となり、同様に春日局を称したのであろう。

一次史料より確認される春日局の役割を要約すれば、殿中での取次にとどまらず、諸事の談合に加わり、さらに義輝への披露の有無も独自に判断することができ、相論などの案件でも「中人」の役割を果たすことができる存在であった。なお、春日局は義輝の死後に落髪して、陽春院と称し、そのまま京都に居住しているが、陽春院邸は反三好派の拠点となっており、反三好の直臣に対する影響力を保持していた[63]。

③小侍従局　義輝期の女房衆のなかで、春日局とならび注目されるのは小侍従局である。従来、この小侍従局に対しても実証的に位置づけがなされたことはない。小侍従局で注目されることは、永禄の変の際に、三好方の要求に小侍従局の殺害が含まれていたことがある。フロイスの『日本史』には、「公方様の正妻と同じように人々から奉仕され敬われていた」とある[64]。『日本史』から、小侍従局は義輝の側近進士晴舎の娘であり、その活動は永禄元年末の義輝帰京より確認できる。後述のように、義輝の娘を二子産んでいる小侍従局が、帰京以降の義輝政権において看過できない存在であることは間違いない。なお、小侍従局の生年や奥入りの時期は不明だが、父晴舎は義輝に近侍する存在

であり、その所縁もあろう。

小侍従局の活動としては、殿中での申次のほか（『言継』永禄七年四月四日条など）、文書の発給も確認できる[65]。それは義輝側近彦部晴直宛であり、内容は禁裏への進物の品々を用意するようにというものである。さらに、義輝の意志伝達を仲介する役割もあった（『言継』永禄八年二月二十三日条）。

小侍従局は側室ということも含め、生母慶寿院、乳人春日局と並んで義輝の奥向きを代表する人物であったといえる。小侍従局による政治介入と思われる行為は確認できないが、三好側から憎悪される存在であったことは、三好方の要求には小侍従局の殺害が含まれていたという『日本史』での記述や、永禄の変後に探索されて殺害されたことからもうかがえる（『言継』）。義輝期の権力構造を理解するうえで、三好氏と小侍従局との関係など、その評価についても今後の課題となろう。

④その他の女房衆　当時の記録からは、義晴期以来の宮内卿局のほか、佐子局（上臈）、堀川局（中臈）、小少将局（中臈）、御今（以下、巻末の付属表参照）などが確認できる。ほかに、注目される女房衆としては、慶寿院の奉書を発給した左衛門督局がいる[66]。左衛門督局奉書は永禄五年に政所内での相論裁定をめぐって、義輝が政所沙汰に介入しようとした際に慶寿院・義輝の意向を伝達するために発給されたもので、多分に政治的な内容を含んだ奉書である。この事例から、慶寿院や春日局、小侍従局のみが独占して義輝の意志を伝達したわけではなかったことが判明する[67]。また、上臈の佐子局は、具体的な政治的活動はうかがえないものの、山科言継が慶寿院・御台・春日局・小侍従局と並んで頻繁に御礼を行う相手であり、奥向において重要な位置を占めていたことがわかる。

以上のように、義輝を支えた女性の活動を確認したが、慶寿院（生母）や春日局（乳人）、小侍従局（側室）の活動が顕著であるのが特徴といえよう。それに対して、義輝正室である近衛氏（稙家娘）の活動はそれに及ばない。

（3）義輝の子女

義輝は近衛稙家の娘を正室とした。義輝の母慶寿院は稙家妹であるから、いとこ関係にある。慶寿院は義晴との間に義輝・義昭・周暠の男子を産んだが、稙家娘の御台所と義輝の間には男子はなかった。義輝の子女については当時の記録から四名が確認される。男子一名と女子三名である。うち二名は小侍従が母親として確認できる。記録上確認できる最初の子女は、後述する永禄六年に松永方への人質となった総持寺殿（伝山性賢）である（のち大慈院と宝鏡寺を兼務）[68]。それが長女で当時八歳とあるため、弘治二年生まれである。そのため、朽木に動座しているときに誕生したことになる。母は不詳である。

後継者となるべき唯一の男子は、永禄五年四月十一日に誕生している（『お湯』同日条）。幼名は輝若丸であったが、これも母は不詳である。同時期に京都では軍事的緊張があり、前述のように義輝は八幡に避難している。そのような不安定な情勢のなか、同年七月十三日（または十五日）に輝若丸は没してしまう（『東寺過去帳抜書』[69]）。

その後、小侍従局を母とする女子が二名誕生している。二女は永禄七年二月二十四日（『言継』同日条）、三女は永禄八年四月十七日生（『言継』）である。男子は誕生しなかった。のちに大慈院と宝鏡寺の住持を兼ねた耀山は義輝の娘とされるが、何女にあたるかは不詳である[70]。なお『日本史』では、永禄八年五月に起きた、永禄の変の際に小侍従局が懐妊しており、その子が男子の可能性があったため殺害された、との記述があるが、三女の出産が四月のためそれと整合しない[71]。

七、義輝と大名

(1) 和平調停と栄典授与

義輝の代表的な大名政策に、和平調停がある。義輝は天文末における伊達稙宗・晴宗父子間の調停や、永禄元年の越後長尾景虎と甲斐武田信玄間の調停、永禄二年における出雲尼子晴久と安芸毛利元就間の調停、翌三年の日向伊東義祐と薩摩島津貴久間の調停、そして、同四年の豊後大友義鎮と尼子・毛利間との調停、さらに同六年より毛利・大友間の調停や、同五・六年の駿河今川氏真と三河松平元康間の調停を行っている。この調停の範囲をみれば、東国から西国にいたる全国範囲で展開していたといえよう。

義輝の大名間和平調停について、宮本氏は各大名の上洛と将軍援助、天下静謐の馳走を目的としたものと評価される。さらに、将軍への礼銭などによる幕府財源にも寄与されるものであったという［宮本：一九七四・一九七五］。黒嶋氏は、将軍と大名間の秩序の再生産を目指したものと評価された［黒嶋：二〇〇四］。山田氏は、大名側の将軍への期待や志向について、毛利・尼子間の調停の事例を挙げている(72)。それによれば、義輝からの和平調停に対して毛利隆元は、家の存続に関わるものであれば、上意を拒否してもよいが、上意に背けば内外から非難されることとなると述べているため、大名は上意をあからさまに拒否できないこと、拒否をした場合でも上意を軽んじているわけではないことを表明する必要があったことを指摘している。

特に、義輝の和平調停では近衛一門の現地下向が特色である。芸豊和平調停では、聖護院門跡道増や久我愚庵（晴通）が現地に下向している（『大友家文書録』）。大友氏は彼らについて「御威勢も候へ」と認識しており(73)、対応を無碍にできなかったと思われ、義輝が貴種を直接現地に下向させる意図がみてとれる。

義輝期には、直臣は当然として、義晴期同様に大名や国衆などに偏諱や官途、幕府の家格役職などを授与した事例が多く確認できる。代表的な事例を挙げれば、天文二十一年六月二十八日に尼子晴久を赤松氏の守護国を含む中国地方の八ヵ国の守護職に補任したほか、大友義鎮には永禄二年に九州探題職、筑前・豊前守護職、さらに大内家の家督相続、毛利氏にも御相伴衆や備中などの守護職、東北では伊達晴宗を奥州探題職に補任している。ほかに代表的な存在としては、御供衆・御相伴衆となった三好氏や関東管領を継いだ越後長尾景虎であろう。単に役職ではなく、毛氈鞍覆・白傘袋御免などの特権授与も含まれる。特に、義輝期に御相伴衆に新加したのは、北条氏政、三好長慶・実休兄弟、尼子晴久、大内義長、毛利元就・隆元父子、伊東義祐、斎藤義龍などが挙げられる。大内義長を除けば、いずれも戦国期に勃興した新興勢力と呼ぶべき地方の大名たちである。

これら義輝の対大名政策について黒嶋氏は、地方への影響力を確保し、自身の権威を高揚させ、将軍を頂点とする武家秩序の再生産を図ったものと評価された［黒嶋：二〇〇四］。しかし、同時に和平調停における義輝の限界性も指摘されており、それは和平の終結が不完全であること、抗争再燃阻止の手段を当事者間の縁組みに頼っていたこと、中央と地方との意識の差異があったこととする。黒嶋氏はさらに、義輝の和平調停が秀吉政権による停戦令にどのように継承されていくのか、などの課題を提示している。天野氏はこれらの義輝の対大名政策について、「一貫した方針はなく、自己矛盾を引き起こしていた」と否定的に評価される。

さらに、谷口雄太氏は権威の問題から、足利非一門の新興大名勢力を義輝が奥州・九州探題職等に登用したことなど、血の重視から力の重視に重心を移動させていったことについて、有力者の取り込みには成功したであろうが、将軍自ら血の秩序を乱し、足利的秩序を貶めたと評価された[74]。武家社会における足利氏の特異性を将軍本人が否定することになったといい、義輝の秩序再編の影響という点でも注目される見解である。

斎藤夏来氏は、島津氏と伊東氏、毛利氏の和平調停の事例から、和平調停における公帖発給と禅僧の役割についても指摘される[75]。義輝は公帖発給（坐公文）を単に官銭を得るのみが目的ではなく、発給対象の禅僧による和平調停などの政治利用も目的であったという。

小久保嘉紀氏は相良氏を事例に、偏諱授与について検討された［小久保：二〇一六］。相良頼房は永禄七年に義輝より「義」の偏諱と修理大夫の官途を得、「義陽」と名乗ったが、近隣の大友宗麟はこれに不満を表明した。そのため、相良氏は義陽という実名の利用を天正五年（一五七七）まで遠慮しなくてはならなかったという。つまり、義輝（将軍）の偏諱授与は、実際に行われていても、被授与者の周辺状況によっては効力がきわめて限定的で、将軍権威の限界性が認められると指摘する。これは偏諱・官途授与に限らず、役職・家格も同様であっただろう。

このような、栄典授与や和平調停に関しては、義晴期同様、基本的には当事者からの依頼が前提となっていることは留意する必要がある。東北地方の天文の争乱における伊達稙宗・晴宗父子の和睦は、稙宗方からの依頼に応えるかたちで行われており、義輝が能動的に和平調停を始めたわけではない［文書：18］。義輝の和平調停については、将軍・大名どちらの要請により開始されたのかという点を慎重に判断する必要があろう。そのため、義輝が主導して栄典授与や和平調停を行い、対大名政策に利用しようとしていたとの評価は留保される。

（2）大名別申次

和平調停では、それぞれの大名別申次［第4部表3参照］の存在も看過できない。これらの申次は信孝ら義輝の側近が中心であるが、彼らは各地の大名からの依頼を将軍に披露し、大名の期待に沿うことや将軍周辺の情報を地方へ伝達することが期待されていた[76]。豊芸雲の和平調停では、「義輝―各申次―各大名」の複数ルートで交渉がなされている。それは、尼子氏担当：大館晴忠・進士晴舎、毛利氏担当：上野信孝、大友氏担当：大館晴光となるが、彼らは義輝に近侍する存在であり、近衛一門の道増が現地で交渉するなか、大名別申次らは京都の義輝のもとで一元化して和平調停政策を担っていたと思われる。しかし、義俊も大友氏などとの仲介を行っている事例もあり（『大友家文書録』）、大名達も複数のルートで将軍との交渉を行っている。和平調停も各地の大名が彼らを介して義輝に依頼するものであり、義輝期のみならず和平調停における申次の役割については今後さらに検討されるべきであろう。

（3）大名の上洛・在京

前節に関連して、義輝と大名との関係を、大名の上洛と在京から検証する。義晴期まで、幕政に参与する京兆家などの大名が在京しながら（在京大名）将軍の政務を補完するのが、幕府の基本体制であった[77]。その前提として、大名領国内の保全とその周辺勢力との関係改善は不可避であろうことは想像に難くない。義輝の和平調停がそれを期待していたことは特に疑問の余地はないが、結論からいえば、義輝期には幕政に参与する在京大名は存在しない。在京大名のない義輝期は、いわば異例の幕府の存在形態であり、それを解消することが第一の目的であったと思われる。本来、在京大名であった京兆家がすでにその勢力を減退させるなかで、代わって在京大名となるべき存在は三好氏であろう。義晴期には細川高国・晴元らの京兆家の在京は継続していたが、同じく義晴政権を支えた近江の六角定頼は在京せず、領国にあって義晴政権を支えていた。定頼は在国を基盤としながら義晴からの諮問に答申し、幕政に関与していた[78]。義輝期の京兆家当主である氏綱は幕府への出仕こそ散見される（『雑々聞検書』永禄二年三月十日条など）が、それ以外で晴元と同列には評価できない。

そこで、注目されるのは三好氏の非在京である。永禄元年十二月の帰洛後、義輝は畿内に勢力をもつ三好氏と協調関係にあったが、長慶は飯盛山城を拠点として在京しなかった。その点六角氏に近い。永禄二年二月二日に上洛した長慶は相国寺内慈照院に寄宿しており（『言継』同十一日条）、この時点では京都に邸宅はなかったと理解できる。しかし、長慶の嫡男義興はたびたび将軍御所に出仕し、永禄四年には自邸に義輝を迎えているため、この時点では京都に屋敷を構えていた（「永禄四年三好亭御成記」）。長慶の非在京について、今谷氏は義輝に政治的敗北を喫したためとされるが[79]、幕府の基本体制が大名の在京にあることを鑑みれば、幕府の維持のためにも三好氏の在京は不可欠なものであろう。特に、義輝と長慶が協調関係にあったと理解する場合、長慶の非在京は義輝の意向ではなく、長慶方の意向によるものと理解できる。長慶に在京の指向がなかったのは、義昭期に織田信長が在京せずに政権を支えたこととの関連性が窺えるが、京都と権力の関係については今後の課題であろう。

また、永禄二年二月に織田信長、次いで斎藤義龍や長尾景虎が実際に上洛した。信長や義龍が在京して幕政に参与する意志はなかったが、景虎の場合は在京して幕政に参与する姿勢を示した[80]。この景虎の上洛に関して、永禄の変ののち、河内畠山氏被官の安見宗房が上杉家中に宛てた文書のなかに、景虎が「為御礼御在京候者、三好御成敗之段、被仰合由風聞」とある[81]。すなわち、永禄二年に景虎が上洛した際に、義輝より三好成敗を命じられたとの風聞があったというのである。これは風聞のため、信憑性については判断できないが、周囲は景虎の上洛には義輝の対三好氏への牽制があったものと見做していたことがうかがえる。

しかし、景虎は上洛後、坂本に滞在したのち、越後に下国する意向を示した。景虎は幕政参与のみならず、義輝より三好氏への軍事的牽制が期待されたことで、軍事的負担を考慮して当初の在京の意志を翻して帰国を表明したとも理解できる。景虎の意向に対して義輝は、「景虎存分、殊失国候共、是非可抽忠節之旨、大切之覚悟候」［文書：98］と、景虎が国を失ってでも義輝に在京奉公するといったことを述べ、帰京を促している。この文言から、義輝は国を失って大名の勢力基盤が喪失しようとも、大名が在京して幕政を支える形態が重要であったと意識していたことがうかがえる。国を失う状況では、景虎は三好氏への軍事的牽制の役割を果たしえない。そのため、義輝の景虎の在京に期待するものが三好氏に対する軍事的牽制だけでないことは明白であろう。

景虎の帰国など、三好氏に代わる大名の在京、幕政参与がないことは、結果的に三好氏に依存する以外の選択肢がなくなっていくことを示している。このような在京大名の不在という問題も、義輝期権力体制を理解するうえで注目されるものであろう。なお、信濃の小笠原長時は永禄二年三月十日に長慶の取り成しにより義輝へ御礼を（『雑々聞検書』同日条）、甲斐の武田信虎は、「外様」「大名」として幕府へ数度出仕している事例もある（『言継』永禄二年八月一日条など）。しかし、「失国」した彼らが幕政に参与する従来の在京大名とは異なる存在であることは指摘するまでもない。

八、義輝期の公武関係

義輝期の公武関係については、近衛家の動向が注目されてきた反面、そのほかの公武関係についての専論はない。朝廷が永禄元年末の義輝帰洛を歓迎していたことは前述した。実際の義輝期の公武関係はどのようなものだったのか、本章ではいくつかのテーマから義輝期の公武関係についてみていきたい。

(1) 参内と官位

義輝期の公武関係を示す史料として、織田信長による十七箇条の異見状が知られる(『信長公記』)。義昭を諫言するなかで、信長は義輝について、「御参内之儀、光源院殿様御無沙汰付而、果而御冥加なき次第」と述べ[82]、義輝は朝廷軽視の末に非業の死を遂げたと、批判している。天野氏も、義輝の朝廷に対する姿勢について、改元などをもとに朝廷を軽視していたとする[天野:二〇一七]。そこで、義輝の参内に注目して確認すると、永禄元年末の帰洛後は、永禄三年二月六日に「去々年上洛以来始」て参内し(『言継』)、永禄四年三月十三日を最後に参内をしていない。動座以前も含め、将軍就任後の義輝の参内は計五回だけである。これは歴代の現職将軍の参内回数を比較するまでもなく、きわめて少ない。先代義晴は、大永二年(一五二二)二月二十三日の初参内から天文十八年正月十日まで史料(『お湯』『二水記』『言継』など)から確認されるだけで十五回参内している。信長が義輝による参内が少ないと評価したのは、実態に即しているといえよう。参内回数=勤皇であるかを早急に評価はできないが、父と異なる姿勢とその背景については、なお検討する余地はあろう。

また、従来あまり注目されない問題に義輝の官位がある。義輝は将軍就任翌年の天文十六年に従四位下、参議・左近衛権中将に叙任したのを最後に昇進していない。父義晴は朽木に動座していた享禄三年に二十歳で従三位・権大納言に昇進している［拙稿：二〇一七］。義輝も父の先例に倣えば、二十歳で動座していた弘治二年に昇進が行われることは可能であっただろう。ただし、義晴の場合は帰洛を求める朝廷からの推任であったが、義輝には推任はなかった。その理由としては、義輝側が官位の昇進を求めなかったことと、朝廷側の義輝帰洛への期待が低下していたことが想定されるが、いずれかはわからない。政権が安定化する永禄元年の帰洛後も官位の昇進がなかったのは、義輝側が官位昇進の必要性を感じていなかったためと理解できる。これが朝廷軽視であるのかは即断できないが、義輝は自身の官位昇進に対して積極的でなかったという評価はできよう。しかし、義輝は武家執奏というかたちでさまざまな武士の任官を執奏しており(83)、官位の栄典利用という点で官位制度自体は活用していることには留意される。むろん、これらは義輝が自発的に執奏したのではなく、申請者側から依頼されたうえでの執奏であるが、当時も将軍の執奏によって任官することが地方勢力に期待されていたことを示している。

一方、義輝動座中、三好氏は官位の面で義輝に対抗しようとしたこともなかった。長慶は「筑前守」のままで、朝廷からの推任はなく、筑前守も正式に受領したわけでもない。官位の面からすれば、三好氏が将軍に代わる武家権力の長となる意志がなかった、またその必要がなかったか、朝廷もそれを期待していなかったといえる。

参内と自身の官位を踏まえれば、義輝は朝廷とある程度距離を保って接していたと理解できる。しかし、公武間の交流が停止したわけではなく、儀礼贈答などは動座期間を含めて継続されており、単純に朝廷を軽視していたということにはならず、義輝の朝廷に対する期待も含めて、今後さらに検討されるべきであろう。

（2）昵近公家衆と義輝

戦国期の公武関係を理解するうえで、武家昵近公家衆（以下、昵近衆とする）の活動は看過できない。通常の公武間交渉を担当する武家伝奏（広橋兼秀・国光父子、勧修寺尹豊）も昵近衆の一員であった。しかし、室町から戦国期の昵近衆の活動を検討した瀧澤逸也氏によれば、義輝期までに昵近衆の活動は形骸化し、御礼参賀など儀礼面が中心となるという。[84] そのなかで、義輝期における昵近衆の活動はいかなるものであったのだろうか。

昵近衆は、日野・広橋・烏丸・正親町三条・飛鳥井・高倉・上冷泉・勧修寺家であった。[85] これが昵近衆の基本構成だったが、この八家に必ずしも限定されたわけではない。そこで、義輝期の昵近衆をみると、この八家のほか、山科家や竹内家が昵近衆として認識される。山科家の場合、その活動の一環として殿中での申次も行っている（『言継』永禄八年正月八日条など）。義輝と昵近衆との関係をみていくうえで、特に注目されるのが高倉永家・永相父子家と日野家の家督相続問題である。

①高倉永家・永相父子　高倉家は衣紋道を家職とするため、実際に将軍家と日常的に関係が深く、『言継』などの当時の記録からは、義輝に扈従することが多く確認されるほか、軍事奉公などもある（『言継』天文十九年四月四日条など）。それに対して、義輝も当主永家の任権大納言を執奏して成功させている（『公卿補任』）。一時的に義輝より離反して三好方に属することもあったが（『言継』永禄元年五月十九日条）［髙梨：一九九七］、それで失脚することはなかった。これには家職の衣紋道も影響しよう。

高倉家の活動で特に注目されるのが、公武間交渉である。義輝期は武家伝奏や近衛家が公武間交渉を独占していたわけではなく、昵近衆の永家父子も将軍家から朝廷への使者や朝廷から義輝への使者をつとめている（『言継』天文十九年九月二十六日条)。伝奏を除く公武間の使者は、管見の限り永家父子がほぼ独占していると理解できる(『お湯』など)。永家父子がほかの昵近衆と比較してより義輝に近しい関係にあったことは明白であろう。当時の永家父子は将軍側近として、伝奏に準じた公武間交渉の担い手と位置づけられる。

②日野家家督相続問題　ここでは、弘治三年から永禄二年まで続いた日野家の家督相続問題を取り上げる。日野家は当主晴光の子晴資が天文二十年に死去し、同二十四年に晴光が死去して当主が不在となっていた[86]。その間に後家として家領を委託されたのが、義輝乳人で晴光室春日局である。長慶は日野家領の管理と家督後継について、九条家を介して飛鳥井雅綱の子資堯を当主候補として執申した(『お湯』弘治三年十一月二十一日条)。

しかし、義輝の帰洛後、日野家は「代々為　上意御進止」とされ[87]、義輝は日野家の後継について他流相続の例はなく同じ日野流であるとの理由で[文書:九三]、広橋国光の子とする旨を執奏した[88](『お湯』十二月十四日条)。義輝は資堯の相続を「不被知食」として許容しなかった[89]。翌年二月には故晴光の父日野内光の内大臣贈官を執奏(『お湯』二月十日)し勅許を得て、日野家への義輝の執奏権を誇示している。日野家家督は同年四月二十三日に国光の子が義輝の偏諱を得て輝資と名乗り、家督を継承したことで決着した。なお、春日局を通して義輝と特に関わりの深い日野家の相続に介入した長慶の意図と朝廷との関わりは、一層注目される。

この一件は、帰洛後の義輝が昵近衆(日野家)の家督に対する執奏権の確認を行ったものと評価できる。三好氏はこれに対して、特に拒否や非難をしていない。家督継承が問題とされたのが義輝の非在京期間であり、長慶はその代わりに「執申」しただけで、天皇への執奏権自体は本来義輝しかもたなかったこと、国光の妹は松永久秀の側室であり[神田:二〇一七]、国光の子という選択は三好氏にとって不満をもつものでなかったためだろう。この人選は、執奏権の確認と同時に三好氏との関係も考慮したものと評価できよう。

（3）永禄改元と武家伝奏

義輝期の公武関係を象徴する問題に、改元がある。義輝期には弘治・永禄の二度の改元があったが、この改元については、義輝の武家執奏によってなされたものではないことが知られる。特に問題となるのは、永禄への改元である。二月二十八日に「永禄」に改元したが、義輝は改元後も閏六月まで「弘治」の元号を使用し続けている[90]。少なくとも永禄の改元については、義輝が承認したものではなかったため、強く使用を拒否した（「惟房」永禄元年五月二十六日条）。これに対して、万里小路惟房は武家伝奏の連絡不備を非難している。次いで、正親町天皇の代替わり御礼を行ったことの返答がないことと、改元の連絡がいまだないことで「武家御無興」であったという（同六月二十一日条）。惟房はともに義輝の意向が伝奏より朝廷に伝えられ、朝廷からもその「御返事」があったはずであり、義輝にそれが届いていないことを「不審千端」と伝奏を非難している。

この当時、伝奏を介した公武間の連絡に不備があったことは明白である。この問題を担当した当時の武家伝奏は広橋国光であった。神田裕理氏が指摘されるように、国光の妹は久秀の側室である［神田：二〇一七］。五月七日の代替わり御礼は伝奏の広橋国光が行い、義輝御内書を近衛稙家が進上しているが（「惟房」五月七日条）、この際、義輝より糸巻きの太刀と馬代五百疋が進上された。無銘の太刀進上と千疋未満の馬代は「前代未聞」とされた（同）が、朝廷は同十三日に義輝への御返事を行っている（同七日・五月十三日条）。この際、万里小路秀房の副状が国光より所望されており（秀房娘は正親町天皇の女御「新大典侍」）、少なくとも朝廷側に怠慢はなく義輝に対応している。天野氏はこの改元について、三好氏が費用を調達した可能性を指摘し、さらに改元の伝達については、朝廷側が義輝を見限ったことで、意図的に伝達しなかったと否定的に評価される［天野：二〇一七］。しかし、前述のように朝廷側は義輝の御礼への返事は行っており、連絡の遅延が意図的であったとは評価できないだろう。

公武間連絡の不備は国光がその要因であることは相違ないが、なぜ国光が伝奏としての職務を果たさなかったのか、国光と久秀の関係から、その背後の三好氏の影響も想定されるが、当時の公武関係はなお検討していかなければならないだろう。また、この一件では義輝側は惟房などを通じて内々に改元を認知しても、武家伝奏を介した伝達でなければ手続き上それは完結しなかったことを示しており、義輝期の公武間交渉も伝奏を通した従来のものを踏襲していたことがわかる。その意味で、伝奏国光の懈怠は公武関係に重要な影響を与えるものであった。

（4）天皇・公家衆と義輝

当時の公武関係を検討するなかで、天皇や公家衆は義輝をどのように評価していたのかが問題となろう。天野氏は、義輝が朝廷に対してたびたび懈怠していたことを指摘する。特に、天野氏は帰洛後の改元を事例に、革命である辛酉（永禄四年）・甲子（永禄七年）の年に発議しなかったことを指摘している。特に、永禄七年の甲子革命年には発議しない義輝に代わり、三好氏が改元を発議したものの、天皇は将軍以外の発議は異例として承認しなかったという［天野：二〇一七］。改元発議を含め、天皇への武家執奏権は義輝だけが有するものであり、それ以前も長慶の場合は「執奏」ではなく「執申」であったことからも、三好氏の立場がうかがえよう(91)。朝廷の基準でいえば、将軍家は堂上であり、三好氏は地下であり、家格の差は歴然としていた。

また、前述のように永禄元年に京都を実効支配していた三好氏と交戦した義輝を言継が「敵」と表記したのであれば、将軍といえども京都や公家自身の安全保障に直接危害が及ぶ場合は敵と判断される場合があった。しかし、この認識は当時言継のみが持っていたのか、在京の公家衆に共通した認識かは断定できない。少なくとも、「惟房」や朝廷内の意識を反映する『お湯』ではこのような表現はなく、朝廷としては将軍の帰洛は、「天下おさまりめてたし〳〵」と評価されるものであった。そもそも、義輝は朝廷と敵対する存在ではない。また、公家衆が武家権力に第一に期待したのは自身の保全と京都の治安であり、将軍が在京しそれを保証し続ければ、義輝を否定する必要はない。永禄五年の騒乱の際には義輝は京都を避難し、その後に京都を占領した六角氏が禁中の警固を行った。それに対して、六角氏へ朝廷より下賜があった（『お湯』同年三月七日条・四月二十四日条など）。これは、義輝不在という現状に則した朝廷の判断と理解される。朝廷はその間も義輝との音信を継続しており、六角氏を義輝に代わる新たな武家権力と承認したわけではない。その点では、将軍非在京時の三好氏への評価も同様であったろう。

朝廷側の義輝への不信の有無に関係なく、将軍帰洛の可能性がある限り、朝廷や公家衆が義輝との関係を無視、ないしは否定する利点はない。朝廷はそもそも将軍である義輝を否定するものではなく、このような朝廷の姿勢からは朝廷と三好氏との関係を過大には評価できないだろう。

九、義輝の死（永禄の変）とその影響

永禄八年五月十九日に義輝は三好義継や三好三人衆、松永久通らに襲撃され、殺害された（『言継』・『お湯』ほか）。この事件については、「永禄の変」または「永禄の政変」などと呼称されるが、必ずしも一般化した名称とはなっていない（便宜上「永禄の変」とする）。「足利季世記」やフロイスの『日本史』によれば、進士晴舎が訴状を受け取った

ものの、自身の娘である小侍従局の殺害や、「その他多数の殿たち」の殺害が訴状の内容に含まれたため、義輝への取次を拒否し、晴舎は義輝の面前で自害した。それを交渉の決裂と判断した三好氏は御所を襲撃したという。この事件の評価についても、研究者によりその見解が分かれている。三好氏側の状況から見れば、前年に長慶が死去したことで、若年の義継が家中への求心力を高めるために襲撃に及んだと理解することもできる。

襲撃の要因を、山田氏は、義澄流と義稙流と「二つの将軍」家を解消し、義稙流に統一するためとし［山田：二〇〇二］。天野氏は、義継が義輝との関係を清算するために殺害し、将軍そのものの擁立を放棄するためと指摘される［天野：二〇一六］。このような義輝殺害を目的としたものという評価に対して、柴氏は、襲撃は室町期にみられた御所巻の一種で、義輝殺害が目的ではなかったと評価された［柴：二〇一六］。その後、山田氏も三好氏による御所巻の可能性を指摘し、義輝に自らの要求を飲ませることが目的であり、殺害することが目的ではなく、義輝の死は「大誤算」だったのではないかと指摘された(92)。

このように当初より義輝殺害が目的だったのか、自らの要求を通すことが目的で殺害までは望んでいなかったのかなど、三好氏の最終的な目的についての評価はまちまちで、統一した見解は示されていない。ただし、山田氏も述べているように、単に殺害が目的であれば、御所を囲み訴状を提出するのではなく、直接襲撃すればよいため、単に殺害を目的としたことについては疑問が残る。それも踏まえれば、三好氏の当初の目的は義輝の殺害でなく、側近衆の排除を目的とする一種の御所巻であったと理解するほうがよいのではないだろうか。さらに、訴状提出の過程で、義輝と三好氏との公式な申次である進士晴舎を通していることから、あくまでも三好氏は公的な交渉ルートで訴状を提出していたことは注目されよう。晴舎が義輝への取次を拒否する姿勢を示し自害したため、三好氏側の義輝への公的な要請ルートが消失し、これを三好氏が手切りと判断し、実力行使に移行したといえる［拙稿：二〇一八］。

この事件の勃発当初より阿波の義栄擁立が噂されていたが（『言継』）、これは義輝が三好方に排除され、新たに義栄が擁立される可能性があると周囲が認識していたことを示している。当時、義輝と三好方との間に再び不和が生じる可能性があると認識されうるような状態に陥っていたためといえよう。実際に三好方が当初義栄を擁立しようとしたかについては、天野氏が義継の行動原理から否定的な見解を示している［天野：二〇一六］。天野氏が述べるように、義継が将軍を排除した三好政権樹立を目的としていたのかの正否については、さらなる検証が必要であろうが、少なくとも新しい将軍が擁立されうるという言継の認識は、公家衆が三好氏単独の政権が成立することをそもそも想定していなかった証左でもある。そのような対三好観のなかで政権奪取を目的とした義輝殺害を行ったのであれば、天野氏が指摘するようにきわめて拙速な行為と評価せざるえないだろう。

このように、さまざまな要因が想定されるものの、三好氏の実際の目的（殺害か否か）については、現状では結果以外に確証を得ない。義輝の死という結果のみからこの事件を評価するのは危険であろう。しかし、三好氏の要求がフロイスのいうような小侍従局や側近衆の殺害だったのであれば、義輝がそれを受け入れる可能性は低く、最終的な交渉の決裂は明白であろう。そのため、その後の三好氏の目的が義輝殺害か、幽閉かは現状では結論はでない。

「その他多数の殿たち」である側近衆も粛清の対象となっていた可能性はあるが、実際に変当日に殺害された直臣以外に新たに殺害された者はいない。そのため、当初より義輝側近で当日自害した晴舎や殺害された彦部晴直などごく一部の側近が、三好氏の求める排除の主たる対象であった可能性が高い。小侍従局もこれらの側近衆の一員、ないしはその関係者として、三好氏の襲撃目標になったと考えられる。当時具体的な両者の軋轢などは確認されないが、彼らは長慶死後の三好氏にとって義輝との協調関係を阻害する存在として認知されていたことは確かであろう。

事件後、朝廷は三好氏の行為を非難することはなく、五月二十一日には三好長逸の御見舞の参内を受け入れ、御酒を下賜している。これは朝廷が三好氏を将軍後継としての武家権力と承認したのではなく、将軍を殺害した三好氏を拒絶できなかったと理解すべきであろう。義輝はその死後も「天下諸侍御主」と理解され[93]、武家権力の長であったと地域勢力からも認識されていた。それを踏まえれば、義輝を襲撃・殺害することのリスクは大きいだろう。

義輝の死による将軍不在の幕府は、人員面で義栄陣営と義昭陣営に二分され、それぞれの陣営が奉行人奉書の発給などで独自に活動したため、完全に活動を停止したわけでない[94]。永禄十一年十月に義昭が織田信長に擁立されて上洛し、将軍に就任したことで京都にて幕府が再興される。この事件により永禄元年以降、協調関係にあった義輝と三好氏との関係が破綻するのみならず、結果として戦国期畿内政治史は新たな段階に入った。この事件がなければ、信長の上洛も、その後の織田政権・豊臣政権の樹立はないため、後世へ与えた影響は大きい。

おわりに

総論では、先行研究を踏まえて、義輝政権の概要と生涯についてまとめて述べてきた。義輝期を戦国期の将軍のなかで肯定的に評価するのか、否定的に評価するのか、研究者により評価は一定ではない。しかし、三好氏などの新興勢力が勃興するなかで、義輝が和平調停や栄典授与を活用し、地方勢力に柔軟に対応しようとしていたことは評価できるのではないか。義輝は朝廷とは一定の距離を取ったが、朝廷側は義輝を否定するものではなかった。

一方、幕府の政務運営については、義輝は幼年より次期将軍として養育されてきたものの、畿内の情勢に影響され、数年間は近江に動座せざるえなかった。そのため、幕府の首長としての政務運営に不慣れであったことは否めないだろう。それを義輝周辺も理解していたため、慶寿院や春日局が後見として補佐していた。当初の三好氏への対応についても、側近衆の影響で和解から決裂へと変化することとなった。その後も義輝は側近を用いた政務運営を行っていたように、側近を重用する姿勢は強かったといえる。ただし、これは義輝に限定されるものではない。先代の義晴期のみならず、戦国期幕府における側近の役割は大きく、義輝もその延長にあったと理解される。当時の政務運営における側近の具体的な関与については、現状では断片的にしか判明しないが、その役割は大きいと評価できよう。特に、信孝や晴舎などの側近が申次として通常の政務のほか、義輝の対大名政策などに関与していたことは間違いない。また、それまで伊勢氏によって半独立的に運営されてきた政所沙汰を、永禄五年に結果的に将軍権力に直属させるなど、義輝期に将軍権力が再編されつつあったことは確かだろう。このような将軍権力の再編の最中、側近衆の重用を要因の一つとして永禄の変が発生する。そのため、義輝期の理解には、側近の具体的な役割について深く検討していくことが不可欠であり、有効でもあろう。

また、義輝政権の評価で問題となるのは、三好氏との関係であろう。本書は三好氏を対象としたものではなく、あくまでも義輝と幕府を主眼としたものであるから、三好家中の内実には言及してこなかったが、基本的には両者は協調関係にあったと評価してよい。それがいったん畿内情勢が不安定化すると緊張の生じるものだったとしても、畿内には三好氏以外に幕府を支える大名勢力はなく、義輝には三好氏以外に選択肢がなかった。このため、義輝は畿内の騒乱のなかでも三好氏との関係を継続した。三好氏は、京兆家に代わり将軍家を支えるほぼ唯一の大名家として畿内にあった。その関係を清算したのは三好氏側であったが、永禄の変における三好氏の最終目的が義輝の殺害か、側近衆の排除か、いかなるものであったのかはさまざまに解釈が展開でき、いずれも確証に欠ける。しかし、前述のように側近衆が一つの手がかりになることは間違いないだろう。

その他の課題としては、本書では言及しなかったが、義輝期の幕府経済や財政、御料所運営などがある。これらは残存史料の問題もあり、これまで研究されてこなかった。御礼進上などの贈答もあるが、それが実際にどの程度幕府財政に影響したのか、この点についても実証的に検討していくことが求められるだろう。

以上のように、いずれの評価であれ、義輝期が戦国期室町幕府の画期となる時期であったことは確かだろう。義輝研究は先代の義晴期、後代の義昭期と比較してもなお研究途上であり、今後の研究成果が大いに期待される。それにより、戦国期の将軍をめぐる権力構造・秩序体制などの実像がより明確となっていくだろう。

註

（1）今谷明①『戦国期の室町幕府』（講談社、二〇〇六年、初出一九七五年）、同②『室町幕府解体過程の研究』岩波書店、一九八五年）、同③『戦国三好一族』（洋泉社、二〇〇七年、初出一九八五）を参照。

（2）山田康弘「戦国期の政所沙汰」（同『戦国期室町幕府と将軍』吉川弘文館、二〇〇〇年、初出一九九三年）。

（3）政所関係では、政所代蜷川親俊による国立公文書館蔵『襍拾抄』・『襍拾集』など、未翻刻でいまだに十分に活用されていない史料もあり、それらの活用によっては、さらなる義輝期幕府研究の深化が期待される。

（4）『親俊日記』天文七年正月十日条では、義晴の参内に際して、貞孝が菊幢丸を預かっていたため御供をしなかったとあり、貞孝が菊幢丸の養育に無関係だったわけではない。

（5）浜口誠至「足利将軍家元服儀礼と在京大名」（同『在京大名細川京兆家の政治史的研究』第一章第三節、二〇一四年、思文閣出版、初出二〇一二年）。
（6）（天文十九年）二月二十八日付長尾景虎宛大館晴光副状（『上杉家文書』一一一八号）。
（7）桑山浩然「「副状」小考―上杉家文書の綸旨・御内書をめぐって―」（『東京大学史料編纂所報』一七号、一九八二年）。
（8）（天文二十年）二月十八日付横瀬成繁宛進士晴舎書状写（『集古文書』）では、義晴死後の義輝について、「当御所様一段候御器用御座候」と述べている反面、「其方へ罷下可得御扶助覚悟候ハん」とも述べ、奉公衆・奉行衆含む将軍直臣団の解体の可能性も生じている。
（9）前掲註8書状写。
（10）高橋康夫・今谷明編『室町幕府文書集成　奉行人奉書篇』（思文閣出版、一九八五、以下『集成』）参照、収録文書では、天文二十年は九通、二十一年は五十二通が確認され、残存数が急増している。
（11）総持院消息写（『言継』天文二十一年二月二十二日条）。
（12）天文二十二年二月二十六日付伊勢貞孝等連署起請写（「宮内庁書陵部所蔵文書」・天野忠幸編『戦国遺文　三好氏編』所収三五八号、以下『三好』）、同日付伊勢貞孝等連署状（「大阪城歴史博物館所蔵文書」『三好』三五九号）。
（13）天文二十一年六月二十八日付尼子晴久宛室町幕府奉行人奉書（「佐々木文書」・『集成』三七二六～三一）。
（14）西島太郎「中・近世移行期における朽木氏の動向」（同『戦国期室町幕府と在地領主』第二部第二章、三一七頁、八木書店、二〇〇六年、初出一九九七年）など参照。
（15）前掲註1今谷②所収「三好・松永政権少考」（四五六・四五七頁）。
（16）水野智之「足利義晴～義昭期における摂関家・本願寺と将軍・大名」（久野雅司編著『シリーズ室町幕府の研究1　足利義昭』戎光祥出版、二〇一五年所収、初出二〇一〇年）。
（17）小谷利明「畿内戦国期守護と室町幕府」（『日本史研究』五一〇号、二〇〇五年）。
（18）晴光の嫡孫（輝氏子）である十郎輝光の活動も、この頃より始まる。

(19) 永禄五年三月十八日付近江守護佐々木六角氏奉行連署徳政掟書案（『蜷川家文書』七七二号）
(20) 国立公文書館蔵『纔拾抄』。同記は、蜷川親俊による永禄五年の徳政令関連文書の引付史料である。
(21) 永禄五年九月朔日付一揆連判衆中宛上野信孝・一色藤長・進士晴舎連署奉書案（『蜷川家文書』七八〇号「幕府徳政文書案」）。
(22) （永禄五年）九月二日付一揆中宛室町幕府奉行人連署奉書案（『蜷川家文書』七八〇号「幕府徳政文書案」）。
(23) （永禄四年）霜月五日付河野通宣宛上野信孝書状写（「河野文書」『愛媛県史』一八三七号）。
(24) （永禄五年）六月九日付河野通宣宛上野信孝副状写「河野文書」『愛媛県史』一八五五号）。
(25) 前掲註2、二八九・二九〇頁。
(26) （永禄三年カ）二月二日付御供衆触廻文（『蜷川家文書』七三一号）。
(27) （永禄四年）四月十四日付御供衆触廻文（『蜷川家文書』七五一号）。
(28) （永禄五年）月日未詳松田藤弘宛左衛門督局奉書案（『蜷川家文書』七七四号）。
(29) 木下聡「室町幕府奉公衆の成立と変遷」（同『室町幕府の外様衆と奉公衆』第一部第三章、同成社、二〇一八年）。
(30) 金子拓「室町幕府最末期の奉公衆三淵藤英」（『織田信長権力論』第一部第一章、吉川弘文館、二〇一五年、初出二〇〇二年）、伊藤信吉「室町幕府奉公衆・熱田大宮司家一族、千秋輝季について」（『皇學館論叢』四六—二、二〇一三年）、同「千秋輝季の伝記的研究」（『皇學館論叢』四八—三、二〇一五年）、亀田俊和「室町〜戦国期の彦部氏」（『十六世紀論叢』八、二〇一七年）、拙稿「足利義輝・義昭期における将軍御供衆一色藤長」（戦国史研究会編『戦国期政治史論集　西国編』岩田書院、二〇一七年所収）。
(31) 福田豊彦「室町幕府の奉公衆体制」（同『室町幕府と国人一揆』I—四、吉川弘文館、一九九五年、初出一九八八年、同「室町幕府の奉公衆（一）—御番帳の作成年代を中心として—」（同『同』I—二、初出一九七一年）、長節子「所謂『永禄六年諸役人附』について」（『史学文学』四—一、一九六二年）、黒嶋敏「足利義昭の政権構想—『光源院殿御代当参衆并足軽衆以下衆覚』を読む—」（同『中世の権力と列島』第四部第九章、高志書院、二〇一二年、初出二〇〇四年）。
(32) 二木謙一「室町幕府御相伴衆」（同『中世武家儀礼の研究』三一六・三一九頁、吉川弘文館、一九八五年、初出一九七九年）、前掲註31福田著書八九頁。

(33) 前掲註29、一七三頁。
(34) 国立公文書館蔵内閣文庫『武家故実雑集』第六冊、今谷氏「『東山殿時代大名外様附』について」(前掲註今谷②第二部第三章、初出一九八〇)。
(35) 『言継』永禄二年四月一日条、ただし、基速は御所に出仕したが義輝との対面はなかったという。
(36) 大館輝氏は永禄五年頃を最後に史料より確認されなくなるため死去したと思われ、代わってその子十郎輝光の出仕が確認されるようになる(『言継』・「諸役人附」)。
(37) 義晴期より義昭期の評定衆摂津氏については、木下聡「摂津氏」(前掲註29著書第Ⅱ部第一章、一部初出二〇一〇年)を参照。
(38) (年未詳)二月十五日付毛利元就・隆元宛朽木稙綱・上野信孝連署副状(『毛利家文書』二二八号)、「貞助記」(『後鑑』所収)永禄三年六月十九日条など。
(39) 朽木氏の動向については、前掲註14西島著書を参照。
(40) (永禄三年)二月二十七日付吉川元春宛上野信孝副状(『吉川家文書』五二三号)ほか。
(41) 歴代当主の、持頼、尚長などは将軍偏諱を得ている。
(42) 松田毅一・川崎桃太訳、完訳フロイス『日本史』Ⅰ、第一八章(中央公論新社、二〇〇〇年)。
(43) (永禄三年)十一月二十七日付上野信孝・竹内季治・進士晴舎宛三好長慶書状案(「雑々書札」『三好』六九五)ほか。なお、信孝の死後は量忠が申次を継承している。
(44) (永禄二年カ)十二月二十九日付伊勢貞孝宛上野信孝・進士晴舎連署奉書(『蜷川家文書』七一七号)ほか。
(45) (永禄年間)十月八日付山本大蔵宛進士晴舎書状(『増補八坂神社文書』下巻二、二二五四号)。
(46) (永禄五年)年月日未詳松田藤弘宛左衛門督局奉書案(『蜷川家文書』七七四号)。
(47) 当時侍所は御前沙汰の管掌下にあった。詳細は拙稿「戦国期侍所の基礎的研究—開闔の活動を中心として—」(同『戦国期足利将軍家の権力構造』第二部第一章、岩田書院、二〇一四年、初出二〇〇六年)参照。
(48) 永禄五年二月二十九日付幕府奉行人連署奉書(「土岐文書」『集成』三八六九・三八七八号)。

(49) 永禄五年十月十八日付幕府奉行人連署奉書（「清和院文書　坤」『集成』三八九〇号）。
(50) 元亀四年六月十三日付松田秀雄宛曽我助乗賦写（「和簡礼経」・『改定史籍集覧』第二十七冊所収）。
(51) 前掲註1、今谷①二九三頁。
(52) 前掲註2、一七四・一七五頁。
(53) 前掲註29、二〇七・二〇八頁。
(54) 永禄五年八月二十日付政所頭人加判連署奉書（東京大学史料編纂所架蔵写真帳『森田博三氏所蔵文書』）。
(55) 磯川いづみ「伊予河野氏の対京都外交―梅仙軒霊超を介する「近衛ルート」―」（『戦国史研究』六七号、二〇一四年）。
(56) 水野智之『名前と権力の中世史』（吉川弘文館、二〇一四年）一七四頁。
(57) 前掲註56、一七三・一七四頁。
(58) 川嶋将生「大覚寺義俊の活動」（同『室町文化論考―文化史のなかの公武―』第一部第六章、法政大学出版局、二〇〇八年所収、初出一九九五年）、木村真美子「大覚寺義俊の活動と近衛家」（『室町時代研究』三号、二〇一一年）。
(59) 前掲註16。
(60) 慶寿院消息（『上杉家文書』一一一四号）。
(61) 平山敏治郎「春日局考」（『民俗学研究所紀要』二二号、一九九八年）、菅原正子「春日局と日野家」（同『中世公家の経済と文化』第二部第一章第四節、吉川弘文館、一九九八年、初出一九九三年）。
(62) 羽田聡「室町幕府女房の基礎的考察―足利義晴期を中心として―」（拙編著『シリーズ室町幕府の研究3　足利義晴』戎光祥出版、二〇一七年所収、初出二〇〇四年）。
(63) 拙稿「永禄の政変後の足利義栄と将軍直臣団」（『戦国期足利将軍家の権力構造』第三部第一章、岩田書院、二〇一四年、初出二〇一二年）参照。
(64) 前掲註42、三〇二頁。
(65) （月日未詳）彦部晴直宛小侍従局消息（「彦部文書」・『群馬県史』資料篇7中世3）。ほかに、二次史料ではあるが、『室町殿日記』のなかには小侍従局発給文書の写と小侍従局宛文書がそれぞれ一通所収される。
(66) 前掲註46左衛門督局奉書案。
(67) なお、左衛門督局も、摂津氏出身の女房が名乗るものであるから、春日局との血縁、ないしは擬似的血縁関係が想定される。
(68) 大谷由香「五辻山長福寺と「見蓮上人門徒」」内表3「大慈院歴代入寺尼」(同『中世後期泉涌寺の研究』第二章、法蔵館、二〇一七年、初出二〇一三年)、大塚実忠編「史料紹介　比丘尼御所歴代(一)」～「同(四)」(『日本仏教』二六～二八号・三一号、一九六七～七〇年)参照。
(69) 「長享年後畿内兵乱記」(『改訂史籍集覧』)では十五日ではなく、七月十三日没とある。
(70) 「大慈院歴代伝系」(『宝鏡寺文書』所収)では母は近衛前久娘とあるが、年代に合わない。稙家娘の御台所との誤認であろうが、御台所は義輝の子女を出産した記録はないため、御台所が実母か養母であったかは判然としない。
(71) 『日本史』には、永禄の変時に女子二人がいて逃れたとの記述があるが、これが小侍従局との間の二人の娘であろう。
(72) 山田『戦国時代の足利将軍』(吉川弘文館、二〇一一年)九四・九五、一〇二頁参照。
(73) (永禄六年)田村宗功宛大友義鎮書状写(『大友家文書録』四冊)。
(74) 谷口雄太「足利時代による血統秩序と貴種権威」(『歴史学研究』増刊号九六三、二〇一七年)。
(75) 斎藤夏来「戦国期の室町将軍と禅宗」(『日本歴史』七四九号、二〇一〇年)。
(76) 大名別申次については、山田康弘「戦国期における将軍と大名」、同「戦国期大名間外交と将軍」(二つとも前掲註62拙編著所収、ともに初出二〇〇三年)を参照。
(77) 在京大名については、吉田賢司『室町幕府軍制の構造と展開』(吉川弘文館、二〇一〇年)、前掲註5浜口氏著書など参照。
(78) 西島「足利義晴期の政治構造—六角定頼「意見」の考察—」(前掲註14著書所収、初出二〇〇〇年)。
(79) 前掲註1③二〇八頁など。
(80) (永禄二年)月日未詳長尾景虎条書(『上杉家文書』四七〇号)。
(81) (永禄八年)六月二十四日付河田長親・直江政綱宛安見宗房書状(「長岡市立科学博物館所蔵文書　河田文書」・『三好』参考九三号)。

(82)『尋憲記』では「内裏」、『信長公記』では「参内」とする。
(83)日向伊東義祐昇叙の執奏は『お湯』永禄四年八月十八日条、飛騨三木嗣頼への飛騨国司、従三位、参議叙任執奏は同二年七月九日条。
(84)瀧澤逸也「室町・戦国期の武家昵近公家衆―その構成を中心として―」(『国史学』一六二号、一九九七年)。
(85)永禄四年三月二十八日付高倉永相書状写(「文書纂」『後鑑』永禄四年三月二十八日項)。
(86)菅原「日野家領の研究」(前掲註61著書第二部第一章、一八八・一八九頁)。
(87)(永禄元年)十二月十七日付摂津晴門宛広橋釣寂(兼秀)書状写(『日野家領文書写』)。
(88)故日野晴光の父で、義澄期の当主日野高光(内光)は閑院流の徳大寺家出身のため、他流相続の先例はある。
(89)永禄元年十二月十七日付幕府奉行衆意見状写(『日野家領文書』)。
(90)弘治四年閏六月二十日付春日局代宛幕府奉行人連署奉書写(『日野家領文書写』)。
(91)(永禄元年)十二月十七日付摂津晴門宛柳原資定書状写(『日野家領文書写』)。『お湯』でも三好氏の申し入れに対しては、「執奏」という表現を用いていない。
(92)山田「足利義輝」(榎原雅治・清水克行編『室町幕府将軍列伝』戎光祥出版、二〇一七年)。
(93)(永禄八年)六月二十四日付河田長親・直江政綱宛安見宗房書状(「河田文書」『上越市史別編一上杉氏文書集一』四六八号)。
(94)前掲註63。

本書収録論文以外の主要参考文献

天野忠幸「三好政権と将軍・天皇」(同『増補戦国期三好政権の研究』第二部第四章三五一頁、清文堂、二〇一五年、初出二〇〇六年)
同『増補版　戦国期三好政権の研究』(清文堂、二〇一五年、初出二〇一〇年)
同「三好政権と足利幕府との対立をどう評価するか」(今谷明・天野忠幸編『三好長慶』一七二・一七六頁、宮帯出版社、二〇一三年)

同『三好長慶』（ミネルヴァ書房、二〇一四年）
同『三好一族と織田信長――「天下」をめぐる覇権戦争』（戎光祥出版、二〇一六年）
同「政治秩序にみる三好政権から織田政権への展開」（『織豊期研究』一九号、二〇一七年）
金子拓「久我晴通の生涯と室町幕府」（同『織田信長権力論』第一部第二章、吉川弘文館、二〇一五年）
同「室町幕府最末期の奉公衆三淵藤英」（同『織田信長権力論』第一部第一章、吉川弘文館、二〇一五年、初出二〇〇二年）
神田裕理「久秀の義兄・武家伝奏広橋国光と朝廷」（天野忠幸編『松永久秀』宮帯出版社、二〇一七年）
拙稿「総論　足利義晴政権の研究」（拙編著『シリーズ室町幕府の研究3　足利義晴』戎光祥出版、二〇一七年）
拙稿「足利義輝側近進士晴舎と永禄の変」（『戦国史研究』七六号、二〇一八年）
黒嶋敏「山伏と将軍と戦国大名―末期室町幕府政治史の素描―」（同『中世の権力と列島』（高志書院、二〇一二年、初出二〇〇四年）
小谷量子「上杉本洛中洛外図屏風注文者　近衛氏の生涯」（『日本女子大学大学院文学研究科紀要』二三号、二〇一七年）
髙梨真行「戦国期室町将軍と門跡―室町幕政における大覚寺義俊の役割―」（五味文彦・菊池大樹編『中世の寺院と都市・権力』山川出版社、二〇〇七年所収）
同「将軍足利義晴・義輝と奉公衆―大和孝宗書状「兎ニ角ニ、一人之諸行、天下滅亡にて候」をめぐって―」（小此木輝之先生古稀記念論文集刊行会編『歴史と文化』青史出版、二〇一六年）
田中信司「御供衆としての松永久秀」（『日本歴史』二〇〇九年）
同「松永久秀と将軍足利義輝」（天野忠幸編『松永久秀』宮帯出版社、二〇一七年）
湯川敏治「足利義晴将軍期の近衛家の動向」（同『戦国期公家社会と荘園経済』続群書類従完成会、二〇〇五年所収、初出一九九八年）

【付記】前書『足利義晴』に続き、総論執筆にあたって『親俊日記』を読む会での知見が重要な要素となっている。会の参加者一同に改めて御礼を申し上げたい。

第1部　義輝期の京都と幕府構成員

Ⅰ

将軍足利義輝の側近衆
―外戚近衛一族と門跡の活動―

髙梨真行

一、はじめに

室町時代における公武関係史研究は、近年目覚ましい発展を遂げている。伊藤喜良氏に代表される、「伝奏」を主な対象とした研究から、[1]最近では「伝奏」以外の公家衆を対象とする新しい公武関係史の視点が生まれ、活況を呈している。[2]これらに共通する認識とは、室町時代における公武関係において、その主な担い手を「伝奏」のみに限定せず、室町将軍と主従関係で結ばれた側近公家衆の役割を重要視している点である。

足利義満の任太政大臣により、足利家＝室町殿による公家支配が成立した点に起源を置く側近公家衆の形成は、先学諸氏の成果により、室町前期から中・後期にかけてその概要が解明されてきたが、依然、後期以降、応仁の乱後の義尚将軍執政期より戦国期に至るまでの実態については、未解明の部分とされていた。

こうした室町後期以降の朝幕関係史において、近年、瀧沢逸也氏は、側近公家衆を「武家昵近公家衆」と定義し、主に義政以降の歴代将軍について、側近公家衆の成立・構成・機能を古記録類により明らかにし、各代に渡る側近公家の系譜を作成されている。[3]氏の結論によれば、昵近公家衆＝側近公家衆は中流実務官僚家および家職を有する家によって構成され、かかる階層が、富田正弘氏の定義された、室町時代中期以降における朝廷と幕府の協調政治形態である「公武融合政治体制」[4]を支えていたとし、室町末・戦国期までの側近公家衆の存在確認から、同体制が戦国期にまで敷衍されるとしている。

瀧澤氏による当時の記録を中心とした側近公家衆の分析は、詳細なものである。しかし、戦国期までの期間が研究範囲として設定されてはいるものの、その下限は義晴期の天文年間であり、義輝期に関しては示唆にとどまっている点、また側近公家衆を実務官僚家および家職を有する家に限定している点から「公武融合政治」が実際に戦国期にまで敷衍されるという事実に、若干の疑問を持つ。そこで本稿では足利義輝将軍執政期にあたる、天文十五年（一五四六）～永禄八年（一五六五）に、多彩な活動が確認される近衛一族を実例として、室町最末期・戦国期における室町殿側近公家衆について再検討を試みてみたい。

二、足利義輝の側近衆

（一）側近衆の構成

最初に義輝の側近衆について確認しておくため、次の史料二点をあげる。

［史料1］『万松院殿穴太記』（『群書類従』二九・武家部所収、以下同）

（前略）廿七日の巳刻計に、宰相中将殿（足利義輝）を具し参らせられ都をさらせ給、摂家には近衛准后（稙家）、同内大臣晴嗣（前久）公、門跡には聖護院准后道増、大覚寺准后義俊、三宝院僧正義堯、其外久我大納言晴通なと、皆馬にてうたせ給けり、

（後略）

［史料２］『万松院殿穴太記』

（前略）此間西の築地の際に飛鳥井前大納言雅綱・日野大納言（烏丸）光康・広橋中納言国光・藤左衛門佐（高倉）永相・日野左少弁晴資皆烏帽子直垂にて着座せしとかや、（後略）

『万松院殿穴太記』は大御所足利義晴の近江逃亡の際の状況を、後世になって記した記録であるが、史料１は天文十八年（一五四九）六月、三好政長と三好長慶の軍が摂津江口で合戦となり、政長の敗死により細川晴元政権が崩壊、京都を追われる義晴・義輝父子ら一行を描いた箇所である。史料２は天文十九年（一五五〇）五月に京都東山慈照寺（銀閣寺）で行われた、大御所義晴葬礼の部分である。

まず史料１で将軍父子に従うのは、近衛稙家・前久父子、久我晴通、聖護院道増、大覚寺義俊、三宝院義堯ら門跡であった。またこの一行に、いわゆる将軍側近公家衆は含まれていないことが確認される。しかし、史料２で義晴の葬儀に烏帽子・直垂を着して参加した伝奏広橋国光らは側近公家衆であると推測される。ただし、国光がこの直後の五月二十七日、将軍義輝除服の宣旨を持参し、近江坂本に下向していることから(5)、側近公家衆は、将軍父子の逃亡に付き従わず在京していたと思われる(6)。これに対し、将軍逃亡に従う近衛稙家以下門跡たちは義輝の側近中の側近と考えられる。

そこで、ここにあげた義輝側近と推測される人物について、その役割と活動について考証してみる。

［史料３］『島津家文書』（『大日本古文書』所収、以下同）

両国（確）霍執之儀、太不レ可レ然、早可レ属二無事一之段肝要候、此旨日州（伊東義祐）へも被二仰下一候訖、委細者近衛殿（稙家）可レ有二御

演説㆒候、猶貞孝（伊勢）可㆑申候也、

六月二日（永禄三年）　（花押）（足利義輝）

嶋津修理大夫（貴久）とのへ(7)

［史料4］『島津家文書』

与㆓日州㆒牟楯之儀不㆑可㆑然、可㆑属㆓無事㆒段肝要候由、被㆑成㆓御内書㆒、被㆑差㆓越伊勢備後守（貞忠）㆒候、此節被㆑閣㆓是非㆒、御請被㆓申入㆒者、尤可㆑為㆓珍重㆒候、此等之趣可㆑申旨候条、令㆑啓候也、状如㆑件、

六月二日（永禄三年）　（花押）（近衛稙家）

嶋津修理大夫とのへ(8)

史料3は永禄三年（一五六〇）、将軍義輝が薩摩・大隅の島津貴久に対して、隣国日向の伊東義祐との紛争停止を命じた御内書である。そしてこの調停に関し、近衛稙家の演説ある旨が記されている。これを裏付けるように史料4で、稙家は貴久に対し、義輝の御内書を敷衍する書状を出している。この書状はいわゆる御内書に対する副状と同じ機能と考えられ、かかる副状は将軍側近たる奉公衆の手によるものが多いが、公家である稙家による発給は、その将軍侍臣としての性格を反映していよう(9)。

次の史料も稙家の担う役割を示している。

［史料5］『喜連川文書』（『栃木県史』史料編二所収、以下同）

左馬頭殿（足利梅千代王丸・後の義氏）息字所望之由承候条進㆑之候、此等趣宜㆑被㆓仰伝㆒候、恐惶謹言、

十月十六日（天文二十四年）　義輝（足利）（花押）

近衛殿（稙家）(10)

［史料６］『喜連川文書』

御字所望之由執申候処、無二相違一被レ染二御筆一、被レ遣レ之候、千秋万歳珍重候、抑御太刀一腰・御馬一疋送給候、尤祝著之至候、仍太刀一振表二祝儀一計候、向後切々可二申通一事、可レ為二本望一候、心事尚期二後音一令二省略一候也、恐々謹言、

十月十六日（天文二十四年）　稙家（近衛）

梅千代王殿(11)

右の史料は、天文二十四年（一五五四）、古河公方足利晴氏の子梅千代王丸への将軍義輝偏諱授与に関する文書であるが、偏諱授与を許可した義輝は史料５で稙家にその伝達を命じ、これを承け稙家が史料６で梅千代王丸にこの旨を伝えている。また十月二十日には、偏諱拝領につき古河公方側で礼物を将軍家へ献上したことにつき、この返礼として義輝は梅千代王丸へ太刀を贈るように、その取次を稙家に依頼している。(12)つまりこの偏諱拝領に関して、稙家が申請から許可まで取次として関与していたことが知られるのである。

しかし、こうした将軍側近としての役割は稙家に限ったものではなく、子の前久も同様の活動が確認される。近衛前久は永禄四年（一五六一）、越後の長尾景虎を頼り関東に下向するが、その間、越後のみならず上野・武蔵などにも滞在している。(13)とくに上野では新田の由良氏の許に逗留し、由良成繁の信濃守任官の口宣案を持参したり、(14)武蔵岩槻城主太田資正へは、滞在の礼として、民部大輔の任官を斡旋した。(15)かかる戦国大名への官位任官は、原則として武家執奏であることより、前久は将軍義輝への取次としての機能を果たしていたと考えられる。

また、久我晴通と大覚寺義俊は永禄二年（一五五九）十一月に豊後大友義鎮の大内家家督継承および九州探題補任に際し、その取次を勤め[16]、晴通と聖護院道増は永禄六年（一五六三）の将軍義輝による安芸毛利一族と豊後大友氏との和平調停に際し、幕府特使として道増が安芸へ、晴通が豊後へとそれぞれ下向している[17]。聖護院道増はまた天文十六年（一五四七）八月、陸奥の伊達稙宗・晴宗父子の内訌につき、義輝の調停使節として現地へ下向していた[18]。大覚寺義俊も永禄七年（一五六四）三月、義輝による越後上杉氏（長尾氏）と相模の後北条氏との和睦勧告について仲介を勤めている[19]。

つまりこれら側近達の役割を大別すると、将軍義輝の推進する①諸国大名紛争調停、②諸国大名任官斡旋・諸特権付与といった二大政策を実践していたことが判明する[20]。ではかかる義輝の政策に関し、それを実践する根源はどこに求められるのか。次にその背景についてアプローチしてみよう。

（二）側近衆の実力的背景

義輝側近衆の実力について、これを示す当時の記録を探ってみると、山科言継はその日記『言継卿記』天文二十一年（一五五二）正月二十八日条で、三好長慶との和睦成立により近江から還京する将軍義輝一行を見物し、その構成を書き止めている[21]。そこでは義輝以下奉公衆・同朋衆に混じって、「三宝院衆計二百」、「近衛殿百」、「大覚寺殿同上」と記され、それぞれ義堯、稙家、義俊らが随兵数百を率いていることが知られる。また天文二十二年（一五五三）八月、長慶との和睦破綻により抗争状態に入った義輝は、三好軍に対抗すべく軍勢を集結させ、東山霊山城には将軍方の軍勢が入るが、この模様も言継は記している[22]。ここでも近江国人磯谷氏の軍勢とともに、「三宝院衆」の籠城が確認される。

つまり義輝側近は自身が将軍に仕えるとともに、それぞれ固有の勢力を保持していたわけである。すなわち「三宝院衆」とは醍醐寺衆徒を指し、固有の勢力とはまた義俊に率いられた大覚寺衆徒等の軍事力であったと推測される。そして、こうした門跡は、当時権威だけではなく実力をも有していた。次の史料7はこの事実を表している。

［史料7］『二尊院文書』

「称念寺殿奉行」(付箋)

禁制　　二尊院

一、軍勢甲乙人等乱妨狼藉事、

一、剪採山林竹木事付放火事、

一、相懸兵粮米事、

右、条々堅令停止訖、万一於違乱族者、可処厳科者也、仍下知如件

永禄八年十月十二日　　章相(勢多)（花押）

俊定（花押）[23]

これは大覚寺門跡坊官勢多章相[24]らによる連署奉書の形式による禁制である。付箋に「称念寺殿」とあることから門跡義俊の意向を奉じたことは明白である。禁制は通常、受給者側の申請により発給される文書であるから、この場合二尊院が大覚寺門跡に申請したという前提が推測される。またその発給には実効力の有無が不可欠であるから、その内容を執行する強制力の存在が重要となる。かかる禁制を発給し得る大覚寺門跡は、当時戦国大名にも比すべき実力

を擁していたことがうかがい知れよう[25]。

また聖護院門跡も同様のことと思われる。

［史料8］『上田文書』（『新編埼玉県史』資料編六　二四八）

半沢（榛）郡之内拾箇村目録在別紙事、相混惣間之年行事、東林坊違乱之旨、訴申条、為可致紀明、去春雖被召上、両人不能滞留、東林坊罷下以後、宝積坊令上洛条、所詮当入峯以前各可致参洛、若於難渋族者、可為公事落旨、堅雖被仰出、東林坊不能参洛、然者六十年以来、至于去々年、当知行之段、任明白之旨、弥可令全領知之趣、聖護院門跡御気色候所也、仍執達如件、

永禄弐年七月廿九日　　法印（増梁）（花押）

僧都（花押）

武州　宝積坊

［史料9］『上田清氏所蔵文書』（『戦国遺文』一　六一六）

半沢（榛）郡之内拾箇村郷名別紙有之、六十年以来任持来筋目、聖護院殿御書出被下上者、無相違可相拘旨、依仰状如件、

永禄二年己未十月二日（禄寿応穏・虎ノ印）　　大草左近大夫（康盛）奉

武州　宝積坊

史料8は坊官増梁ら二名による連署奉書の形式を持つ、聖護院門跡御教書である。ここで武蔵国榛沢郡の宝積坊と東林坊の年行事職をめぐる相論に対し、同門跡で裁許を行い、宝積坊の知行を安堵している。興味深いことは、この御教書を承け、同国の戦国大名小田原北条氏側で、これを遵行すべき印判状を発給していることである（史料9）。こうした経路は、室町幕府における守護遵行に似た形態であることが知られるとともに、後北条氏の武蔵支配に対し、同門跡が少なからず影響力を保持していたことを示している。[26]

この影響力とは、おそらく同門跡を本山とする天台系修験道本山派の支配に関連したものと思われ[27]、かかる点からは真言系修験道当山派の本山にあたる三宝院門跡も、同様に地方に対し影響力を持っていたと推測される。[28]

こうした支配に関して、当時三宝院門跡は、修験道以外にも支配関係を持っていた。『醍醐寺文書』には、当該期に門跡義堯宛の将軍義輝書状が看取される。その内容は、二度にわたる京都逃亡により近江に滞在中の義輝が、入京を実現せんがための軍事力動員として、紀伊国根来寺衆徒への軍勢催促を義堯に依頼したものであった。[29]当時の根来寺は強大な「根来衆」と呼ばれる僧兵集団を擁し、その勢力は戦国大名に比肩し得た。[30]義輝はこの軍事力を自己に取り入れ入洛を可能足らしめようと画策したわけである。

義堯への依頼は、当時三宝院門跡が大伝法院座主を兼ね、同寺を支配下に置いていた関係による。[31]永禄元年（一五五八）と推定される義堯宛の義輝書状では、近江六角氏との提携とともに、根来寺衆徒の調略が、入洛の必須条件であることを伝え、ことさら本書状を火中に投じて抹消せよと付け加えていることから、義輝にとって本件が最重要機密に位置していた事を物語っている。[32]またここからは、かかる機密が諮られる程、両者の関係の親密さがうかがい知れる。

以上、義輝の側近達は幕府の政策を実践するとともに、将軍に近侍し常に行動をともにしていた。また自身将軍に仕えるとともに、それぞれが個別の勢力を保持していたわけである。その勢力とは、とくに門跡においては衆徒と呼ばれる僧兵集団や、全国単位に配下を持つ修験道を介しての末寺支配にあった。つまり戦国末期にあたる当該期に、これら中央の門跡達は、その権威とともに実力と支配機構を備えていたわけであり、こうした事実が背景にあって将軍義輝とその権力を支え、幕府の推進する二大政策を実践し得たといえよう(33)。

三、将軍外戚近衛一族と幕政介入

前節で義輝の側近衆の内、いわゆる側近公家衆ではない人物について、その活動と機能にアプローチしてみたが、これらの人物には一つの共通性がある。上の系図はその事を示す。

[史料10]『系図纂要』（巻二・近衛）

- 尚通
  - 稙家
    - 前久
    - 女　義輝公室
  - 道増
  - 禅意　改義俊
  - 覚誉
  - 晴通　右大臣源通言公養子
  - 女　大将軍義晴公室　永禄八年五ノ十九自殺　慶寿院

ここでも明らかなように、前述の六人の内、五人までもが近衛一族であった。そして尚通および稙家の女が、それぞれ義晴・義輝二代にわたって将軍御台所となっていることから(34)、近衛家は室町将軍家の外戚となるわけである。近衛家の将軍家への接近は前代義晴期より始まると考えられ、かかる現象は室町時代を通観しても珍しい現象であった(35)。

また近衛一族ではないが、三宝院義堯は十代将軍義稙の猶子であり、将軍家の一族として遇せられていた[36]。つまり当該期、将軍義輝の側近衆は姻戚関係によって結び付けられていたと推測される。そして義輝側近である近衛一族は、外戚という立場から幕政運営に少なからず干渉していた。ここではそうした三例をあげてみる。

（ａ）曼殊院門跡覚恕と北野社松梅院禅興の加賀国冨墓庄上分相論

永禄五年（一五六二）三月、加賀国冨墓庄の上分三〇貫文をめぐり、北野社松梅院禅興と同社別当曼殊院門跡覚恕法親王の相論が、幕府政所沙汰として審議され[37]、頭人伊勢貞孝は曼殊院側勝訴の裁許を下したが[38]、これを不服とする禅興は将軍義輝に愁訴したため、再審を求める義輝と、これを拒否する頭人貞孝とが衝突し、事態は将軍による訴訟担当奉行松田盛秀・同藤弘への喚問要求にまで発展した[39]。

その際、義輝の実母慶寿院（近衛尚通女）はこれに干渉し、曼殊院雑掌が藤弘に奉行人奉書への加判を求めたとき、上意を背景にその停止を命じている[40]。これに従った藤弘は政所寄人中で批判を受けたため、その原因が上意の不定にあると批判した憤りの書状を、政所頭人貞孝の父貞辰宛に送っている[41]。

（ｂ）越前国高田専修寺末寺四ヶ寺帰順問題

永禄三年（一五六〇）六月、幕府により伊勢国一身田専修寺の堯慧僧正が、浄土真宗高田派の総本山専修寺住持職を安堵された事に対し[42]、越前国の末寺である勝曼寺以下四ヶ寺はこの支配に抵抗し、同国専修寺の真智上人を擁立したため、相論に発展した。

この相論は越前一乗谷で審議されることとなったが、朝倉家では当主義景の意向により幕府での裁許に沿った下知を行うこととなった[43]。そのため堯慧・真智両派による、幕府での訴訟工作が展開することとなるが、堯慧が前将軍義晴の猶子であった関係から、[44]慶寿院と大覚寺義俊がこれに干渉した。[45]一方の真智派も義輝の奉公衆大館晴光を介して、一万疋の礼銭により真智を住持とする義輝の御内書を得た。[46]これを覆すため、義俊と慶寿院が義輝に口入した結果、晴光の調進による先の御内書は破棄され、再び四ヶ寺へ尭慧への帰服を命じるための幕府奉行人奉書が朝倉家へと出されることにより本相論は決着した。[47]

（c）久我晴通の出家

［史料11］『言継卿記』天文二十二年四月九日条

（前略）昨日、久我右大将（晴通）落髪云々、就二世情之儀一、武家御母儀（慶寿院）へ御意見雖レ被レ申候一、無二御同心一、御述懐云云、禁裏へ不レ及二御暇一也、（後略）

天文二十二年（一五五三）四月八日、久我晴通は突然出家し、宗入と称するが、[48]その理由について山科言継が記したものが史料11である。ここでは晴通が「世情之儀」について慶寿院に諫言を行ったが、これが入れられず、恨みに思い出家したとしている。晴通の諫言した内容は具体性がないものの、前二例から鑑みて、幕政介入する慶寿院ら近衛一族に対し公武各界の批判の風聞のあったことが想定され、これを憂慮した行動とも考えられる。

以上の三例からみても、近衛一族、とりわけ義輝の実母であった慶寿院は、当時相当な権勢を持っていた。また大覚寺義俊に見られるその他の近衛一族についても、義輝の外戚であるという立場を利用し幕政に大きく介入していたものと予想される。

四、義輝側近公家衆と近衛一族台頭の背景

では、近衛一族がこのように幕政において勢力を持ち得た理由とはいかなるものであったのだろうか。将軍外戚であるという理由は表面的解釈に過ぎないと筆者は考える。そこで最後にその背景を考えるために、いわゆる室町殿側近公家衆と呼ばれた階層との比較によりアプローチしてみたい。

室町殿側近公家衆は将軍との対面のケースによって西衆（外様）と東衆（内々）に大別されていたことが、当時の室町幕府年中行事についての対面格式儀礼書『年中恒例記』（『続群書類従』二三下・武家部所収）に記されている。先行研究および前述の瀧沢氏の説[49]によれば、室町殿側近公家衆は主に東衆によって構成され、この階層から伝奏が輩出されるとしている。しかし、今まで筆者が確認してきた近衛家は、摂家であり西衆に区分される家柄であった。そこで次の史料を考えてみたい。

［史料12］『言継卿記』（続群書類従完成会刊本）永禄元年五月七日条

（前略）今夜従二室町殿（足利義輝）一以二広橋大納言国光一、禁裏（正親町天皇）代始御礼被レ申二入之一、柳営（足利義輝）以二御内書一被レ進二陽明（近衛稙家）准后一、同令二披露一云々、国光卿直於二御前一申入云々、

（後略）

［史料13］『御湯殿上日記』永禄三年二月二十七日・二十八日・三月十二日条

廿七日、（中略）てんそうの事にふけ（足利義輝）へちきに文まいらせらる丶、大かく寺（義俊）してなり、（後略）

廿八日、(中略)ふけより、てんそうの事心えたるよしの御かへりよる申さる、、(後略)
十二日、(中略)てんそうの事おちつきてくわんしゅ寺(勧修寺尹豊)一位して、く御御れう所わかさよりまいらせらる、、(後略)

[史料14]『言継卿記』(続群書類従完成会刊本)永禄二年三月二十一日・二十八日・四月十五日条

廿一日、(中略)一、近衛殿へ参、太閤(近衛稙家)御見参、(中略)名号地之儀、前太閤渕底御存知之事候間、武家(足利義輝)へ御申之事、申入了、只今御鞠ニ御参之間、可レ被二申入一之由、御返答有レ之、(後略)
廿八日、(中略)予称号之地之事、武家へ女房奉書之事申入、案文調二進之一、則被レ出レ之、広橋大納言(国光)ニ可レ被二持参一之由被レ仰二下之一、則罷向申渡了、(中略)一、此女房奉書近衛殿太閤へ令二持参一入二見参一、同為二太閤一も武家へ被レ申候へ之由可レ申之由、被二仰出一候間、則近衛殿へ持参、懸二御目一申入了、一箋被レ下レ之、
十五日、(中略)予太閤へ参、称号地御侘言之儀申入了、(後略)

史料12で幕府は正親町天皇践祚の礼を述べるに際し、武家伝奏広橋国光を介して行うとともに、義輝は御内書を近衛稙家に送り、禁裏へ披露させている。

史料13では、当時武家伝奏であった勧修寺尹豊の再任問題が起こったが、その際、朝廷では大覚寺義俊を通じて将軍義輝の意向をうかがっていることが確認される。

また史料14では、三好長慶の被官らによって家領山科七郷を押領された山科言継が、その返付を願い、幕府および朝廷に働き掛けていることが知られるが[50]、幕府への取り成しを近衛稙家に依頼し、また返付の女房奉書が下されたため、これを武家伝奏広橋国光より手に入れた後、稙家の目に入れるため持参している。それは稙家がこの山科七郷返

付に際して、朝廷および幕府においてその働き掛けを行ったからであり、それゆえ言継自身が近衛邸へ、謝意を述べに赴いていることと考えられる。

　こうした義俊や稙家の行動は、瀧沢氏が述べられた、側近公家衆の持つ、幕府の儀礼面および公武交渉における伝奏の補完機能と同一のものととらえられよう。また当該期は前述の史料2のように、義輝の側近公家衆も存在し、公武交渉の場で種々の活躍が見られるものの、一方では同種の機能を持った近衛一族が台頭していたわけである。

　将軍側近のかかる変化の原因は奈辺にあったのだろうか。そこで当時将軍義輝側近公家衆の一人であった高倉永家・永相父子の動向からこれを探ってみたい。

　高倉家は室町殿に仕える側近公家衆の中でも譜代の家にあたり、根本直近六家の一つであった[51]。同家は将軍家参内などに際し、その衣装などを整える家柄であったため、将軍との繋がりは密接であった。しかし当該期、将軍義輝は二度にわたり京都より逃亡、近江での亡命生活を余儀なくされていたわけで、代わって洛中および畿内を支配したのは長慶を頂点とする三好政権であった。

　天文二十二年（一五五三）八月一日、義輝の二度目の逃亡に従い、永家もこれに供奉するが[52]、三好政権は幕府の奉公衆・奉行人衆の大半を捕縛・拘禁し、京都に強制連行した上[53]、将軍に従う逃亡者の知行没収を宣言したことから、同月十三日に止むなく上洛している[54]。その後、高倉邸を訪れた山科言継は、永家から「違二義利一失二面目一」といったその胸の内を聞かされている[55]。

　また永禄元年（一五五八）五月に入ると、義輝は近江六角義賢の援軍を得て、京都奪回を目指し、坂本を出立したとの報が洛中に伝わり始めた。その折節、高倉邸を訪れた言継は、狼狽する永家の姿を日記に記している[56]。永家にしてみれば、五年前、自己保身から義輝を裏切る結果となって上洛したことが記憶に新しく、将軍上洛時の報復を恐れたものと思われる。その懸念はなおも収まらず、結局、三好軍の駐留する山城国三栖庄（京都市伏見区）へ逃亡した。(57)

子の永相も禁裏に暇乞いを願い出て、同じく三好軍の籠もる梅津城（京都市右京区）へ入った。(58)三好軍に保護を求める高倉家の同政権への接近は著しく、同年六月に入り、三好方は洛中での示威を目的として、三好長逸、松永久秀・長頼兄弟、伊勢貞孝・貞良父子らに打廻を行わせるが、これに永相は家司の粟津通清を自身の名代として参加させている。(59)そして義輝軍の先手を打ち、東山の勝軍地蔵山城（瓜生山）を伊勢貞孝らの兵が占拠し、永相もこれに入城した。(60)

こうした永家・永相父子の行動からは、将軍義輝との強固な主従関係を看取し得ない。むしろ実力を背景として洛中および畿内支配を展開する三好政権側への接近が明白である。つまりかつて室町殿と主従関係を結び、公武交渉を担ってきた側近公家衆と将軍との関係は、義輝の不在京などといった現象から、希薄となっていたものと推測される。(61)ゆえに当該期にあって将軍義輝と側近公家衆の主従関係は消滅しつつあり、不安定なものであったと結論される。(62)

この両者間の関係の変化は、将軍に公武交渉における側近公家衆に代わる存在の必要性を希求させ、ここに外戚として近衛家の台頭が図られたわけである。

五、おわりに

義輝将軍執政期における近衛一族の活躍は、義輝の推進する①諸国戦国大名紛争調停・和平斡旋、②諸国戦国大名官位任官・特権授与といった二大政策の実践者としての機能と、従来将軍側近公家衆が担っていた、幕府における儀礼面および公武交渉での武家伝奏の補完といった機能によるものであった。つまり当該期の近衛一族と側近公家衆とは、その機能において同種であった事を物語る。

かかる近衛一族台頭の背景には、将軍義輝の京都逃亡・近江への亡命などから不在京となったことによる、室町幕府および将軍権力の動揺があった。従来強い主従関係で結ばれていた将軍と側近公家衆との関係は、当該期にあって変質していったものと考えられる。このことは側近公家衆の離散化、将軍に対する求心力の希薄化を意味していた。そのため将軍は新たな公武交渉の担い手の必要に迫られた結果、その外戚といった立場が着目されたことにより、近衛一族の台頭がなされたといえよう。そしてついには幕政に介入するといった現象が生じたのである。

こうした事実は、戦国期における将軍側近公家衆について、前述の瀧沢氏の見解とは若干異なっているものと筆者はとらえている。つまり側近公家衆を中流実務官僚家、および家職を有する家に限定した点については、当該期の近衛一族の活躍が説明しきれないものと思われる。

また富田氏の説かれた「公武融合政治体制」は、当該期にも将軍側近公家衆の存在が確認される以上、一面では戦国期にまで敷衍されるものの、それを担う構成員であった公家衆とその制度は、室町幕府の衰退を背景として大きく動揺していた事と推測される。つまり近衛一族台頭といった現象は、その体制の変質した形態ととらえられる。このことはまた、幕府による公家支配の末期的様相と結論付けられよう。

註

（1）伊藤喜良「応永初期における王朝勢力の動向─伝奏を中心として─」、同「伝奏と天皇─嘉吉の乱後における室町幕府と王朝勢力について─」（両論文ともに同『日本中世の王権と権威』思文閣出版、一九九三年所収）。
（2）家永遵嗣「足利義満における公家支配の展開と『室町殿家司』」、同「室町幕府奉公衆体制と『室町殿家司』」（両論文ともに同『室町幕府将軍権力の研究』東京大学日本史学研究叢書一、一九九五年所収）、同「足利義満と伝奏との関係の再検討─伝奏が義満の家礼であることの意味─」（『古文書研究』四一・四二、一九九五年）、高田星司「室町殿の側近公家衆について─応永・永享期を中心として─」（『国学院雑誌』九五─九、一九九四年）、明石治郎「後土御門天皇期における伝奏・近臣」（羽下徳彦氏編『中世の政治と宗教』吉川弘文館、一九九四年所収）他。
（3）瀧沢逸也「室町・戦国期の武家昵近公家衆─その構成を中心に─」（『国史学』一六二、一九九七年）。
（4）富田正弘「室町時代における祈祷と公武統一政権」（日本史研究会史料研究部会編『中世日本の歴史像』創元社、一九七八年所収）、同「室町殿と天皇」（『日本史研究』三一九、一九八九年）、同「嘉吉の変以後の院宣・綸旨─公武融合政治下の政務と伝奏─」（小川信編『中世古文書の世界』吉川弘文館、一九九一年所収）。
（5）『御湯殿上日記』（『続群書類従』補遺三、以下同）天文十九年五月二十六日条。
（6）『言継卿記』（国書刊行会刊本、以下同）天文十九年五月二十六日条には、義輝の除服宣下に際して坂本に下向する側近公家衆が記されている。
（7）『島津家文書』八六：足利義輝御内書。
（8）『島津家文書』八七：近衛稙家書状。
（9）佐藤進一『新版古文書学入門』法政大学出版会、一九九七年）一七二頁。
（10）『喜連川文書』三二：足利義輝書状。
（11）『喜連川文書』三三：近衛稙家書状案。
（12）『喜連川文書』三四：足利義輝書状。

(13) 近衛通隆「近衛前久の関東下向」(『日本歴史』三九一、一九八〇年)。その下向の背景は、谷口研語『流浪の戦国貴族近衛前久　天下一統に翻弄された生涯』中央公論社、一九九四年、一八～五六頁に詳しい。

(14) 『由良文書』(『群馬県史』資料編七所収) 二一三〇：西洞院時当書状、『園田良氏所蔵文書』(『群馬県史』資料編七所収) 二一三一：北小路任宣書状写。

(15) 『潮田文書』(『新編埼玉県史』資料編六所収、以下同) 五九五：正親町天皇口宣案、五九七：近衛前久書状、五九八：北小路俊直書状。

(16) 『大友家文書』(田北学氏編『編年大友史料』四八三：足利義輝御内書、四八四：大覚寺義俊書状。

(17) 『立花家文書』(田北学氏編『編年大友史料』二八六：足利義輝御内書。調停の詳細については宮本義己「足利義輝の芸・豊和平調停(上)(下)」(『政治経済史学』一〇二・一〇三、一九七四年)を参照。

(18) 『青山文書』(『福島県史』古代中世史料所収、以下同) 三二：足利義輝御内書。

(19) 『歴代古案』(『越佐史料』所収)(永禄七年)三月十日付足利義輝御内書。

(20) ①に関しては前掲註(17)宮本氏論文および同「足利義輝の芸・雲和平調停―戦国末期に於ける室町幕政―」(『国学院大学大学院紀要』六、一九七五年)。②については二木謙一「戦国期室町幕府・将軍の権威―偏諱授与および毛氈鞍覆白笠袋免許をめぐって―」(『国学院雑誌』八〇―一一、一九七九年)、同「室町幕府の官途・受領推挙」(『国学院大学紀要』一九、一九八一年)。

(21) 『言継卿記』天文二十一年正月二十八日条。

(22) 『言継卿記』天文二十二年八月一日条。

(23) 東京大学史料編纂所架蔵影写本三〇七一―六二―三一―一。

(24) 今谷明「室町幕府最末期の京都支配―文書発給からみた三好政権―」(同『室町幕府解体過程の研究』岩波書店、一九八五年所収)註(25)。『大覚寺譜』中「坊官譜」(大覚寺史料編纂室編『大覚寺文書』所収)。

(25) 当該期の大覚寺門跡禁制は他にもある(『若宮八幡宮文書』〔東京大学史料編纂所架蔵影写本三〇七一―六二―一七八〕永禄七年十月四日付長田俊世・某俊定連署禁制)。また同門跡の意向を奉じた奉書も存在する(『専修寺文書』〔『真宗史料集成』四所収、以下『真宗本専修寺文書』とする」一二四・一二六：宝乗院賢海書状、『福井県史』資料編二所収、以下『県史本専修寺文書』とする」二四：宝乗院賢海書状、四一：勢多章相・野路井乗延連署書状など)。宝乗院は大覚寺の院家、野路井は同門跡坊官(「坊官譜」)であった。

(26) 武蔵に限らず、陸奥でも同門跡御教書が発給されている。天文十六年六月五日付で同国の修験者に対し、増梁・光頼連署により発給された道増袖判掟書(『青山文書』三二)や、同二十一年正月十六日付藤之・増梁連署の門跡御教書(『同』三三)などがこれにあたる。ゆえに東国ではその影響力があったものと推測される。

(27) 『国史大辞典』宮家準執筆「修験道」の項目、三三七・三三八頁参照。

(28) 前掲註(27)。

(29) 『醍醐寺文書』(『大日本古文書』所収、以下同)一三七・一七四五～一七五一：足利義輝書状。

(30) 『後鑑』(『新訂増補国史大系』、以下同)天文十九年六月十四日条には、粉河寺宛の管領細川晴元書状が収録されているが、晴元は義輝の上意を奉じ、粉河寺衆徒に軍勢催促を行っている。このことは根来の軍事力が大名規模であったことを示す。また永禄五年には、近江六角氏と河内畠山氏が同盟し、南北より京都を攻めるが、その際、畠山軍の一員として根来衆がこれに加わり三好軍を撃破、結果として同年三月、六角氏は一時的に洛中を占拠し徳政を布告した。

(31) 『国史大辞典』坂本正仁執筆「根来寺」の項目。坂本正仁「醍醐寺所蔵大伝法院関係諸職の補任次第について―紹介と翻刻―」(『豊山教学大会紀要』一六、一九八八年)。この背景は根来寺の開祖覚鑁が最初、寛助より広沢流の伝法潅頂を受けた後、三宝院定海らから小野流の受法をも受けたため、同寺は三宝院流と同流となることによる。

(32) 『醍醐寺文書』一七五一：足利義輝書状。

(33) 前掲註(17)(20)宮本氏論文によれば、聖護院道増は当時政僧として著名であったため、和睦特使を全うし得たとされている。また『厳助大僧正記』(『続群書類従』三〇上・雑部所収)天文十八年十月十四日条には、三好長慶と三宝院義堯との単独会談の記事がある。そして前掲註(24)今谷氏論文の註(25)(26)では、永禄八年の義輝殺害以降の京都騒乱について触れられているが、氏はここで大覚寺義俊を反三好政権運動の盟主的存在とされている。つまり、こうした門跡の権威と実力は当時世間で認識されていたと思われる。

(34)『後鑑』天文三年六月八日条。『伊勢貞助記』永禄元年十二月二十三日条（『後鑑』同日条所収）。

(35) 摂関家においては、義満期に関白二条良基・一条経嗣が将軍家に接近したが（百瀬今朝雄「将軍と廷臣」〔『週刊朝日百科日本の歴史』一四、朝日新聞社、一九八六年所収〕、今谷明『室町の王権』中央公論社、一九九〇年、四〇～四三頁等参照）、近衛家の例は義晴・義輝期以外管見の限り見られない。

(36)『華頂要略』門跡伝第一（東京大学史料編纂所所蔵写真帳）。天文十五年に行われた義輝元服・将軍宣下の儀にも出席している（『光源院殿御元服記』〔『群書類従』二二・武家部所収〕）。

(37)『蜷川家文書』（『大日本古文書』所収、以下同）七六四・七六五・七六八。

(38)『曼殊院文書』永禄五年二月二十八日付室町幕府奉行人連署奉書（今谷明・高橋康夫編『室町幕府文書集成』下、思文閣出版、一九八六年）三八六五・三八六七。

(39)『蜷川家文書』七七三：女房奉書案・七七四：左衛門督局奉書案。

(40)『蜷川家文書』七七五：松田藤弘書状。

(41)『蜷川家文書』七七五。

(42)『真宗本専修寺文書』一四四：室町幕府奉行人連署奉書。

(43)『県史本専修寺文書』二二・二三。

(44)『専修寺門室系譜』（『真宗史料集成』四、所収）。

(45)『県史本専修寺文書』二七・二九・三〇・四一・四二。

(46)『県史本専修寺文書』二一～二三・三八・三九・四〇。

(47)『県史本専修寺文書』三七：室町幕府奉行人連署奉書案。

(48)『系図纂要』。

(49) 前掲註（３）瀧沢氏論文。

(50)　その間の事情は長江正一氏『人物叢書三好長慶』吉川弘文館、一九六九年、一三九～一四三頁に詳しい。
(51)　『年中恒例記』には譜代根本の六家として日野、正親町三条、烏丸、飛鳥井、高倉、広橋があげられている。同史料は広橋兼秀が大納言在任中に記したものであり、その成立は天文年間と推定される。ゆえに必ずしも当該期の事情に当てはまるとは限らないが、永禄三年二月六日条の『言継卿記』には、将軍足利義輝参内の模様が記されている。そこで義輝による三献儀礼が行われたが、その際に義輝より杯を拝領したのは勧修寺尹豊・晴秀・晴豊、万里小路惟房、広橋国光、飛鳥井雅教・雅敦、正親町三条実福、高倉永相らであることから、『年中恒例記』の記載とほぼ一致する。概ね当該期にも当てはまろう。
(52)　『公卿補任』天文二十二年条。
(53)　『言継卿記』天文二十二年八月七日条。
(54)　『言継卿記』天文二十二年八月十四日条。
(55)　『言継卿記』天文二十二年八月十四日条。
(56)　『言継卿記』（続群書類従完成会刊本）永禄元年五月二日条。
(57)　『言継卿記』（続群書類従完成会刊本）永禄元年五月三日条。
(58)　『御湯殿上日記』永禄元年五月三日条。
(59)　『惟房公記』（『改定史籍集覧』記録部所収、以下同）永禄元年五月十九日条。
(60)　『惟房公記』永禄元年五月七日条。
(61)　当該期、高倉家以外の側近公家衆の、三好政権への接近も見られる。『惟房公記』永禄元年五月二十六日・六月二十一日条には、永禄改元に際し、諮問のなかったことを怒る義輝の意を承けた奉公衆三淵藤之が、その不審を伝える書状を惟房に送っている記事がある。またこれより以前の五月八日条には、舟橋枝賢が改元の件について、三好長慶への返状を惟房邸に持参していることから、同改元が三好政権側から申請されたことは明白で、伝奏勧修寺尹豊・広橋国光以下、惟房ら側近公家衆は改元の折衝を行っていたと推測される。ゆえに藤之の書状では、かかる伝奏らへの不審が強調されている。また同月十二日条では、松永久秀が側近公家衆であった勧修寺晴秀を通じて、禁裏に洛中警護を奏聞するなど、側近公家衆が三好政権と朝廷との接点になっていることが知られる。こうした点は公家衆の日和見的な行動の一端を示しているが、永禄八年五月、三好三人衆・松永久秀らによって勘解由小路の室町御所が攻められ、義輝は討死にするが、その後の葬礼に側近公家衆は一人も出席していない（『言継卿記』永禄八年六月九日条）。この現象は、三好側の報復を恐れてのことと思われる。ここからは、将軍との強い主従関係は見受けられない。

(62)　しかし完全に消滅したわけではない。永禄元年に義輝が入洛して以降、側近公家衆の活躍が散見されるようになる。つまり将軍の不在京などにより影響を受けていたと思われる。瀧沢氏の指摘された通り、義昭期にも側近公家衆の存在が確認されていることより、不安定ではあったが断続し続けていたととらえるのが適当であろう。

【付記】本稿は平成十年度立正史学会大会研究発表報告の内容を構成し直し加筆・成稿したものである。

Ⅱ　松永久秀と京都政局

田中信司

はじめに

室町幕府末期の京都政局は、今谷明氏による一連の研究[1]が画期となり、将軍権力[2]や公武関係[3]に関する研究成果として広がりを見せている。特に近年では、天野忠幸氏の一連の研究により、三好氏権力に対する理解が進展を見せている[4]。

当該期京都の復元のために、三好氏権力をどのように捉えるかが、この分野の重要な研究対象となっているといえる。その点は、現状において、三好氏権力を幕府機構の継承・吸収により維持されたものとする見方と、幕府機構に頼らなくとも機能し得るものとする見方の相反する二つに集約されるように、その理解が十分に達成されたとはいい難い。また、三好氏権力と室町幕府との関係性や、三好氏権力が比較的短命で崩壊した事情など、未だ解決すべき課題も多く残っているからである。

そのような関心のもとで、本稿では公家勢力・幕府勢力・三好勢力の相互連関に注目して、当該期京都政局に重きをなした人物といえる松永久秀の動向を考察し、あまり政治史的な個別研究が多いとはいえない久秀個人[5]についてその位置付けを見ていこうとするものである。

第一章　永禄元年以前

（一）先行研究の確認

三好氏権力については、前述した今谷氏、天野氏の他に、高橋敏子氏により三好一族と有力被官を成員とした評定衆が形成されたこと、訴論人双方に三好方からの上使が派遣され、それぞれの取次役をつとめることが示された[6]。ここにおける久秀の位置は評定衆の一員である。これに対して天野氏は、久秀と三好長逸を取次として処理される訴訟の件数が多数である点から評定衆の存在に疑問を呈し、久秀・長逸が三好氏権力を主導的に運営していた点を指摘された[7]。ここにおける久秀は、全ての裁許や訴訟取次を管掌する位置にある。また、今谷氏は、三好政権における久秀の位置を、訴訟取次事務取扱者とされている[8]。

では、これらの先行研究に付け加えて、特に京都権門との関係においての三好氏権力の処理能力はどのようなものであったか、以下で考察していく。その過程で久秀の位置についても示していきたい。

（二）山科言継と諸勢力との交渉

先行研究でもすでに触れられている事例ではあるが[9]、三好氏権力が京都の単独的な支配勢力であった時期に、内蔵頭山科言継がこれと積極的に関わらなければならない事態が生じていた。すなわち、三好長慶がはじめて京都での支配的地位を固めた天文十八（一五四九）年ころ、言継が権益を得ていた「禁裏御料所内蔵寮領、陸路河上四方八口率分役所[10]」が、三好被官今村慶満に横領され[11]、この停止と権益返還交渉が開始されたのである。言継の日記、『言継卿記』に見られるこの際の言継の交渉状況を表①にまとめた。これを見ることで、水野智之氏の示された「所領・所職の現実的保障をもたらす主体へ接近[12]」し、「武家の政変やそれに伴って増加する押領や違乱に対する必然的な自己防衛の結果、いずれの政権からも権益を認められようと[13]」していた京都権門の政治的有力者認識の仕方を理解する大きな手掛かりになるであろう。

言継の率分返還交渉の様子を見ると、三好氏権力が京都を支配する時期においても、将軍が京都に滞在していれば、幕府方との交渉を重点的に進める傾向があることが理解できる。

普通に考えるならば、三好氏権力による京都支配のもとにおいては、三好勢力と積極的に関わり、その力をもって問題を打開していくことが、京都権門にとって最も妥当で合理的な手段であると思われる。しかし実際には、京都に定着することもままならない幕府勢力との交渉も、三好氏との交渉と拮抗する頻度で進めているのである。この時の言継にはどのような事情があったのだろうか。

（三）各勢力の処理能力

ここで考えなければならないのは、言継の率分返還要望に対する三好勢力と幕府勢力の対応の仕方である。

まず、三好氏の場合を見てみる。そもそも、この案件は、押領をおこなった主体が三好被官の今村慶満であるから、その主人である三好長慶によって、押領停止が命じられることが言継の最終的な目的となる。しかし、最初の三好方

表①『言継卿記』に見る山科言継の率分返還交渉相手
（三好方との交渉＝●　幕府・禁裏との交渉＝○　その他・不明＝△）

年 月 日	交渉相手	交渉相手の反応	備考	分類
天文 18.8.27 以前	細川氏綱			●
天文 18.8.27	三好長慶	9.3 三好長慶が停止命令出すも不調		●
天文 18.11.9	三好長慶・三好長逸・松永久秀・狩野信濃守			●
天文 19.2.22	三好長慶・狩野信濃守			●
天文 20.3.8	鳥飼兵部			●
天文 21.3.5	蜷川新右衛門		天文 21.1.28 足利義輝上洛	○
天文 21.3.9	飯尾盛就	4.1 奉行人奉書発給		○
天文 21.3.20	飯尾盛就	4.1 奉行人奉書発給		○
天文 21.4.14	細川氏綱			●
天文 21.8.12	足利義輝乳母（左衛門督局）	12.4 御内書発給		○
天文 21.9.2	飯尾越前守			●
天文 22.1.26	かぎ屋		天文 22.3.8 足利義輝出奔	△
天文 22. 閏 1.23	かぎ屋			△
天文 22.5.3	長橋局			○
天文 22.5.11	長橋局	5.12 女房奉書発給		○
天文 22.5.27	かぎ屋			△
天文 22.8.14	長橋局			○
天文 22.8.19	三好長慶・斉藤基速・松永久秀・森長門守・大北兵庫助等			●
天文 22.9.4	松永久秀女房			●
天文 22.10.6	長橋局	10.11 女房奉書発給		○
天文 22.10.7	三好長逸・斉藤基速・森長門守			●
天文 22.11.5	細川氏綱	11.18 返札到来		●
天文 22.11.5	長橋局	11.5 女房奉書発給		○
天文 22.11.8	三好長慶・斉藤基速・三好長逸			●
天文 22.12.3	二位			△
天文 23.2.19	三好長慶・三好長逸・斉藤基速・飯尾越前守			●

との交渉があった天文十八年八月二十七日から間もない同年九月三日に、三好長慶から「今村紀伊守方へ率分境〔競カ〕望可ㇾ停止ㇾ之由、堅〔竪カ〕折紙有ㇾ之」(14)との反応があったにもかかわらず、今村の押領は依然として続くのである。そして、その後の言継と三好方との間の交渉では、何らかの進展を示す具体的な記事は見られず、全体として低調な印象を受けるのである。

さらに、幕府経由で三好方へ処理の指示があった際にも、「今村紀伊守にて不ㇾ能ㇾ承引ㇾ」(15)であったり、「みよしちくせんのかみ（三好筑前守）にたひ〳〵申候へとも、いま（未）た申つけ候はす」(16)というように、押領の当事者である今村慶満の次元でも、三好長慶の次元でも返還に向けての具体的行動が示されないのである。また、それでも事態がやや進展して、三好氏の法廷による今村への糾明がおこなわれる段階に至っても、今村や、法廷でこの案件を担当したと推測される三好長逸の偶然か必然か分からない「歓楽・所労」(17)によって返還の裁定が停滞しているのである。

このような三好方の動向は、彼らの立場に立って見たならば、押領の当事者が三好被官であるという性質上、解決が困難な案件であったことを意味するのだと考えられる。しかし同時に、このような事情を抱えている三好氏権力が、言継をはじめとした京都権門の要求を十分に満たし得る存在になることの困難さをも指摘できるのである。いずれにしても、三好氏権力はこの案件を積極的に解決させようという姿勢が希薄であると断定せざるを得ない。京都権門にとって、三好氏権力の処理能力は、必ずしも望みを十分に満たしてくれるものではないといえるのである。

これと対照的なのが、幕府・禁裏方の挙動である。言継は、幕府から奉行人奉書や御内書を、禁裏から女房奉書を得ることで三好方に押領停止を指示させることを狙っている。そして、これによって、この案件が解決に向かい動き出したのである。

たとえば天文二十一年の場合、言継は幕府政所代蜷川氏・同奉行人飯尾氏と交渉の結果、率分押領停止を命じた奉行人連署奉書の発給に成功し、その旨が三好長慶のもとにもたらされたことを伝え聞いている(18)。また、天文二十二年の場合には、五月に禁裏に女房奉書を要求し、八月に将軍が京都を追われたことが影響したため、発給自体は十一月になされるものの、これが三好方にもたらされた結果、十二月には「率分公事之儀大概相調了(19)」となった。このように、問題解決への動きが顕著な幕府・禁裏方との交渉は、解決に向けての具体的な動きをなかなか見せない三好方との交渉とは大きく異なっていたのである。

禁裏が率分返還に対して積極的に対応することはいうまでもないが、幕府の対応もおおむね言継の希望を満たしてくれるものであったといえる。京都権門にとっては、幕府や禁裏を経由しての問題解決がより合理的でより現実的でよりあるべき姿であったとすることができよう。

ちなみに率分について、この問題がはじまった天文十八年から十五年以上も経過した永禄八（一五六五）年三月十三日の『言継卿記』の記事に、「くられうりやう（内蔵寮領）そつふんひんかしくち（率分東口）の事、たに（他）ことなる（異）御れう（料）所の事にて候に、いまた（未）いまむらわうりやう（今村押領）」とある。天文末年には解決を見たと思われた率分問題であったが、その後のある時期から、再び今村の押領がはじまったようである。結局、言継・幕府・禁裏の努力も空しく今村の押領は止まなかった。これは、三好氏権力による今村の監理が徹底していなかったことを意味するだろう。つまり、この案件において、三好氏権力は全く京都権門の要求に応えられなかったといえるのである。

（四）松永久秀の認知度

次いで、京都権門の期待度が低い三好氏権力における、松永久秀の認知のされ方について見てみる。もし、久秀の実力や処理能力が高く広く認識されていたならば、言継のような諸問題を抱える京都権門は、その解決を久秀のような存在に託すことは無理な想像にはなるまい（たとえ三好家の処理能力自体に不満があったとしても）。また、高橋氏によって、三好氏の裁判では、訴論の当事者がその裁許に影響を与える三好方の有力者との間に、礼銭支払などの形で私的に相論与力の契約を結ぶ場合があることが指摘されている。[20]もし、久秀に対しての期待度が高かったならば、言継がこのような契約を久秀と交わしたことも想定できる。しかし、言継が久秀のもとを訪れている記事は『言継卿記』に見られるものの、決して突出して頻繁に交渉を持っているというわけではなく、久秀を特別視していたような形跡を示す記事は全く見られない。久秀との間に相論与力の契約を結んだ形跡もない。言継が交渉をおこなった、他の三好被官と久秀との差別化は全くなされていないのである。

つまり、言継にとって久秀は、「率分返還のための、いくつかある交渉窓口の一つ」「あまり処理能力が期待できない三好方の、何人かいる有力者の一人」と定義付けられ、その程度の存在に過ぎないと認識されていたといえるのである。

ところが、久秀の評価としては、「天下すなわち『都の君主国』においては、彼が絶対命令を下す以外何事も行われぬ[21]」というものがあることもまた事実である。言継の一連の動向から導かれる久秀像とは温度差のある、この宣教師フロイスの評価はどのように形成されてきたのだろうか。

第二章　永禄元年以後

（一）将軍の京都復帰

天文二十二（一五五三）年に三好氏により京都を追われた足利義輝は、永禄元（一五五八）年近江六角氏の援助を受けて京都復帰のための軍事行動を展開した結果、三好氏との和睦の形をとって京都に復帰した。以後義輝の拠点は原則京都に落ち着くこととなり、永禄八年に義輝が暗殺されるまで京都には将軍がいる状態が維持される。

この将軍還京を、今谷氏は幕府機構の回復と、それに対する三好政権の敗北と評価し、結局は三好政権が幕府を克服することは叶わなかったとしておられる[22]。しかし、天野氏はこの見方とは異なり、今谷氏の三好勢力の発給文書の分析手法に疑問を呈し、京都における三好氏権力は失われていない点を示された[23]。すなわち、三好氏の裁許体制は健在であり、復活した幕府奉行人連署奉書の発給も義輝の意のままではなく三好氏の意向に従属していたというものである。両氏の見解は、将軍の権能の度合いを推し量るうえで対極の位置にある。ただ、この相反する二つの視点からは共通して、義輝と三好氏とは（和睦という形をとってはいるのだから）、表面上は融和的であるかもしれないが、本当の意味においては親密・融和的とはいい難い関係にあったことを導くことができよう。今谷氏は両者の関係を対立的に把握しているのは明白だし[24]、天野氏も三好氏が義輝を擁立する理由は、全国の諸大名を統制するための外交戦略上の一つの道具として有用であったからで、義輝が独自な外交活動を活発におこなうにあたり、三好氏はその擁立を放棄した[25]とされているから、三好氏と義輝との間に真の意味での融和的協調的関係というものは構築されるべくもない。

幕府と三好氏との関係は、結果としてはこのような関係でもって把握できるのかもしれない。が、久秀の動向をいくつかの史料で確認すると、久秀と幕府との関係においては、一概に対立関係として捉えられないことが分かるのである。

（二）久秀と幕府との関係

足利義輝の還京により、幕府奉行人連署奉書の発給が再開されたことに異議は差し挟めまい。そしてこのことからは、奉行人奉書発給過程への三好氏権力介在の有無に関わらず、幕府の政治体制と三好氏の政治体制が並立していたことが想定できよう。このような中で、松永久秀が、他の三好被官には見られない特異な動きを示しはじめることが指摘できる。なぜなら、前章で述べたように、三好氏権力単独による京都支配といえる状況下においては、「重臣の中の一人」という存在に過ぎなかった久秀が、将軍還京後の幕府政治に一定の影響力を発揮しているからである。

【史料①】「実相院芝房成順書状[26]」※傍線は筆者注、〈　〉は割注。以下同。

「永禄二」

先度令二言上一候、去天文廿二年、対二山本五郎兵衛尉一、書二入田地一段一、借米一石五斗五和利〈但、預状遣レ之、〉事、同年秋、本利共以致二弁済一之由、山本請取在レ之、然彼預状拘惜仕、未二返弁一旨申二懸之一、田地二段押置之条、為二御糾明一、当月二日之日付之問状、同三日相付之処、日限馳過、同十日至二奉行所一、山本修理亮使者同名山本并狩野申者両人罷出、対二同名五郎兵衛一、被レ成二御下知一候様体承度由、申レ之、早問状日限雖二相過候一、為レ御糺明二淵底一之間、只今可レ写レ趣、彼使者ニ被レ申処、此由可レ致二注進一之旨申、罷帰、一両日令二逗留一、重而以二山本修理使者一、同名五郎兵衛請取致二披見一、憲法ニ可二申付一候、此由松永弾正忠も申段、奉行所留守ニ申置由候、併軽二申　公儀一候哉、前代未聞次第候、所詮、押置田地等、向後可三停二止其妨一旨、以二違背篇一、被三成二下御下知一者、可二畏存一之旨、宜レ預二披露一候、恐々謹言、

十一月廿三日　　　成順（花押）

飯尾中務大夫殿

幕府の法廷で処理された実相院と山城土豪の山本氏の借米をめぐる相論において、論人山本氏の主張の最後に「この由松永弾正忠も申す段」と述べられていることが分かる。山本方は、久秀の意見を幕府の法廷における法廷戦術の一つの拠り所にしていることが指摘できるのである。ただ、この史料だけを見ると、先行研究で示されているような、三好氏権力が幕府の政治運営に介入し、将軍を掣肘していたことを示す傍証とも見做せる。が、次に示す事例を含めて見たらどうであろうか。

考察すべき史料は、北野松梅院と竹内門跡曼殊院との加賀国富墓荘の年貢納入をめぐる案件についての将軍義輝乳母の奉書（宛所は幕府奉行人）である。

【史料②―A】左衛門督局奉書案(27)

たけのうち（竹内門跡）もんせきとせう（松）梅院とくし（公事）の事につきて、（中略）せう梅院なけき（嘆）申され候やうたひ（様体）ハ、まん（政）所にてのきうめい（糾明）のやうたい、あまりかたてうち（片手打）なる御事にて候まゝ、めいわく（迷惑）の事にて候、（中略）さま〳〵なけき申され候あいた（間）、うへ（上）野に仰付られ候て、両ふきやう（奉行）しこう（伺候）いたし（致）、こんと（今度）まん所にてのきうめいのやうたい

ひろう（披露）申され候へ、きこしめして御きうめいあいとゝ（届）き候ハぬ事にて候ハヽ、いせのかみ（伊勢守）御ふしん（不審）なされ候ハんするよし、仰出され候ところ（処）に、まつなか小ひつ（松永少弼）かたよりうえの・しんし（進士）かたへふみを出されて、竹内もんせきとせう梅院とのくしの事、まん所にて一たひあいハて（果）申候所に、又くはうさま（公方様）きこしめし候ハんと御入候事ハ、しかるへからす候、もつたひなく（勿体無）そんし（存）候、いせのかみめんほく（面目）うしなひ申候事にて候なと、、ことく〱しく申あけられ候、

政所による裁決が曼殊院への「片手打ち」として松梅院が再審を要求したため義輝が審理経緯の調査をはじめようとしたところ、久秀がそれに意見を述べて義輝の行動を規制したというものである。大雑把な捉え方をすると、義輝には政治に裁量を加える自由がなく、結局久秀（ひいては三好氏権力）に主導されるという構造が成り立つようであるが、より注目すべきはその後の経緯にある。すなわち、久秀の意見に対する将軍近習、上野信孝（幕府御供衆）・進士晴舎（幕府申次衆）の反応である。

【史料②―B】

うえの・しんしかたより、ゑんりよ（遠慮）なき少ひつ申されやうに候、くはうさま御わかく（若）御さ（座）候て、御きうめいなとも、大かたに抑（仰カ）せつけられ候とも、もつたいなきよし、御いけん（意見）御申候ハんする事にて候、しかるへからす候よし、申つかハし候へハ、

上野・進士は久秀に意見をしていることが分かる。その内容は「久秀の意見は無礼である。義輝はまだ若いから、義輝が糾明などを大体に仰せ付けたとしても、久秀は『もったいない（畏れ多い）』と意見を上申する（婉曲に翻意をうながす）べきで、久秀の大げさな規制は不当である。」と読み取れる。久秀の義輝への意見についても、その方法

如何によっては義輝の近習からの批判を被る場合があることが分かる。この上野・進士の批判に対する久秀の反応を見てみる。

【史料②―C】

たゝいま(只今)うけたま(承)ハりわけ候、まん所にてあひハてたる事を、又御くしをあらため(改)られ候ハんするやうにふんへつ(分別)いたし候まゝ、しかるへからさるよし申入たる御事にて候、たゝいまのおもむきハ、こんとハてくち(果口)き
こしめし、いせのかミあひとゝかす候はゝ、御ふしんなされ候ハんするとの御事ハ、もつともよき(余儀)なく候、

久秀が義輝の行為に反対した理由は、義輝が「又御公事を改め候はんずる」、つまり、一度は決着した曼殊院勝訴の政所沙汰をすぐさま松梅院方の逆転勝訴に改めるのを懸念したためであったようである。しかし、義輝の意図が審理経緯を調べることにあると状況を正しく把握した久秀は、義輝が審理経緯を調べ、政所執事伊勢貞孝に手落ちがあった場合には貞孝を問いただすことについては、「もっとも余儀な」いことであると返答しているのである。

【史料②―D】

くはうさまもきこしめし候ハんする■■■(にて候)所に、(後略)

そして、義輝は審理経緯の調査を実際にはじめようとするのである。

この返答内容からは、久秀が義輝に対して意見をいえる立場にあったことが窺われる。しかしそのことをもって、義輝を一方的に掣肘し操作していたことと結びつけることは性急に過ぎよう。この案件において、義輝は最終的には審理の調査を開始できるようになったわけであるから、義輝の意思は尊重されていたと見做すほうが自然だろう。また、久秀の義輝への意見の仕方についても、場合によってはそれが義輝への不遜な行為と認識されていたことが分か

る。そして、上野・進士などの将軍近習は、久秀に不遜なところがあった際にはその不当性を表明することができ、久秀はそれを受け入れている。久秀は、上野・進士とほぼ同格な立場にあったと見做すことができよう。少なくとも上野・進士より上位にあるわけではない。すなわち、久秀は、「義輝に意見をいうことができて、それがある程度は義輝の行動に影響を与える力を持っているが、それが絶対的に義輝を拘束し得るものではなく、幕府近習からの注文や批判があった際にはそれを無視し得ない立場」にあったとすることができよう。

そうすると、この時の久秀の動向を、三好被官としてのものと見做すよりも、永禄二（一五六六）年の義輝の執奏による久秀の神楽申沙汰[28]よりはじまる義輝とのつながり、決定的には永禄三年に就いた幕府御供衆[29]、つまり、幕臣としての行為と見做すことがより整合的なのである。久秀を幕府の一員に引きつけて考えてみると、久秀と義輝との関係において示唆的なのが、以下の史料である。

【史料③】『お湯殿の上の日記』永禄六年四月十四日条

たうのみね（多武峰）とまつなか（松永）とわたん（和談）の事、ふけ（武家）より御申候て、ちよくし（勅使）に頭弁あきみつ、けふ（今日）たてらる、、

【史料④】『お湯殿の上の日記』永禄六年五月八日条

たうのみねのちよくしと、き（届）候はぬ事、くわんしゆ（勧修）寺一位と頭弁とふたりふけへ御つかいあり、御めいわく（迷惑）のよし御事あり、

史料③からは、久秀と多武峰との紛争に際し、義輝が和睦の斡旋をしていることが分かる。史料④からは、多武峰方が和睦を拒絶していることが分かるから、この和睦は、より久秀方の望むものであったと思われる。また、史料④からは、不首尾の結果に義輝が不快感を示していることが窺われるから、より久秀擁護にまわっている義輝の姿を想

起させる。もし義輝が久秀を自身と相容れぬ対立者と認識していた場合には、このような義輝の挙動は起こり得ぬことだといえる。義輝と久秀とは決して対立関係にはなかったことを示す一つの傍証である。

この時期の幕府と公家勢力との関係については、幕府と近衛家を中心とする勢力との融和的な関係がいくつかの先行研究において指摘されている[30]。また、前章で示したように、公家勢力のかろうじて保有する権益も、三好被官によって侵害される事態があり、その解決を三好氏よりは、幕府に期待していた事例がある。また、その解決のために、幕府は少なくとも三好氏よりは能動的に働きかけようとした形跡が認められるから、幕府勢力と公家勢力とは協調関係にあったとすることに特に問題はないだろう。

三好氏権力と公家勢力との関係については、前章で述べてきたことを踏まえれば、公家勢力の三好氏権力への期待度はさほど高いものではないといえる。しかし義輝還京以降、幕府との関係と同様に、禁裏との関係においても特異な動向を示すのが松永久秀なのである。本節では久秀と禁裏との交渉状況を確認していく。義輝が還京を果した永禄元年末から義輝が三好勢力により暗殺される同八年までの『お湯殿の上の日記』に見られる禁裏と幕府・三好氏・松永氏との交渉の記事の件数と案件を示したのが表②である。交渉案件は恒例の各節句や八朔などの物品贈答の記事は省いて、より政治的内容の強いもののみ網羅した。ちなみに、将軍還京前の、三好政権が京都を支配した天文二十二年から永禄元年の間で、『お湯殿の上の日記』に見える、物品贈答を除いた三好氏あるいは松永久秀と禁裏との交渉記事は少ない[31]。三好氏権力と禁裏とが決して親密とはいえないことを示唆するといえる。

(三) 久秀と禁裏との関係

表②『お湯殿の上の日記』に見る足利・三好・松永氏と禁裏との交渉
（永禄元年足利義輝還京から永禄八年義輝暗殺まで　物品贈答記事除く）

年 月 日	交渉者	交渉案件	備考
永禄 2. 2. 10	足利義輝	公家人事関連	
永禄 2. 4. 27	足利義輝	寺社関連	
永禄 2. 6. 12	足利義輝	神事関連	
永禄 2. 7. 9	足利義輝	飛騨三木氏関連	
永禄 2. 7. 17	足利義輝	禁裏関連	
永禄 2. 8. 8	足利義輝	正親町天皇即位礼関連	
永禄 2. 8. 18	足利義輝	後奈良天皇一周忌関連	
永禄 2. 8. 27	足利義輝	後奈良天皇一周忌関連	
永禄 2. 9. 12	足利義輝	公家人事関連	
永禄 2. 9. 15	足利義輝	公家人事関連	
永禄 2. 11. 3	足利義輝	義輝第営繕関連	
永禄 2. 11. 26	足利義輝	正親町天皇即位礼関連	
永禄 2. 11. 27	足利義輝	正親町天皇即位礼関連	
永禄 2. 11. 28	足利義輝	正親町天皇即位礼関連	
永禄 2. 12. 5	足利義輝	供御御料所関連	
永禄 2. 12. 18	足利義輝	正親町天皇即位礼関連	
永禄 2. 1. 29	松永久秀	神楽申沙汰	
永禄 2. 2. 4	松永久秀	神楽申沙汰	
永禄 3. 1. 21	足利義輝	公家人事関連	永禄 3. 2. 1 松永久秀・三好義興御供衆
永禄 3. 2. 6	足利義輝	参内	
永禄 3. 2. 28	足利義輝	公家人事関連	
永禄 3. 3. 5	足利義輝	公家人事関連	
永禄 3. 3. 12	足利義輝	公家人事関連 供御御料所関連	
永禄 3. 3. 28	足利義輝	禁裏営繕関連	
永禄 3. 3. 29	足利義輝	禁裏営繕関連	
永禄 3. 4. 10	足利義輝	禁裏営繕関連	
永祿 3. 7. 4	足利義輝	禁裏営繕関連	
永禄 3. 7. 5	足利義輝	禁裏営繕関連	
永禄 3. 7. 9	足利義輝	禁裏財政関連	
永禄 3. 11. 27	足利義輝	公家人事関連	
永禄 4. 2. 24	足利義輝	御料所関連	永禄 4. 1. 24 久秀・義興相伴衆
永禄 4. 2. 25	松永久秀・三好義興	御料所関連	永禄 4. 1. 28 久秀・義興従四位下
永禄 4. 2. 29	足利義輝	寺社関連	永禄 4. 1. 28 久秀・義興・三好長慶桐御紋御免

（前頁から続く）

永禄 4. 3. 12	足利義輝	参内	永禄 4. 2. 10 久秀塗輿御免
永禄 4. 閏 3. 10	足利義輝	禁裏営繕関連	
永禄 4. 4. 3	足利義輝	寺社関連	
永禄 4. 5. 6	足利義輝	寺社関連	
永禄 4. 7. 12	足利義輝	詳細不明	
永禄 4. 8. 8	松永久秀	詳細不明	
永禄 4. 8. 11	足利義輝	仏事関連	
永禄 4. 8. 18	足利義輝	日向伊東氏関連	
永禄 4. 8. 19	足利義輝	義輝第営繕関連	
永禄 4. 8. 22	松永久秀	御料所関連	
永禄 4. 8. 25	松永久秀	御料所関連	
永禄 4. 9. 11	松永久秀	義輝第営繕関連	
永禄 4. 10. 28	足利義輝	詳細不明	
永禄 5. 3. 3	足利義輝	禁裏儀礼関連	永禄５久秀大和多聞城築城
永禄 5. 3. 5	足利義輝	正親町天皇が世上不安表明	
永禄 5. 7. 2	足利義輝	安芸毛利氏関連	
永禄 5. 8. 29	足利義輝	正親町天皇が世上不安表明	
永禄 5. 11. 16	松永久秀	春日祭下行銭進上	
永禄 5. 12. 9	足利義輝	飛騨三木氏関連	
永禄 5. 12. 11	足利義輝	飛騨三木氏関連	
永禄 6. 1. 27	足利義輝	安芸毛利氏関連	
永禄 6. 1. 28	足利義輝	神事関連	
永禄 6. 4. 10	足利義輝	久秀と多武峰との紛争解決のための勅使依頼	
永禄 6. 5. 10	足利義輝	寺社関連	
永禄 6. 7. 2	松永久秀	供御関連	
永禄 6. 閏 12. 6	足利義輝	寺社関連	
永禄 7. 2. 29	松永久秀	御料所関連	
永禄 7. 3. 2	松永久秀	春日祭下行銭進上	
永禄 7. 3. 16	松永久秀	改元申請	
永禄 7. 5. 1	松永久秀	供御進上	
永禄 7. 6. 12	足利義輝	詳細不明	
永禄 7. 8. 29	松永久秀	供御進上	
永禄 7. 10. 28	足利義輝	寺社関連	
永禄 8. 2. 1	松永久秀	供御進上	
永禄 8. 4. 8	足利義輝	公家人事関連	
永禄 8. 4. 12	足利義輝	安芸毛利氏関連	

表②を見てみると禁裏と義輝とのやりとりが非常に密接におこなわれていることが分かり、義輝と禁裏との融和的な関係を窺わせる。それに対して、（三好政権が機能していた時期に引き続き）三好氏と禁裏との交渉件数が少ないことも特徴的である。このような両者の疎遠さを示唆する事例としては、永禄二年八月二十七日に、禁裏が義輝に三好勢力による春日社領の押領停止を依頼していることがある。前章で示した山科言継の例と同様に公家勢力にとっては、三好氏は真の意味での提携相手たりえないことが理解できる。

そのような状況下で、禁裏と久秀との交渉件数の多さには目をみはるものがある。特に久秀の一五件の交渉の具体的な内訳を見てみると、

①禁裏御料関連…四件
②供御の進上…四件
③禁裏の儀礼の差配や費用進上…四件
④その他…三件

となり、明白に財政面を中心とした禁裏援助にあたる行為（①〜③）が全体の八割を占めている。また、これら久秀の行為の全ては、永禄元年の義輝還京直後からは見られず、永禄三年の久秀の任御供衆前後に増加しはじめることが指摘できる。久秀にとって、御供衆に加えられることが、禁裏への関与の仕方について一つの画期となっていることは疑うべくもない。

（四）久秀の位置付け

いずれにしても久秀については、三好被官という視点のみに縛られるのではなく、幕臣として京都政局に臨む姿を設定できるのである。「将軍還京以降の幕臣」久秀は、幕府政治に一定の影響力をもって若い将軍義輝を導き、幕府と密接な禁裏へは、主に財政面で貢献する。当時の京都権門にとってまことに重宝な頼れる人材であったといえるのである。このような久秀像が投影された結果が、前述の宣教師フロイスの久秀評となったといえよう。つまり、義輝還京後の京都における政治家としての重要度を物語っているのであり、従来いわれてきたような下剋上の久秀像とは異なるものであることは明白である。

以上本章は、永禄元年以降の久秀はより幕臣としての位置に引きつけてその動向を追うことの可能性を提示した。そして、このように久秀を幕臣と見做すことは、久秀を三好被官としてのみ捉えることに限界があることをも意味するといえる。久秀が御供衆の地位を得るということは、久秀が一個の大名として認識されていたといえるからである。[32]ただ、久秀の大名化については、三好氏の政策の一環としてなされたものであるという天野氏の指摘がある。[33]そうであるならば、幕臣久秀と義輝との間のむしろ融和的といえる関係を、三好氏全体にまで敷衍させて考えることもできよう。しかし、義輝還京以降、久秀以外の三好被官で幕府とこのような関わり方を持つ者は管見の限り確認できないから、一個の大名となった久秀の独自の行為とも捉えられる。この点については章をあらためて考察したい。[34]

第三章　久秀の動向から分かること

（一）久秀の動向から分かること―京都政局での位置―

冒頭でも示したように、三好氏がその体制のために幕府機構を欲していたか否かという点が、これまでの諸研究の蓄積から導かれた一つの課題となっている。

先行研究に沿って、久秀の大名化が三好氏の政策上の一環のものであると捉えるならば、三好氏は被官の一人である久秀に、幕府や禁裏とのつながりを維持させて、融和的関係を保つための役割を課したという見方が成り立ち得る。前節で示した『お湯殿の上の日記』に見える禁裏と諸勢力との交渉について、三好氏（永禄元年以降はほぼ長慶の後継者三好義興）が久秀を伴って禁裏との交渉に臨んでいることが窺われる[35]。久秀が三好氏と幕府や禁裏を結ぶ窓口として機能している傍証ともなるかもしれない。しかし、三好氏は幕府を全国の大名統制のための一つの道具と認識し、自身が幕府の体制の中に組み込まれることを嫌い、三好長慶は義興に家督を譲り自らは一歩退いた立場にあって、京都政局に臨んだという天野氏の指摘[36]を重ね合わせて考えると、久秀の幕府・禁裏に偏重した動向は三好氏権力の意図と矛盾するように見える。それ故、久秀の動向は三好氏の総体とは別個の久秀独自のものとすることがより合理的であると考える[37]。

ただ、久秀から三好被官としての側面が全く失われたとも思われない。久秀が完全な独立した大名として三好家から切り離されたことを示す事例は管見の限りでは存在しないからである。しかし、久秀が、幕府・公家勢力により近い志向（より京都権門への配慮を重要視する）の持ち主であったことは、以下の史料から理解できる。

【史料⑤】竹内秀勝書状[38]

態申候、仍八幡田中御領美豆郷之内、心寿庵分并上成等之事、往古より於㆓于今㆒田中殿御当知行之処ニ御違乱之由如何在之儀候哉、不㆑可㆑然旨久秀被㆑申候、当知行於㆑無㆑紛者、被㆑止㆓御競望㆒可㆑然存候、但御存分候ハヽ、可㆑承候、以㆓其上㆒可㆑為㆓有様㆒旨相意得可㆑申由候、恐々謹言、

竹加兵

十二月七日　　秀勝（在判）

多左太　御宿所

三好被官の多羅尾氏が石清水八幡宮祠官田中氏の権益を侵害しようとした際に、久秀がそれに遺憾の意を表明していることは、久秀の志向を示唆するとともに、京都権門の要求に応えにくい三好氏権力内における久秀の微妙な立場を示唆する。

このような久秀の政治志向が、後の松永氏と三好氏との対立抗争関係に陥っていく一つの遠因になるというところにまで敷衍させることも可能であると考える。

（二）久秀の動向から分かること―久秀の人脈について―

将軍還京以降の京都政局において、より幕府・公家勢力に近い政治家（幕臣）久秀像を導いた。これを強化する一つの傍証として、久秀の人脈を提示することができる。すなわち、久秀の人的なつながりからしても、久秀が、先に

示したような、（幕政操作者ではなく）幕臣として、幕政関与や禁裏の財政支援をおこなう位置にいたことを推し量らせる。

【史料⑥】『言継卿記』永禄六年三月十九日条

自二午時一上洛、如二前日一於二天神森一昼休了、於二此所一武家之姫君（総持寺殿八才也）御喝食懸二御目一、松永方へ人質に御下向云々、

この年の三月十八日におこなわれた春日祭で上卿をつとめ終えて帰洛する言継は、久秀のもとに人質として向かう義輝の子に遭遇したというのである。これに関連した他の『言継卿記』の記事、あるいは、他の史料は管見の限りにおいて見当たらない。が、少なくとも久秀と義輝との特異な関係を見出すことはできよう。そもそも「人質」は「服従・同盟などの保証として自分の妻子・親族を相手方に渡しとどめておく」[39]ことを意味するのであり、前章の内容を踏まえ、穿った見方をすれば、両者の間の強固な結びつき、平和的関係を示す一つの象徴的事例と見做せるのである。同時に、久秀と義輝とが敵対的関係にあったならば人質のやりとりが実際におこなわれたとは考え難いのである。

【史料⑦】『言継卿記』永禄七年三月六日条

広橋入道へ書状言伝遣レ之、大納言妹松永少弼妾に薫物廿貝〈薄置之、〉遣レ之、

さらに『言継卿記』の記事からは、広橋国光（大納言・武家伝奏）の妹が久秀の側室となっていたことが分かる。[40]代々武家伝奏として幕府とのつながりの強い広橋氏と松永氏の濃密な関係性を指摘できる。この点は、義輝暗殺後の松永氏と三好氏の抗争の渦中において、松永与党と見做された広橋氏被官宅が三好方によって検封されている事例[41]からも窺われる。

さらに幕府により近しい公家（すなわち近衛氏を頂点とした勢力）とのつながりに関して、次の記録がある。

【史料⑧】『フロイス日本史』[42]

さて都には二人の名望ある兄弟がいた。一人は公家で、富裕であり竹内三位と称した。（中略）その（兄）弟は松永霜台の家（に使える）貴人で竹内下総と称した。

竹内三位は久我家家司を勤める竹内氏の当主で三好氏の政治にも参画し[43]、永禄三年に三位に昇進した竹内季治のことであり、その兄弟である竹内下総（加兵衛・秀勝）は久秀の被官なのである[44]。久秀と竹内氏とは姻戚関係にもあり[45]、この竹内氏との非常に親密な関係は、それを介して近衛氏と親密な久我氏（久我晴通は近衛尚通の子）との関係性にまで敷衍させて捉えていくことも可能であろう。

また、松永氏と近衛氏との直接的な関係を物語る事例は管見の限りにおいて見出すことができなかったが、近衛氏は、三好氏よりも、松永氏と交渉を持つほうが容易な状況下にあったことが橋本政宣氏によって示されている[46]。近衛氏と松永氏とのつながりを考える上での一つの手掛かりとなるだろう。いずれにしても、久秀は、足利氏・近衛氏との血縁的つながりが京都政局に影響を与えていた状況下で、明らかに幕府・公家勢力に引きつけられた人脈形成をしているのである。このように人脈の側面からも、久秀を幕臣、義輝与党の大名（三好氏権力からの脱却はしきれてはいないが）として把握することができるのである。

おわりに

以上、松永久秀に注目して永禄前半の京都政局への久秀の関わり方を示した。当該期京都政局は、義輝・近衛家を中心とした公家勢力と三好氏勢力との間には京都権門への対応の仕方に差があり、久秀は三好被官でありながら、義輝・公家勢力の意図に近い志向の持ち主であった。そのような久秀の動向を、あくまで三好被官としてのものと見るならば、久秀は、幕府勢力と三好勢力の媒介者のように位置付けることができよう。しかし、京都が三好氏権力によって主導的に支配されていた時期には、久秀は他の三好被官との際立った差異を見せず、永禄元年の将軍還京（義輝の京都定着）以降に久秀の特異性があらわれるのである。このことは、京都に復活した幕府の体制側に久秀があり、幕臣格あるいは一個の大名格で義輝勢力の与党となっていたことを示すのだといえる。そして同時に、三好家内における久秀の微妙な位置も示すのである。

また京都権門のこれらの勢力の認識の仕方だが、先行研究において、禁裏などは義輝への思いを低いものと見做している事例や、それに反して三好氏との連携を深めようと意図していた事情などが指摘されてきた[47]。しかし、実状としては義輝が京都にあるという状態、幕府が京都に機能している状態が、「あるべき姿」という認識が根底にあったことが推測される。だからこそ、永禄元年に義輝が上洛を果した際に宮中の女官は「天下おさまりてめてたしく[48]」という感想を表したのである。加えて、永禄元年の義輝還京以降の禁裏の三好家への興味の低さは、交渉事例の少なさからも理解できよう。京都権門にとって、三好氏権力は暫定的なものに過ぎなかったのである。

このような永禄元年以降の京都政局と久秀の位置付けを設定すると、永禄八年の義輝暗殺の事情についてもより整合的な考察がなされるべきだと思われる。

註

(1) 今谷明『室町幕府解体過程の研究』(岩波書店、一九八五年)。
(2) 最近の成果では、山田康弘『戦国期室町幕府と将軍』(吉川弘文館、二〇〇〇年)など。
(3) 最近の成果では、池享『戦国・織豊期の武家と天皇』(校倉書房、二〇〇三年)、水野智之『室町時代公武関係の研究』(吉川弘文館、二〇〇五年)など。
(4) 天野忠幸―A「三好政権と将軍・天皇」(『織豊期研究』八、二〇〇六年)、同―B「三好氏の畿内支配とその構造」(『ヒストリア』一九八、二〇〇六年)など。
(5) 最近の松永久秀の専論として、村井祐樹「松永弾正再考」(『遥かなる中世』二一、二〇〇六年)、松永英也「永禄五年の徳政令に見る松永久秀の大和国支配」(『戦国史研究』五四、二〇〇七年)。
(6) 高橋敏子「東寺寺僧と公文所との相論に見る三好政権」(『東寺文書に見る中世社会』東京堂出版、一九九八年)。
(7) 天野氏前掲(4)―B第三章。
(8) 今谷氏前掲(1)第二部第五章。
(9) 長江正一『三好長慶』(吉川弘文館、一九六五年)。
(10) 『言継卿記』天文二十一年三月九日条。
(11) 今回の率分のほかにも、今村慶満の京都権門所有の権益侵害は天文一八年ころよりはじまる(『厳助大僧正記』〈『続群書類従』雑部〉天文十八年十月十四日条)。
(12) 水野氏前掲(3)一七三ページ。

(13) 水野氏前掲（3）二二四ページ。
(14)『言継卿記』天文十八年九月三日条。
(15)『言継卿記』天文二十一年四月十四日条。
(16)『言継卿記』天文二十一年八月十二日条。
(17)『言継卿記』天文二十二年十一月十八日条「今村歓楽とて、十三日糾明無レ之云々」、同十二月二十三日条「三好日向守俄所労之間、折紙之段延引云々」。
(18)『言継卿記』天文二十一年四月四日条「今日率分之儀、対二三好筑後守〔ママ〕一御下知被レ成云々」。
(19)『言継卿記』天文二十二年一二月二三日条。
(20) 高橋氏前掲（6）。
(21) 松田毅一・川崎桃太訳『フロイス日本史3』（中央公論社）二〇八ページ。
(22) 今谷氏前掲（1）、同『戦国大名と天皇』（講談社学術文庫、二〇〇一年〈初出は一九八五年〉）。
(23) 天野氏前掲（4）―B。
(24)「幕府・朝廷・興福寺という権威自体が克服の対象にならざるをえないのである」（今谷氏前掲（22）二〇〇一年著書一九五ページ）。
(25) 天野氏前掲（4）―A第三章。
(26)『大日本古文書』家わけ第二十一蜷川家文書七二二。
(27)『大日本古文書』家わけ第二十一蜷川家文書七七四。史料は長文にわたるため本稿では必要部分を抜粋した。なお、山田氏前掲（2）第四章において、政所沙汰に介入しようとする義輝と、三好氏と同盟してこれに対抗しようとした伊勢氏との関係を示す史料として紹介されているが、本稿で示したように、最終的には義輝の意図どおりに審理の調査が開始された点については触れられていない。
(28) 表②参照。

(29)　永禄三年二月一日に任じられている（「雑々聞検書」〈東京大学史料編纂所架蔵謄写本〉）。

(30)　近衛通隆「近衛前久の関東下向」（『日本歴史』三九一、一九八〇年）。髙梨真行「将軍足利義輝の側近衆」（『立正史学』八四、一九九八年）。黒嶋敏「山伏と将軍と戦国大名―末期室町幕府政治史の素描―」（『年報中世史研究』二九、二〇〇四年）など。

(31)　今谷氏が提示した三好政権の機能していた時期は天文二三年から永禄元年までのおよそ五年間だが、その中での『お湯殿の上の日記』で把握できる、物品贈答を除く三好勢力と禁裏との交渉は、

・弘治元年四月六日（禁裏御料関連）
・弘治二年四月十五日（禁裏営繕関連）
・弘治三年二月十二日（公家人事関連）

と少ない。また、同時期の久秀と禁裏との交渉は、

・永禄元年閏六月二十四日（樽代進上）

と少ない。

(32)　久秀に与えられる各種待遇（御供衆や相伴衆）は、三好家家督三好義興と同等である（「雑々聞検書」〈東京大学史料編纂所架蔵謄写本〉）。

(33)　天野氏前掲（4）―B第三章第二節。

(34)　天野氏前掲（4）―B第三章第二節によると、久秀の他に三好被官から大名化した者として、石成友通が挙げられている。しかし、石成が久秀ほどの独特な挙動を示す事例は管見の限りでは見られない。

(35)　表②で挙げた以外の事例では、『お湯殿の上の日記』永禄四年八月八日条・永禄五年六月二十六日条・同七月九日条など。

(36)　天野氏前掲（4）―A、第三章第三節。

(37)　三好長慶は幕府からの恩典である「御紋拝領」を辞退した事例があり（「雑々聞検書」〈東京大学史料編纂所架蔵謄写本〉、永禄四年の部分に、「長慶朝臣御紋服拝領、但依レ被三辞二申之一、重テ御服被レ下二之一」とある）、幕府からの恩典を拒む点で幕府との一定の距離が感じられる。久秀は御紋拝領を受けており、また「塗輿御免」も享受しており（「雑々聞検書」〈東京大学史料編纂所架

蔵謄写本〉、永禄四年二月）、長慶と久秀とでは幕府との距離が相違していることが分かる。
(38)『大日本古文書』家わけ第四石清水文書一一九一。
(39)『日本国語大辞典』（小学館）「人質」の項。
(40)『尊卑分脈』広橋氏の項からも広橋国光の妹が久秀に嫁していることが確認できる。
(41)『言継卿記』永禄九年八月二四日条に、「三好日向内岩崎越後守、磯与右衛門尉両人、此町松永方之家戸結レ之、広橋内速水右近家二間、楠木河内守家等三間結レ之」とある。
(42) 松田・川崎前掲（21）三三三ページ。
(43) 弘治年間にあった、石清水八幡宮祠官田中氏の家督問題についての三好政権の裁許の過程に竹内季治が関与している（「竹内季治書状」（『大日本古文書』家わけ第四　石清水文書八五四）など）。
(44) 竹内秀勝に関しては、松永英也「松永久秀家臣竹内秀勝について」（『戦国史研究』五一、二〇〇六年）において、松永家中における上層被官としての位置付けがなされている。
(45)『系図纂要』竹内氏の項によると、松永久秀の娘と竹内季治の息子が結婚している。
(46) 橋本政宣「関白近衛前久の京都出奔」（『東京大学史料編纂所紀要』四、一九九三年）。
(47) 三好氏権力と禁裏との関係については、今谷氏のように三好家にとって朝廷を克服対象として見なすほかに、永禄改元の経緯に注目するなどして朝廷が三好氏に一定の認知と評価を示したとする、水野氏や天野氏のような見方もある。
(48)『お湯殿の上の日記』永禄元年十一月二十七日条。

Ⅲ

松井家研究余録
角田因幡守入道宗伊・細川陸奥守入道宗賢の事蹟について

福原　透

はじめに

室町末の争乱期から近世の初にかけて、新興勢力が台頭する中で多くの旧来の名家が没落していった。足利将軍家から織田、豊臣、徳川家への政権交代期にあって、進むべき道の選択を誤らず、着実に勢力の拡大を計り、肥後細川藩の基を築き上げていった藤孝（幽斎）・忠興（三斎）二代のごときは希有な存在であったといえよう。

細川家の成長過程で、松井、三渕、沼田など、かつてはともに室町幕府に仕えた諸家が、姻戚関係等をたよって細川家の周辺に集まってくる。はじめは客分的な性格から、やがて家臣団の中核となっていくのであるが、同様のことは、細川家の家老となった松井家の家臣団の中にも見られる。

本稿は、ともに丹後久美松倉城時代の松井家に身を寄せ、松井家重臣角田家の祖となった因幡守藤秀入道宗伊と、ほどなく歴史から消え去った細川陸奥守輝常入道宗賢という二人の室町幕府奉公衆出身者の事蹟について、管見に触れた史料をもとに紹介するものである。

一、姻戚関係

角田藤秀と細川輝常の名は、『永禄六年諸役人附』（『羣書類従』所収〰〰は筆者、以下同じ）に、

光源院殿御代當参衆並足軽以下衆覚。

永禄六年五月日。

御供衆。

大館陸奥守晴光。　　同十郎輝光。

細川中務大輔輝経。　　大館伊豫守晴忠。

仁木七郎。　　一色式部少輔藤長。

細川兵部大輔藤孝。　　上野孫三郎。

……（中略）……

外様詰衆以下。

……（中略）……　　角田采女正藤秀。

……（後略）……

と見えている[1]。輝常は藤孝と同じ御供衆として将軍義輝の幕下にあったわけである。

ここで、両者に関わる室町幕府奉公衆間の姻戚関係を略図にすると次のようになる（『綿考輯録』『松井家譜』『松井

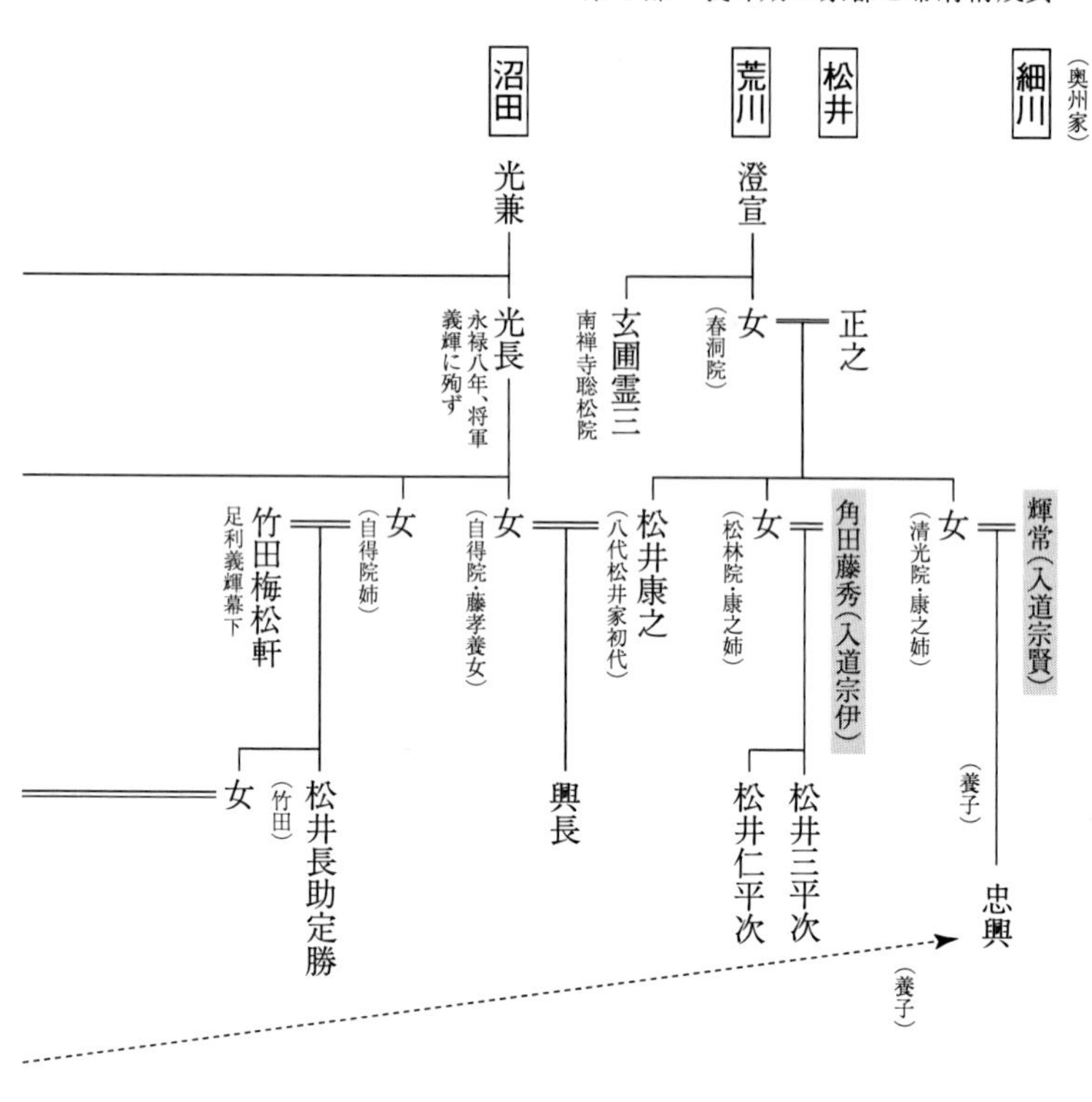

家文書御給人先祖附（以下『御給人先祖附』と略す）』等による(2)。

図に示したとおり、藤秀、輝常はともに松井康之の義兄にあたる。輝常については、細川忠興の養父として知られているが、その実態については不明な部分が多い。細川家の正史『綿考輯録』（巻九忠興君）には、

……（前略）……

将軍の命にて細川中務大輔陸奥守輝常主御養子の約有之を以、後迄も大外様衆と称せらる、然れ共直ニ藤孝君の御許に御座候而、与一郎忠興と御名乗被成候、忠の字は織田信忠卿より進ぜられ候となり、

一書、細川輝常の養子として家督を継、大外様の役也、輝常牢浪の後、本家に帰住して与一郎と唱し、藤孝君の家督となり給ふと云々、又、一書、義輝公の仰に

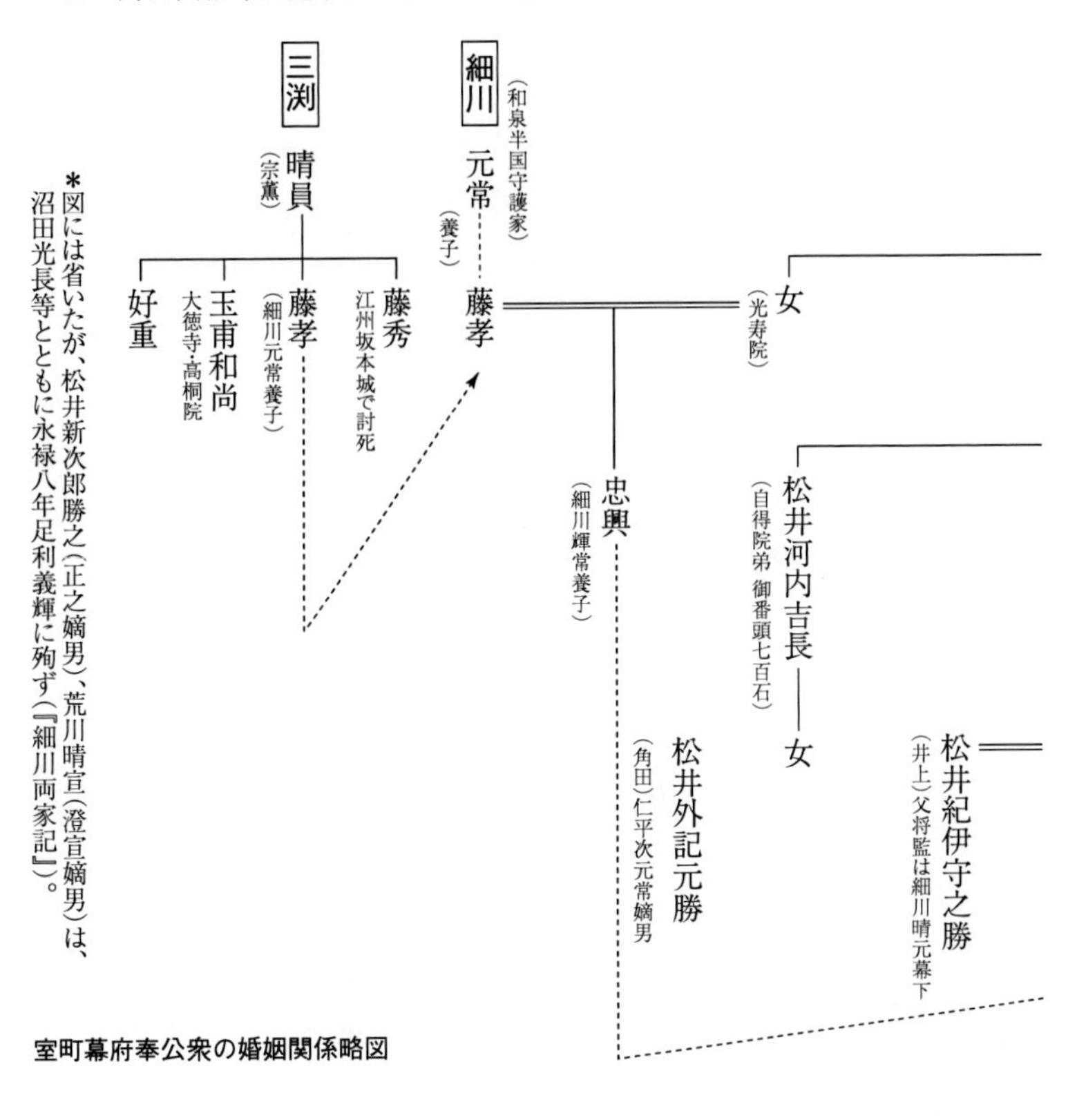

室町幕府奉公衆の婚姻関係略図

て、輝常主の継嗣にならせ給ふ、或は義昭公の仰なりとも有、又一書、輝常主は永禄八年義輝公御生害の時、御一同ニ討死と記し、或は天正元年、義昭公、信長公と矛盾の時、公方家御人数の内に輝常主も有、此時御討死とも牢浪とも分り不申、是ニ付至而秘説有、口伝永源庵記録之内ニ、元亀四年正月、熊千代殿永源庵ニ入て、伯父玉峯ニ就て出家せんと乞ふ、是いまた長ならすといへとも、気象豪強にして屋形の意に和せさるか為なり、しかも玉峯確乎として許さすして委諭す、後チ大樹此を聞て、細川輝常の継嗣と為す、これ三淵及ひ屋形の家臣の議して計ふ所なり、因て久しからすして和順す、只此レ継嗣の名のミなるゆへに、後復故家をつく、或説に、義輝大樹継嗣の口入なりと、此説如何乎不知事也、考に前大樹ハ此九年前自殺也、其時忠興公三歳也、永禄六年十一月十三日誕生、今年ハ十一歳也、輝常強て無子して養子あらは令弟興元公今八歳也、幸ニ御次男也、然を閣て御家嫡、殊に前大樹の時代は幽斎公に御二子も無之、何を他家の継嗣となり給ハんや、忠興公御一分の御入寺御願歟、今の大樹の継嗣口入も子細あらんやと云々、……（中略）……但忠興君御幼年ニ而輝常主の御養子として家督を継、大外様の役と云説はいふかし、又御養子の事義輝公の命、義昭公の命といふ事いつれか分明ならす、或人云、永源庵の記実説たるへきか、義輝公は永禄八年御生害也、此時忠興君三歳也、三歳之御時ニ、御継嗣候事有之たるか、年月隔り難知と云々、かくまち〳〵にて弁別しかたく候へとも、永源庵記ニ有之ことく御三歳にて将軍より御養子の命有たるといふは、より所を得不申候、其故ハ輝常主にも御男子あつて、元亀の比御元服ときこえ、昭経と号せられ候、藤孝君には永禄八年まて、熊千代君御一人ならては御子様も無御座候、然ニ何のゆへもなく、御養子台命ありたるとの事いふかしく候、熊千代君豪強の御生質、御幼年よりあら〳〵敷あらせられ候よし、藤孝君専ら是を御教戒の御意味ゆへ、かたへよりうかゝひ候へハ、御不和の様にも見へ候哉、御年齢より遥に御健にて、御心も剛に、万かしこくましませしよしなれハ、藤孝若御教導の趣をもどかしくも思しめされ候所より、十一歳にて御出家なとの思しめしも御生し被成候や、長臣よりも御とゝめ兼るほとの事にて、大和守殿御はからひを以、将軍の御内聴にもおよひ、其比義昭公、信長と鉾楯の御催を、藤孝君専御諫言の折節なり、藤英主・輝常主ハ無二の将軍方なれハ、藤孝君御父子御不快を幸に味方ニ引入らるへきあらましにて、輝常主の御養子に命せらるへき御内談なりしにや、藤孝君も御違背被成かたきいきほひにて御座候半、しかるに其年義昭公御没落、藤英主御生害、輝常主も御牢浪にて右御養子の事再ひ取興す人もなく、熊千代君ハ次第ニ御成長にて、御父子の御中も御和順ニならせられ、たゞちに藤孝君の御家御相続ニ相成候なるへし、左候へハ義昭公の仰によりて、一端御養子の約あらせられ候との事、実にもと聞へ申候、猶又正記見当り候ハ丶、本文に直し可申候……（後略）……

と、巷間の諸説を交えて縷々考証しているが、同書の編者小野景湛が推量するとおり忠興の養子問題は、実際は有名無実であった可能性が高い。

しかしながら、同書中にも、

既寛永十八年、家光公御代諸家の系図御改ニ付而、三斎君より斎藤佐渡守殿江之御書之内ニ
一　三淵之家ハ御部屋衆頭ニて御座候へとも、御供衆よりは下ニて御座候　下略、
一　私ハ大外様と申すものに罷成候而、又幽斎と別家ニ罷成候　下略、

と言い、『寛政重修諸家譜』にも輝常養子として記されている。形ばかりのことであったにせよ、陸奥守輝常が忠興の養父であるということは一応は認知されたことであったのだろう。松井家や角田家の家譜等にもそのことは見えている。

二、松井家家臣へ

室町幕府滅亡後、両者は義弟松井康之のもとに身を寄せることになる。角田藤秀入道宗伊の場合は、山城勝竜寺城時代のことであったと、明和二年に松井（角田）嘉次馬から松井家に提出された先祖附（前掲『御給人先祖附』）には

次のように記されている。

覚

一、私先祖関東八平氏の内千葉上総介忠常、下総国千葉郡致在城候故千葉と唱申候、忠常より十六代、千葉助七郎貞常角田氏ニ改、将軍義政公ニ仕被任弾正忠候、貞常曽孫角田采女正後因幡守と申候、将軍義輝公の外様衆ニて義輝公を義藤公と奉称候節、御諱字を賜り藤秀と改、被叙従五位下被任因幡守候、永禄八年三好松［　］反逆ニて義輝公御生害の後、牢浪ニて剃髪仕宗伊と改、春光院様勝竜寺え御越被成候節、角田宗伊夫婦男子二人、角田三平次・仁平次共慕御跡罷越候、宗伊妻は春光院様御姉ニて後ニ松林院と申候、三斎様御養父細川陸奥守輝常入道宗玄老の御内室清光院殿の妹ニて御座候、夫故勝竜寺ニ参候処御扶持米被下置、自然と御家臣ニ相成申候、三平次・仁平次ニは松井の御称号被下候、天正九年三月丹後久美ニ御入城の節、角田宗伊・松井三平次・同仁平次も引越申候処、二の丸ニて屋敷被下候……（後略）……

細川輝常入道宗賢については、『松井家譜』「記録之部　壹　康之様」に、

康之江御一門之格被仰付候事

……（前略）……

同（天正）十年十月、熊野郡久美松倉江新城を築き引移候様被仰付、成就之上入城仕候、其頃迄京都柳原康之屋敷江育置申候細川陸奥入道宗賢老へ為合力参百石扶持仕、並ニ角田因幡入道宗伊両人を康之出陣仕候節ハ松倉之御留守居と極め、二之丸江陸奥入道殿並ニ因幡入道を初め番頭共を差置申候、右之通康之儀重く被召仕候ニ付、以前ハ城をも持居候諸国之浪人等、追々ニ康之を慕ひ久美江罷越、家来と罷成候者共多く御座候、……（後

略）……

と記され、輝常入道宗賢が正式に松井家に迎えられたのは久美松倉城時代のことであったとしている。
細川家における松井康之の場合のように、はじめは客分的性格の強い存在であったと思われ、松井家の所領拡大と家臣団の整備にしたがって家臣化し、その中核となっていったもののようである。

三、久美松倉城時代の事蹟について

京都府熊野郡久美浜町に残る以下の二例は、角田宗伊と細川宗賢が当時の史料にその名を止める貴重なものである。

（1）松井康之書状　　久美浜町・神谷神社所蔵

太刀之宮へ田地参段
相付候間、久美濱村之
内を以修行へ可
被相渡候、恐々
謹言
文禄五年
九月七日　　　　佐渡守　康之（花押）
宗伊　御宿所

本状は、『熊野郡誌』にも所載の一通で、松井康之が、久美浜にある太刀宮（神谷神社）へ田地三反を寄進するよう宗伊へ指示したものである。[3]

（2）阿弥陀三百五十八躰仏譲与覚　久美浜町・本願寺所蔵

恵心御作阿弥陀三百五十八躰之内

天正拾三年三月七日

一躰（花押）　嶺山吉田駿河守　百疋渡前坊（花押）

同三月廿一日（花押）

一躰（花押）（花押）嶺山真下真斎　百疋渡前坊（花押）

二躰（花押）康之御取候

河守之福寿軒　貳百疋宗伊御請上候　御倉

入之年貢ニ立用（花押）

天正十四拾月朔日

四躰（花押）康之被成御取候如法度

（花押）　四百疋前坊ニ渡（花押）

天正十六　三月十六日

一躰（花押）田辺之御上様（花押）百疋到来

前坊ニ渡之　前坊（花押）

天正十六　三月晦日

一躰　宮津西川殿へ（花押）（花押）百疋到来前坊ニ渡也　前坊（花押）

一躰　京へ康之被取去（花押）（花押）　前坊（花押）

天正十九　四月廿二日

二躰　嶺山玄蕃殿御上へ御取候（花押）

文禄三年五月廿三日

貳躰　佐州へ上御使喜左衛門尉（花押）　玄阿（花押）

文禄三午

壱躰　田辺ノ甚内所望（花押）　玄阿（花押）

文禄四年正月四日

恵心仏壱躰（花押1）[4]　玄阿（花押）

同日

同三躰（花押1）　玄阿（花押）

文禄四年八月廿三日

恵心仏貳躰　宗雲寺江

宗伊（花押2）　玄阿（花押）

同四年十一月四日　宗雲寺江

恵心仏一躰　宗伊（花押2）　玄阿（花押）
一二月廿一日　桂首座江
恵心仏壱躰　宗伊（花押2）　玄阿（花押）
文禄五ノ三月廿一日ニ
恵心仏壱躰　康之様ヨ（ママ）　宗伊（花押2）　玄阿（花押）
慶長貳二月廿五日
恵心佛壱躰（花押1）忠興様へ上　宗伊（花押3）玄阿（花押）柴庵
慶長貳三月十四日
恵心佛壱躰（花押1）坂本屋
介頓へ　宗伊（花押3）　玄阿（花押）柴庵
久枝
慶長二年八月廿一日
恵心佛壱躰　三祢山　□丸（花押）　柴庵（花押）久枝
玄蕃様へ　玄阿（花押）
慶長三年五月廿三日ニ
恵心仏壱躰　越中様へ　柴庵（花押）　久枝代（花押）
玄阿（花押）

慶長三年十二月四日
一恵心仏壱躰　伊勢ノ
　　大夫　三長老様御口入
　宗賢㊞　柴庵（花押）久枝（花押）
　　　　玄阿（花押）

慶長四年正月廿二日
一恵心仏壱躰　新太郎さまゟ
　宗賢（花押4）　　玄阿（花押）

慶長四年後三月三日
一恵心仏壱躰　宗賢（花押4）　玄阿（花押）

同年卯月九日
一二体　田辺
　正奇カ（花押5）（花押4）　久枝　柴庵（花押）
一一体　金蔵主（花押5）（花押4）
一一体　御□御上様（花押5）（花押4）

慶四　八月五日
一一躰　二ノ丸殿御取次　柴庵（花押）久左衛門尉（花押）玄（花押）

田舎衆御所望

亥八月廿九日

一体　康之様被仰下久左衛門尉（花押）柴庵（花押）玄阿（花押）

慶長四年拾月七日ニ

弐躰　松井殿ヨリ

宗賢（花押４）柴庵（花押）久善（花押）玄阿（花押）

慶長五年正月廿七日

五躰　松井殿ゟ御取被成候（花押１）

宗賢（花押４）柴庵（花押）　久枝（花押）

慶長五年四月廿六日

壱躰　宗賢（花押４）玄阿（花押）　久善

御たちさまゟ

柴庵（花押）

慶長五年六月十四日

化佛壱躰　宗賢　与一様ヨリ為御用上申候　柴庵（花押）

久枝（花押）

慶五年

三躰　越中さまゟ　玄阿（花押）

（以下慶長六年以降の分は省略）

久美浜町の浄土宗寺院本願寺には、行基菩薩作、あるいは恵心僧都作の伝承を持つ千体仏（阿弥陀如来立像）が伝えられている。これらは、中世にはその名のとおり膨大な数が安置されていたと思われるが、政治・経済的理由、追善供養・葬送といった宗教的要求によって寺から徐々に流失、天正十二年頃にはほとんど残っていないような状況にあったらしい。そこで、本願寺前住栄誉上人の遺言により、天正十二年十月晦日、知元以下五名が前坊と久枝以下四名の檀家に申し入れ、三百五十八体が返納される（「知元等連書置文」[5]久美浜町・本願寺所蔵）。

天正十四年十月朔日、時の久美松倉城主松井康之は、本願寺に返納された恵心僧都作千体仏について、寺の造営資金を調達するため、所望の者には一体につき百疋で沽却するように法度を定めている（「松井康之書状[6]本願寺前坊宛」久美浜町・本願寺所蔵）。先の知元以下の千体仏返納についても、背後に康之の力が働いていたと考えられる。

本覚は、千体仏沽却の日付と数量、譲与先・仲介者と寺側の確認のリストであり、天正十三年（一五八五）三月七日から寛文九年（一六六九）九月にかけての八十五年間、延べ九十八回二百十三体の記録である。[7]このうち松井・細川家に関わるのは、豊前・豊後へ転封以前の慶長五年までの分であり、千体仏の請取人には、細川幽斎・越中守忠興・玄蕃興元・与一郎忠隆、松井康之・新太郎興長、宗雲寺等の名が見える。花押1（花押・印については註（4）参照）は署名はないが松井康之のもので[8]、千体仏受領の印である。本覚の第一紙と第二紙の紙継の紙背にも同じ花押が[9]記されており、本願寺の千体仏沽却に康之が深く関わっていたことを示している。

花押2（文禄四年）、花押3（文禄五年以降）の宗伊、花押4の宗賢（宗賢の初出である慶長三年十二月四日の項のみ㊞）が、それぞれ角田宗伊、細川宗賢にあたるものと考えられる。両者の所には、松井・細川家関係の譲与希望者等の名が記されていることが多く、両者は康之にかわって千体仏授受の仲介・確認にあたったものと考えられる。宗伊の名は慶長二年三月を最後に見られなくなるが、これは同年の宗伊の死（宗雲寺位牌、墓碑銘）と符合する。宗伊没後、慶長三年十二月から宗賢が代わってその任にあたっている。

花押5は、康之の母方の叔父である南禅寺聴松院の玄圃霊三のものではないかと考えられる[(10)]。玄圃和尚は、康之が天正十三年に父正之の菩提を弔うため久美浜に開いた宗雲寺の開山である。関ケ原合戦を翌年に控えたこの年、当地を訪れていたのであろうか。

以上、ごくわずかな事例ではあるが、家譜に「康之出陣仕候節ハ松倉之御留守居」と重用されたという宗伊と宗賢の、久美松倉城下における働きの一端を示していると言うことができよう。

これらのほかに、当時の原本ではないが、『古来番附（丹後細川能番組）』（永青文庫所蔵）に、

天正十四年丙戌二月十四日於米田助右衛門座敷

……（中略）……

長岡妙佐　　　　　大　細川奥州　　　太　岩崎

舟弁慶　ワキ　愛若大夫　　　小　長岡玄蕃頭　笛　松田

と見えているのも、宗賢のことであろうと考えられる。

むすびにかえて――宗伊と宗賢のゆくえ

角田宗伊は、慶長二年に久美浜で没した。墓は宗雲寺境内にある。正之夫妻の古墓碑の背後にあって、近年まで永禄の変に討死した松井新次郎勝之（康之兄）墓かといわれていたものが実は宗伊の墓であり、天明三年、宗雲寺の正巌和尚が『肥後御使者日記』（宗雲寺所蔵）に、

宗伊と申人、…（中略）…當所ニて逝去、拙寺ニ葬式、即山城守殿の御塚の傍ニ石塔有之人也、勿論、先日御見セ被成候古位牌の内ニ彼の宗伊位牌も御座候と庄太夫殿被仰聞、初而承り申事也、

と筆録した西垣庄太夫（註（3）参照）の言葉の通りである。かなり風化しているが、宗雲寺に安置する位牌と同じ宗伊の没年が確かに刻み込まれている。[11]

宗伊以後の角田家の系譜を先祖附（前掲『御給人先祖附』）によって略図にすると次頁のようになる。

『松井家御家人帳』[12]に、

御給知方御擬作方御役料等

一、高千石　　御家司
　　　　　　　松井　角左衛門
　外　　　　　（竹田）
一、米拾八俵　御役料

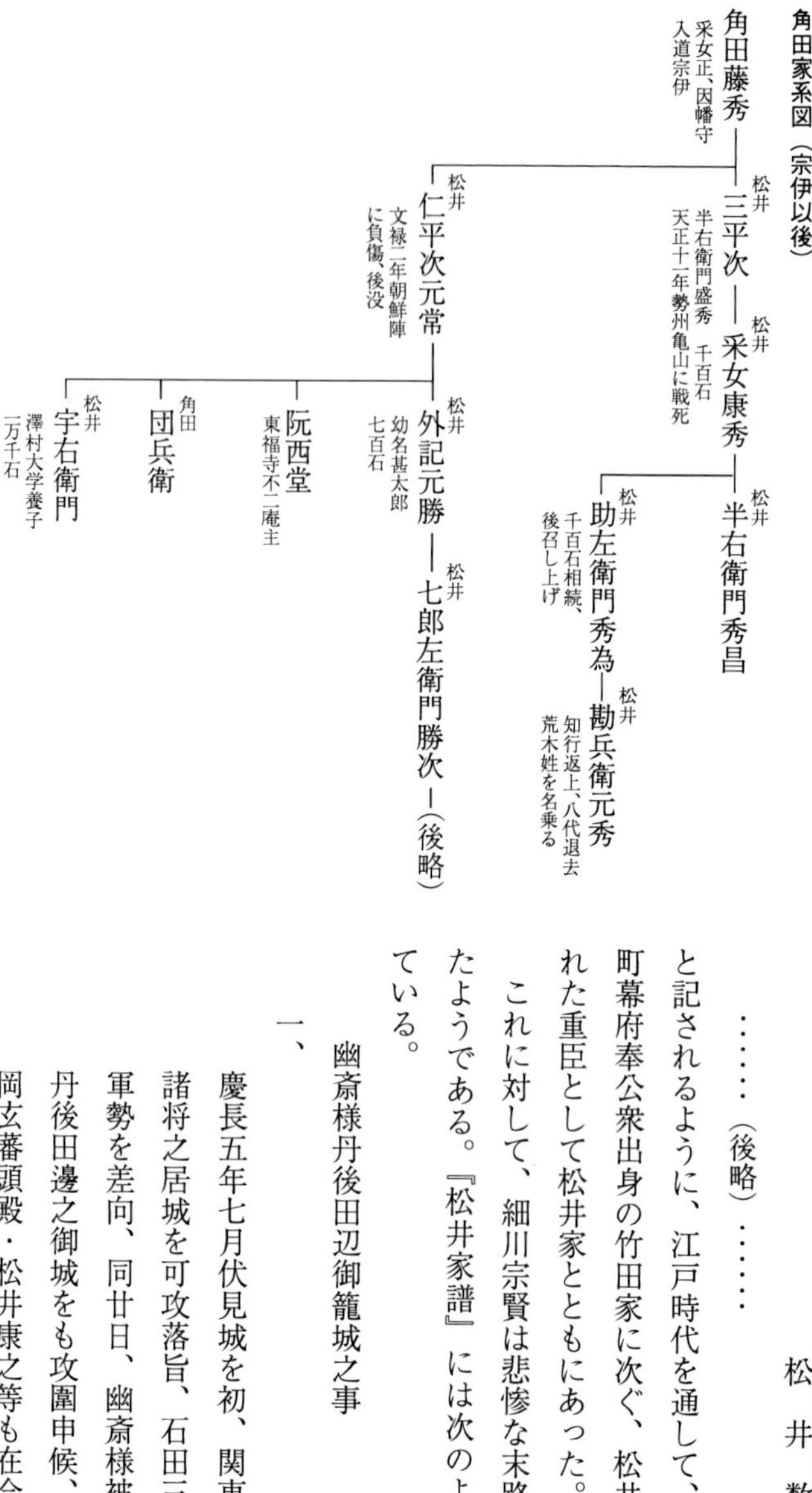

一、同七百石　（角田）松　井　数　馬

……（後略）……

と記されるように、江戸時代を通して、同じく室町幕府奉公衆出身の竹田家に次ぐ、松井姓を許された重臣として松井家とともにあった。

これに対して、細川宗賢は悲惨な末路をたどったようである。『松井家譜』には次のように述べている。

一、
　幽斎様丹後田辺御籠城之事
　慶長五年七月伏見城を初、関東江出軍之諸将之居城を可攻落旨、石田三成等相謀軍勢を差向、同廿日、幽斎様被成御座候丹後田邊之御城をも攻圍申候、其頃、長岡玄蕃頭殿・松井康之等も在合不申、御人少ニ有之候故、御國中之武具兵糧を田

辺一城ニ取納候様ニと被仰付候、此節、宮津御城下「三斎様御居城」康之出府屋敷ニは、家来堀口喜六と中者を残置候処、宮津御留守居之差圖ニて屋敷江差置候武具兵糧以下、田辺江舩ニて積廻申候、康之居城松倉ニは、康之姉婿細川陸奥入道宗賢老「康之より合力米三百石遣置候」松井久左衛門「宗賢老嫡子、康之より合力二百石遣置申候」留守居ニ仕、康之家来角田甚太郎・志水又左衛門・本嶋四兵衛・石田太郎左衛門・中川才庵・尾崎道意・橋本與次・山本對馬・天長老・ひさいた某・かうたい某・額田某・杉原某等入置申候処、石田方より計策を以て、宗賢老江逆意を勧、細川之本領可宛行旨ニ付、宗賢老父子同意有之、松倉城より二里程有之候但馬國豊岡城主杉原伯耆守石田方ニて居申候ニ被致内通、彼手之旗をも城江立候半と被相計候、依之従三斎様松井新太郎興長妻江御附被置候芳賀左助を初、在合候家来共、興長妻を介抱仕女中密ニ夜着ニ包、城之石垣之上より落し城を退去仕候て……（中略）……夫より、京之吉田盛法院浄慶法院（ママ）は康之妹婿ニて御座候ニ付、是を頼、罷越申候、其後、松倉宗賢老は石田方敗軍之由を被承、父子共ニ京都江被立退候、十月下旬、康之帰城仕候上、右之始末承、家来中川伊豫・尾崎伊右衛門両人を差越、宗賢老所存之趣詰問仕候所、悔先非被及生害、松井久左衛門儀も遂電仕候……（以下略）……

細川宗賢は、義弟松井康之の久美松倉城下で合力米を給される身であるが、嘗ては細川藤孝とともに将軍足利義輝の幕下に連なる同格の将であったことは先に述べたとおりである。康之ゆかりの留守居としていかに丁重に扱われようとも、藤孝・忠興父子の繁栄を見るにつけ欝屈した思いが湧きあがったであろうことは想像にかたくない。石田方の誘いは、没落した名家の当主の心の虚を突いたものだったのである。一度は、忠興養父の沙汰を将軍より受けたといわれる輝常について、『綿考輯録』に多くを語らないのは、本一件の故を以てであろうか。

宗賢により乗っ取られた松倉城より落ちる自得院（康之妻）・恵妙院（細川忠興娘、松井興長妻）の供をして、弱冠十六才ながら弓矢を取って勲功を立てたのは、ほかならぬ宗伊の孫甚太郎（外記元勝）であったという（前掲『御給人先祖附』）。

註

（1）同書中には、八代松井家の祖康之の母の里である荒川家や、妻の里である沼田家の名も見ることができるが、康之の父山城守正之の名は見当らない。正之の没年は、本記録の日付から四ケ月余の後、永禄六年九月二十六日であり、そのことと関係があるのであろうか。康之以前の松井家については、拙稿「松井家の先祖をめぐって―松井山城守正之、同越前守長之について」（平成七年八代市立博物館『松井家三代』展図録所収）を参照されたい。

（2）『綿考輯録』（出水叢書、汲古書院、昭和六十三年～）、『松井家譜』（松井文庫所蔵本、未刊）、『松井家文書　後給人先祖附』（八代市史　近世史料編Ⅳ、平成八年）による。

（3）天明三年、宗雲寺の正巌和尚が筆録した『肥後御使者日記』（宗雲寺所蔵）には、松井正之夫妻、松井与八郎（康之長男、朝鮮役に戦病死）の新しい石塔を建立するため、松井営之の命により八代から当地を訪れていた西垣庄太夫の言葉として、

　宗伊と申人、太刀宮の神之社領所持之折紙ニ、名宛ニ宗伊御宿所と有るハ役人ニて御座候哉と御尋申上候所、宗伊ハ角田因播守藤秀入道宗伊、姓は午千葉の後胤也、勿論只今ハ長岡主水家司二人目ニ松井嘉次馬と申者の先祖ニて、佐渡守の姉婿なり、

　当所古城ニ昔日近郷の政事共取収……（以下略）……

と記されている。庄太夫は松井家家臣で、その先祖は久美浜で康之に召し抱えられている（前掲『御給人先祖附』）。蓑田勝彦氏御教示の「松井系譜」（永青文庫十二―十一―四）によれば、

　松井氏系図之儀、前廉被差出置候通御坐候處、先祖松井佐渡守康之若年之砌、母方伯父（ママ、叔父）南禅寺玄圃和尚ニ従伊勢参宮之留守中三好・松永叛逆を企、義輝公御生害、兄松井新二郎勝之儀ハ殉死仕、領地も被押領、家人も散乱仕候付、不得

止事、一旦玄圃和尚江寄食仕候程之儀ニ而、種々艱難、其後関原御陣之節、康之父子東西ニ出軍之留守、細川宗賢老御逆意ニ依而、自得院殿・恵妙院殿危急ヲ凌、漸城中ヲ忍出、京都へ退去被仕候儀茂有之、或ハ御天守雷火彼是ニ而、家系ホ散乱焼失も仕候哉、其比之時勢ニ而ハ、先祖之由来抔申立候躰之儀ハ疎ニ有之たると相見、後年ニ至、代数相隔候而者、別而始祖等之儀ハ精撰も出来兼候へ共、其侭難閣処ゟ、長岡寄之代、家来粟坂恕軒と申者、系図調ニ取懸、涯分丈ハ不審ヲ吟味仕申候へ共、其後西垣庄太夫と申者、右恕軒調ニ不審ヲ生シ、地方ニテ廣々記録等索捜仕、数十年之間深心力を尽、遂ニ丹後へ罷越吟味仕、且、京都南禅寺聴松院過去帳等も重畳吟味仕、尋問考察之上、都而出拠ヲ取、当家之鼻祖ハ六条判官為義之十四男松井之冠者維義ニ相違無之相見候付、其通ニ系図改正被申付置候……（後略）……

といい、当時、松井家の歴史に最も明るい人物であった。久しく松井家と疎遠になっていた久美浜に残る数々の松井家関係の遺物を実見、正厳和尚の質問に対する庄太夫の解説等が『肥後御使者日記』には記されている。

（4）本覚に見える花押のうち、（花押1）～（花押5）ならびに宗賢㊞は次のとおり。

（花押1）

（花押4）

（花押2）

（花押5）

（花押3）

宗賢㊞

（5）知元等連署置文

本願寺御化仏之儀、前住
栄誉上人御遺言之儀候間、今
在ノマヽ参百五拾八躰返置
申候、此上ハ旦方中情ニ
取入候て、壱躰モ無損失様ニ候て、
可然存知候、由断候てハ無勿
躰儀候、末代之重賓如此候、
仍而後日状如件、
天正十二ノ
　拾月晦日
　　　　　　　　知元（花押）
　　　　　　　　清讃（花押）
　　　　　　　　誓欣（花押）
前坊
久枝与左衛門尉　殿　塚本念西（花押）
黒田七良左衛門尉　殿　佐久良主計助（花押）
岡嶋九右衛門尉　殿　河本弥平左衛門尉（花押）
杢村新右衛門尉　殿
　　　　各まいる

（6）松井康之書状

丹後国熊野郡久
美庄本願寺仁被奉

納恵心之御作千佛
之事、方々へ雖執
散候、今度令才覚
参百五拾八躰取返候、
然者、當寺為造栄（ママ）
所望之方於在之者、
壱躰百疋宛ニ可有
沽却候、已来、為法度
如此候、仍如件、

天正十四
　拾月朔日　　　松井新介　康之（花押）
本願寺前坊
　　床下

（7）詳細は、元興寺文化財研究所の昭和五十六年度国庫補助事業「近畿地方における千体仏の基礎的調査」ならびに平成七年度八代市立博物館『松井家三代』展図録の拙稿参照。
（8）（花押1）は、以下の書状等に見える康之の花押と同一のものである。
①松井康之書状　本願寺前房宛　天正十四年拾月朔日　久美浜・本願寺所蔵。
②松井康之知行宛行状　竹田藤松宛　天正十五年十二月十九日　八代市博物館所蔵。
③松井康之書状　宗伊宛　文禄五年九月七日　久美浜・神谷神社所蔵。
④松井佐渡守禁制　　慶長六年四月十一日　国東・泉福寺所蔵。

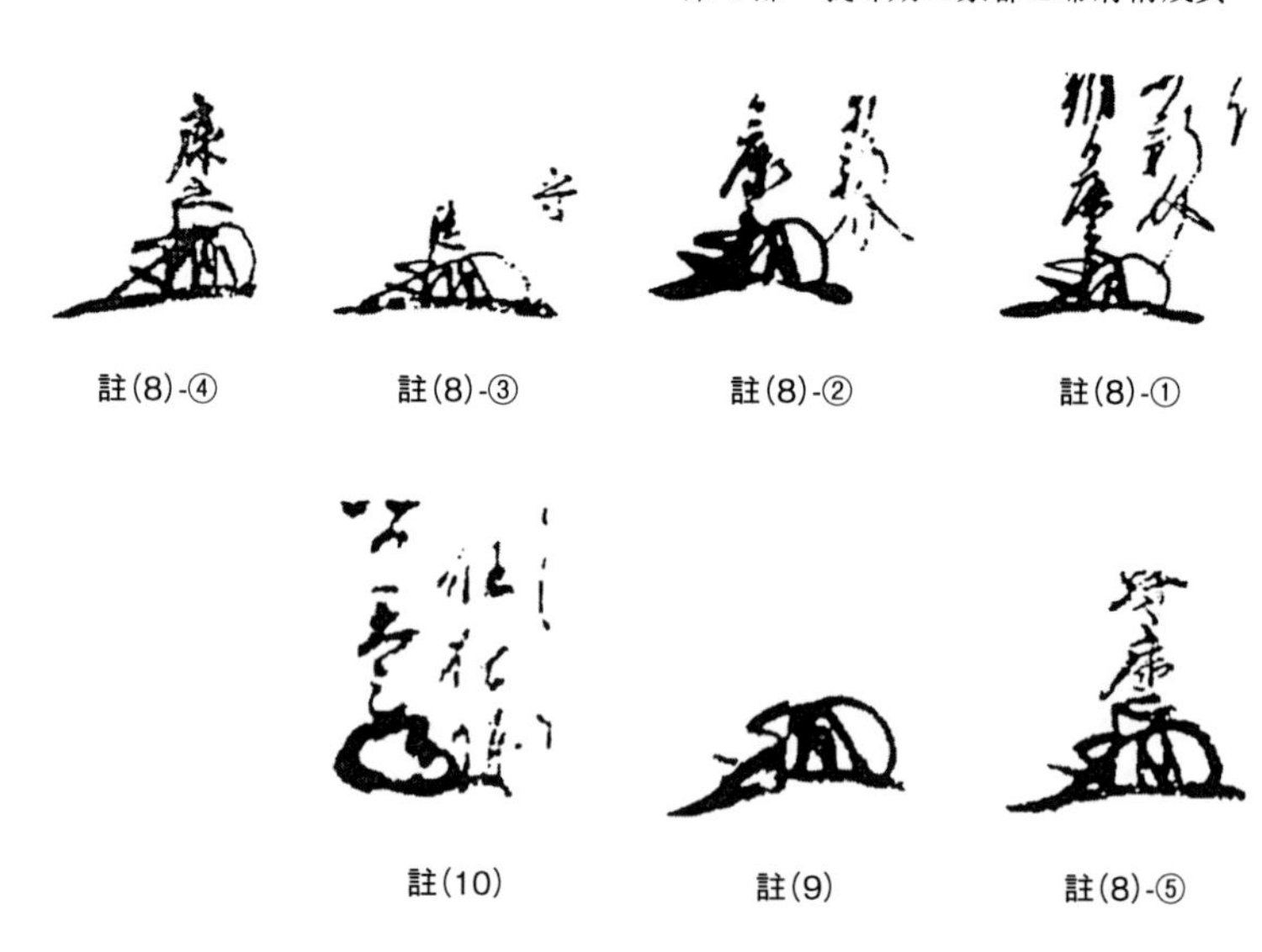

註(8)-①　註(8)-②　註(8)-③　註(8)-④

註(8)-⑤　註(9)　註(10)

⑤松井康之・興長知行宛行状　松井長介宛　慶長七年正月　八代市博物館所蔵。

（9）阿弥陀三百五十八躰仏譲与覚　久美浜・本願寺所蔵　第一紙・第二紙の紙継紙背の花押。

（10）花押5は、次の玄圃書状の花押と同一のものと考えられる。玄圃霊三書状　十一月十四日　宗雲寺納所宛　久美浜・宗雲寺所蔵。

（11）後に、庄太夫より永年探し求めていた先祖の墓所の有様を知らされた松井（角田）嘉次馬は、八代から長文の喜びの手紙を書き送っており、今も宗雲寺に伝えられている。

（12）『肥後八代松井家御家人帳』（天保二年分）昭和五十九年、八代古文書の会。

【付記】

（1）本稿発表当時（一九九八年）、細川幽斎の養父は、父三渕晴員の兄である和泉半国守護細川元常であると考えられていた。これに対し、山田康弘氏は「細川幽斎の養父について」（『日本歴史』第七三〇号、二〇〇九年）を発表し、幽斎を養育したのは、それとは別系統の将軍側近、佐々木大原氏出身の細川伊豆守高久とその息、刑部少輔晴広であることを明らかにされた。

（2）京都府熊野郡久美浜町は平成十六年（二〇〇四）に合併し、現在は京都府京丹後市久美浜町である。

Ⅳ 足利義輝の祇園会見物について
—天文一七年六月一四日をめぐって—

河内将芳

はじめに

応仁・文明の乱以前、京都の祇園会、とりわけ山鉾巡行を桟敷を構えて見物することは、ときの室町殿、あるいは将軍にとって特別な意味をもっていた。(1) それは、戦国期においても同様であったと考えられるが、応仁元年（一四六七）の停止から三三年後に実現した明応九年（一五〇〇）の再興が細川政元によって主導されたこともあって、乱前とは大きく様相を異にしていくことになる。(2)

実際、戦国期において室町殿や将軍が祇園会を見物したことがはっきりとわかるのは、管見のかぎり、永正一二年（一五一五）の足利義稙による見物と大永二年（一五二二）の足利義晴による見物、(3) そしてそれから四半世紀もたった天文一七年（一五四八）の足利義輝（当時は義藤であるが、便宜上、以下では義輝に統一）による見物しかないと考えられるからである。

このうち永正一二年と大永二年のときについては、すでに別の機会(4)にふれたことがあるので、ここでは、残された天文一七年の足利義輝による祇園会見物についてみていくことにしよう。

この天文一七年の祇園会見物については、すでに早くから『史料綜覧』が六月一四日条として立項し、典拠となる史料の所在も列挙している。にもかかわらず、これまで十分な検討が加えられてこなかったのは、おそらく関連史料が少ないためだろう。

したがって、そのようなきびしい条件を承知のうえで、本稿もまた、課題にとり組んでいかなければならないわけだが、ここでは、筆者がこれまでにおこなってきた室町・戦国期祇園会に関する検討の結果もふまえつつ[5]、少し広い視野から課題にせまってみようと思う。かぎられた史料をながめているだけではみえないことも、あるいはそのすがたを垣間見せてくれるかもしれないからである。

ところで、具体的な作業をはじめるまえに、従来、足利義稙・義晴・義輝とならんで、戦国期の祇園会を見物したと考えられてきた足利義澄（当時は義高であるが、便宜上、義澄で統一）の事例について、あらかじめふれておきたいと思う。

これまで義澄が祇園会を見物したと考えられてきた背景には、『史料綜覧』が、明応九年（一五〇〇）六月七日条と文亀二年（一五〇二）六月一四日条に、おのおの「祇園会ヲ復ス、是日、神輿迎アリ、義高、其儀ヲ観ル」「祇園会、義高之ヲ観ル」と立項していることが関係するのではないかと思われる。

ところが、文亀二年については、『史料綜覧』がかかげる史料（『後法興院記』『実隆公記』『拾芥記』『言国御記』『大乗院寺社雑事記』）をいくら精査しても、その事実を確認することはできない。もちろん今後、新たな史料が発見された場合は別として、今のところは、事実誤認の可能性のほうが高いように思われる。

いっぽう、明応九年についても、『史料綜覧』は、その典拠となる史料として、『後法興院記』『忠富王記』『厳助往年記』『大乗院寺社雑事記』をかかげている。そして、そのうちの冒頭にあげられている近衛政家の日記『後法興院記』[6]六月七日条をみてみると、そこには、「武家（足利義澄）可有見物之由風聞処、下行物過分間、不事行云々、仍密々女中桟敷へ被罷出云々、或京兆（細川政元）桟敷へト云々」という記事を見いだすことができる。

しかしながら、この記事は、くわしくみてみるとわかるように、「武家」（義澄）の「見物」が「下行物過分」を理由に「不事行」であったこと、また、それゆえ義澄は、「女中桟敷」、あるいは「京兆」（細川政元）の「桟敷」へ「密々」「罷出」て見物するほかはなかったという「風聞」を伝えているにすぎないことがあきらかとなろう。

もちろんこれをもって義澄が祇園会を見物したとのべることもまったく不可能とはいえない。しかしながら、室町期においては、室町殿の御座を中心に桟敷は構えられていたのであり、仮に右のようなかたちで義澄が祇園会を見物したとしても、それは、やはり『大乗院寺社雑事記』[7]六月七日条が「公方（足利義澄）無御見物」と明記しているように、公式には見物がなかったとみるほうが自然であろう。

実際、後日談として『大乗院寺社雑事記』六月一二日条には、「祇薗（園）会ニハ公方（足利義澄）内々隠蜜（密）ニテ御見物」と記されているが、室町殿が「内々隠蜜（密）ニテ」祇園会を見物したと伝えられること自体が室町期とくらべたとき、異常といわざるをえないからである。

そして、それとは対照的に、細川政元の見物や桟敷のことが、「四条面ニハ細川桟敷五間」「細川桟敷ハ京極之跡辺也」と『大乗院寺社雑事記』六月八日・一二日条に記されている点は特徴的といえる。

このことからもあきらかなように、明応九年の再興時には、室町殿義澄よりも細川政元の見物のほうに人びとの関心が集まっていたことが知られる。とともに、祇園会を見物するということがすなわち、幕府内では桟敷を構えて見物することを意味していた点からすれば、祇園会を見物する主役の座も大きくうつりかわっていたと判断せざるをえないであろう。

このように、義澄による見物を義稙や義晴による祇園会見物とならべてみることはとうていできないわけだが、それでは、問題の義輝による祇園会見物とは具体的にどのようなものであったのだろうか。章をあらためてみていくことにしよう。

一、「相公・少弼・細川殿御見物」

ところで、『史料綜覧』天文一七年六月一四日条の綱文には、「祇園御霊会、義藤、之ヲ金蓮寺ニ観ル、明日、幕府、同寺ノ竹木役ヲ免除ス」と記されている。また、その典拠となる史料としても、『言継卿記』『長享年後畿内兵乱記』『金蓮寺文書』の三点が列挙されている。

そこでまず、冒頭にかかげられた山科言継の日記『言継卿記』六月一四日条をみてみると、そこには日付や天候などが記されているだけで、一行の記事も書かれていないことがあきらかとなる。それは、刊本[8]においても、また、東京大学史料編纂所が所蔵する原本においても同様である。

それでは、関連する記事はどこに記されているのかといえば、それは、七日前に記された六月七日条が相当するようである。原本の写真[9]も参照しつつ引用してみると次のようになろう。

七日、辛亥、天晴、未刻夕立、

一、祇薗（園）会如例年云々、
一、武家御両所（足利義晴・義輝）・近衛殿（稙家）・聖護院殿（道増）・大覚寺殿（義俊）等、自坂本御上洛云々、路次今路也、於慈勝（照）寺、御盃参云々、辰下刻、今出川御所へ御上洛也、大将殿（足利義晴）御伴二騎云々、大樹殿（足利義輝）御伴七騎云々、不見物之間、不注、可尋、

右によればまず、この年、六月七日を式日とする「祇薗（園）会」（神輿迎）が「例年」のようにおこなわれたことがわかる。しかしながら、そのことと、ふたつめに記されたこととは直接的にはつながらない。

というのも、ふたつめに記されていることとは、このころ、「権大納言」「右大将」の職にあった「大将殿」＝足利義晴「三十八」[10]才と「参議」「左中将」「征夷大将軍」の職にあった「大樹殿」＝足利義輝「十三」[11]才の「両所」が近江「坂本」より「今路」を経由して、「辰下刻」に「今出川御所」に「御上洛」したという事実のみだからである。

『言継卿記』は、『史料綜覧』天文一七年六月七日条の「義晴、義藤等、近江坂本ヨリ帰洛ス」という項目でも典拠としてかかげられているが、右の記事は、むしろこちらにふさわしいといえよう。

それでは、義輝の祇園会見物は、どの史料に記されているのかといえば、それは、『言継卿記』の次にかかげられている『長享年後畿内兵乱記』[12]となる。そのうち、該当する記事を引用すると次のようになろう。

同十四日祇園会、相公（足利義輝）・少弼（六角定頼）・細川殿（晴元）御見物、於四条道場（金蓮寺）、

ここにみえる「相公」とは、当時、参議を兼ねていた将軍義輝のことであり、その義輝が「四条道場」（金蓮寺）において、六月一四日に「祇園会」を「御見物」したことがあきらかとなる。

ただし、右の記事によるかぎり、祇園会を見物したのは、義輝だけではなく、「少弼」と「細川殿」も同じであったことがわかる。このうち、「少弼」とは、『長享年後畿内兵乱記』同年六月八日条に「佐々木少弼（六角定頼）殿上洛」とみえる

「佐々木少弼」こと、六角定頼を意味しよう。

いっぽう、「細川殿」とは、『言継卿記』同年正月二六日条に「細川右京大夫（晴元）今日同上洛」とみえる「細川右京大夫」こと、細川晴元を意味するが、これだけをみていると、義輝・定頼・晴元の三者が親密な関係にあり、それにもとづいて祇園会見物がおこなわれたかのようにみえる。

しかしながら、義輝や義晴が洛中に落ち着くことができず、近江坂本に避難を余儀なくされていた要因が、以下にのべるように、晴元との関係にあったことをふまえるならば、そう簡単にはいかないであろう。

天文五年（一五三六）七月におこった天文法華の乱後、まがりなりにも京都で安定をたもってきた幕府に大きな亀裂が生じたのは、天文一五年（一五四六）の夏ごろ、義晴と細川「氏綱らとの間に、晴元を氏綱にかえようとする計画がおこっ」てからと考えられている[13]。

氏綱とは、「テンキウ（典厩）」（細川尹賢）の「御曹司次郎殿」[14]のことであり、晴元の仇敵としてほろんだ細川高国（常桓）の「御跡目と申て」[15]、天文一二年（一五四三）七月に和泉で挙兵して以来、晴元と敵対をつづけてきた人物として知られていた。

その「氏綱らとの間に、晴元を氏綱にかえようとする」計画に義晴がなぜ乗ったのか、という点については、今ひとつ史料で押さえることはできないが、おそらくは晴元勢の攻撃をさけるためであろう、その年の九月一二日に、義晴は東山「慈照寺へ」[16]移り、一一月には、「東山白川山上被築御城」[17]たことが確認できる。

そして、一二月一八日には、「御台様」や「陽明等」（近衛稙家）とともに、「東山慈照寺」より「坂本江御成」、一九日に「若公様」（義輝）「御十一歳」を「坂本樹下所」において「御元服」[18]させたうえ、二〇日に「与奪将軍」[19]し、みずからは「被任右大将」れることになる。

ちなみに、義輝「御元服」のさい、「御加冠」の役は「六角少弼」[20]定頼がつとめたが、このことをはじめとして、先例にないことばかりを義晴が挙行した点からも、義晴と晴元とのあいだの緊張関係がいかにきびしいものであったのかが知られよう。

翌天文一六年（一五四七）三月三〇日になると、「右大将」（義晴）・「大将軍」（義輝）をはじめ、「准后」（近衛稙家）・「聖護院准后」（道増）・「大覚寺准后」（義俊）らが「北白川入城」、その城を四月一日に「細川右京大夫晴元人数四国衆」が「取懸」[21]ることで、いよいよ合戦の火蓋が切られる。

そして、七月一二日には、「摂州」より「細川（晴元）上洛」し、「相国寺ニ陣取」することになるが、ここで義晴側からみれば、思いもかけない事態がおこることになる。というのも、「江州人数」、すなわち六角定頼の軍勢が「北白川御城取巻」いたため、一九日には、「御城自焼、東坂本へ出奔」[22]を余儀なくされるからである。

定頼が晴元勢に合力したのは、すぐる天文六年（一五三七）四月に「細川右京兆（晴元）、与佐々木（六角）定頼婚姻」[23]とあるように、両者のあいだに姻戚関係がむすばれていた点もさることながら、七月一五日の段階で、「佐々木弾正少弼」（六角定頼）が義輝に対して「右京兆（細川晴元）之儀」について「言上」[24]したことも関係するのだろう。

その「言上」の内容とは、おそらく和睦にかかわるものだったのではないかと考えられるが、義輝は、その可否を「東山御城」において「諸侯侍輩」に対し「尋下」している。

そして、その結果としておこなわれたのが、「御城自焼」だったらしく、それを裏づけるように、七月二九日には、「細川晴元坂本江御礼ニ被参」れ、「六角少弼（定頼）祇候」するなか、「御方御所様」（義輝）との「御対面」[25]がゆるされたことが確認できる。

いっぽう、「大御所様」（義晴）との「御対面」はゆるされなかったようだが、ここからは、今回の緊張関係をときほぐしたのが、定頼の「言上」とそれにこたえた、ときに「十二」歳であった若き将軍義輝の裁断にあったことが知られよう（実際には、そのような体裁をとらせた義晴の判断と考えられるが）。[26]

いずれにしても、天文一七年に「相公・少弼・細川殿」の関係が親密にみえた背景には、以上のようなことがあったわけだが、そのことをふまえたうえで、問題の天文一七年の祇園会見物をながめてみると、どのようなことが垣間見えてくるのだろうか。ひきつづきみていくことにとしよう。

二、天文一七年六月一四日の祇園会見物

先にもふれたように、『言継卿記』六月七日条によれば、この日、義晴・義輝の「武家御両所」、「近衛殿」（稙家）、「聖護院殿」（道増）、「大覚寺殿」（義俊）らが「坂本」より「上洛」し、「慈勝寺」（照）で「御盃」をおこなったのち、「辰下刻」に「今出川御所へ」入ったことがわかる。

ここにみえる「近衛殿」、「聖護院殿」、「大覚寺殿」は、いずれも前年の三月に義晴・義輝とともに「北白川」城に入った面々であり、これによって、この間、これらの人々が常に行動をともにしていたことが知られる。[27]

また、六月七日は、『言継卿記』同日条にも記されているように、祇園会神輿迎の式日でもあったが、同日条には、義輝がこの日の祇園会を見物したとは記されていない。実際、義輝の祇園会見物にむけての準備は、この七日以降に

はじめられたことも、次の史料からあきらかとなるからである。

御状拝見申候、仍来十四日祇園会之儀付、上意様（足利義輝）為御見物、其御寺へ可被成御成之由、被仰出之由候、御上人在国候条、旁乍御不弁、御請御申之由候、御大義察申候、然者、御屋形様（細川晴元）へ時宜相意得、可致披露旨承候、得其意候、様躰具伺可申候、不可有如在候、恐々謹言、

（天文十七年）六月十日　（波々伯部）元継（花押）

四条道場
御役者
御返報

これは、『史料綜覧』が『長享年後畿内兵乱記』の次にかかげている史料『金蓮寺文書』[28]のなかに残される波々伯部元継の書状である。年紀を欠いてはいるが、その内容から天文一七年とみてまちがいないであろう。

差出の波々伯部元継とは、細川晴元の被官であり[29]、また、この書状の主な目的とは、後半部にみえるように、「四条道場御役者」からの意向を「御屋形様」（細川晴元）へ「披露」することを確約した点にある。

しかしながら、ここで注目しなければならないのは、むしろ前半部にみえる、「上意様」（足利義輝）が、「来十四日祇園会」「御見物」のため、「其御寺」（四条道場、金蓮寺）へ「御成」する旨を「仰出」され、それを金蓮寺側が「御請御申」したという事実のほうであろう。

『史料綜覧』も、この記事の内容から、『金蓮寺文書』を典拠としてかかげたわけだが、もっとも、その「仰出」が具体的にいつ示され、そして、どのような伝達経路でもって金蓮寺へと伝えられたのかということまではわからない。

ただ、少なくとも六月一〇日以前、おそらくは義輝・義晴が七日に上洛してまもなくのころであった可能性は高いであろう。

また、この場合の「上意様」は、通常であれば、将軍義輝を意味するが、このとき義輝が「十三」歳であったこと[30]をふまえるならば、実際の指示は、父義晴によるものであったと判断するほうが自然である。

それを裏づけるように、このとき上洛したのは義輝だけではなく、義晴も一緒であったし、また、ふたりが入った「今出川御所」とは、義晴の御所にほかならなかったからである。[31]

ところで、先にもふれたように、義輝・義晴が上洛した次の日に六角定頼も上洛してくるが、これについては、次のような史料[32]も知られている。

昨日七日　公方様(足利義輝)御入洛、公私大慶此節候、定可為御快然候、仍定頼(六角)参洛之事、再三雖辞申、堅　上意候間、致供奉候、於時宜者、宝性院可有御演説候、恐々謹言、

六月八日(天文十七年)　　定頼(六角)（花押）

謹上　太宰大弐(大内義隆)殿

これもまた年紀を欠くが、その内容から天文一七年と考えられる六角定頼の書状（折紙）である。これによって、定頼の「参洛」が「堅　上意」によるものであり、「公方様」を「供奉」するためのものであったことがあきらかとなるが、先にもふれたように、すでに正月二六日には晴元が上洛し、そしてまた、このように六月八日に定頼が上洛したことから考えれば、義輝（あるいは義晴）による「仰出」は、この八日以降の可能性がより高くなるであろう。

おそらくは、それからすぐに金蓮寺から「御状」が波々伯部元継のもとにとどき、それをうけて一〇日に出されたの

が、先の書状（「御返報」）であったと考えられる。

こうして、義輝による祇園会見物の準備は、比較的短期間のうちにはじめられることになったわけだが、ところが、肝心の見物そのものについては、先の『長享年後畿内兵乱記』の記事しか残されておらず、ほとんど具体的にはわからない。

そのようななか、わずかな手がかりが、『金蓮寺文書』のなかには残されている。

為祇園会御見物、今度就　御成、御座敷以下馳走之条、寺家境内竹木事、向後、被相懸之儀、一切御停止之由、被仰出候也、仍如件、

天文十七

六月十五日　　　盛秀（松田）（花押）

金蓮寺

これは、六月一四日の祇園会式日の翌日にあたる一五日に幕府奉行人松田盛秀によって出された奉書（折紙）である。『史料綜覧』では、この奉書の後半部をふまえて、「明日、幕府、同寺ノ竹木役ヲ免除ス」という綱文が記されているが、ここではむしろ前半部のほうに注目しなければならないであろう。

というのも、これによって、前日の一四日の「祇園会御見物」のために「御成」がおこなわれたさい、金蓮寺の「御座敷」がつかわれたことがあきらかとなるからである。おそらくは、その「御座敷」に定頼や晴元も同席し、先例や旧例にしたがって、式三献などさまざまな儀礼や行事がおこなわれたのであろう。

じつは、ここまでが関連する史料のすべてであり、これらによって、『史料綜覧』が立項したように、義輝が天文

一七年六月一四日の祇園会を見物したという事実は、押さえられそうに思える。ところが、ことはそう簡単でないことが、冷静になってみると気づくことになる。

なぜなら、六月一四日に巡行する「十四日山々」（いわゆる後祭）は、三条大路を巡行するため、金蓮寺で見物できるのは、京極大路を南下して、四条大路を西行するすがた、すなわち山々がおのおの山町へ還っていくすがたとなるからである（図１参照）。

管見のかぎり、歴代の室町殿や将軍が、京極大路を南下する山鉾や、山町・鉾町へ還っていく山鉾を見物したという形跡は確認できない。つまり、通常のかたちであれば、義輝は、金蓮寺において何も見物できなかったということになるのである。はたして、義輝は何を見物したのだろうか。次にこの点について考えていくことにしよう。

三、義輝は何を見物したのか

義輝は、天文一七年六月一四日に金蓮寺に御成をした。このこと自体は、前章でみたように、動かない事実と思われるが、それでは、そこで何を見物したのであろうか。

残念ながら、このことについては、それを明記している史料がないため、いくつかの可能性を指摘することしかできない。それでは、どのような可能性が考えられるだろうか。

まず、ひとつめの可能性としては、何も見物しなかったのではないかということが考えられる。先にもふれたように、六月一四日という日に金蓮寺に御成をしても、「十四日山々」は山町へ還っていくところしか見物できず、それ

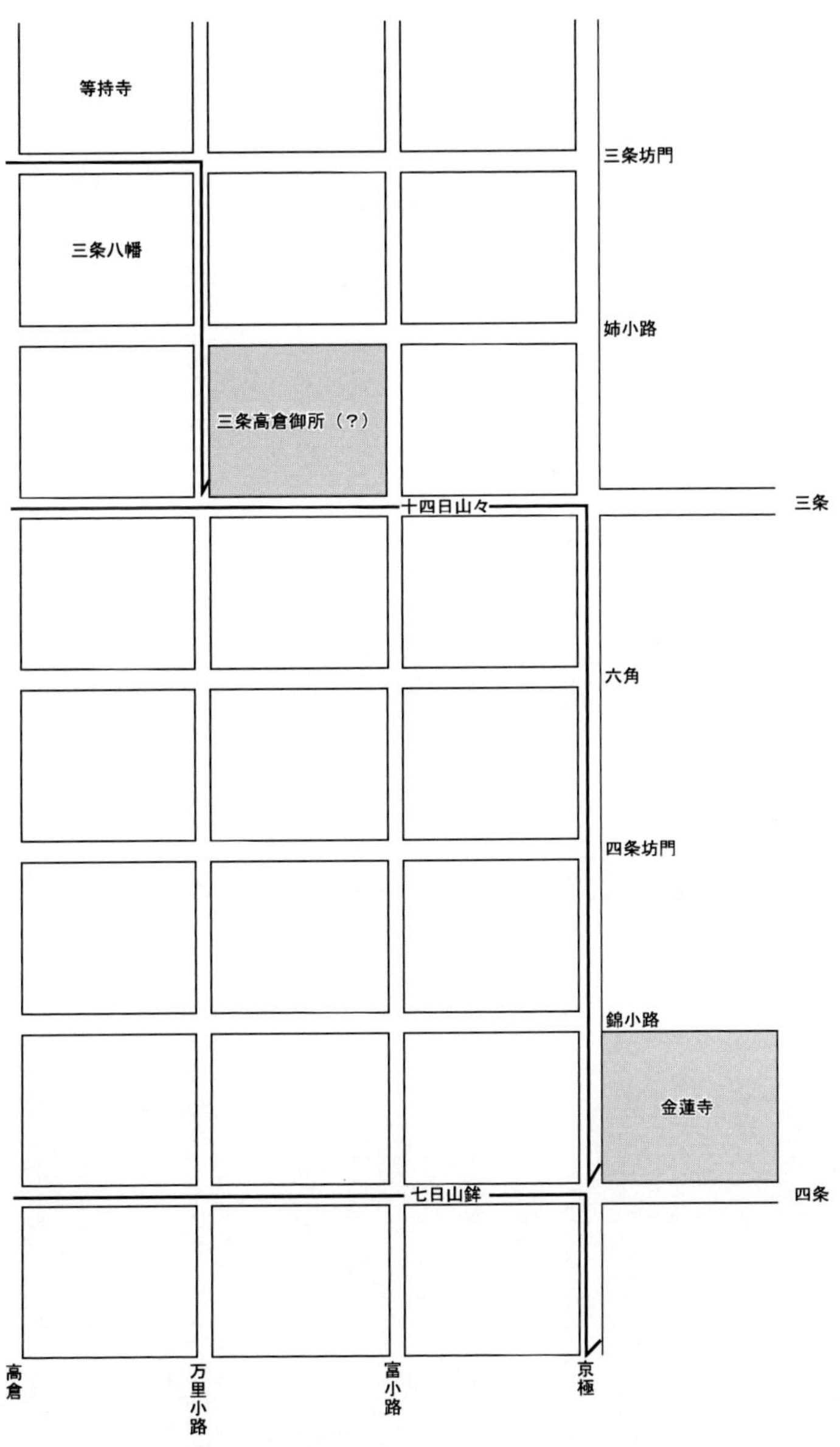

図１　大永２年・天文 17 年祇園会見物のさいの山鉾巡行路予想図

を見物したとは通常であれば考えられないからである。

このように、六月一四日の祇園会が通常のかたちでおこなわれたとすれば、義輝は何も見物することができない。つまり、この場合は、金蓮寺へ御成すること自体が目的だったのではないかと考えられるのである。

このように考えてみると、史料のうえで桟敷のことが出てこないのも理解しやすくなる。しかしながら、かぎられた史料とはいえ、何も見物しなかったにもかかわらず、「祇園会御見物」や「御見物」ということばが確認できるというのもやはり不自然なように思われる。

とすれば、次の可能性としては、どのようなものが考えられるのだろうか。そのひとつとしては、「十四日山々」をむりやり四条大路を巡行させたのではないかということが考えられる。

かなり強引なやりかたではあるが、これには前例の存在が知られている。たとえば、東坊城秀長の日記『迎陽記』(33)応永六年（一三九九）六月一四日条をみてみると、「室町殿（足利義満）御出京極入道（高詮）桟敷、雖為四（三歟）条風流、自三（四歟）条大路可参之由被触了、山杵〔鉾〕以下結構、超過先日風流尽美」とあり、「室町殿」（足利義満）が、わざわざ六月一四日に「京極入道桟敷」へ御成し、「四（三歟）条風流」を「自三（四歟）条大路可参之由被触」れたという事実があきらかとなるからである。

もっとも、このような事例は、管見のかぎり、この一度しか確認することができない。しかも、御成にしても、見物にしても、将軍がそれにのぞむ以上、先例や旧例をふまえる必要があったであろうから、わざわざ一五〇年もまえの稀有な事例をひっぱり出してくるというのもやや不自然と考えざるをえないであろう。

とすれば、前例や旧例をふまえたうえで考えられる可能性としては、どのようなものが残されているのだろうか。それはすなわち、金蓮寺にいながらにして、「七日山鉾」（いわゆる前祭）も「十四日山々」もともに見物するというものだが、一見すると、もっとも可能性が少ないようにみえる。

　しかしながら、これに近いことをおこなった人物がいた。その人物こそ、義輝の父義晴であり、そして、それをおこなったのが、大永二年（一五二二）の祇園会見物にほかならなかったのである。

　その大永二年の祇園会は、鷲尾隆康の日記『二水記』[34]六月七日・一四日条によれば、六月七日と一四日の式日どおりにおこなわれたことがわかる。ところが、義晴が見物したのはこれらではない。

　たとえば、大乗院門跡経尋の日記『経尋記』[35]六月八日条に「将軍（足利義晴）近日御ハシカト云々、来廿日ニ、七日・十四日祇園会風流共以、御所江可押由、御下知云々」とみえるように、「来廿日」に「七日・十四日祇園会風流」がともに、「御所」付近へ巡行するようにとの「御下知」がくだされたことがあきらかとなるからである。

　なぜ一四日ではなく、「廿日」だったのかという点についてはさだかではないが、右の「御下知」は、実際には二〇日ではなく、それから七日後の二七日に実行されたことが知られる。

　同じく『経尋記』六月二七日条をみてみると、「去七日・十四日両日之祇園会風流、大樹（足利義晴）依御歓楽□（無）御見物、仍今日重而三条高倉御所江被押之」と記されているからである。

　ここからはまず、七日の祇園会を義晴が見物しなかったのが、「御歓楽」（『経尋記』にみえる「御ハシカ」か）によるものだったことがあきらかとなる。また、ここにみえる「三条高倉御所」とは、細川高国によってその地位を追われた前将軍義稙の御所であることが知られているが、[36]『二水記』六月二七日条によれば、「武家（足利義晴）今日早朝渡御三条御所」とあり、義晴が二七日当日にわざわざ「上御所」から「三条高倉御所」（「三条御所」）へ渡御したこともあきらかとなろう。

ちなみに、義晴は、「三条高倉御所」の「未申角」に「京極（高清）申沙汰」によって構えられた「御桟敷」で祇園会を見物したことが『二水記』や『経尋記』の同日条から読みとれるが、その桟敷には、義晴だけではなく、「右京兆」（細川高国）も入り見物したことがあきらかとなる。

また、『二水記』同日条によれば、「七日鉾山等渡」ったのち、「於御所有一献」、「数刻後」「十四日山々又渡」ったとあるので、おおよそ一日をかけて義晴らは山鉾巡行を見物したことも知られよう（図1参照）。

このとき義晴、わずか「十二」[37]才、前年の一二月二五日に征夷大将軍に任じられ[38]、また、この年の二月一七日に参議と左中将に任じられた[39]ばかりであった。

将軍とはいえ、いまだ幼少といわざるをえず、したがって、この大永二年の祇園会見物は、義晴自身がのぞんでおこなわれたものというよりむしろ、彼を擁立した細川高国の意志によるものであったと考えたほうが自然であろう[40]。

このように、大永二年の祇園会見物には、いくつかの特徴がみられるわけだが、それでは、それらをふまえて天文一七年のときをながめてみると、どのようなことがうきぼりとなってくるのであろうか。

たとえば、義晴も義輝もともに、祇園会を見物するため上京にあった御所から下京へと渡御しており、その点は似かよっている。ただ、義晴が入ったのが、前将軍の御所であったのに対して、義輝の場合は、金蓮寺であったという違いはみられる。

また、義晴のときは、同じ桟敷のなかに高国が入り、義輝のときも、同じ「御座敷」に晴元がいるなど、細川京兆家の当主が同席している点は似かよっている。いっぽう、義晴の桟敷が京極高清による「申沙汰」であったのに対し、義輝のときは六角定頼が供奉するなど、同じ佐々木一族がかかわりをもっているとはいえ、京極氏と六角氏との違いもみられたといえよう。

　このように、大永二年のときをふまえて天文一七年の祇園会見物をながめてみると、似かよっているところや相違していることもあったことがわかるわけだが、そのようななか、もっとも注目すべきと考えられるのは、祇園会見物にのぞんだときのふたりの年齢がともに「十二」（義晴）と「十三」（義輝）と近く、また、将軍任官からかぞえても翌年（義晴）と翌々年（義輝）と、これまた似かよっている点であろう。

　これらが単なる偶然とはとうてい思えず、むしろここからは、細川高国が将軍になったばかりの義晴の祇園会見物を実施することでみずからの威信を示そうとしたのと同じように、義晴もまた、任官まもない義輝に祇園会を見物させることで、その威信を示そうとしたとみるのが自然ではないだろうか。

　実際、そのような目でみてみると、この時期の義晴は、六角定頼と細川晴元という両雄をしたがえるとともに、将軍義輝を後見する「右大将殿」（「大御所様」）として、それなりの威信をたもっていたともいえる。

　もっとも、それもわずかな期間にすぎず、翌天文一八年（一五四九）には、晴元被官の「三好長慶謀反」[41]がおこり、そして、六月には「細川右京大夫晴元・六角左京大夫義賢敗北」、七月には「右大将殿（足利義晴）・大樹（足利義輝）・近衛准后（稙家）以下出奔坂本」[42]という事態をむかえることになる。

　しかしながら、そのようなわずかな期間でも、かつてみずからが経験した祇園会見物を義輝にも経験させようとした可能性は高く、もしそうだとすれば、義輝もまた、義晴と同じように、「七日山鉾」と「十四日山々」をともに見物した可能性は十分考えられよう。

　なお、この場合でも、「十四日山々」が通常の巡行をすれば、義輝は京極大路を南下するところを見物することになるわけだが（図1参照）、いずれにしても、これもまた可能性のひとつにすぎず、しかも史料が残されていない以上、真相は闇のなかといわざるをえない。新たな史料の発見を待って確定させていくほかないといえよう。

おわりにかえて―気になるサントリー美術館蔵『日吉山王・祇園祭礼図屏風』―

最後に、文献史料ではないが、ここまでみてきた内容にかかわって、気になる絵画史料についてふれて、おわりにかえたいと思う。その気になる絵画史料とは、サントリー美術館が所蔵する『日吉山王・祇園祭礼図屏風』とよばれる一双の屏風である。

この屏風については、すでに美術史の立場から、榊原悟氏[43]、亀井若菜氏[44]、佐藤康宏氏[45]、八反裕太郎氏[46]らによって検討が加えられており、また、筆者[47]も文献史学の立場から『祇園祭礼図屏風』のほうについて若干の検討を加えたことがある。

この『祇園祭礼図屏風』の特徴は、なんといっても六月一四日の祇園会神輿渡御（還幸）のすがたが描かれている点にある。現在のところ、戦国期の祇園会を描いた数ある絵画史料のなかで、六月一四日の神輿渡御のすがたがみられるのは、この『祇園祭礼図屏風』をのぞいてほかに知られていないからである。

ところが、不思議なことに、山鉾のほうは、「十四日山々」が巡行するすがたではなく、「七日山鉾」が四条大路を巡行し、京極大路を南下するすがたで描かれている。

いわゆる初期洛中洛外図屏風のいずれもが六月七日の神輿迎（神幸）と「七日山鉾」巡行のすがたをセットとして

描いていることから考えても、その取りあわせは奇妙といわざるをえない。

なぜ、わざわざこのような奇妙な構図でもってこの屏風は描かれなければならなかったのか、難問といわざるをえないが、ただ、もし仮に先に可能性のひとつとして示したように、義輝が金蓮寺において、六月一四日という日に「七日山鉾」と「十四日山々」をともに見物したのだとすれば、あるいは、このような構図もありえたのではないかと思われる。

実際、そのような目でみてみると、金蓮寺が屏風の二扇にもわたって大きく描かれていることにも納得がいくし、また、「七日山鉾」のうち、月鉾と思われる巨大な鉾がその金蓮寺の西南角で「辻廻し」されたようすで描かれているのも、なにやら意味ありげにみえてくるからである。

しかも、義輝の祇園会見物がおこなわれたのと同じ年の四月一五日には、「今日日吉祭礼云々、大樹(足利義輝)御見物云々、御桟敷被打云々」と『言継卿記』同日条が伝えており、「大樹」(足利義輝)による「日吉祭礼」の「御見物」もあった。[48]そのことも考えあわせるならば、奇妙な構図をもつ『祇園祭礼図屏風』と『日吉山王祭礼図屏風』が一双に描かれた背景に天文一七年という年が何らかのかかわりあいをもっているようにも思えてくるのである。

もっとも、そのいっぽうで、すでによく知られているように、『祇園祭礼図屏風』には、天文一三年(一五四四)七月九日におこった「洛中洛外以外之洪水」で流された「四条大鳥居」[49]が鴨川の西岸に描かれており、その点を重視すれば、おのずと景観年代は天文一三年以前と考えざるをえないであろう。

したがって、それから四年後の天文一七年の義輝による祇園会見物を素材にして、『祇園祭礼図屏風』が描かれることは不可能となるわけだが、しかしながら、そもそも絵画史料というものが、写真などのようにある特定の場面を切取ったものではなかった以上、屏風に描かれた画面を特定の事象に限定していくこと自体が無理な話なのかもしれない。

逆からみれば、そこには複数の記憶が重なっているとも考えられ、おそらく『祇園祭礼図屏風』のうえにも、大永二年の義晴による祇園会見物や天文一七年の義輝による見物、あるいは、もっと別の記憶なども重なっているとみたほうが現実的であろう。

いずれにしても、残された課題は山積みといわざるをえず、さらなる検討が必要となる。後考を期したいと思う。

註

（1）河内将芳「室町期祇園会と公武政権—見物をめぐって—」（同『祇園祭の中世—室町・戦国期を中心に—』思文閣出版、二〇一二年、初出は二〇一〇年）。

（2）河内将芳「戦国期祇園会と室町幕府—「見物」をめぐって—」（同『中世京都の都市と宗教』思文閣出版、二〇〇六年、初出は二〇〇四年）、同『祇園祭と戦国京都』（角川叢書、二〇〇七年）、同前掲『祇園祭の中世—室町・戦国期を中心に—』参照。

（3）『守光公記』（『大日本史料』第九編之五）永正一二年六月七日条に「祇園会也、風流、武家（足利義稙）衛門於北方油小路、御見物云々」とみえる。

（4）註（2）河内前掲「戦国期祇園会と室町幕府—「見物」をめぐって—」参照。

（5）註（1）河内前掲『祇園祭の中世—室町・戦国期を中心に—』、註（2）同前掲『中世京都の都市と宗教』、同前掲『祇園祭と戦国京都』参照。

（6）増補続史料大成。

（7）同右。

(8) 続群書類従完成会刊本。
(9) 東京大学史料編纂所ホームページ所蔵史料目録データベース。
(10) 『公卿補任』（新訂増補国史大系）天文一七年。
(11) 同右。
(12) 『改定史籍集覧』第一三冊。
(13) 長江正一『三好長慶』（吉川弘文館、一九六八年）。
(14) 『多聞院日記』（増補続史料大成）天文一二年七月二七日条。なお、氏綱については、下川雅弘「三好長慶の上洛と細川氏綱」（今谷明・天野忠幸監修『三好長慶』宮帯出版社、二〇一三年）参照。
(15) 『細川両家記』（『群書類従』第二〇輯）。
(16) 『後奈良天皇宸記』（増補続史料大成）天文一五年九月一二日条。
(17) 『厳助往年記』（『改定史籍集覧』第二五冊）天文一五年一一月日条。
(18) 同右、天文一五年一二月一九日条。
(19) 『公卿補任』天文一五年。
(20) 『厳助往年記』天文一五年一二月一九日条。
(21) 『公卿補任』天文一六年。
(22) 同右。
(23) 『長享年後畿内兵乱記』天文六年四月条。
(24) 『伺事記録』（増補続史料大成『大館常興日記』）。
(25) 『厳助往年記』天文一六年七月二九日条。
(26) 『公卿補任』天文一六年。
(27) 髙梨真行「将軍足利義輝の側近衆―外戚近衛一族と門跡の活動―」（『立正史学』八四号、一九九八年）によれば、「側近衆」となろう。
(28) 東京大学史料編纂所影写本。
(29) 天野忠幸「摂津における地域形成と細川京兆家」（同『戦国三好政権の研究』清文堂書店、二〇一〇年）。
(30) 『公卿補任』天文一七年。
(31) 高橋康夫「描かれた京都―上杉本洛中洛外図屏風の室町殿をめぐって―」（『中世のなかの「京都」　中世都市研究12』二〇〇六年）。
(32) （天文一七年）六月八日付六角定頼書状（『願生寺文書』村井祐樹編『戦国遺文　佐々木六角氏編』東京堂出版、二〇〇九年、六四九号）。
(33) 史料纂集。
(34) 大日本古記録。
(35) 『大日本史料』第九編之一六、大永二年六月七日条。
(36) 註（31）高橋氏前掲「描かれた京都―上杉本洛中洛外図屏風の室町殿をめぐって―」参照。
(37) 『公卿補任』大永二年。
(38) 同右、永正一八年（大永元年）。
(39) 同右、大永二年。
(40) 註（1）河内前掲「室町期祇園会と公武政権―見物をめぐって―」参照。
(41) 『長享年後畿内兵乱記』天文一八年正月条。
(42) 『公卿補任』天文一八年。
(43) 榊原悟「日吉山王・祇園祭礼図屏風」（『国華』一二〇二号、一九九六年）。
(44) 亀井若菜「サントリー美術館蔵「日吉山王・祇園祭礼図屏風」について」（同『表象としての美術、言説としての美術史―室町将軍足利義晴と土佐光茂の絵画―』ブリュッケ、二〇〇三年、初出は、一九九八年）。

(45) 佐藤康宏『日本の美術　484　祭礼図』（至文堂、二〇〇六年）。
(46) 八反裕太郎「祇園祭礼図の系譜と特質」（植木行宣・田井竜一編『祇園囃子の源流―風流拍子物・羯鼓稚児舞・シャギリ―』岩田書院、二〇一〇年）。
(47) 河内将芳「戦国期京都の祇園会と絵画史料―初期洛中洛外図を中心に―」（松本郁代・出光佐千子・彬子女王編『風俗絵画の文化学Ⅱ』思文閣出版、二〇一二年）。
(48) この事実自体については、すでに註（44）亀井氏前掲「サントリー美術館蔵「日吉山王・祇園祭礼図屏風」について」でもふれられている。
(49) 『言継卿記』天文一三年七月九日条。

【付記】本稿は、二〇一三〜一五年度日本学術振興会科学研究費助成事業・基盤研究C・課題番号二五三七〇八一一の研究成果の一部である。

第2部　義輝と伊勢氏・諸大名

Ⅰ

室町幕府政所頭人伊勢貞孝
―その経済基盤と行動原理をめぐって―

松村正人

はじめに

一九七〇年代、桑山浩然[1]、今谷明[2]両氏によってその端緒が開かれた後期室町幕府研究は、今谷氏の提唱された「京兆専制論」に対し、八〇年代に入って設楽薫[3]氏が将軍側近衆の政務への関わりを詳細に解明しこれに応対する論文を相次いで発表された。さらに九〇年代に入り山田康弘[4]、末柄豊[5]、羽田聡[6]氏らが設楽氏の「幕府機能論」を様々な角度から補強し発展されたことにより、主に一六世紀前半の幕府政治史についてはその様相は次第に明らかになってきたと言えよう。

しかしながら、管領細川氏が当該期の幕府政治を壟断し、さらに下剋上によって権力の所在が次第に下位の者に移っていったと説く今谷氏の「京兆専制論」も一面の真実を捉えていることは疑いなく、二者択一的な所論の取り上げ方は、結果的に幕府の全体像を見失なわせる恐れがある。将軍を中心とする「御前沙汰」「政所沙汰」の機能と、細川―三好・松永政権とをそれぞれ別個のものと見なすのではなく、同時代に併存していたという現実に立脚した研究が今後進められるべきであろう。

室町幕府最末期の政所頭人（執事）伊勢貞孝（頭人在職一五三五～六二年）の動向は、幕府奉行人の様相を窺う上で、さらには幕府と細川・三好・松永氏との関係を考察する上で非常に重要な要素となる。幕府官僚のトップでありながら三好長慶と誼を通じ、ついには将軍に攻め滅ぼされるという数奇な運命を辿った貞孝こそ「京兆専制論」「幕府機能論」のどちらか一方だけではその行動原理を説明しきれない、同時代の政治権力の複雑さを体現するケース・スタディであると考えられるからである。

小稿は従来ほとんど論じられることのなかった伊勢貞孝なる人物を幕府政治史に有効に位置付けてゆくための基礎作業の一つである。貞孝の政所頭人としての権力の源泉はごく大まかに分けて①政治的側面②経済的側面③儀礼的側面の三点に集約されると考えられるが、このうち③については有職故実の専門家としての伊勢氏の研究として既に二木謙一氏の仕事があり[7]、今回は取り上げない。次節以降では②の経済基盤としての政所料所の差配の様相を概観し、さらに経済基盤保守の流れが①における諸大名との交流へと繋がっていく過程について順次見てゆきたいと思う。

一、「伊勢貞孝并被官等知行目録」の検討

室町幕府は、特に応仁の乱以降、地方における支配力を著しく減少させ、各国における守護や国人層の独立志向的な動きを抑止することがほぼ不可能となった。同時にそれは地方における直轄領を幕府が保持することが次第に困難になってゆくことをも意味していた。

幕府御料所に関するこれまでの研究はあくまで幕府論の枠内で、御料所そのものの数量、経営の実態、乱の前後に

おける御料所の意義の変化、どのような場所が御料所として設定されたかなどに重点が置かれ[8]、包括的な御料所の研究は未だ途上にあると言える。

この中で最新の研究である田中淳子氏の論文によると、将軍家の諸費用に充当する目的で設定された地は本来「政所料所」と呼ばれていたが、御服料所、供御料所、厩料所など目的別にその呼称が分化することによって次第に「政所料所」という本来の呼び方は消滅していったという。また氏は御料所がその来歴によって「闕所地や裁定未定地を対象として随時設定・解除される暫定的な御料所」と「政所の管理下におかれて将軍家の費用にあてられる政所料所系の御料所」の二系統に分けられることを解明された。「政所料所」という本稿の使用用語に関わる点について付言すれば、語そのものが史料上に見られるのは、田中氏の言う通りほぼ応永年間までである[9]。従って本稿で対象とする時代には「政所料所」なる文言は実際には史料上に見えないのであるが、政所頭人伊勢貞孝が（名目上）領知する地を総称する用語として以下便宜的に「政所料所」の語を用いることとし、伊勢貞孝の権力基盤を解明する一助として政所料所の支配のあり方を考察してゆきたい。

設定ないし解除が頻繁に行われるという特質を持つ幕府御料所の総体的・数量的把握や、同時にその中から政所料所を識別することが困難であることは前述の研究史に見る通りである。従って政所料所から得られる具体的な経済得分をここで挙げることはできないのであるが、数少ない史料からその地名や状況をある程度窺うことは可能である。

［史料A］の知行地目録は貞孝の頭人在職期に作成されたと考えられるもので、案文であるためか記載の内容にやや不分明な点が見られる。おおよそ天文・永禄期の伊勢氏保有の御料所（支配領地）を概観できる貴重な史料と考えられ、やや長大な目録ではあるが煩を厭わず以下に掲げたいと思う。なお通し番号は行論の便宜上仮に付したもので

ある。

［史料A］

1一御料所丹波国桐野河内村内諸入免事
　御下知共備右
2一同熊崎事　御下知共備右
3一同美濃田保内闕所分事　御下知共備右
4一同三分一方事　御下知備右
5一御料所城州伊勢田郷事　當知行、
　今度多羅尾（綱知）押領
6一御料所西岡河嶋之内高野田當知行
　今度弓介（三好）　押領
7一御料所西院南庄事
　下代事、小泉山城守（秀清）与今井周防守相論、従先規、此方申付次第事
8一御料所西九条（縄内）　當知行、今度十川（十河一存）・今村（慶満）押領
9一同縄内春日田事　當知行、今度十川・今村押領
10一御料所野尻（城州）郷事　當知行、今度多羅尾押領
11一御料所西七条西寺分事　當知行、今度十川押領

12一御料所鳥羽池田本所分事　當知行、

　代官職事、石田違乱申分在之間、■(可)證文■(備)可懸御目候

13一御料所泉州横山庄　當知行、松浦取沙汰

14一同横山御炭過書船事

15一御料所河州日置庄事　天文十四年迄、為且納、遊佐御公用進納之

16一御料所河州稲八妻事

17一同柞野事

　　同名六郎(貞順)左衛門尉

18一近衛(京都)万里小路二半町地子銭事　當知行、

　京極五郎殿違乱

　満蔵院

　内摩尼光院分、

19一葉室(山城)浄住寺■(領)事　或号北坊、御下知数通在之

　延蔵主

20一護法院衆林寺分山科郷内□□奥西岡上之野　當知行

　松永甚介(長頼)違乱

　三上與次郎(秀長カ)　證文数通在之

21一丹州多紀郡内籾井本所□事　籾井五郎違乱
22一同桑田郡内穴河内ナルカ名事
23一三条六角　摩利支天堂敷地事
東郷
24一城州上三栖内山門領代官職事　證文在之、
(細川藤賢カ)
四郎殿御押領
峠右近
25一一条大宮野畠地子銭事
當知行処、内野号大舎人分、天文十一年ヨリ波々伯部(貞盛)初而違乱
26一深草内田地三段　寺内源次郎乍沽却、無謂押領
27一同　田地一段　赤塚四郎左衛門尉かたより買得候処、寺内孫九郎(九郎右衛門)号跡職、天文十七初而波々伯部違乱、只今
今村方違乱
渕田三郎左衛門尉
28一上三栖之内　沼田分二段當知行、去年以来冨田違乱
松平
29一西院之内
一段ひたい分　二段浄土寺田　小泉違乱

林與介

30一御料所西院南庄之内本知分去〻年小泉違乱、
　筑州（三好長慶）御折帋在之、年貢百姓前相拘之

赤塚

31一深草内常磐井殿御領本役分内譜代下司職
　三段　今村押領、寺内源次郎拘分
　二段　同　藪與一拘分
　一段　小森押領、寺内源介拘分

32一西九条内地子銭二貫文　十川・今村押領

33一六段、自寺内雅楽助買得、為闕所、今村押領
　三段、自寺本清兵衛買得、為闕所、今村押領

寺本

34一松林庵　野間理不尽闕所事
　買得分　寺内雅楽助沽却処、今村闕所
　寺本いけん　野間闕所事
　買得分　寺内孫四郎乍令沽却、無謂違乱
　本役　寺内満介不出事

横川　買得分　當知行
35一西院内　三段アコメ　一〻半スナイン　二〻乙チヤウ田
二〻ツキ澤　三〻　ソトハカ本
○右紙背　小泉山城守違乱
36一朝原（山城）観音寺三ヶ寺為御祈願所當知行事
同名因幡守（貞倍カ）當知行
37一丹州桐野河内村之内上方分事
同保津（山城カ）事（并カ）□水尾（山城カ）事
摂州溝杭事
蜷川弥三郎
38一山城之内交坂事、毘沙門堂御門跡跡□職之事
以上(10)

記載の様式については、18以降は人名に続けてその支配地を一つ書きで列挙するというスタイルが採られており、1から17までは伊勢貞孝本人が直接差配している在所と考えてよいと思われる。

この目録に記載されている所在地と、校注者が「被官」と比定されている複数の人名がまず問題となるが、所在地については1から17（14を除く）のように「御料所」と明記されているもの以外についても、たとえば西九条（8、32）、丹波桐野河内（1、37）の如く御料所であることが確認できるものもあることから、全てとは言えないまでもそ

の大部分は伊勢氏が直接保有している政所料所であるか、代官にその支配を任せている在所であると言えよう。五味文彦氏は寛正年間の史料から二十余りの政所料所を抽出されたが[11]、その中で右史料とも一致するのは日置庄（15）、山城野尻郷（10）、桐野河内（1）、稲八妻（16）の四ヶ所である。15の河内日置庄については『雑々聞検書』という記録に、永禄二（一五五九）年一一月二一日に将軍義輝が三好長慶を介して河内守護畠山高政に貞孝の知行分である日置庄の貢租を督促し、高政がこれを拒否していることが記されている[12]。永禄年間の伊勢氏と三好氏との繋がりと、料所不知行化の実態が窺われる。個々の人名に関しては、「親俊日記」[13]に「満蔵院、波々伯部次郎左衛門尉殿、三上与次郎」[14]、「月次之伽三上与次郎河田次郎左衛門尉、□□彦六、松平」[15]とあり数名についてはその存在を確認できる。伊勢氏の月次の伽に参集している「松平」は29で西院の内数段を宛われている三河国人と同一人物ないしは同族であると考えて相違なかろう[16]。また伊勢一族（貞順、貞倍）や政所代の蜷川氏一族（弥三郎）や［史料M］で蜷川親俊から書状を受け取っている伊勢氏内者渕田氏の記名も見られること（28）から、国人層やその一族などを含めて彼らが伊勢氏の有力な被官層である蓋然性は高いと考えられよう。

24のように伊勢氏が寺領の代官職を政所として請け負っていた様子を窺われるものもあるが、ともあれ目録を一瞥して明瞭なことは、「當知行」すなわち伊勢氏や被官による支配が成り立っている在地の少なさである。目録の作成年期、作成意図を斟酌する際にもこの点がポイントとなろう。三好長慶が主君である細川晴元との抗争に勝利し、細川氏綱を立てて入京を果たしたのは天文一八（一五四九）年七月のことであり[17]、相前後して四国から付き従ってきた三好被官による諸権門の領地押領がたびたび問題となった[18]。27から目録作成の上限が天文一七年以降であることは容易に推測されるが、下限については現在のところ確定は困難である。しかし24で押領を告発されている「四郎殿」は細川氏綱の弟で後に藤賢を名乗る人物である可能性が高い。とすれば氏綱・藤賢兄弟の元服は天文二一（一五五二）年三月であるからこれ以前ということになる。[19] 年限については以上を仮説として提示し、御批判を俟ちたい。

また、作成意図に関しても必ずしも明確ではないのだが、政所料所の現況を詳細に記すことによってその中に多数見られる外部勢力の押妨を告発し、旧に復すことを求めるために作成された目録（資料）と考えるのが妥当であろう。十川（十河一存。三好長慶の弟）、今村慶満、多羅尾綱知、波々伯部貞盛、松永長頼（久秀の弟）と、三好家の重臣が押妨の主体として名を記されていることから、この目録が幕府を経由して三好方の元に渡った可能性も考えられる。

以上のように不確定要素が多く、扱いには慎重を要する一史料からではあるが、ここからは伊勢氏の有する所領が「庄」という広範囲のものから「段」単位の狭小なものに至るまでさまざまであったこと、あるいは作職や地子銭の収取権までを包含した料所に係る多様な権利を梃子に、国人層と主従関係にも擬することのできる独自の関係を結び、固有の勢力を構築していたことなどを指摘できよう。同時にこの史料からは公領たる政所料所が伊勢氏の家産・私領として扱われていた状況をも看取することができる。次章では「目録」にはない料所で、伊勢氏による料所家産化の実態が見られる例をいくつか挙げてみたい。

二、政所料所の委託と奪還運動

天文一〇（一五四一）年、伊勢貞孝は当時加賀を支配していた本願寺の坊官下間光頼を、毎年三十五貫文を銭納することを条件として石川郡森嶋六ヶ村の代官職に補任した。次に掲げる［史料B］はこれに対して下間氏が蜷川親俊に提出した契約状の案文である。後略部分の文言からは代官職が三ヶ年契約であることも判明する。

［史料Ｂ］

御料所加州石川郡森嶋六ヶ村（并）長嶋石川野田同高畠同宮武能美藤六河北小豆澤同徳久同於御公用者、請切（申）「無」（補書）風干水損之■■■■■（不及其沙汰）毎年厳密卅五貫京着可（雖カ）申候、万一可為少分、令無沙汰者、雖年季之内「可」（加筆アリ）有改替候者也、仍請文状如件、

天文十年三月　定頼（光）（下間）

蜷川新右衛門尉殿（親俊）

（後略）[20]

加賀における幕府と本願寺とのパイプはこの他にも本願寺担当の寺奉行の存在や「御台御料所」の支配を通じて以前から密接であったことが明らかになっている[21]。伊勢氏による下間氏への代官職の委託も、本願寺の同地における勢力を頼ってのものであったと考えられよう。

このように現地の実力者に料所支配を委託する例が見られる一方、次のような史料も存在する。

［史料Ｃ］

御厩御料所梅津（近江）西濱庄之儀、近年自江北令押領、不及是非候、然今度佐々木弾正少弼（六角定頼）属手候■（間）如■■（前々）（上者先々堅）可申付之旨、対定頼被成御下知候様、申沙汰簡用（肝要）[22]候、

［史料Ｄ］

伊勢守貞孝申御料所加州長瀧事□錯乱以来于今令無沙汰云々、以外次第也、所詮年貢諸公事物如先々厳密可沙汰

渡貞孝代由所被仰出之状如件、

（天文十一年）
十月十日　　　　　晴秀（松田）
　　　　　　　　　貞孝

当所名主沙汰人中[23]

［史料C］は蜷川親俊の筆にかかると思しき文書の土代であるが、江北の浅井氏によって占領されていた御厩御料所の近江梅津西濱庄を六角定頼が奪い取り、これを知った伊勢氏が幕府を通じて同地の返還を定頼に対して求めていることが分かる。その年期については「如先々可沙汰居伊勢守代之旨、被成奉書畢」の文言が見られる「當所名主沙汰人中」宛の天文七（一五三六）年一〇月一四日付幕府奉行人連署奉書[24]からほぼ同時期と推定される。続く［史料D］は加賀長瀧村の御料所の年貢無沙汰を難じ、「錯乱」以前の如く「貞孝代」すなわち被官たる現地代官に年貢を納入することを在地に対して命じたものである。

また京都近郊の料所については、その押妨に対して断固たる姿勢をとっている様子も窺うことができる。現在の京都府船井郡に位置する丹波桐野河内村は政所代蜷川氏の菩提寺蟠根寺があり、むしろ蜷川氏にとっての要地であるのだが[25]、貞孝の父貞忠の時代から現地代官の不沙汰が問題になっていたようである。天文三（一五三四）年八月、丹波守護代で細川家の重臣である茨木長隆と、丹波国人内藤国貞に宛てて年貢諸公事を「貞忠代」に沙汰すべきことを命じる幕府奉行人奉書が出されている[26]。伊勢貞忠は翌年の一一月に没しており[27]、この問題は嫡子である貞孝に引き継がれることとなる。茨木長隆が初めて桐野河内村名主百姓中に宛てて年貢皆納を命じる奉書を発給した初見は天文八（一五三九）年一〇月一四日付のものであり[28]、さらに二年後には内藤氏の後を受けて丹波を支配した波多野氏に宛てて、荒木清長が「牛別」と号して譴責使を入れることを禁止させるべき旨の奉書が出されている[29]。

在地レベルでの実力が下命の実行を左右する傾向が特に顕著となる室町後期において、政所頭人という伊勢氏の肩書きだけが文書の実効性を発揮し得たとは到底思われない。周知のようにこの時期室町将軍家がしばしば京都を逃れ、権力のみならずその権威すらも低下させてゆく状況下にあって、御料所返還を可能たらしめる現実的方策として、伊勢氏が押領主体である細川氏らとの連携の途を探りはじめるのは当然のことであったと言えよう。とはいえ丹波桐野河内村の例からはあくまで丹波守護たる細川氏との関連しか見出せない部分もあるが、次章での貞孝と細川氏家宰三好氏との同盟関係を勘案すると右のような推測は許されよう。このような貞孝の行動原理は、天文末年それまで安定していた細川晴元政権が崩壊し将軍権力と三好政権の対立が顕在となるに従って、次第に貞孝を幕府政所頭人としての職域から逸脱させてゆく主因となるのである。

三、伊勢貞孝の逸脱

田端泰子氏は伊勢惣領家の女性が公家を中心に守護大名家、寺家へと嫁いでいることを指摘されている[30]。系図によると伊勢貞忠の妹が細川尹賢に嫁いでおり[31]、両家は姻戚関係で結ばれていたことが判明する。伊勢氏が管領細川氏との結びつきを得ようとしていた事情については前節で考察を加えた通りであるが、天文末年、細川氏の権力が家宰三好氏によって浸食されてゆくにつれて、次第に貞孝と三好長慶との繋がりを窺わせる史料が散見されるようになってくる。『言継卿記』には、三好家の重臣今村紀伊守慶満によって押領された内蔵寮領陸路四方八口率分役所の返還交渉の過程が詳細に記されている。これによると、天文二一（一五五二）年段階で言継は細川氏綱に長慶への下知を要求していたが、長慶が氏綱の下知に従わないために全く埒があかなかった。すると今度は貞孝と談合を催し、まずは将軍の御内書を得てそれを見せたならば長慶としても「かしこまりそんし候へく候」との貞孝の言質を得ている。[32]この記事だけでは長慶と貞孝の連関は見出しにくいのであるが、既に前年、貞孝が当時近江亡命中の足利将軍義輝を奉じて入京する計画が頓挫したことにより、京都に逃れ三好方に応じていることから、[33]言継が三好氏と強いコネクションを持つ貞孝に領地返還について相談し、御内書を出させることによって返還交渉を優位に進めようとしていたと考えるべきであろう。事実、同年一二月に将軍義輝の御内書が発給されたが、それをまず言継に見せ、さらに祇園の長慶の宿所までこれを持っていったのは他ならぬ貞孝であった。[34]この他にも貞孝は長慶の宿所をたびたび訪れて杯を交わしており、友好的な繋がりを窺うことができる。[35]

伊勢貞孝と三好長慶の関係について、今谷明氏は先例を度外視して新たな規範から裁決を下すことによる諸権門からの不信を逸らすために、幕府奉行人を手元に置いておくことが必要であったと推察されている。[36]天文二二（一五五三）年八月、将軍家と三好氏との和睦が破れ再び将軍義輝が京都を逃れた際に、長慶の軍勢が逃亡途中の行列から奉行人を拉致して京へ送り返し、[37]また将軍に従った奉行人の屋敷を破却すると恫喝し、実行したことなど[38]は確かに氏の考察を裏付ける傍証となろう。長慶の元には意志に反して京に留め置かれた「幕府方」の奉行人と、それ以前から既に将軍と距離をとっていた貞孝や「三好方」奉行人とが共存していたことになる。[39]

伊勢氏から三好政権に具申された意見状は今谷氏の蒐集により現在七通が確認される。[40]内容は草刈相論、知行地相論、寺領跡職に関するものと、一般的な裁許の域を出るものではない。また次の［史料E］のように、祭礼の日取り、神馬の寄進、祭礼に係る費用を納銭方から供出させることなど、儀礼的事柄と幕府財政に関する事柄とを合わせて具申しているものも見られる。

［史料E］

日吉御祭禮、来十日相定由候、仍祇園會十四日、廿一日可令執行之旨候、然者御神馬為上意被牽進候、去年も俄祭禮候間、先為社家可被相調旨申遣候、御神事懃役候訖、天下御祈祷事候間、以納銭方可申付候覚悟候、但可為如何候哉、次木津之宮駕輿丁神人、往古以来、諸關諸役座公事不及其沙汰候処、去年炭山与申者、公事役申懸、荷物押取之由候、被尋決、以有様之旨、被仰付可然候、為御披見、社家訴状三通進入候、恐々謹言、

五月七日　　貞孝

三好筑前守（長慶）殿

御宿所(41)

また次の［史料F］は、長慶が貞孝の示した判定を根拠として裁許状を作成していることを表しており、両者の裁決の過程における位置関係を窺い知ることができる。

［史料F］

就当時檜皮大工職儀、竹岡小兵衛尉、河口太郎左衛門申結条、為糺明対座中相尋刻、伺　公儀依無其理河口儀者被棄置旨、従勢州（伊勢貞孝）被申上者、竹岡小兵衛尉ニ申付候、被成其御心得作事等可被仰付事肝要候、恐々謹言、

十一月廿七日　　三好筑前守　長慶（花押）

東福寺行者御中[42]

貞孝の幕府法曹官僚、有職故実家としての履歴とその判断の持つ信頼性に長慶は着目し、これに呼応するかのように貞孝は幕府と決別し、三好方に付く途を選んだと言えよう。

天文二二年八月の将軍義輝の近江亡命に際し、ついに将軍動座に従わず三好方への旗幟を鮮明にした貞孝に対して、当然の事ながら亡命先の幕府はこれを敵対行為と見なし、その所領を収公した。

［史料G］

御料所丹州桐野河内事、伊勢守(貞孝)依御敵同意、御代官職之儀、先一旦被仰付井上孫七郎訖、早存知其旨、可馳走之由、被仰出候也、仍執達如件、

天文廿二

八月十六日　　　藤(松田)頼在判

藤(松田)弘在判

当所諸侍中[43]

同じ日に桐野村の名主百姓中に宛てられた幕府奉行人連署奉書では「年貢諸公事物以下」を先々のごとく沙汰すべき事が命じられている[44]。しかしながらこの命令が有名無実であったことは後掲の［史料H］から明白である。将軍権力は幕府を離脱して三好方についた貞孝の代官職を取り上げることによって貞孝に罰を与えることにこの時点で失敗していたと言える。永禄元（一五五八）年の将軍義輝と三好氏との二回目の和睦による将軍帰京が即貞孝の失脚につながらなかったことは後に述べるが、おそらくは将軍帰京以後、幕府に名目上取り上げられていた桐野河内の所領も

再び貞孝の元に戻されたものと推測される。

天文末年から続いた伊勢氏と三好氏との関係は、かつて外部勢力の侵入を執拗なまでに拒み続けた政所料所丹波桐野河内村をついには三好家の重臣松永長頼に折半し分け与えることを約するまでに至った。

［史料H］

申定條々

一蟠根寺山要害之儀、貞孝於可有御居住者、相互無不審之様、固申上にて、不可有別儀事

一宗勝（松永長頼）依御馳走、桐野河内被相改事、付、若諸侍雖懇望候、相互於無合點者、不可召置事

一國方當知行之外、桐野河内惣半分對宗勝契約事

一以守護不入之筋目、「諸」事如先規可被仰付事

一向後弥不可有別儀、表裏自然於相違儀者、右条々不可入之事

以上

永禄元年潤（ママ）六月廿日　宗勝

貞孝（花押）[45]

右の契約状が貞孝と松永長頼との間に交わされた永禄元年六月、亡命先の近江朽木谷より京都侵攻の軍を動かし始めた将軍義輝を阻止すべく、三好麾下の松山安芸守、寺町左近、石成友通らと共に貞孝も将軍山（現瓜生山）を占領するため手勢を率いて参戦した[46]。九日には白川口で大規模な衝突があり「人衆数多打取、頸三十九取之云々、其外公方衆五人、甲賀衆、亀井巳下数輩打死、三好方亦死人手負巨多也云々[47]」とほぼ互角の戦いが繰り広げられている。し

かしながら、両者の対決はこのころより近江の六角義賢の仲介によって急速に和睦の方向へと向かい始めた[48]。十一月には足利義輝が京都相国寺に入り長慶、貞孝から御礼言上を受け[49]、十二月三日には彼らの出迎えを受けて二条本覚寺に居を構えて[50]、ここに五年ぶりに幕府は再興を果たしたのである。

帰京の後、義輝は速やかに将軍親政を開始し、自らの権力基盤の足場固めを着々と進めていった[51]。義輝の将軍としての業績については、これ以降永禄八（一五六五）年五月に自身が暗殺されるまでの時間が短く史料もほとんど残されていないために、政権の志向するところについては今後の研究を待たなければならない。加えて言えば、永禄元年の帰京時に将軍義輝が貞孝に対してどのような処置を取ったのかについても、義輝の政策ビジョンを明確にしえない限り軽々に結論を出すことは慎まねばならないと考え、これらの点については後考を期すこととする。現在のところ貞孝が咎を受けたという記録は見出されず、三好方に属したことによる立場の変化はこの時点ではなかったと考えられる。しかしながら三好長慶、松永久秀らの相次ぐ相伴衆、御供衆の任命など[52]、彼らが将軍側近衆の一員に組み込まれてゆくことによって対抗勢力としての実力を漸減させ、相対的に将軍権力が盛り返しを見せてゆくにつれて、「将軍親政」と「三好政権」との間に成り立っていた貞孝の政治的位置が微妙なものとなっていったことは容易に推測されよう。

四、貞孝反乱前後の政所料所の消長

永禄五（一五六二）年は春から河内守護畠山高政が京都侵攻の構えを見せ、将軍義輝は一時八幡の移動を余儀なくされるなど政治的に混乱が続いた。三好・松永連合軍は長慶の弟で右腕でもあった三好義賢（実休）の戦死を乗り越えてこれを撃退し、六月二二日義輝は松永の警護のもと居所に戻ることができた[53]。そしてようやく京に平静が戻ったかと思われた八月二五日、政所頭人伊勢貞孝は突然、京都北山に反乱の兵を挙げたのである。戦記史料はその顛末を次のように記している。

［史料Ｉ］

八月廿五日伊勢守、柳本、薬師寺諸浪人、於二上意一取懸、北山ニ在陣、同二十六日取二懸御所近辺一焼畢、為二上意御警護一多羅尾、山本、今村、武衛陣々居陣、其後三好久助為二御警護一在陣、西院小泉城、同名助兵衛入城、九月十二日伊勢守、同息兵庫（貞良）、於二水坂（ママ）一籠城之処ニ、松永諸勢八千許引催、則上意被二伺候一、即時取二懸水坂一伊勢守父子討死、其餘百餘討死[54]、

細川氏に仕えていた浪人柳本、薬師寺氏らとともに挙兵したのも束の間、翌月松永久秀ら三好方の軍勢に攻められた貞孝・貞良親子は近江杉坂であっけなく討ち取られた。貞孝の挙兵の理由については今もって定説を得ていない。傍線部「於上意取懸」の部分を、将軍義輝の密命を受けた貞孝が反三好の兵を挙げたものと解釈し、義輝黒幕論を唱える向きもあるが[55]、直接の理由はともあれ、政所頭人という自身の身分をバックに幕府権力から遊離し続けた貞孝に対して、将軍義輝が最終的にこれを排除することに成功したものと考えるべきであろう。続く［史料Ｊ］からは、貞孝に与えられていた御料所代官職に係る免除規定が全て破棄されているのを見ることができる。御料所代官としての権限を奪われることによってこの時点で既に貞孝は失脚していたのである。

［史料Ｊ］

伊勢守(伊勢貞孝)知行分西九条縄内事、被補御料所御代官職、被仰付松阿畢、然或被官人拘分、或免除地以下悉被棄破之条、存知之、早速致指出、年貢諸公事物并地子銭等如先々厳密可沙汰渡彼代、若令難渋者、可有其沙汰之由、所仰出之状如件、

永禄五
　七月十日　　　　　　　　貞広(飯尾)
　　　　　　　　　　　　　盛秀(松田)
　当所名主百姓中(56)

続く［史料K］の幕府奉行人連署奉書は貞孝の敗死後、西京七保内にあった貞孝知行分並びに被官人の買得地を闕所処分、さらには御料所化しその上で細川藤孝に与えたことを示すものである。

［史料K］

山城国西京七保内伊勢守知行分同被官人跡買得地以下事、今度為御敵上者、為御料所一円被仰付畢、早相談一色式部少輔藤長、半分宛存知之、弥可被励奉公之由、所被仰下也、仍執達如件、

永禄五年九月十五日　　　　左衛門尉(治部藤通)
　　　　　　　　　　　　　対馬守(松田盛秀)
　細川兵部大輔(藤孝)殿(57)

貞孝が知行していた政所料所は「御敵」となったことで幕府に没収されたことは確実であるが、その後の消長を知る手がかりとなる史料は決して多くない。その中で伊勢氏の庶流である因幡入道貞倍が永禄一二（一五六九）年一〇

月に織田信長より与えられた安堵状案からは、伊勢一族が惣領の死後もかろうじて伝領の土地を守り続けていた様子を窺うことができる。

［史料L］

領地方目録

一　丹波国桐野河内三方分半分
一　同国保津保半分
一　同国保津保毘沙門村集慶分半分
一　水尾村半分
一　摂州溝杭村地頭名半分

右五ヶ所、被任御下知之旨、全領地不可有相違之状如件、

永禄十弍年十月十五日　　信長

伊勢因幡入道（貞倍）殿[58]

伊勢貞倍の領地が第二節で取り上げた［史料A］の知行目録に記載されているそれらとほぼ重なる（37の桐野河内村之内上方分、同保津、水尾、摂津溝杭）ことから、貞孝の反乱に際して庶流は行動を共にしなかったことが分かる。逆に言うならば、経済基盤たる政所料所の分散化は宗家に対する求心力を低下させ、庶流の独立を促進させていったとも評せよう[59]。この後幕府御料所の多くは織田信長の手に渡り、新たに公家、寺社領として新規に宛て行われることによって信長の京都支配の一環として利用されてゆくことになる[60]。

おわりに

十六世紀前半、将軍権力の低下は政所料所の家産化、私領化の流れを促し、同時に領主伊勢氏に将軍権力に依拠しない自力での支配を強いることとなった。その方策として貞孝は請負代官を利用する一方で、「當知行」の安定を求めて幕府から細川・三好・松永氏といった新たな実力者へとそのスタンスを移行させ、対する三好・松永政権はそれに呼応するかのように貞孝を自陣へと引き入れていった。京都支配の責を担い始めるに従って貞孝の実務官僚としての存在を重視し始めたが故であった。このように目算には相違こそあれ、各々の現実的選択肢が合致したことによって両者は急速にその接近の度を深めていったのである。しかしながら将軍親政を志向し、幕府権力の回復を目指した将軍義輝にとって、少なからぬ経済基盤と実務官僚の長としての立場をバックに幕府からの離反の姿勢を強めてゆく貞孝の動向が好ましからざるものとして映ったことは否めない。自らの置かれた立場を逸脱し、時の実力者に接近するという貞孝の行動は、将軍義輝の宥和政策や外交的手腕によって三好・松永政権が次第に将軍権力に取り込まれるにつれ、皮肉にも自らを隘路へと追い込んでゆくことになっていったのである。

付言であるが、貞孝が幕府から排除された今一つの理由として、貞孝が幕府法から逸脱した行為を行っていたことが挙げられる。永禄五年のものと推定される史料群の中に、貞孝の認定した徳政免除の頭人加判文書が政所代蜷川親俊によって批判されている文書を見ることができる。貞孝が山城梅津眼蔵院の僧寿源に宛てて発給した祠堂銭安堵を約する文書[61]に対して、これを見た蜷川は次のような激しい筆致で貞孝署判文書の取り戻しとその無効を命じた。

［史料M］

就寿源質物之儀、□□□（御書謹）致拝見候、眼蔵院祠堂銭事、當庵取次無紛之旨、御書拝領仕候由、寿源申候、於事実者、無勿体候、出祠堂之事追加法之処、以此御書、可被相破候哉、不可破申候、政所御沙汰、只今可被疵付事、嘆存者也、（中略）早〻御書□□（可被）召返事、肝要存候、重而従何方雖申来候、御法之外者、難申候、此等之旨、可有御披露候、恐々謹言、

五月廿九日　　新右衛門尉 親俊（花押）

（渕田）平左衛門尉殿(62)

また、次の幕府奉行人連署奉書の「以私之儀相計公験并非分祠堂」という文言からも貞孝に対する幕府側の排除の論理の一端を看取することができる。

［史料N］

徳政事、依嘆申、被打高札之条、先年至朽木、今度八幡御座候間、伊勢守令在京、以私之儀相計公験并非分祠堂、雖為或買券或預状、及利平沙汰者、被棄破之訖、可令知由、所被仰出状如件、

（永禄五年）九月二日　（諏方）晴長在判

（松田）盛秀同

一揆中(63)

伊勢貞孝の失脚と死、そして二年後の三好長慶の死は、将軍義輝と三好・松永政権との関係を完全に瓦解させ、永禄八（一五六五）年五月の義輝暗殺事件へとつながってゆく。永禄期の幕府政治史における三好・松永政権並びに貞

孝の位置付け、また［史料N］に見られるような徳政を巡る貞孝の「非分」などについてはさらに後考を期したい。

註

（1）　桑山浩然「室町幕府の権力構造―『奉行人制』をめぐる問題―」（『室町時代―その社会と文化―』吉川弘文館、一九七六年、後に『日本古文書学論集　中世Ⅳ』吉川弘文館、一九八七年に所収）、「室町幕府経済の構造」（『日本経済史大系』中世編、東京大学出版会、一九六五年）、「中期における室町幕府政所の構成と展開」（『日本社会経済史研究　中世編』吉川弘文館、一九六七年）、「室町時代の徳政―徳政令と幕府財政―」（永原慶二・稲垣泰彦編『中世の社会と経済』東京大学出版会、一九六二年に所収）など。

（2）　今谷明『室町幕府解体過程の研究』（岩波書店、一九八五年、以下『解体過程』と略す）、「管領代奉書の研究―室町幕府武家文書変遷史の一齣―」（『古文書研究』七・八合併号、一九七五年）、「室町幕府御内書の考察―軍勢催促状・感状を中心として―」（『国立歴史民俗博物館研究報告』第五集、一九八五年）、「畿内近国における守護所の分立」（『国立歴史民俗博物館研究報告』第八集、一九八五年）、「鎌倉・室町幕府と国郡の機構」（『日本の社会史』第三巻、岩波書店、一九八七年）など。

（3）　設楽薫「『伺事記録』の成立」（『史学雑誌』九五編二号、一九八六年）、「将軍足利義材の政務決裁―『御前沙汰』における将軍側近の役割―」（『史学雑誌』九六編七号、一九八七年）、「足利義材の没落と将軍直臣団」（『日本史研究』三〇一号、一九八七年）、「室町幕府の評定衆と『御前沙汰』―『御前沙汰』の評議体制及び構成メンバーの変化について―」（『古文書研究』二八号、一九八七年）、「『政所内談記録』の研究―室町幕府『政所沙汰』における評議体制の変化について―」（『年報中世史研究』一七号、一九九二年）、「将軍足利義晴の政務決裁と『内談衆』」（『年報中世史研究』二〇号、一九九五年）など。

（4）　山田康弘「後期室町幕府の意志決定システムに関する一考察」（『学習院史学』三一号、一九九三年）、「明応の政変以降の室町幕府政治体制に関する研究序説」（『学習院大学人文科学論集』二号、一九九三年）、「手日記と意見状―将軍足利義晴治世期の御前沙汰手続―」（『史学雑誌』一〇四編二号、一九九五年）。

（5）　末柄豊「細川氏の同族連合体制の解体と畿内領国化」（石井進編『中世の法と政治』吉川弘文館、一九九二年）。

（6）羽田聡「足利義晴期御内書の考察─発給手続と『猶～』表記─」（『年報三田中世史研究』三号、一九九六年）。
（7）二木謙一『中世武家儀礼の研究』（吉川弘文館、一九八五年）。
（8）これまでの主な研究として前掲註（1）桑山論文の他に森末由美子「室町幕府御料所に関する一考察」（『史艸』一二号、一九七一年）、五味文彦「管領制と大名制─その転換」（『神戸大学文学部紀要』四号、一九七四年）、今谷明「室町幕府の財政と荘園政策」（前掲註（2）『解体過程』所収）、田中淳子「室町幕府御料所の構造とその展開」（『日本国家の史的特質』古代・中世編、思文閣出版、一九九七年）などがある。
（9）前掲註（8）田中論文中引用史料「東寺百合文書」せ函所収貞治二年八月十二日付足利義詮御判御教書、「土岐文書」貞治二年四月二一日付足利義詮御判御教書（『岐阜県史』所収）を参照。
（10）「蜷川家文書」（『大日本古文書　家わけ第二十一』東京大学出版会、一九八七年）三─六一八号。
（11）前掲註（8）五味論文。
（12）『史料総覧　巻十』（東京大学出版会、一九八九年復刻版）。
（13）『増補続史料大成』（臨川書店、一九六七年初版）所収。
（14）「親俊日記」天文八年八月二三日条。
（15）「親俊日記」天文八年九月二三日条。
（16）この他に、三河の国人領主松平氏が伊勢氏の被官となっていたことは新行紀一「伊勢氏と松平氏」（『歴史研究（愛知教育大学）』二一号、一九七四年）に詳しい。
（17）「厳助大僧正記」（『続群書類従』雑部）天文十八年七月条、「細川両家記」（『続群書類従』武家部）同月条など。
（18）入京後の三好軍の動向については、松永甚介（長頼、久秀弟）が山科七郷を押領（「厳助大僧正記」）、長慶の弟十河一存が伏見宮領山城上三栖を違乱（「言継卿記」（国書刊行会本、一九一四年）天文一八年一〇月一八日条）、さらに被官今村慶満は山科家が内蔵頭として直務支配を行っていた内蔵寮領陸路河上四方八口率分役所を占領している。内蔵寮領率分返還訴訟の経緯については後述。長江正一『三好長慶』（吉川弘文館、一九六八年）一〇八頁を参照されたい。また、当の長慶自身も天文一八年七月一〇日付で「上京洛中洛外惣御中」に宛てて地子銭の納入命令を出している（「室町頭町文書」）。この史料について仁木宏氏は、掟書形式の禁制と都市共同体を保護する旨の禁制が一連の命令体系に包含されていることに注目され「三好政権は、武士の『非分』を抑止することで町共同体の要求を実現し、支配の『正当性』を獲得しようとした。そしてそのかわりに都市共同体に支配命令への服従を要求したのである」と論じて三好政権の都市支配における先駆性を評価されている。仁木宏『空間・公・共同体』（青木書店、一九九七年）九九～一〇〇頁。

(19)「言継卿記」天文二一年三月一一日条。他に「公卿補任」「歴名土代」参照。

(20)「蜷川家文書」三―五四七号。

(21) 当該期の室町幕府と本願寺との間の、所領を介した繋がりや法源の提供者としての両者の関係については、本願寺第十世証如の「天文日記」（清文堂出版、一九六六年）や「親俊日記」からその詳細を窺うことができる。神田千里『一向一揆と戦国社会』（吉川弘文館、一九九八年）、同「『天文日記』と寺内の法」（五味文彦編『日記に中世を読む』吉川弘文館、一九九八年に所収）を参照。

(22)「蜷川家文書」三―五三二号。

(23)「親俊日記」天文一一年一〇月一八日条。

(24)「蜷川家文書」三―五三三号。

(25) 桐野河内からはほぼ定期的に人夫（「親俊日記」天文七年一二月八日条・同八年九月一一日条など）、金銭（「同」天文一一年一月六日条）、供御米（「同」天文八年一月六日条・三月六日条・六月二八日条など）が京に到着しており、この料所が蜷川、伊勢氏にとって最も安定した経済基盤であったことが窺われる。

(26)「蜷川家古文書　二四」（今谷明・高橋康夫編『室町幕府文書集成奉行人奉書編』思文閣出版、一九八六年〔以下『文書集成』と略す〕三二五八・三二五九号）。

(27)「伊勢系図」「勢州系図」「伊勢系図別本」（いずれも『続群書類従』系図部所収）参照。

(28)「親俊日記」天文八年一〇月二〇日条。関連する研究として一倉喜好「丹波桐野河内における室町幕府権力の失墜」（『日本歴史』一三二号、一九五九年）。
（29）「蜷川家文書」三―五四八号。
（30）田端泰子「中世の家と教育―伊勢氏、蜷川氏の家、家職と教育―」（比較家族史学会監修『家と教育』早稲田大学出版部、一九九六年に所収、後に田端『日本中世の社会と女性』吉川弘文館、一九九八年に所収）。
（31）前掲註（27）。
（32）「言継卿記」天文二一年八月十二日条。
（33）「言継卿記」天文二〇年二月一日条。
（34）「言継卿記」天文二一年一二月六日条。
（35）「言継卿記」天文二〇年三月四日・八日・一四日・一五日条など。なお三月一五日に奉公衆進士賢光による三好長慶暗殺未遂事件が起こっているが、「三好於死者、伊勢守以下可生害云々」（同日条）という三好方の言から、伊勢貞孝が事件の張本人であると疑われていることが窺える。貞孝の三好方帰属は周囲から疑念をもって見られていたようである。
（36）『解体過程』四五八頁。
（37）「言継卿記」天文二二年八月一日条、記事中に京へ連行された幕府奉行人を迎える使者として「伊勢守内野依次郎左衛門、臼井」なる人物が登場する。ここからも貞孝が既に三好方についていることが判明する。
（38）「言継卿記」天文二二年八月一四日・同一〇月一四日条。
（39）髙梨真行氏の研究によれば、将軍義輝に仕える公家側近衆にも将軍に付き従う者と三好方に接近する者の両者があり、その結果として将軍と公家側近衆の関係が次第に希薄になっていったという。髙梨真行「将軍足利義輝の側近衆―外戚近衛一族と門跡の活動」（『立正史学』八四号、一九九八年）。
（40）『解体過程』四八一頁註（51）参照。
（41）「八坂神社文書」三一〇号。
（42）「東福寺蔵文書」（『解体過程』四八二頁註（53）参照）。

(43)「蜷川家古文書　三」(『文書集成』三七七一号)。
(44)「蜷川家古文書　三」(『文書集成』三七七二号)。
(45)「蜷川家文書」三―六九八号。
(46)「厳助大僧正記」永禄元年六月二日条。
(47)「厳助大僧正記」同日条。
(48)「足利季世記」(「後鑑」〔新訂増補国史大系第三七巻〕所収)永禄元年七月一四日条。
(49)「足利季世記」「御湯殿上日記」(『続群書類従』補遺三)永禄元年一一月二七日条。
(50)「足利季世記」「御湯殿上日記」同日条。
(51)義輝は各地の戦国大名家と積極的に外交関係を結ぼうとした将軍として知られる。その活動の一端は宮本義巳「将軍足利義輝の芸・豊和平調停(上)(下)」(『政治経済史学』一〇二・一〇三号、一九七四年)、「足利将軍義輝の芸・雲和平調停―戦国末期に於ける室町幕政―」(『國學院大學大学院紀要』第六集、一九七四年)や谷口研語『流浪の戦国貴族近衛前久』(中公新書、一九九四年)などに詳しい。
(52)三好長慶は永禄三年一月一七日に相伴衆に(「細川両家記」)、松永久秀は翌月御供衆に(「雑々聞検書」)それぞれ任ぜられている。
(53)「御湯殿上日記」「長享年後畿内兵乱記」(『続群書類従』合戦部所収)同日条。
(54)「長享年後畿内兵乱記」。
(55)前掲註(18)長江『三好長慶』二二一～二二二頁。
(56)「東寺百合文書　て四」(『文書集成』三八八二号)。
(57)「一色家古文書」(『文書集成』三八八七号)。
(58)「伊勢文書　三」(奥野高廣『増補織田信長文書の研究』〔吉川弘文館、一九八八年〕二〇〇号、以下『信長文書』と略す)。
(59)後の永禄一一(一五六八)年一月、伊勢貞孝の敗死によって京を逃れていた嫡孫(貞良の子)伊勢貞為は一四代将軍義栄の将軍宣下を政所頭人として取り仕切るという名目により「帰参」が叶った（「蜷川家文書」三―八〇九号）。しかしながらこれは「幼少之間同名可召進之」（「言継卿記」永禄一一年二月八日条）との但し書きに明らかなように、あくまでその家柄の故に特例的に徴されたと見るべきである。また、義栄政権自体が入京を果たし得なかったほど脆弱なものであり、帰参によって貞為に料所を返還されたという史料は現在のところ管見に触れない。斉藤薫「足利義栄の将軍宣下をめぐって」（『国史学』一〇四号、一九七八年）を参照。

(60)　天正三（一五七五）年一一月、山城西院の御料所は細分化されて山城若王子、三時知恩寺、曇華院、宝鏡寺、宝鏡寺南御所、仁和寺、勧修寺、実相院へそれぞれ新規に寄進された（前掲註（58）奥野『信長文書』五七五～五八三号）。また、近衛前久には西院内百石や西九条の内から四十石余（同五八四号）が、一条内基には西院内百石（同五八五号）がそれぞれ信長から与えられている。経済基盤を接収されたことによって室町幕府はその支配の権能を完全に停止したと言えよう。

(61)　「蜷川家文書」三―七八一・七八三号。

(62)　「蜷川家文書」三―七八四号。

(63)　「蜷川家文書」三―七八〇号。

【付記】本稿は一九九八年度白山史学会大会における研究発表「天文・永禄年間の室町幕府政所料所について―政所頭人伊勢貞孝の動向を中心に」を改題、加筆したものである。貴重な御意見を下さった参加者並びに関係者各位にこの場をかりて御礼申し上げる。また本稿作成にあたっては、成蹊大学文学部教授池上裕子、東洋大学文学部教授神田千里両先生に御指導、助言を賜った。末記ながら謹んで御礼申し上げる次第である。

Ⅱ 『後鑑』所載「伊勢貞助記」について

木下 聡

はじめに

戦国期の武家の社会・日常生活を考える上で、有職故実を無視する事はできないだろう。故実が重んじられたのは、それが日常・非日常を問わず、武士社会の規範となるものであり、規制するものであったからである。

その故実の中でも、書札礼が全国的に特に重要視されていた。それは書札礼にそぐわない書状は相手を怒らせる場合があり[1]、他氏との関係を調える上で、必要不可欠な知識であったからである。それは地方でも古河公方[2]・佐竹[3]・里見[4]・余目[5]・大友氏[6]など、各家が書札礼を今に残す事に端的に示される[7]。

また故実家が各地の大名でも重宝されたのは、徳川家が高家を設置し、伊勢・蜷川・小笠原・曽我などの故実家を召し抱えた事にも示される。戦国期でも、大友氏の小笠原刑部少輔家[8]などがおり、島津氏のように家臣を伊勢氏の養子にして故実伝授を受けさせる場合もあった[9]。

武家故実は室町期に飛躍的発展を遂げ、中でも家として故実を残す存在として、伊勢氏と小笠原氏がよく知られている[10]。他にも奉行人や評定衆家には鎌倉時代以来の故実の蓄積があり、奉公衆でも現在に多くの故実書を残す大館氏[11]

を始め、大和晴完[12]・曽我助乗[13]などが有名であり、また細川・大内氏家臣も故実を集積し、幕臣・公家と意見交換していたのもよく知られている[14]。

故実は家の中、例えば伊勢氏同士でも故実の情報やりとりは行われ、大館常興の著作を安東・大和氏が書写するなど、故実の授受も行われていた。曽我氏の「和漢礼経[15]」、大和氏の「大和家蔵書[16]」等は、こうした他氏から聞いた故実と自家所蔵の文書とで構成されている。

そしてこうした故実を説く書の中には、具体的事例を挙げて説明するものもあり、その記述はそこでしか知り得ないものがあるため、当時の政治状況を知る上で非常に有益である。この類の故実書の中で特に注目すべき一つに「伊勢貞助記」がある。

「伊勢貞助記」は『後鑑』に多く引用記載されている。その記事は故実ももちろん含むが、大部分を占め、かつ現在重要なのは、永禄年間の幕府・三好関係の政治的動向を示す記述である。それは同時期の古記録が、『言継卿記』と『お湯殿の上の日記』ぐらいしかない上に、当時の京都の武家（幕府・三好氏）の情勢をよく伝えるからで、そのため多くの研究や自治体史などに引用されている。ただ「伊勢貞助記」の記事は『後鑑』にしか見えず、その記事の信頼性についても今まで検討されたことがない。それは「伊勢貞助記」という名の史料が現在見当たらないからである。『後鑑』の成立は一八五三年で[17]、その時には存在したが、現在伝わっていないと考えられたからだろうか。そこで以下では、この「伊勢貞助記」がどのような史料であるのかを検討し、その記事の信頼性についても見ていきたい。

一、伊勢貞助について

本題に入る前に、伊勢貞助という人物について明らかにする必要がある。貞助の系譜については山家氏の論考[18]に詳しい。貞助と同じ頃・前後に見える人物に、与一入道牧雲斎・常真・与一貞堯・右京亮貞充がおり、そのため貞助に関する系譜は、諸系図で錯綜している。山家氏は、これらの人物の関係を、左図のようにし、与一入道牧雲斎・常真と貞助を、共に貞遠の子だが別人であり、子に当たる貞知からはどちらかが養父であるとし、貞充は貞助・常真のどちらかの前身の可能性があるとしている。この常真と貞助を別人とする根拠は、『言継卿記』の天文十一年（一五四二）以降に伊勢牧雲斎常真が散見[19]されるが、弘治四年（一五五八）正月二十九日条に初めて「伊勢加賀守貞助」と貞助の名が出るのに対し、同年二月四日条にまだ「牧雲軒」が見えるからである。また山家氏は、『言継卿記』の永禄年間に見える伊勢雲松斎を牧雲斎と同人ではないかともしている。

　この山家氏の論を基にして検討したい。まず前提として、貞助の名が登場するまで、貞遠が任官していた右京亮・加賀守を名乗る人物は天文年間に見えない。唯一天文二年奥書の「伊勢加賀守貞満筆記」[20]があるが、この書名は後世に付けられたもので、実際に奥書にある「常怡」の署名から分かるように、これは貞助の父伊勢貞遠の手によるものである。また右京亮貞充の名は大永年間に見える[21]が、これも享禄以降姿が見えない。

貞遠 ─┬─ 加賀守貞助 ─────┬─ 貞知
　　　 └─ 牧雲斎常真（貞堯）─┘

　さて山家氏が別人とした根拠の、『言継卿記』弘治四年に見える牧雲軒だが、これは梅津長福寺の牧雲軒である可能性が高く、常真と貞助が別人でなければならない必然性は無くなる。これに加えて、伊勢貞知が貞助も常真も父と呼び、かつ二人とも同じ年齢であった事（山家氏も指摘）、天文二十二年に義輝の許へ三好長慶が出仕した時、幕府奉公衆は出仕していない中で「牧雲斎伊勢加賀入道」が出仕しており[23]、後述の通り貞助と三好氏との関係は深い事からすれば、両者を同一人物とするのが妥当だろう。雲松斎は、その与次入道という名乗り[24]から見てもやはり別人と思われる。

また貞堯は、与一入道の通称を持ち、「書札記[25]」巻四に伊勢与一に所領を譲る常怡譲状写と、それを認めた将軍御判御教書写と幕府奉行人連署奉書写、そして「伊勢与一貞堯」知行分年貢諸公事を沙汰せよと名主百姓中へ伝える天文八年付の幕府奉行人連署奉書写がある（年号があるのはこれのみで、年次が本当のものかは他の徴証無く不明[26]）ことから、出家以前の貞助の前名であろう。つまり貞充は貞助の兄に当たり（註21）、享禄以前に死去、兄の死を受けて家督を継いだ貞助は、貞堯→出家し牧雲斎常真→還俗し貞助、と出家・還俗・改名したのである。

ただ貞助が出家した理由は不明である。出家した時期は、天文八年九月十五日の「筑後国高良法楽三十首[27]」に「常真（伊勢貞堯）」の名が見えるので、これ以前に出家した事がわかる。前述の連署奉書の年号が正しければ、家督相続直後に出家した事になる。後の貞助の行動などからして、おそらく将軍と関わる政治的な問題によって、出家せざるをえなかったのではないか。

貞助は天文二十二年以前に加賀守となり[28]（『言継卿記』同年正月四日条が初見）、弘治二〜三年に還俗したと思われる[29]。それ以前は「伊勢加賀入道」として『言継卿記』に見えるが、永禄年間には一度も「入道」とは出ていないからである。

さて貞助の生没年は、「諸家御成記[30]」奥書に永禄四年（一五六一）で五十八歳、「武雑書札礼節[31]」奥書に元亀元年（一五七〇）で六十七歳、「雑々書札」（後述）冒頭に天正元年（一五七三）で七十歳と記されているので、永正元年（一五〇四）の生まれである事がわかる。没年は不詳。「常照愚草少々[32]」に常真（貞助）の署名・書判と共に、「行年七十二」とあり、少なくとも天正三年まで存命していたのは確かである。

息子には貞知と名前不詳の阿子[33]がおり、娘婿に大坂興正寺証秀[34]がいる。貞知（友枕斎如芸）は伊勢因幡守家へ養子に入り、加賀守家と因幡守家の故実をあわせ伝えた人物である。島津家臣有川氏（後に伊勢氏となる）へ故実伝授を行い、多くの故実書を伝えている[35]。また天正元年二月以前に近衛家に仕えている[36]。

以上から、貞助の系譜は、左のようになろう。

- 貞遠（与一　右京亮　加賀守）
  - 右京亮貞充
  - 貞助（与一入道牧雲斎　貞堯・入道常真　加賀守）
    - 貞知（因幡守家へ入嗣）（才松丸・与一・七郎左衛門尉　因幡守・友枕斎如芸）
    - 某
    - 女（大坂興正寺証秀室）
  - 女（勧修寺尹豊室）

貞助の著作物には、『国書総目録』に挙げられている分でも、「伊勢家鷹書薬餌抜書」・「伊勢貞助雑記」・「伊勢貞助返答記」・「御成記」・「貞助記」・「下間大蔵法橋尋申条々」・「鷹之鳥台居之事伝」・「武雑書札礼節」・「返答」、そして「伊勢因幡入道并常真返答」・「伊勢常真記」・「伊勢常真書札之事」・「伊勢友枕斎伊勢常真返答書」・「書札覚悟」・「姓名録抄」・「鷹之事」・「書札礼節」がある。そして「雑々聞撿書」・「雑々書札」・「鳩拙抄」「三好義長亭御成記[37]」なども貞助の手になるものである。他にも薩摩伊勢家文書に貞助の奥書がある故実書が多くある。また貞助が筆写した故実書も多く現存している。

二、『後鑑』所載「伊勢貞助記」について

ここでは「伊勢貞助記」がどのような史料から構成されているかを検討する。

「伊勢貞助記」の記載を含む『後鑑』は、その引用史料から見ると、「古文書」（＝『蜷川家文書』）や「大乗院寺社雑事記」といった、現在内閣文庫に伝わっている諸史料を主に多く利用している。そして内閣文庫には貞助の手になる「雑々聞撿書丁巳歳」・「雑々書札」・「貞助記」・「鳩拙抄」などが今に伝わっている。「伊勢貞助記」の永禄年間の記事は、その中の「雑々聞撿書」とほぼ同じで、そこからの引用かとも思われるが、全てが「雑々聞撿書」からの引用でもない。「伊勢貞助記」の『後鑑』引用箇所と同じ記事がある書があるかどうかをまず考証する必要がある。

そこで『後鑑』の中から「伊勢貞助記」からの引用と記された部分と、それと同じ記載を含む書を挙げたのが別表である。

これを見ると永禄以降は「雑々聞撿書」及び「雑々書札」からの引用で、前半部分は犬追物関係が「聞書」、それ以外が「貞助記」からの引用である事がわかる。いずれも伊勢貞助筆（と考えられていた）であり、「伊勢貞助記」とは、伊勢貞助の手になる故実書を総称したものであったのではないか。なお『後鑑』の中で、「雑々聞撿書」としては一ヶ所、「雑々書札」としては七ヶ所別に引用され、「雑々書札」としての引用部分はみな弘治より以前の年代で、弘治以降の引用はなく、「伊勢貞助記」の部分と年代は重ならない。

次に引用された各書の性格について見ていきたい。

Ⅱ 『後鑑』所載「伊勢貞助記」について

表 後鑑所収伊勢貞助記とその出典

後鑑所在	記事の日付	内容	雑々聞撿書	貞助記	雑々書札	聞書
3巻22頁	嘉吉元/9/18	赤松左京大夫入道性具之頸事		○		
3巻434頁	文正元/4/27	土岐亭御成に大館政重御供衆召加		○		
3巻650頁	文明10/3/10	一色義直進上目録		○		
3巻723頁	文明14/8/19	武田信親進上目録		○		
4巻85頁	文亀2/5/5	青蓮院進上目録		○		
4巻108頁	永正元/12/4	犬追物張行				○
4巻130頁	永正3/閏11/17	殿中犬追物				○
4巻159頁	永正5/8/19	聖護院進上目録		○		
4巻163頁	永正6/3/27	犬追物張行				○
4巻165頁	永正6/6/2	犬追物故実				○
4巻177頁	永正7/5/11	吉良殿御所での一献		○		
4巻186頁	永正8/6/12	三宝院進上目録		○		
4巻201頁	永正10/2/14	赤松義村上洛出仕		○		
4巻202頁	永正10/3/18	義稙出奔についての談合	○			
4巻204頁	永正10/9/14	細川馬場での犬追物				○
4巻223頁	永正13/10/16	秀誉御対面事		○		
4巻229頁	永正14/8/晦	大内義興進上目録		○		
4巻272頁	永正18/4/18	細川高国書状		○		
4巻298頁	大永3/6/10	足利義晴御内書		○		
4巻316頁	大永5/3/5	細川高国へ直垂下賜				○
4巻326頁	大永6/2/16	石清水遷宮で雨の時に笠の縄結事		○		
4巻337頁	大永7/1/10	赤松家中への足利義晴御内書		○		
4巻355頁	享禄元/4/21	義晴東寺から万松軒へ移る		○		
4巻479頁	天文8/12/3	細川晴元進上目録		○		
4巻551頁	天文13/1/4	御音曲始	○			
4巻551頁	天文13/1/7	細川晴元出仕	○			
4巻551頁	天文13/1/10	御参内始	○			
4巻650頁	天文21/	三好長慶進上目録	○			
4巻679頁	永禄元/2/3	細川氏綱元服	○			
4巻686頁	永禄元/11/27	義輝勝軍山から相国寺へ移る	○			
4巻686頁	永禄元/11/28	義輝還御	○			
4巻686頁	永禄元/12/3	義輝本覚寺御成	○			
4巻687頁	永禄元/12/17	三好長慶進上	○			
4巻687頁	永禄元/12/19	義輝方違に長妙寺御成・畠山元服	○			
4巻687頁	永禄元/12/23	義輝御祝言	○			
4巻687頁	永禄元/12/24	御祝	○			
4巻688頁	永禄元/12/25	御祝	○			
4巻688頁	永禄元/12/26	三好長慶進上目録	○			
4巻689頁	永禄2/2/3	三好長慶・義興出仕	○			
4巻690頁	永禄2/3/3	桃節出仕	○			
4巻690頁	永禄2/3/5	伊勢貞孝より御盃参	○			
4巻690頁	永禄2/3/10	細川氏綱年始御礼	○			
4巻690頁	永禄2/3/11	慈照院で三好長慶宴会	○			
4巻691頁	永禄2/5/1	義輝賀茂へ御成	○			
4巻691頁	永禄2/5/2	義輝宝鏡寺へ方違御成	○			

4巻691頁	永禄2/5/4	義輝万松院へ御成	○			
4巻691頁	永禄2/5/5	節句出仕	○			
4巻693頁	永禄2/6/1	出仕	○			
4巻696頁	永禄2/10/26	御台より下賜	○			
4巻697頁	永禄2/11/21	足利義輝御内書	○			
4巻697頁	永禄2/11/26	御即位警固事	○			
4巻697頁	永禄2/12/18	三好義興への一字偏諱	○			
4巻699頁	永禄3/1/17	三好長慶出仕	○			
4巻700頁	永禄3/1/19	代官参詣	○			
4巻700頁	永禄3/1/25	三好義興参内	○			
4巻701頁	永禄3/1/27	正親町天皇即位	○			
4巻701頁	永禄3/2/1	三好父子御礼に出仕	○			
4巻702頁	永禄3/2/6	義輝参内	○			
4巻702頁	永禄3/2/9	斎藤弥次郎初めて出仕	○			
4巻704頁	永禄3/4/8	伊勢貞孝書状・三好長慶書状	○			
4巻708良	永禄3/6/19	義輝近衛邸へ御成し御祝言			○	
4巻709頁	永禄3/6/20	御祝			○	
4巻709頁	永禄3/6/21	御祝			○	
4巻712頁	永禄3/10/15	足利義輝御内書			○	
4巻713頁	永禄3/11/24	足利義輝御内書			○	
4巻715頁	永禄4/1/23	三好義興上洛	○			
4巻715頁	永禄4/1/24	三好義興等御礼進上	○			
4巻715夏	永禄4/1/28	三好義興・松永久秀叙従四位下	○			
4巻716頁	永禄4/2/1	三好父子・松永御紋拝領	○			
4巻716頁	永禄4/2/3	三好義興へ御紋拝領儀伊勢貞孝書状	○			
4巻716頁	永禄4/2/4	松永久秀叙従四位下口宣案書改	○			
4巻716頁	永禄4/2/6	細川氏綱への吉書	○			
4巻717頁	永禄4/2/6	竹内加兵衛尉三番衆召加	○			
4巻717頁	永禄4/2/17	三好長慶へ御紋拝領儀伊勢貞孝書状	○			
4巻717頁	永禄4/2/26	三好下野守御礼進上	○			
4巻717頁	永禄4/3/1	三好義興・松永出仕	○			
4巻718頁	永禄4/3/3	三好義興・松永出仕	○			
4巻718頁	永禄4/3/13	義輝参内	○			
4巻719頁	永禄4/3/28	三好長慶出仕		○		
4巻733頁	永禄4/閏3/12	義輝慶寿院殿へ御成		○		
4巻733頁	永禄4/閏3/19	伊勢貞孝髙屋城へ下向	○			
4巻733頁	永禄4/閏3/24	伊勢貞孝上洛	○			
4巻734頁	永禄4/4/1	三好義興・松永出仕	○			
4巻734頁	永禄4/5/1	十河一存死去により義興出仕無し	○			
4巻734頁	永禄4/5/4	義輝万松院へ御成	○			
4巻734頁	永禄4/5/5	義輝賀茂へ御成	○			
4巻735頁	永禄4/7/23	足利義輝御内書			○	
4巻736頁	永禄4/8/1	三好義興進上			○	
4巻737頁	永禄4/9/13	所々門前下馬事			○	
4巻738頁	永禄4/11/28	赤松則綱任式部大輔	○			
4巻739頁	永禄5/1/22	三好義興・松永出仕	○			
4巻749頁	永禄5/9/17	足利義輝御内書	○			
4巻753頁	永禄5/12/27	三好長慶美物進上	○			

4巻753頁	永禄5/12/29	松永久秀美物進上	○			
4巻755頁	永禄6/1/2	義輝養生以後御乗馬始	○			
4巻755頁	永禄6/1/4	義輝三好長慶邸へ方違御成	○			
4巻755頁	永禄6/1/7	貞助等出仕	○			
4巻755頁	永禄6/1/15	三好義興代官で御礼進上	○			
4巻765頁	永禄6/閏12/25	松永久通美物進上	○			
4巻765頁	永禄6/閏12/26	三好長慶進上	○			
4巻767頁	永禄7/1/19	細川藤孝代官参詣	○			
4巻767頁	永禄7/1/20	四条上人出仕	○			
4巻767頁	永禄7/1/21	三好長慶代官で御礼進上	○			
4巻767頁	永禄7/1/23	三好義継上洛し出仕	○			
4巻770頁	永禄7/8/1	三好義継書状	○			
4巻772頁	永禄7/12/26	義輝方違御成	○			
4巻772頁	永禄7/12/27	松永久通美物進上	○			
4巻772頁	永禄7/12/29	三好義継美物進上	○			
4巻773頁	永禄8/1/2	義輝御乗馬始	○			
4巻773頁	永禄8/1/4	謡始	○			
4巻773頁	永禄8/1/15	貞助出仕	○			
4巻773頁	永禄8/1/晦	三好義継代官で御礼進上	○			
4巻773頁	永禄8/2/16	御沙汰始	○			
4巻773頁	永禄8/2/24	御発句	○			
4巻774頁	永禄8/3/14	義輝鞍馬寺御成	○			
4巻774頁	永禄8/3/15	義輝還御	○			
4巻774頁	永禄8/4/5	義輝細川藤孝邸御成	○			
4巻775頁	永禄8/4/晦	三好義継上洛	○			
4巻775頁	永禄8/5/1	三好義継出仕し任官・偏諱受ける	○			
4巻775頁	永禄8/5/4	義輝御焼香御成	○			

「雑々聞撿書」は永正・天文の記事が若干あるが、基本的に永禄年間（元年～十一年）の記事が大半を占める。

この「雑々聞撿書」は内閣文庫本（「武家故実雑集」のうち）と彰考館本（史料編纂所謄写本）とが知られる。内閣本は書写年代など記されておらず不明である。一方の彰考館本には元禄九年（一六九六）書写と記されている。どちらが本来の姿に近い底本とすべきなのか。

それぞれを比較してみると、①彰考館本は年代順に配列されており、一方の内閣本は若干年代が前後する部分がある。これだけからすると、内閣本が先にあって、彰考館本がそれをもとに配列し直したとも考えられる。②内閣本は年代的に錯簡と言える部分があり、それは三好義継の年始・任左京大夫・「義」字偏諱御礼についての記述で、途中で切れて六紙前に続いている。

続きの部分はまるごと一紙分置き換える事が可能なので、錯簡と見なせる。この部分を彰考館本で見ると、内閣本で一紙分の箇所が二紙にわたっていて、前後と切り離せない。③彰考館本には年代順に置き換えた時

自筆本―（写本？）┬内閣本
　　　　　　　　└並び替え―彰考館本

のミスか、重複した項目がある。また抜けている所も多々あり、特に内閣本で四紙分にわたる記述が彰考館本には抜け落ちている。④八朔に関する八月一日付三好重存（義継）書状が内閣本には抜け落ちている。

これらから推測するに、右図となり、古体に近いのは内閣本で、底本としてはこちらが妥当であろう。文字の異同も内閣本のほうが意味の通る場合が多い。

内容については、「伊勢貞助記」として多く引用されている、貞助が実際にその場に居合わせて見聞した永禄年間の三好・松永・義輝関連の記事が特筆される。三好氏への相伴衆・御供衆・叙任・一字偏諱などの栄典授与については『言継卿記』にも触れられているが、御礼や授与日などはこの書による。また義輝関連には、当時の諸所への御成とその御供のメンバーを知る事ができる。また「諸大名被官少々交名之事」や「官途等類事」など、「大館常興書札抄」[38]からの援用も幾つか見られる。

「貞助記」も同じく内閣文庫「武家故実雑集」中にあり、奥書には伊勢祐仙によって貞助自筆と記されている。その冒頭には今谷氏が紹介した[39]事で知られる、大永享禄頃の幕府詰衆・五ヶ番衆交名がある。他には伊勢貞充が関連した御内書や、大館常興から聞いた話、元服次第事、諸家・諸寺からの進上目録等から構成されている。貞助が実際に見聞した長慶の出仕や慶寿院殿への御成もあるが、大部分はその父貞遠や貞充・貞藤ら伊勢一族、大館常興が蓄積した故実から成り立っている。

「雑々書札」は内閣文庫「武家諸法式」中にある。内容は前半が永正～大永の伊勢氏当主の発給・受給文書を多く載せ、後半は三好長慶の発給・受給文書と、書札に関しての記述が主である。前半部分は貞宗・貞陸関係文書が大半を占めているので、その関係の故実書からの引用かとも考えられる。後半部分は貞助自身が見聞、或いは三好氏から尋ねられ、渡された文書・記録をもとに構築されたと考えられる。

「聞書」は内閣文庫「弓馬秘説」中の一冊で、表紙にはタイトル名の聞書の下に「伊勢加賀守貞助筆」と書いてある。内容は乗馬の事・犬追物事・雑之事の三つからなり、犬追物に関する記述が大半を占める。雑之事には、小手・うつほ・ゆかけ・むかはきといった弓の衣装等に関する記述がある。冒頭に常怡公条目を書き置いたとあることや、犬追物手組などの年代から、伊勢貞遠の記した書を貞助が書き写したものであろう。なお「弓馬秘説」には、『後鑑』に「伊勢家書」として犬追物手組が引用される「犬追物」がある。

ただ現在我々が引用する場合注意せねばならないのは、「伊勢貞助記」の記事は元の記事の抽出で、省略部分がある事である。例えば小笠原長時が永禄二年に義輝と御対面した時に、「伊勢貞助記」では、

一信濃小笠原御礼被申入。長慶被執申之。氏綱御対面以後。小笠原一人御対面。御太刀。御馬進上。（中略）御盃頂戴。仍御太刀持ニテ御礼被申入之。（「中略」は校訂による）

となっているが、「雑々聞撿書」では、

一信濃小笠原御礼被申入、長慶被執申之、氏綱御対面已後、小笠原一人御対面、御太刀・御馬進上、仍御盃拝領之儀懇望被申之、既甲斐武田先年御礼被申上時、大館殿依御取合頂戴候間、以其例有頂戴之由、以長慶貞孝へ被申候間、今日モ御盃頂戴、仍御太刀持ニテ御礼被申入之、

と、「伊勢貞助記」の中略部分が「雑々聞撿書」にはあり、そこには武田信虎の例に則って御盃頂戴が行われたとある。

また引用が誤った年代に置かれる場合もある。『後鑑』永禄元年十二月十九日条に載せられている畠山鶴寿元服の記事は、「伊勢貞助記」で中略された部分に、「雑々聞撿書」では「貞陸加冠被参」とあり、伊勢貞陸の名があることから、これが永正から大永の記事であるとわかる。[40] なおこの畠山鶴寿は畠山稙長であり、本来は永正十二年に配置されるべき記事である。

永禄四年二月二十六日条の三好下野守奉謁も、久秀の「御紋以後初而」の語に引きずられたためだろうが、実際は正月二十六日の三好義長伊勢邸訪問の続きと思われる。

永禄七年正月十九・二十・二十一日条も、二十一日条の省略されている部分の最後に義興（三好）がいるので、永禄六年以前、おそらくは永禄六年に比定される。また同二十三日条の三好重存（義継）上洛は、本来六月二十三日条とされるべきもので、これは『言継卿記』同日条からも裏付けられる。

三、貞助と三好氏

貞助の著作たる「雑々聞撿書」と「雑々書札」の根幹をなすのは、三好長慶との関係である。三好・松永関連の記事がその大部分を占め、長慶宛・長慶発給書状が多く収められると共に、貞助が書札礼に関して助言している事がその証左である。また貞助の政治行動も、後述のような関わりや、三好・松永氏の拠点飯盛・多聞山へ出向いて年始の挨拶をするなど[41]、三好氏と密接な関係にあった。足利義栄祇候の奉公衆の一人として名が挙がっているのも[42]、三好氏との関係によるものである。

では三好氏はなぜ貞助を必要としたのか。まず貞助が三好氏と関係を持ったのは加賀守となる天文二十二年以前と思われる。それまで与一入道であったのが、父貞遠の最終官である加賀守となったのには、何らかの政治的変化があったと推測されるからである。加賀守となるのは先にも述べた通り、天文二十二年正月四日以前で（与一の終見は同十七年正月十日[43]）、その翌月には長慶と一緒に義輝へ出仕している[44]。それと貞助の書き残した記述から鑑みると、おそらく天文十九年末から二十一年初めまでに長慶と関係を持つようになったのであろう（天文二十一年付の長慶進上目録がある）。この時期は将軍義輝京都不在の時期で、三好氏が京都の政治や諸大名との関係を視野に入れて、故実に詳しく将軍とも関係が薄くなっていた貞助を自勢力に引き込んだのではないか。なお天文二十年二月には伊勢貞孝が近江にいる義輝と袂を分かって上洛しており[45]、貞孝が京都にいる状態でわざわざ貞助を招く必然性は薄いので、時期的にはこれ以前になり、天文十九年の後半頃と推測される。またこれ以前に、天文十八年に三好政長を討って義輝・細川晴元が近江へ退いた時も約一年間長慶は京都を支配している[46]。この時である可能性もあるが、貞助の著作にはその時期について何ら記述がなく、まだ貞助と三好氏との関係は生じていないと考えられる。むしろこの時の京都支配での反省から、長慶は貞助との関係をもつようになったとすべきであろう。

貞助が三好氏と具体的にどのように関わったか列挙すると、①義輝への進上物の目録の作成。②三好長慶が他氏へ書状を出す場合、長慶が相伴衆・御紋拝領・修理大夫になったことで相応の書札礼を調える必要があり、その指南を行う。③三好義興・松永久秀の従四位下叙位御礼を禁裏へ持参する、あるいは諸人への年始御礼の返礼を貞助が届けるなど、幕府・公家関係者諸所への使者。④三好氏が推戴した細川氏綱に対しても進上物関連の故実を伝える、といったものが挙げられる。

ただ忘れてはならないのが、貞助はあくまで身分的に将軍直臣、奉公衆のままであり、三好家臣ではなかった事である。義輝への出仕もしており、中次衆・伊勢同名衆としての祗候や、御内書の調進もしている。著作中でも三好氏の敬称に「殿」は付けるが「様」は付けてない。貞助は言わば三好氏の政治・儀礼顧問的立場にあったのである。ただ永禄八年の三好氏の義輝襲撃の時には、義輝と共に奮戦した奉公衆を尻目に、幕府重宝の入った唐櫃を室町御所から運び出している(47)。義晴・義輝父子との関係の薄さによるのだろう。貞助の出家理由とも関連するかもしれない。それに対し、義輝の後を受けて三好氏に推戴された義栄に対しては、その将軍宣下に関して尽力しており(48)、義栄の仰を受ける形での文書発給もしている(49)。一方息子の貞知は伊勢因幡守家を継ぐが、こちらは三好氏とはさほど近くなく、御供衆としての活動が見えるので、将軍に近侍していたようである。義昭将軍就任後に貞助は政治の一線から退いた(50)が、三好氏との関係が薄かったため、貞知は義昭にも仕えた。ただ前述のように天正元年二月以前には近衛家家臣へと転身している。

ではこうした貞助の政治的位置は、彼の著作に何らかの影響を与えたのか。本稿で取り上げた貞助の著作で政治的場面を記したのは、将軍義輝の御成などの幕府年中行事、三好・松永氏と幕府との関わりが主であり、後者も三好・松永に肩入れしたような記述は無い。三好氏家臣とはならず、幕臣のままであった事が作用しているのであろう。ただ義輝殺害を始め、義輝と三好氏との争いに関する記述が全く無いことからすると、貞助の立場からは書きにくい部分はあえて記さず、故実に関すると判断した部分のみ記したのではないか。つまり貞助の著作は、基本的に客観的視点で記されているので、史料的に十分信頼足りうるが、故実ではなく政治的動向を窺い知る意味で見た場合、義輝・幕府と三好氏とが協調的である場面のみが記され、そうでない部分は除外されている点を注意せねばならない。故に永禄年間の幕府と三好氏との関係を知るには、貞助の著作のみでは不十分であり、幕府と三好氏とが相容れない面を示す史料と併せて検討する必要があるだろう。

おわりに

『後鑑』所載「伊勢貞助記」とは、内閣文庫に伝わる、伊勢貞助によって記された書物四冊の記載を抽出したものである。編纂物である以上当然ながら、使用に当たっては省略や年代の誤りをまず考慮する必要があり、元をたどる必要もあるだろう。

記主の伊勢貞助は、与一入道牧雲斎・常真その人で、右京亮貞充とは別人であり、前名は貞堯であった。出家して基本的に幕府政治と離れていたが、三好氏の台頭によって政局に復帰し、まず加賀守となり、ついで還俗し、その三好氏との関係の深さ故に義栄の奉公衆としても活動した。そして貞助が三好氏に重視されたのは、故実家としての性格によるもので、三好・松永との関係も故実が軸であった。その関係から、貞助の著作は父貞遠から受け継いだ知識と、奉公衆としての立場及び三好氏の顧問的立場から得た知識から成り立っており、十分に信頼の足る記述であると言える。ただ幕府と三好氏とが協調的な場面が主に記されている点には注意を要する。

今後の課題としては、個別の故実がどこから得たものであるかを明らかにする必要がある。これは故実家の著作物全てに通じる問題で、当時の社会で、知識の共有がどのように行われたかを明らかにするための一つの手掛かりとなるだろう。なお貞助の場合は、伊勢貞陸・貞遠・貞久などの伊勢一族や大館常興の故実書が主であり、文書の引用は、貞宗・貞陸・貞忠・貞孝といった伊勢氏当主、貞遠・貞充といった加賀守家の関わった文書や、三好・松永・細川関連が主である。

註

（1）『満済准后日記』応永三十二年（一四二五）閏六月十八日・同九月二十七日条など。また上杉房能が伊達尚宗との書札礼について述べた黒田良忠書状（「三浦和田中条氏文書」『新潟県史資料編4中世二』一三一八号）も有名である。
（2）足利政氏書札礼（「喜連川文書」『戦国遺文古河公方編』四九二・四九三号）。
（3）佐々木倫朗・今泉徹「佐竹之書札之次第・佐竹書札私」（『日本史学集録』二四号、二〇〇〇年）。
（4）佐藤博信「里見家永正元亀年中書札留抜書」（『千葉大学人文研究』一七号、一九八八年）。
（5）奥州余目記録（「余目家文書」『仙台市史資料編1古代中世』一六号）。
（6）「御当家御書札認様」・「当家年中作法日記」など（いずれも『増補訂正編年大友史料三二』所収）。
（7）こうした書札礼の成立については、小久保嘉紀「日本中世書札礼の成立の契機」（『HERSETEC』1・2号、二〇〇七年）がある。
（8）武田信也「武家故実の地方展開に関する一考察（1）―小笠原家の豊後下向とその契機―」（『大分県地方史』一七八号、二〇〇〇年）、同（2）（同上、一八二号、二〇〇一年）。水野哲雄「室町幕府武家故実家京都小笠原氏の展開」（『九州史学』一四二号、二〇〇五年）。
（9）このことを含め、薩摩伊勢氏とその故実については、五味克夫「故実家としての薩摩伊勢家と伊勢貞昌―関係史料の紹介―」

（『鹿大史学』三四号、一九八六年）、平野成美「島津家への伊勢流故実の相伝過程について」（『尚古集成館紀要』四号、一九九〇年）、水野哲男「戦国期島津氏領国における伊勢流武家故実の受容と展開」（『年報中世史研究』三三号、二〇〇八年）がある。
(10) 二木謙一『中世武家儀礼の研究』（吉川弘文館、一九八六年）。
(11) 「大館記」（史料編纂所架蔵写真帳）所収の諸故実など。
(12) 伊藤正義「大和宗恕小伝」（『論集日本文学・日本語　3中世』角川書店、一九七八年）、古川元也「故実家大和宗恕管見」（『年報三田中世史研究』三号、一九九六年）。
(13) 小宮木代良「曽我流書札礼書諸本と「書札法式」について」（『東京大学史料編纂所研究紀要』五号、一九九五年）。実際に故実家として活動したのは息子の尚祐である。
(14) 細川家には「細川家書札抄」（『群書類従第九輯』）などがある。大内氏には「大内問答」（『群書類従第二十二輯』）などがあり、また米原正義「武家故実の地方伝播―飯田興秀と籠手田定経―」（同『戦国武士と文芸の研究』桜楓社、一九七六年）などにも詳しい。
(15) 『改定史籍集覧第廿七冊』。
(16) 山口県図書館所蔵。
(17) 坂本太郎『日本の修史と史学』（至文堂、一九五八年）。
(18) 山家浩樹「御内書引付素描―伊勢氏の一側面」（昭和六十三年度研究費補助金研究成果報告書一般研究B『室町幕府関係引付史料の研究』一九八九年）。
(19) なお天文十年に比定される伊東義祐の大膳大夫任官関連文書に「牧雲斎」が見え（「伊東文書」『宮崎県史史料編中世2』二の一一・一三号）、この時日向へ下向している（同一五号）。
(20) 『続群書類従第二十四輯下』。
(21) 「御作事日記」大永五年正月四日条（『後鑑』所収）など。また『鹿苑日録』明応八年（一四九九）十一月十一日条に足利義高奏者を務める「伊勢与一」が見える。『実隆公記』永正九年二月十六日条に伊勢右京亮子として与一が見えるので、この与一は貞充の可能性が高い（この与一の実名が不明なので、名前の知れない貞充の兄弟の可能性も残る）。そうなると、本文で記したように貞助は永正元年生まれなので、貞助と貞充は別人となり、共に貞遠子なので、兄弟の関係にあると思われる。

(22)『天文日記』天文七年九月十九日条に「梅津長福寺事、北野にハ一向各別之由、余申候間、一札下させ候、文章にハ為慶寿寺住持牧雲軒被差下候」とあり、また『言継卿記』弘治四年に出てくる「牧雲軒」は「梅津長福寺之牧雲軒」（正月八日条）とあるなど、全て長福寺がらみであることによる。

(23)『言継卿記』天文二十二年閏正月一日条。なお共に出仕している結城越後入道・同孫次郎・斎藤越前守は、いずれも元々幕臣であるが、この時期は幕府と離れて三好氏との関係が深くなっており、その後も三好氏と同日出仕をしている。貞助も同様な立場にあると言えよう。

(24)『言継卿記』永禄八年五月三日条など。

(25) 東京大学総合図書館所蔵。筆者不明だが伊勢氏の関係者であるのは確実。貞遠関係も含む。ただ他の文書のほとんどが明確な日付を記している中で、伊勢与一への所領譲与関係の日付が「年号月日」である点は注意を要するかもしれない。

(26)「書札覚悟」（宮内庁書陵部所蔵）奥書に、天文七年正月廿日付で「伊勢与一入道／貞堯判」の署名がある事による。ただし「伊勢因幡入道并常真返答」（宮内庁書陵部所蔵）の奥書に「伊勢与一入道／常真在判」とあるように、出家していれば「常真」の署名を用いるべきであるところに、「貞堯」の署名を用いているので、「伊勢与一入道」の部分は後世の筆写の際の後筆である可能性が高く、これのみで判断できない。

(27) 宮内庁書陵部所蔵写本。

(28)「与一」とあるのは『言継卿記』天文十七年正月十日条が最後で、同二十二年正月四日条以降「加賀守」・「加賀入道」として見える。

(29)『言継卿記』天文二十四年正月五日条に「伊勢加賀守入道」とあるのを最後に、『言継卿記』では以後「入道」とは一度も呼ばれていない。

(30)「薩摩伊勢家文書」（前註（９）五味氏論文）。

(31) 内閣文庫所蔵「武家諸法式」。
(32) 内閣文庫所蔵「武家故実雑纂」十二。
(33) 『言継卿記』永禄十年十一月廿六日条。
(34) 『言継卿記』永禄十一年四月八日条からそれ以前に死去。
(35) 前註（9）各論文参照。
(36) 天正元年と考えられる二月十六日付浅井長政書状（「近衛家文書」『福井県史資料編2中世』一二号）に伊勢七郎左衛門の名が見える。その後の貞知については註（8）水野氏論文参照。
(37) 前註（9）五味氏論文。
(38) 『群書類従第九輯』。
(39) 今谷明「『東山殿時代大名外様附』について―奉公衆の解体と再編―」（同『室町幕府解体過程の研究』岩波書店、一九八五年）。
(40) また鶴寿元服の三ヶ条に続いて永正十年の義稙が京都から逐電した時の条目が記され、その次に「此四ヶ条古日記ニ在之間、写置之間、大方之分也」とあるのもその証左となる。
(41) 「雑々聞撿書丁巳歳」永禄六年正月十四・十五・十六日条。
(42) 『言継卿記』永禄十年十一月三日条。
(43) 『言継卿記』同日条。
(44) 『言継卿記』天文二十二年閏正月一日条。
(45) 『言継卿記』天文二十年二月一日条。
(46) それぞれ一例を挙げると、『言継卿記』永禄二年正月七日条、同年七月一日条、「雑々書札」永禄三年六月十九日条、「雑々書札」七月廿三日（永禄四年）付畠山宮内大輔宛御内書。
(47) 『言継卿記』永禄八年五月十九日条。
(48) 『晴右公記』永禄十年十一月十七日条、同十一年正月廿九日条など。

(49) これについては斎藤薫「足利義栄の将軍宣下をめぐって」(『国史学』一〇四号、一九七八年)参照。
(50) 「雑々書札」冒頭部分に「此表紙ハ於大坂蟄居之刻閇直訖、天正元癸酉十月廿七日」と貞助が自ら記している。

Ⅲ

足利将軍義輝の芸・豊和平調停

宮本義己

一、はじめに

室町幕府十三代将軍足利義輝は、彼の将軍在位期間の過半に亘る三好長慶との抗争により、山城の霊山城・杉坂、近江の坂本・堅田・龍華・朽木など京都近隣を流転せざるをえない政情下にあったが、天文二十一年正月二十八日の和平成立、及び永禄元年十一月二十七日の和解再成立後、京都に復帰するとただちに有力諸大名に対して上洛を督促し、自己の政権強化のための援助を要請している。同時にまた、そうした目的達成のための前段階として必要とされる、諸大名間の紛争調停をも合わせて積極的に推進している。例えば、天文二十一年八月における陸奥の有力大名伊達稙宗・晴宗父子間の内紛和解の斡旋、それに永禄元年に越後の長尾景虎（上杉謙信）と甲斐の武田晴信（信玄）間の抗争和平を画策したのに続き、同二年五月には出雲の尼子晴久と安芸の毛利元就・隆元間の和平調停、次いで同三年六月には日向の伊東義祐と薩摩の島津貴久間の和平調停、さらに同四年の大友・尼子・毛利三氏間の和平調停、及び同六年三月には安芸の毛利元就・隆元と豊後の大友義鎮との和平調停など、その顕著な例と見做されよう。

既に私は、義輝によるこれら一連の和平調停に関して、わけても、特に積極的かつ長期間に亘って熱心に展開されたと認められる芸（安芸の戦国大名毛利氏）・雲（出雲の戦国大名尼子氏）和平調停に着目し、その経緯を詳細に分析して事実関係を明確にすることにより、従来の諸説の誤謬を訂正するとともに、不十分ながら、調停の成功が当時期における幕府の政治・経済上、無視しえない比重を占めている事実を指摘してきた。[1]だが、この芸・雲和平調停を考える上で不可分な関係にあり、新たな問題となるのは、尼子氏と提携して豊（豊前）・筑（筑前）に進出し、しばしば毛利氏の背後（下口）を脅かしていた豊後の大友氏を加えた三氏間和平調停であり、さらに芸・雲和平決裂後、それより転じた芸・豊和平調停である。

ちなみに、義輝の芸・豊和平調停に関しては、これまでにも若干の研究成果が公表されてきている。管見するところ、例えば瀬川秀雄氏著『吉川元春』（富山房刊・昭和十九年）第二篇第四章第三節「豊芸講和成立と隆元の頓死」及び河合正治氏著『安国寺恵瓊』（吉川弘文館・昭和三十八年）「一恵瓊のおいたち」などにおいて、些少ならず指摘されてきている。しかし、これらの研究では、芸・豊和平が何れも人物史研究の一端としてまとめられ、しかもその人物が毛利氏の要人であるためか、研究上の視点が幕府ではなくむしろ毛利氏側に置かれたものであること、芸・豊和平調停の開始を永禄六年にもとめ、永禄四年及び同五年の三カ国（大友・尼子・毛利三氏間）和平については何ら論及されていないこと、また芸・豊和平調停の因を芸・雲和平調停失敗の帰結としてしか論ぜず、さらに芸・豊和平の成立に関しては毛利氏の政略面を専らとし、幕政上での評価には全く触れられていないことなどから、未だ研究の余地が十分に残されていると考える。したがって小論では、前の芸・雲和平調停研究の補論の意味合を兼ね、これらの問題点を改めて指摘してみることにしたい。

二、和平の開始

義輝（幕府）は、出雲の尼子晴久と安芸の毛利元就・隆元の両戦国大名に対し、永禄元年末から翌年初頭にかけて上洛を督促し、彼らの承諾を得るが、[2]両氏（芸・雲）間の抗争を根幹とする中国地方における政情の不安定が両氏当主の入洛を延引させているとの認識を得ると、ただちにその実現を期して芸・雲和平調停を開始している。まず同年五月に毛利氏のもとに巣林院を遣わして和平を説得し、[3]続いて同年十月には聖護院道増の中国（出雲・安芸）への下向を決定して本格的和平交渉を実現している。[4]このために上意を奉じた道増は、同年十一月には出雲に下向して尼子氏当主晴久より、幕府の和平調停に対する同意を取りつけ、[5]次いで安芸に赴いて毛利氏との折衝に従事したのであった。[6]ところが、この毛利氏との交渉は、同氏が尼子氏の場合と異なり、和平の成立に極めて消極的であったところから容易に進展せず、一旦帰洛した後、道増は改めて義輝の意向を容れ、翌永禄四年四月に再度の安芸下向を実現している。[8]

ところで、この道増再度の安芸下向の目的についてみるに、（永禄四年）四月十日付義輝御内書（『佐々木文書』）に拠れば、「今度聖護院門跡御下事、豊・雲・芸和睦可然之由申遣候」と見えている。つまり、この期における道増の安芸下向は、単なる芸・雲間の和平というだけに留まらず、これに豊後（大友氏）をも加えた三カ国（三氏間）和睦を骨旨としたものであることが知られるのである。恐らく、こうした芸・雲二カ国から三カ国間という和平調停の拡大は、芸・雲和平調停に際する道増初回の安芸下向が目的を達するに至らなかった事情から察するに、[9]その反省から、新たに義輝（幕府）は豊（豊前）・筑（筑前）一帯で軍事的攻勢に出で、出雲尼子氏と相呼応して対毛利氏狭撃作戦を展開していた豊後の戦国大名大友氏の軍事行動を停止させ、同氏と毛利氏間の関係改善を図る必要を痛感するに至った結果と見られる[10]。何れにしても、この永禄四年四月における道増第二回目の安芸下向の目的が三カ国和平調停というもので、芸・雲に豊（大友氏）が加えられている事実は、三カ国間和平の一環としてではあるが、芸・豊和平の開始を明示するものに相違なかろう。

なお、右記のように三カ国和平調停の一環として問題視されることになった芸・豊和平調停の経緯についてみるに、関係史料が乏しく現時点では確証を得ないが、同年八月十六日に大友義鎮は重臣戸次鑑連[11]を筑前に進出させて毛利氏に従属している宗像氏貞の白山城を攻め[12]、さらに同年十月十日には、田原親宏・吉弘鎮信らの部将に毛利氏の支配下にある豊前門司城を攻めさせ、毛利氏側も当主隆元・小早川隆景が出張してこれを撃退している[13]が、同月二十六日になおも大友勢が門司城を攻撃する[14]といったように、大小の武力衝突が繰り返され、和平の気運が窺われない政情から判断するならば、ほとんど進展していなかったように考えられる。しかもこの点は、同年十二月末、芸・雲和平が特使道増の尽力によって毛利・尼子両氏による斡旋受諾から、事実上成立した[15]段階に至って間もなく、道増の帰洛表明[16]がなされていることから推測するに、立ち消えとなったようだ。つまり、この期における芸・豊和平調停は、芸・雲和平の伏線としての意味合が濃く、幕府には、芸・雲和平が成立すれば、尼子氏と大友氏間における軍事提携[17]の意味が失われ、芸・豊間の抗争が自から沈静化するものとの予測がなされていたように想定される。

さて、芸・雲和平の成立によって一時自然消滅したかにみえた[18]芸・豊和平調停は、毛利・尼子の両氏が相互に永久不可侵の起請文を交換して和平を締結していたにもかかわらず、親尼子方の国衆で大友氏とも密接な関係にあったと見られる石見の音明（本明）城主福屋隆兼の問題を永禄五年二月、武力で解決して以来の毛利氏が、再び和平の協約を無視して尼子氏との間に戦端を開き、出雲侵攻を開始したことから、芸・雲和平が事実上決裂し、中国・北九州における相互保全関係が完全に崩れ去った段階から再開となる。[19]

すなわち、（永禄五年）六月二十三日付の幕府宛毛利元就・同隆元連署状（『斎藤文書』）に拠れば、「尼子方我等和平之事、連年被成　御下知候条、万端致堪忍、奉応　上意候之処、豊州衆於豊前門司及鉾楯候刻、福屋荷担候而、再乱二（之カ）企歴然候。聖門様御在国候て被御証明候之時、如此候上者向後不可相届之段、覚悟之前候。於愚意者既捧一通、啓上候つ。聖門様淵底被知召候事、非我等聊爾緩怠之段、弥御披露所仰候」と見え、この年の二月に毛利軍の総攻撃を受けて領地を放棄し、逃亡していた福屋隆兼が豊前門司方面で軍事攻勢を続ける大友氏と結託し、再乱の企てがあるとの理由から、既に芸・雲和平成立に際する実務交渉の際に、こうした事態を予期して取り決められた道増と毛利氏間における誓約[20]を嵩（かさ）に、毛利氏が大挙して征雲に乗り出すに至ったからである。その戦況はほぼ次のようだ。

出雲侵攻を決定した毛利氏は、元就を中心として当主隆元及び一族（元就次男）吉川元春・同（元就三男）小早川隆景、それに宍戸隆家・福原貞俊・志道通良・桂元澄・志道広良・熊谷信直・天野隆重・山内隆通らの重臣をして七月初旬に吉田郡山城を発向し、石見を通過して出雲に入り、阿須那（邑智郡）・津賀（同上）を経由して出雲に侵入し、宍戸隆家らを中郡原手境に進出させる一方で、本軍は赤穴（飯石郡）・三刀屋（同上）・宍道（八束郡）・木町（同上）を攻略しつゝ、七月二十八日には塩屋（簸川郡）を陥れ、今市（同上）に至ってここに駐屯したのであった。[21]この結果とち山城（大原郡阿用）主桜井入道・童山城（大原郡大東）主馬田入道・白鹿城（島根郡）主松田誠保・牛尾城（大原郡）主牛尾信濃守・熊野城（八束郡）主熊野兵庫助及び出雲大社（簸川郡）・鰐淵寺（同上）など相前後して従服し、あるいは毛利氏の戦勝に敬意を表したのであった。[22]その毛利氏の軍事的優位が出雲一円に広まり、ために同年の九月二十七日には佐陀江（八束郡）・満願寺（同上）の両城主湯原春綱及び高瀬城（簸川郡）主米原綱寛らが降服し、さらには伯耆国羽衣石城（東伯郡）主南条宗勝・尾高泉山城（西伯郡）主行松入道・堤ノ城（東伯郡）主山田重直・岩坪城（西伯郡）主日野孫左衛門・江美城（日野郡）主蜂塚右衛門尉らも尼子氏に対する怨恨などから、相次いで毛利氏に服属してその旧領を恢復するに至った。[23]しかし、この間に毛利氏の本城常光父子誅戮の報が新たに服属した国衆諸氏に喧伝された結果、熊野兵庫助・馬田入道・牛尾信濃守・松田誠保・日野孫左衛門・桜井入道・蜂塚右衛門尉らが改めて毛利氏を離間し、再度尼子氏に帰属するに至ったために、元就らは国衆の不安が解消される時期を待って暫く本軍を赤穴に撤収していた。がやがて十二月十日、再び赤穴を発向して本営を尼子氏の居城富田月山城から戦略上の必要距離を得た、島根郡（現在の八束郡）の洗骸に移転し、尼子氏を包囲する態勢を取るに至ったのであった。[24]

ところで、毛利氏出雲侵攻の経緯は以上のような次第であるが、このような同氏による一連の軍事行動に対し、前にも若干触れたように幕府の和平特使としてこれより先二度に亘って安芸に下向し、永禄二年十一月乃至同五年六月にかけて一時の帰洛を除くほとんどを当地に在国し、[25]芸・雲和平調停工作に尽力して遂にこれを成立させていた道増は、任務を果たして帰洛するのと相前後して毛利氏よりその破綻の知らせを受けたことになるが、[26]芸・雲和平交渉を通じて幕府と密接な関係を維持してきた毛利氏の一族吉川元春に対し、（同年）九月二十六日付書状（『吉川家文書』五六九号）において、「抑在国之間者、御懇意之至、誠本望此事候」と安芸在国時の恩儀を謝した上で、「北口、西表之弓矢、再乱之由其聞候。千万無御心元候。国家長久之策、各可被仰談事、可為本意候」と尼子・毛利両氏間の抗争再開を憂慮し、毛利氏に対してその再考を促し、立雪斎恵心を介して同氏の真意を問い質している。だが、毛利氏の出雲侵入が本格的かつ強固であることを重視した義輝は、改めて（同年）十一月七日付で元春宛に御内書（『吉川家文書』六八号）を遣り、「豊・芸・雲三カ国令和睦、諸事相談馳走可然旨申下、聖護院門跡下向之処、至雲州乱入之由其聞候。尼子事数年京儀無疎略之条、申遣趣無相違、於無事者、外聞旁可喜入之由、対元就意見肝要候」と、元就が幕府の三カ国和平調停を無視して出雲に乱入した件に関し、幕府に対する尼子氏の忠節を強調してその非を改めるべき旨を元就に要求し、そのための彼に対する説得を元春に要請したのであった。そして既に芸・雲和平斡旋の使僧として永禄二年五月に安芸下向の実績を有する「巣林院」を再度派遣したのである。[27]

毛利氏の出雲侵攻に対する幕府の即時停止の勧告は、一向に毛利氏の聞き入れるところとはならなかったのであるが、一気に尼子氏の本拠地富田月山城を攻落せんとする毛利氏にとって、戦略上の事態は最も懸念される方向に進展することとなった。つまり、毛利氏が吉川・小早川勢を加えた大軍を編成して出雲に布陣していた矢先、尼子氏と呼応した大友義鎮がこの年の九月、戸次鑑連らをして刈田松山城攻撃を開始し、積極的に豊筑に侵入して軍事行動を活発化し、毛利軍を下口より牽制するに至ったからである。[28] このために元就らは、洗骸に滞陣して富田月山城を遠巻に包囲する陣容を取り、まず白鹿城攻撃を開始しようとしていたが、ひとまずこれを延期し、懸屋在陣の隆元をして福原貞俊・粟屋元真・兼重元宣・赤川元保ら三千余の兵力を援軍として豊前に派遣することとなり、北口（尼子氏）・下口（大友氏）を敵とする両面作戦を強いられる結果となったのである。[29]

このように、対大友氏戦に従事することとなった隆元は、途中厳島大明神に父元就の寿命延長を祈願し、（同年）十二月二十七日に岩国に至り、明けて永禄六年の正月七日には防府に到着したのであった。[30] しかし、下口における戦端の拡大は、毛利氏にとって極めて重大であり、北口における対尼子氏戦とは異なって、戦局にあっても政治的にも決して好ましい情況ではなかったようだ。例えばこの点は、隆元自筆覚書（『毛利家文書』七二九号）の第一条に「第一、雲州・豊後上・下をからかい候て可取相事、更両口共勝ぬき候する儀不覚候事」と記されていること、あるいは隆元宛の返書（『毛利家文書』四三三号）で元就が「下口・北口両方を敵仕候てハ、更々弓矢不成事候」とその意中を披瀝していること、そのために日乗上人（朝山）らを通じて芸・豊間和平を推進していること（同、四三三号）などに明確であるが、毛利氏が雲・豊両国を敵として北口・下口の両面に戦うことに勝算を見出し得ないでいる事実に端的に窺われるであろう。結局毛利氏は、当主隆元らが全面的に信頼する立雪斎恵心[31]、あるいは芸・雲和平以来義輝（幕府）の密命を受けて中国地方で裏工作を進める日乗を通じ、芸・豊間和平の斡旋を幕府に依頼することとなったらしい[32]。ここに至って義輝は、前の芸・雲和平調停に実績を有し、中国・九州の政治情勢に詳しい道増を再三中国に派遣し、これまでに展開してきた芸・雲和平再調停、あるいは豊・芸・雲和平調停の再開というのではなく、出雲（尼子氏）の問題は切り離して、これらとは別途に改めて芸・豊和平の本格的調停工作を開始することにしたようだ。

三、特使派遣と交渉の経緯

義輝（幕府）の芸・豊和平調停のための毛利氏向け特使道増の中国派遣、及び大友氏向け特使前権大納言久我晴通[33]の豊後派遣の実情は、（永禄六年）正月二十七日付の元春宛義輝御内書（『吉川家文書』四六四号）に「当国与豊州及鉾楯儀、餘無尽期之条、不可然候。所詮此砌閣是非令和睦者、可目出候。仍聖護院門跡御下向候。対元就・隆元可加意見事肝要候」と見えていること、及び（同年）月日付で大友氏の家臣戸次伯耆守鑑連宛に遣られた義輝御内書（『立花文書』）にも前者とほぼ同趣旨で、「為其、聖護院門跡・愚庵下向候。無相違調候様、対義鎮急度可加意見事肝要候」と記されることに窺われる。しかもこれらの点は、（同年）三月八日付の横山九郎左衛門尉・谷本新蔵人丞宛杉原盛重書状（『横山文書』）に「豊後・芸州和談之儀、御門跡至廿日市被成御下向、豊後へ松之坊被差下、御取操候。大友同心候て、和談相調之由候。隆元も急度至本陣、被打上由ニ候」とあり、実際に道増が安芸の廿日市に下向し、大友氏のもとに使者松之坊を派遣して調停工作を展開していること、そしてこの斡旋に対して大友氏より同意を得たことなどの微証に明らめられる。恐らく久我晴通の豊後入り大友氏説得も、確証は得ないが、この道増の調停交渉と並行して同時期に展開されたことであろう。

これより先、毛利氏は和平交渉上の代表恵心を始め、市川経好・兼重元宣・財満忠久・赤川元保・坂元祐・乃美宗勝・志道元保・吉見正頼らの下口警護の諸将らに対し、聖護院道増・日乗朝山らを介して大友氏との折衝に従事させ、豊前における要害香春岳を道増（幕府）の下知に任せ、この年（永禄六年）の正月二十三日の時点で既に破却することも決定していたのである。[34]したがって、実際に当地に滞在しての道増和平調停工作は、前にも触れてきたように、北口・下口の両面抗争を極力回避しようと図る毛利氏にとって、単に局面打開という意味ばかりか、以後尼子氏討滅戦略遂行上、大いに歓迎されることであったと推測される。

この時期即ち永禄六年三月における毛利氏内部の動静をみるに、次のようである。例えば、小早川隆景などは、同月十九日付の赤穴久清宛書状（『萩藩閥閲録』巻三十七ノ二）で「御門跡被成御下向、以上意無事之御操候条、可御心安候」と語っている事実から知られるように、道増ら幕府の調停斡旋の順調な進展を率直に歓迎しており、これに安堵の感さえ抱いているようである。また元就は同月付の嫡男隆元宛書状（『萩藩閥閲録』巻五十二）で「隆元下口之儀を打捨、此国(出雲)へ罷上たる聞候は、則香春(豊前)へ可取懸候や」と隆元下口退去後の豊前の情勢を不安視し、大友氏の真意を図りかね、その和平受諾に一抹の疑問を投じながらも、「此和平被調、隆元を出雲陣へのほせられ候て可給事、可為本望」とあり、また「松山(豊前)表之豊衆陣引退、松山畳候てハ、隆元上国之事ハ勿論候」と芸・豊和平が調えられること、その結果をして隆元が出雲の白鹿城攻撃（尼子氏包囲陣）に参陣することを切に希望し、しかも和平問題に関し、「あとの事は聖門御座之儀」にて「和平をきと〳〵聖門於御調は、それに過たる事候ましく候」と道増の和平調停に大いに期待し、「何篇一ハ和平、二ハ彼密談ニてあるへくや」と和平の成立及びその成果としてもたらされる尼子氏討滅戦略強化に賭けている。一方、当主隆元に至っては、元就と全く同様の心境にありながらも、同月二十四日付書状（『萩藩閥閲録』巻七ノ一）で家臣益田藤兼に対し、「下口之儀、是非一行と令議定候処、為京都御下知、御門跡与風御下着候而、和平之儀頻御操之事候。近比迷惑至極ニ候へ共、上意之儀候間、止悴愚意、和平任御下知候」と、本意は全く逆である、幕府の斡旋を迷惑至極とし、上意なれば仕方なくその下知に任せた旨の説明を加えている。恐らくこの事実は、相手が本来国衆より譜代化した家臣であるため、毛利氏の武威を強調し、無用な不安・疑念を与えまいとする家臣団（殊に国衆）掌握上必要とされる強気な姿勢から出たものであって、和平を切望する真意に何ら変わりはなかろう。彼としては、同書状中で「然者、隙明候条、急度其表可上国仕迄候」と記しているように、下口における安全を確保した段階でただちに出雲に参陣し、白鹿城攻略に従事しようとする矢先、将士の志気高揚を図り、これを強調しておく必要を感じていたのであろう。

なお、この時期における芸・豊和平問題及び隆元の出雲参陣は、同時期（永禄六年）と推定される兼重元宣宛元就書状（『萩藩閥閲録』巻五十二）に「其方岩国に被居候ハてハ、隆元上之儀たゝ〳〵遅々あるへきとならてハ不存候。

下口へ可被申下事も、ひたすら〳〵催促ハらたちの儀候ハてハ、さらに成間敷と存計候」とあり、さらに「莵に角隆元上国之一大事前後之辻まて候」とあれば、大友氏も和平に同意という線で既に合意しているから、実務交渉面で長びき、遅々としていたものらしい。この実務交渉の焦点は、大内氏の旧領周防・長門の二カ国及び大友・毛利両氏の勢力が交錯する豊・筑の領有・管理を廻っての問題であった。しかし、間もなくこれも毛利氏の豊前における管轄を門司一城として他は全て大友氏の領有に帰し、周防・長門の二カ国を改めて毛利氏の所轄と決することで一致し、解決を見たのであった[35]。幕府はこの年（永録六年）五月十六日付をもって毛利氏当主隆元に対し、防・長二国の守護職を預けている[36]。

また、こうした管轄領域問題と同時に、和平実務交渉上の一斑として、前出兼重元宣宛元就書状に「祝言供あるへき事祝着千万候」と記されることを見るに、翌年（永禄七年）七月二十五日付大友宗麟起請文写（『吉川家文書』六九号）に「重縁等申合候」云々と見えていることと関連付けられることに確証されるが、両氏間に和平交渉の一大進捗を物語る縁組が結ばれつつあった情況について窺知できよう。なお、この両氏の縁組については『吉田物語』に拠れば「大友宗麟の御息女幸鶴丸公へ御縁辺の御約諾」などと記録されている。したがって、これら一連の書状に見える縁組とは、その政治的背景あるいは以下に述べるような情勢から、宗麟息女と輝元との縁談と見做してよろしかろう。

ところで、こうした両者和平成立を廻って重要な要因となり得た毛利・大友両氏間における縁組成立に至るまでには、毛利氏内部には多少ならず紆余曲折があったようだ。即ち上記の縁組が取り沙汰される直前、これに先立つこと僅かばかりの同年（永禄六年）二月五日、毛利氏には「海賊殿」つまり宍戸隆家息女と幸鶴丸との縁組が取り決められていたのである[37]。宍戸氏は、兼ねてより毛利氏が尼子氏の来攻に備える上での頼みとし、弘元の代の末期には特に親交を有してきた甲立五竜城（安芸国高田郡）を本拠とする有力国衆であり、毛利氏は、元就の先代興元の治世時にその父弘元の遺言を無視し、この宍戸氏と数度に亘って争った時期があったが、元就の代に至って再度和解し、元源（宍戸氏）との親交が保持され、殊に元源の嫡孫隆家と元就長女との婚約を成立させて以来、同氏を縁辺として家臣化し、吉川・小早川の両氏と並ぶ一族同様の厚遇をなし得るに至った(38)。

ところが、こうした主従関係下における宍戸氏息女と元就嫡孫輝元との婚儀は、同月（二月）二十八日付の宍戸隆家宛隆元書状案（『毛利家文書』六八六号）に、「愚息〔爰を御のけ候て可然候間申候〕。所縁之儀申。談候〔合候〕。尤目出度候」（〔　〕内は元就の添削）と記されるように、万端調えられ、決定していたのであったが、これが将に義輝（幕府）の意向を託された道増による芸・豊和平調停の真最中であった故に、この方面における問題へと転化されていったようだ。つまり、この時期に認められたと見られる隆元宛書状（『毛利家文書』四八二号）によって元就が、「彼縁之事」つまり宍戸氏息女と幸鶴丸（輝元）の縁組について、「家のため難去事候ハん時者、心得わけ候へと被仰申たる事候」として、「豊之儀者、万一於調者、防・長之ためと申、難指置事候条、其段者、五竜にも分別候ハてハにて候」と防・長二カ国保全のため、豊後（大友氏）との和平成立に際してそれとの縁辺の必要が生じた場合には、宍戸氏との縁組を断念すべき旨、隆元に対し暗に示唆している。さらにこの点は、同様に隆元宛に発給された元就書状（『毛利家文書』四八四号）には、この縁組に関する隆景の意見を含めて「五竜五もし縁之儀」について、「此方縁之事ハ、於于今者似合候ハぬ事にて候。豊・雲なとのとおりならてハにて候。惣別彼五もしの事ハ、一段之人躰にて候間、おしくハ候へ共、五竜なとゝ縁之事者、家中衆なとも似相候ハぬ事は可申候」などと見え、既に大友氏との縁組問題が取沙汰される時期に及んでは、もはや宍戸氏とのそれは不都合であること、宍戸氏の存在は毛利氏にとって重要であり、それとの関係強化は必要であるが、縁組に至っては、これを不似合とする家中諸氏の反対を理由に、取り消しの必要を説いている。これは、前にも触れたように毛利・大友両氏間に縁辺が成ったことから考えるに、大友氏間の和平成立を願う理由から毛利氏が、この宍戸氏との縁組を撤回したものとみられる。恐らくこうした内情、及び毛利氏の実質的統率者である元就が家臣兼重元宣より祝言（毛利・大友両氏間）問題に関する知らせを受け、これに大いに賛同していること、あるいは大友氏が尼子氏との関係上、当初和平に消極的であったとみられること[39]などの諸事由から察するに、毛利・大友両氏間の縁組は、前の芸・雲和平交渉時における縁組協約[40]と同様、道増（幕府）側から提案され、推進されたようだ。

次に和平交渉の実態であるが、まず、幕府の和平調停使節には、調停再開始の口火を切った使僧巣林院、特使道増、大友氏向け特使久我晴通、日乗朝山、それにその従者である松之坊らによって構成されていた。彼らの役務は、道増が安芸国廿日市に滞在し、この地を本拠に全権的特使として芸・豊両国から送付される全ての情報を処理しながら、殊に豊後には頻繁に松之坊らの従者を派遣して連絡を密にし、自身は主として毛利氏との折衝に従事し、豊後は晴通が分担し、そして芸・豊両国間の動静把握など裏面工作を専らとする日乗朝山が側面からこれを援助していた模様である。[41]一方毛利氏は、幕府の動きに対応して当初（三月時）における和平成立（毛利・大友両氏の和平合意）時期までは、当主隆元及び下口警護の重臣らが加わり、積極的に努力しているが、実務面では主として恵心が問題の全般を委ねられていたようだ。例えば、（同年）七月十八日付恵心宛隆元・元就連署状（『毛利家文書』六三八号）に拠れば、「山口ニ于今御逗留之段」と見え、和平交渉のために山口に逗留している恵心が、「豊・此方半之儀、真光寺・矢治へ於岩国被仰談候所之儀を、聖門へ被仰詰、御調候ハて不叶事」あるいは「貴下様之御事者、豊・此方事之御請取まてにて候。為其儀、聖門へ之御うけこたへ御あいてたるへく候」と見える徴証に明示されるように、毛利氏の意志を道増に伝達する役割を負い、さらに「貴下様之御事者、しかと某元ニ御座候て、豊・此方半之御操、いよ〳〵此時頼申計候」と記される事実に確認されるが、交渉上の重責を一身に受けていたようだ。彼の他にも、岩国永興寺周端が恵心らと密接な連絡を取りながら、第三者的立場を取る幕府の非公式な使節日乗との接渉を持続している[42]。なお、大友氏側については、これに関連する適切な史料が見当たらず、詳かにし得ない。僅かに（永禄七年）正月十五日付粟屋元種宛元就書状（『萩藩閥閲録』巻三十三）に、豊後より「重臨」なる使僧が道増のもとに派遣されている事実があるが、この重臨なる人物は果たして大友氏（義鎮）の意向を託された使僧なのか、それとも幕府特使として当地（豊後）に滞在する久我晴通の従者なのか明確でない。ただ、道増が豊後に松之坊を往還させている点から推測すると、あるいは晴通膝下の使僧かも知れない。

四、和平の成立

さて、幕府を先導とする芸・豊和平交渉は、主として右のような人員構成で推進されたのであるが、全般的に和平はかなり進展したものらしい。（永禄六年）六月二十五日付冷泉四郎宛隆元書状（『萩藩閥閲録』巻百二ノ一）によれば、「下口和談相調候間、至雲州陣替候」と見えて和平が実質的に調ったことが明示され、また（同年）八月三日付、宗像大宮司宛道増書状（『萩藩閥閲録』巻三十四）には、「豊・芸和平之事、為上意堅固被仰故、存分互雖在之、被応申、一段入魂之姿候」とあり、さらに翌（七年）正月十五日付粟屋元種宛元就書状（前出『萩藩閥閲録』巻三十三）には、

「下口之事弥如存分調候条、祝着候」とあり、何れにも芸・豊和平が毛利氏の意に適って充分に調っていることが窺われるのであり、しかも同書状中に「爰元へも追々従使被上之由候」と、道増のもとに派遣された豊後の使者（重臨）が元就の膝下に赴き、和平決定後において、大友氏の意向を伝達している情況から察するならば、道増を中核に毛利・大友両氏が親しく交渉を有するに至ったものと見られよう。

ところで、和平決定後における毛利・大友両氏の関係は、「何篇当年中ハ何事もあらため候ハて、今之姿にてあるへきとの事をも、承知申候つる。さ様之所も尤可然一手にても候や」（『毛利家文書』六三八号）とあるように、隆元・元就ら毛利氏側に年内（永禄六年中）は現状維持との計策があった故であろうか、永禄七年夏に至って漸く形式的にも最終的和平の決定がなされるのである。つまり、同年七月二十五日付竹村越前守・矢島治部少輔宛大友宗麟起請文案（『吉川家文書』七〇号）に「対此方向後永久不可有別儀之段、元就・隆景・元春神名之書状、以大東光政預御披見候」と見えることから察するに、まず毛利両川（元就・隆景・元春）より和平成立上の最終的儀式を窺わせる永久不可侵の誓書（起請文）が大友氏宛に送付され、次いでこれを受けて大友氏（宗麟）から元就・元春・隆景に対し、（同年）七月二十五日付で「寔今度以　御下知、聖護院殿・久我殿任御助言無二申談候。自他静謐之基珍重候」と道増と晴通の助言を容れて和平に同意したことを明示し、さらに「聖護院殿・久我殿以御媒□、互之心底無曇所申顕、結句重縁等申合候上者、永々一意之根元本望大慶候。如此令熟談候之趣、元就・隆景・元春御覚悟於無変化者、為宗麟聊不可有相違候」と重縁などを主軸に成立した和平関係の維持を誓った内容の起請文（『吉川家文書』六九号）が提出されたのであり、また同時に戸次伯耆守鑑連・吉弘左近大夫鑑理・臼杵越中守鑑速・吉岡越前守宗歓ら大友氏老臣によるほぼ同内容の連署起請文も毛利両川宛に出され、ここにおいて幕府の推進する芸・豊和平調停は実質面ばかりでなく形式的にも完全に成立したのであった[43]。なお、ここで指摘しておかねばならぬ点は、和平の成立を最終的に決定づける誓紙の交換が、既に永禄六年三月の時点で毛利・尼子両氏共に道増（幕府）の和平斡旋を受諾し、管轄地域の承認、縁組の約束などを決するまでに至り、実務面での交渉も調って実質的に和平が成立しているにもかかわらず、一年以上に亘ってそうした現状が維持され、その成立の最終結定を意味する誓紙の交換を同七年の二月二十五日に至るまで、しかも毛利氏から大友氏に対して起請文の提出がなされる段階にまで、長々と延引されていた実情である。恐らくこの点は、既に扱ってきたことだが、同六年七月十八日の時点で隆元・元就ら毛利氏側が現状維持の方針を内定していたことに起因するものと考えられる[44]。こうした毛利氏側の現状凍結方針の背景には、北口の弓矢即ち富田月山城に拠る出雲尼子氏包囲攻撃、殊に白鹿城攻略の問題があげられよう。毛利氏は、同年（永禄六年）八月以降、尼子方の国衆松田誠保の居する白鹿城（出雲八束郡）の総攻撃を開始してこれを破り、翌年の春までには最終的攻撃目標である尼子氏本拠、富田月山城の包囲を強化するに至った[45]。が将にこうした毛利氏出雲攻略の進捗度合が、芸・雲和平の進展を左右している事実を考慮するならば、毛利氏の和平最終決定（起請文の交換）遅延策は、尼子氏との戦局が充分に進捗せず、未だ尼子氏が健在である段階で大友氏間における和平を最終的に決定した場合、多分に幕府によって再度芸・雲和平調停問題が取沙汰されるであろう危惧が予想されること、仮りにそうした場合には、尼子氏を討滅し、出雲一帯を完全に平定しようと図る思惑が崩れるばかりか、尼子・大友両氏の軍事的協定再成立の可能性さえ生じてくること、などの諸情勢を懸念した故ではなかろうか。もちろんこの間（永禄六年八月四日）に当主隆元が急逝[46]し、諸般の計画が必ずしも予定通りに進められず、多少ならず遅延の事も充分に指摘されよう。

一方、結果的にこうした毛利氏の態度を容認していた和平調停推進当事者である幕府の真意を探ってみるに、幕府には、既に若干触れてきたように、道増・日乗らの政治情勢分析により、ある程度予測できたとは言え、この芸・豊和平調停の場合と同様、やはり巣林院・道増・日乗らを派遣して三年に亘る調停尽力の末、芸・雲和平を成立させていたにもかかわらず、僅か半年後にして破裂の余儀なきに至り、結果的に失敗した苦い経験が未だ生々しく残っていたに相違ない。また、関連史料には見当たらなかったが、和平成立に際する諸御礼収納を実行するに際しても一定の期間が必要である。したがって、前回のような失敗を繰り返さないためにも、あるいはその思惑を実現していく意味からも、和平調停交渉を実質的に成功させながら、誓紙の交換に一年余を空費することにむしろ同調できたからであろう。さらに大友氏の立場についてみるに、同氏は既に幕府（義輝）との親密な関係を保持していた故に、その和平斡旋そのものに対しては当初より反対する情況になかったことについてまず指摘できるが、何れにしても、豊前における権益を侵害されない保障が成った以上、しかも福屋氏（隆兼）が滅亡した段階では、尼子氏との軍事的協調関係も然程強固なものとはなり得なかったと判断されるから、結局毛利氏との抗争状態を推進していく必要性を有しないわけで、永禄六年三月時における和平交渉の成功で充分満足できたに相違ない。

五、むすび

以上、義輝の芸・豊和平調停について、和平の開始、特使派遣と調停交渉の経緯、和平の成立の順序で和平調停推進者である幕府を中心に編年的に叙述してきたわけであるが、これにより、不十分ながらその開始から成立に至るまでの実態が確認されえたことと思う。

ところで、義輝のこの芸・豊和平調停は、和平の成立即ち和平調停の成功という事実において、当該時期の幕府の政治・経済上次の二点の意義を見出し得よう。まずその第一点は、結果的にそれが、毛利氏の領国拡大政策が適確に推進されるための重要な要因となり、そのために利用された面もあるが、既に実践されてきた芸・雲和平調停他一連の諸大名・国人相互間紛争調停と同様、毛利・大友両氏に対し、各々の領国保全を確定させた上で上洛を督促し、将軍援助を要請して天下静謐のために馳走させることを目的とし、そのために、和平の成立を専らに切望し、将軍の面目と幕府の威信を賭けていた義輝にとって、将軍（幕府）の大儀が尊重されたことである。次いでその第二点は、本論の展開上関係史料には見当たらないことから、遂に確証は得られず、芸・雲和平調停（前出、拙稿「足利将軍義輝の芸・雲和平調停―戦国末期に於ける室町幕政―」）との関連に基づく推測であるが、和平調停成功に関連する諸御礼の約定が締結されたであろうということである。ちなみに、芸・雲和平調停の場合には、尼子氏については明確でないが、調停成功を期して毛利氏が幕府に対し、公料千貫の地の進上、及び諸御礼として一種と二千七百貫の献納を約諾している。恐らく、毛利氏の政治的危機を救う結果となり、大友氏の北九州における権益を保全するに至った芸・豊和平調停の場合も、この芸・雲和平調停の例に洩れず、毛利・大友両氏より、相当分の御礼（献資）約定がなされたであろうと推定する。したがって、こうした臆測に基づけば、これ（芸・豊和平調停）が時期的に窮乏の奈落にあった将軍（幕府）財政に多少ならず寄与していると判断されることである。

註

（1）「足利将軍義輝の芸・雲和平調停―戦国末期に於ける室町幕政―」（『国学院大学大学院紀要』第六輯、一九七四年）。

（2）『毛利家文書』二二七・二二八・二二九号、『佐々木文書』（永禄二年）二月四日付尼子晴久宛義輝御内書。

（3）『小早川家文書』二二二号、『吉川家文書』四六一・四六二・四六三号。

（4）『小早川家文書』二〇六号（『萩藩閥閲録』巻十之一）。

（5）『佐々木文書』（永禄二年）十一月二日付尼子晴久宛義輝書状。なお、この書状作成年代について瀬川秀雄著『吉川元春』（前出）、『萩藩閥閲録』巻二十九などでは永禄三年と推定されているが、これは誤りである。道増の中国下向は永禄二年十月十一日の時点で決定されており、しかも安芸下向は同年十一月二十七日には実現している。したがって、これらの諸点を永禄三年五月二十日付の道増起請文の内容中に、彼が毛利氏に対し、出雲に対する偏見なしと強いて和平調停上の公平を強調している記事と考え合わせるならば、この書状年代は永禄二年と断定される。

（6）『吉川家中幷寺社文書』（永禄二年）霜月（十一月）二十七日付吉川元春宛毛利元就書状。なお、この書状発行年代についても、註（5）の場合と同様、前出『吉川元春』などで永禄三年と推定されてきているが、やはり誤りである。この書状の年代は、内容が芸・雲和平に関し、道増はじめての安芸下向に関するものであるから、『小早川家文書』二〇六号及び『吉川家文書』五六八号に「自舊冬滞留候」とあることなどの徴証により、永禄二年と決定される。

（7）（永禄二年）十一月二十七日付元春宛元就書状（前出『吉川家中幷寺社文書』）に「雲州此方和平之儀、御談難申子細候」とあることに明白である。

（8）『吉川家文書』六七・四六六号、『小早川家文書』二二〇号、『佐々木文書』（永禄四年）四月十日付大館晴忠・進士晴舎宛義輝御内書。

（9）永禄二年十一月に安芸に下向した道増は、同三年十二月八日（『毛利家文書』二三二・三一四号）から同四年四月の再下向の間に帰洛しているが、この初回の安芸滞在時に彼は、終始和平調停に尽力し、一時義輝に対して「御懇状畏入候。然者両国和平之段、大方可相調やうに承候」（『毛利家文書』二三八号）とほぼ和平が成立しかけた旨の報告をする程までに進展させながら、遂に完全な成立を見るには至らなかった。

（10）これより先、永禄三年三月十六日に義輝（幕府）は、殿料三十万疋を献上した大友義鎮を左衛門督に任じており、毛利氏とは別途に密接な関係を保持していたようだ（『大友家文書』、『毛利家文書』二三八号）。
(11) 立花鑑連は彼と同一人である（『筑後柳河立花家譜』・『立花鑑連家譜』）。
(12) 『歴代鎮西要略』、『大友興廃記』、『鑑連戦功略記』、『萩藩閥閲録』巻七ノ一。
(13) 『小早川家文書』、『大森文書』、『新裁軍記』、『萩藩閥閲録』巻七ノ一・十一ノ一。
(14) 『新裁軍記』、『吉田物語』、『萩藩閥閲録』巻十一ノ二・百、『芸陽記』。
(15) 『毛利家文書』四五七・八五八号。
(16) 『毛利家文書』四八一号に「聖護院殿此比礑御帰洛ニ被相定候。一日も御意迄にて候」と見えている。
(17) 『吉川家文書』一四七九号、『萩藩閥閲録』巻百三十八、『新裁軍記』。
(18) 『毛利家文書』四五七・八五八号。
(19) 福屋隆兼は、この前年（永禄四年）から尼子氏（義久）の勧告を無視して道増の和解斡旋にも応ぜず、頑強に毛利氏と対抗していたため、芸・雲和平成立後における実務交渉上の最大の難問となっていたが、遂に毛利氏は、道増の在国中を利して永禄五年二月、彼を攻め滅ぼしている（『毛利家文書』八五八・四八一・七三三号、『清水文書』、『松崎神社文書』、『萩藩閥閲録』巻四十、『新裁軍記』他）。
(20) 『毛利家文書』八五八号第七条。
(21) 『毛利家文書』七五七号、『萩藩閥閲録』巻二、『新裁軍記』、『吉田物語』、『毛利元就記』、『毛利家日記』。
(22) 『山内首藤文書』、『鰐淵寺文書』、『萩藩閥閲録』巻十三ノ一・三十七ノ一、『新裁軍記』、『吉田物語』。
(23) 『萩藩閥閲録』十三ノ一、『新裁軍記』、『吉田物語』。
(24) 『萩藩閥閲録』巻五十二、『新裁軍記』、『毛利家日記』、『吉田物語』。
(25) この間即ち和平調停時における道増の滞在拠点は、吉田の興禅寺であったと推定される（『吉川家中并寺社文書』、『毛利家文書』八五八号第一条）。
(26) 芸・雲和平成立後における道増の帰洛期日は、『毛利家文書』四七九号によって永禄五年六月上旬と推測される。

(27)『吉川家文書』六八・四六七号。なお巣林院は既に芸・雲和平調停の開始にあたって幕府の使僧として最初に安芸に派遣されている（『小早川家文書』二二一号、『吉川家文書』四六二号）。
(28)『筑後柳河立花家譜』。
(29)『萩藩閥閲録』巻十一ノ二、五十二、『新裁軍記』。
(30)『毛利家文書』七五九号、『松崎神社文書』、『老翁物語』、『吉田物語』。
(31) 恵心は、毛利氏より外交上の要人として厚遇されるばかりでなく、隆元から遺書を預けられ、後事を託されるなど、公・私に渡って絶対的な信頼を得ていたようだ（『毛利家文書』七五五・七六〇・七六一・七六二・七六三・七六四号）。
(32)『毛利家文書』二三八号、『萩藩閥閲録』巻百三十八。
(33) 河合正治氏著『安国寺恵瓊』（前出）、『大日本古文書』（家わけ第九『吉川家文書』之一、六九号）の註釈では「久我通興」とされているが、これは誤りである。『立花文書』（永禄六年）正月二十七日付戸次鑑連宛義輝御内書に「愚庵下向候」とあり、さらに同じく『立花文書』（永禄六年）正月二十七日付鑑連宛晴光奉書に「久我入道殿御下向候」とあれば、当該時期には出家していた晴通に相違あるまい（『公卿補任』）。
(34)『萩藩閥閲録』巻百三十八。
(35)『新裁軍記』、『萩藩閥閲録』巻五十二、『吉田物語』。
(36)『毛利家文書』三一八号。
(37)『毛利家文書』六八五号。
(38)『毛利家文書』五四四号。
(39)『吉川家文書』一四七九号、『萩藩閥閲録』巻百三十八。
(40)『毛利家文書』八五八号第二条、『吉田物語』。
(41)『横山文書』、『萩藩閥閲録』巻百三十八・五十二、『立花文書』、『毛利家文書』六三八号、『吉川家文書』六九・七〇号。
(42)『毛利家文書』六三八号。

(43)『吉川家文書』六九・七一号。
(44)『毛利家文書』六三八号。
(45)『新裁軍記』、『吉田物語』。
(46)『新裁軍記』、『毛利家文書』七六三・七六四・七六五号、『常栄寺文書』、『吉田物語』。

（一九七四年十一月十五日稿）

Ⅳ　足利将軍義輝の芸・雲和平調停
―戦国末期に於ける室町幕政―

宮本義己

一、はじめに

応仁・文明の大乱後、室町幕府体制が瓦壊寸前までに失墜し、京畿をはじめ全国各地で大名・国人・土一揆の相関的対立抗争が恒常的・慢性的に展開され、下剋上の風潮が上・下四方に浸透していた時期における歴代室町将軍は、都に安居し得ず、しばしば京都近国へ避難・流浪の状態に追い込まれるの余儀なきに至った。しかも、深化の一途にあった戦国争乱の混沌とした情勢下で、将軍家一族間ではいまだ将軍の跡目相続を廻る闘争が京都近国の大名・国人を加えて激烈を極めていた。このような様相であったために、将軍の権威低落もその極に達していたのであった。だが、新旧勢力の交替が進み、戦国大名の領国経営が進展して新たな次元での対立関係が形成され、名分を必要とし大義を尊重する段階、すなわち戦国争乱末期に至って、戦下の諸侯が権威推戴の必要を認識し、形式上、皇室・将軍（幕府）に接近する傾向を生じるところから、将軍の権威は実際の権力とは切り離され、改めて再生されることとなったのである。たとえば、こうした傾向は永禄二年（一五五九）二月に尾張の織田信長、同年四月に越後の長尾景虎（上杉謙信）が各々上洛して時の将軍義輝の下に参上している実例に象徴されるだろうし、また一将軍の叙位任官の奏請、相伴衆任命、偏諱授与に対して諸大名・国人が一様に謝意を表している実情によって明らかであろう。[1]

ところで、このような将軍権威再生の傾向を示す時代相、殊に義輝の代にあってより積極的強力に試みられた幕府政治の一例に、将軍による諸大名・国人間の内・外紛争調停がある。[2] ところが、この問題は、従来、室町幕府体制の解体期に位置して将軍の権力が次第に実効性を有し得なくなっていた情況から、ほとんど等閑視され、名目的に再生された将軍権威の表象の一斑として処理されてきた感が深い。そこで小論では、この幕府の紛争調停、とりわけその内でもより長期間に亘って展開され、最も力点が置かれたと見られる芸（安芸の戦国大名毛利氏）・雲（出雲の戦国大名尼子氏）和平調停に焦点を定め、改めてその実相を解明することにより、将軍の和平調停が、この時期における無力化した幕府政治の一端として有し得る意義の所在について考究してみようと思う。

なお、幕府の芸・雲和平調停に関連を有する研究は、これまでにも何点か公表されてきている。まず、郷土史的研究の視点から、史実の確証と史料保存の意義を兼併してまとめられた島根県学務部島根県史編纂掛編の『島根県史』[3]、および年表として基本事例を羅列した島根県編纂の『新修島根県史』[4] があり、さらに人物史研究の一貫として捉え、視点を毛利氏側に置いた瀬川秀雄氏の総合的労作と当代に著名な政僧安国寺恵瓊台頭の背景として論及した河合正治氏の稿がある。[5] しかし、此等の研究は、追って詳述するが、何れも基礎的考証上に多少ならず疑問を残すばかりか、結論面自体にも問題があり、必ずしも充分なものとは見做し難いのである。

したがってここでは、本論展開上、書状作成年代の検証など基礎的作業に留意し、全体としては事実関係の正確な把握に重点を置き、併せて従来の研究を訂正・補足していくこととする。

註

（1）従来この方面の研究は、鈴木良一氏「戦国の争乱」、（岩波講座『日本歴史』中世四、昭和三十八年）、杉山博氏『戦国大名』（中央公論社刊『日本の歴史Ⅱ』、昭和四十年）、永原慶二氏『大名領国制』（日本評論社刊『体系・日本歴史』3、昭和四十二年）、豊田武氏編「戦国の群雄」（読売新聞社刊『人物日本の歴史』巻六、昭和四十一年）、奥野高広氏『戦国大名』（橘書房刊、昭和三十五年）、長江正一氏『三好長慶』（吉川弘文館刊、人物叢書、昭和四十三年）、今谷明氏「細川・三好体制研究序説—室町幕府の解体過程—」（『史林』五六巻五号）ほか、逐一例をあげないが、数多の論稿によって遍く指摘されてきている。

（2）室町十三代将軍義輝は、三好長慶との抗争によって将軍在位期間の前半を通じ、しばしば京都を避難し、近江などの近国に流転する憂き目に見舞われているが、天文二十一年正月に長慶との和解が成立し、帰洛して以後の同年八月には、奥州の戦国大名伊達稙宗・晴宗父子間の内紛和解を斡旋し、さらに永禄元年十一月、長慶との再和平が成り、京都近国の政局に小康を得て安定期に入ってからは、同年に越後の長尾景虎（上杉謙信）と甲斐の武田晴信（信玄）間の和平を画策したのに続き、同二年五月には出雲の尼子晴久と安芸の毛利元就・隆元の和平調停、次いで同三年六月には日向の伊東義祐と薩摩の島津貴久との和平斡旋、さらに同六年三月には、安芸の毛利元就・隆元対豊後の大友義鎮（宗麟）の抗争和平調停というように、積極的に諸戦国大名間の内紛・抗争の停止を命じ、そのための斡旋・調停を推進している。

（3）『島根県史』（昭和四年）第七巻、第八篇第三章第一節の六「将軍義輝尼子毛利の和平を図る」。

（4）『新修島根県史』年表篇『新修島根県史年表』（昭和四十二年）。

（5）瀬川氏『吉川元春』（富山房刊、昭和十九年）第二篇第四章第一節「雲芸講和問題と元春の斡旋」及び第三節「豊芸講和成立と隆元の頓死」、河合氏『安国寺恵瓊』（吉川弘文館刊、人物叢書、昭和三十四年）一「恵瓊のおいたち」。

二、和平調停の展開

毛利氏と尼子氏の対立抗争は、元就家督相続後の毛利氏が、尼子氏との服属関係を絶ち、それと敵対する大内氏に従属して勢力を拡張する時期、天文初年に遡る。殊に同（天文）九（一五四〇）年九月、詮久（晴久）を総帥とする三万余の尼子勢が毛利元就の居城である安芸国吉田郡山城を直撃してからは、ほとんど連年頻繁に大・小規模の武力衝突が惹起され、激化の一途を辿る傾向を呈した。[1] やがて毛利氏が弘治元（一五五五）年十月、厳島の合戦で陶晴賢の軍勢を撃破し、芸・備に加えて旧大内領であった防（周防）・長（長門）二国を平定後、さらに本格的な石見進出を敢行するに至って、これを阻止しようとする親尼子方諸勢力の対抗・反撃から、両者の対立は一層熾烈となったのである。このために毛利氏の推進する石見経略は、石見および出雲の一部の国人・土豪の動向が極めて流動的であり、混沌としていたために、各所で転戦の連続的反復を強いられることとなり、戦局は長期間におよぶ様相を呈していた。[2] だが、この状態は、毛利氏が最終的攻撃目標を尼子氏本拠に置き、出雲侵攻を企図するものであったために、両氏の命運を賭ける絶対的対立への発展という、極めて重大な事態を内包していたのである。

したがって、幕府すなわち将軍義輝の和平調停は、同時期に既に晴久および元就・隆元らの家督に対して入洛督促の指令を下し、将軍を援助すべき要請をしていた折から、[3] このような有力戦国大名毛利・尼子両氏の対決という、中国における緊迫した不穏な形勢が彼の意図に反し、中央政局に微妙な影響をおよぼすものと看破したところから醸成されたものであろう。すなわち、『小早川家文書』二二一号および『吉川家文書』の四六一号に拠れば、この実情に関して一様に「雲州（出雲尼子氏）令二和睦一可レ抽二忠切一之趣、対二元就・隆元一差二下使僧一、遣二内書一候。加二意見一、弥京都之儀令二馳走一」とあり、さらに『吉川家文書』四六二号に「就二御忠切之儀一、被レ差二下上使一、被レ成二御内書一候」および「委細被レ仰二含巣林院一候間、可レ有二演説一候」とあって、永禄二（一五五九）年、五月十三日の時点で、義輝より毛利家の当主隆元、およびその父で毛利氏一族の実質的統率者である元就宛に、出雲尼子氏との和睦を勧説する使僧が派遣され、さらに同氏の一族である元就第二子吉川元春、同第三子小早川隆景ら毛利両川に対しては、巣林院を遣わし、将軍の命に従って和睦（対尼子氏）を成立させ、上洛して将軍に援助するよう、隆元・元就父子説得の指令を出したのである。義輝の率先する和平調停はこの時（永禄二年五月）より始まったと認めて差し支えなかろう。(4)

一方これに対し、（永禄二年）六月二十八日付で幕府の奉行人上野信孝宛に遣られた元春返書（『吉川家文書』四六三号）について見るに、「去五月十三日御内書、今月廿八日到来、謹頂戴仕候」とある後に、「抑尼子・毛利和談之儀、可二異見仕一候之旨被二　仰出一候。不レ可レ有二私曲一候。委細直可レ致二御請一候」と記されている。つまり、将軍の芸・雲和平に関連する元就・隆元父子説得の斡旋要請は、元春よりただちに快諾されたわけである。

この結果義輝は、当初の手探的な和平調停から、毛利氏側の重鎮である元春の協力受諾に調停成功の可能性を見通したためであろうか、和平に関わる実質上の本格的交渉を開始するのである。すなわち、この目的のために義輝は、彼の叔父に当たり、(5)当時期における幕府外交の第一人者であって将軍の片腕的存在として政界に位置し、彼が全幅の信頼を寄せていた人物と見られる政僧、聖護院門跡道増の安芸派遣を決意し、(6)同年十月十一日、道増に対し「江州儀無二相違一相調、御上珍重候」と江州における問題解決の功労を犒（ねぎら）いながらも、ただちに同状において「然者、軈而至二中国一可レ有二御下向一之由、御辛労候」とその中国下向を督促し、さらに「芸州儀、御分別候て、小早川令二馳走二候様、御調可レ為二肝要一候」との主旨を認めた書状（『小早川家文書』二〇六号）を遣り、前の元春に続き隆景にも、改めて幕府の和平調停に助力し、元就・隆元父子説諭に尽力させるべき取り計らいを委託したのである。

このように、将軍義輝より、芸・雲和平調停の特使として中国派遣を決定された道増は、この後間もなく上意を遵守してこの任務を実行に移したものらしい。この年（永禄二年）十一月二日付で尼子修理大夫晴久宛に発給された義輝御内書（『佐々木文書』）には、「就二雲・芸間儀一、言上之趣、委曲被二聞食一訖。過来儀、互止二宿意一、以二聖護院門跡一申之通、同心可レ為二肝要一候」と見えており、芸・雲間の和平調停のために道増が、まず第一の目的地である出雲に下向している情況について明らめられる。こうして出雲滞在僅かにして尼子氏との折衝を終了した道増は、そのままにして帰還はせず、第二の究極目的地である安芸に直行したものと見られる。すなわち（同年）十一月二十七日付の元春宛元就書状によれば、「雲州・此方和談之儀、自二京都一聖護院為二上使一御下向候。爰許迄御下向候へハ、餘大儀なる事第一被レ仰由候」とあり、道増が安芸に下向し、元就居館の吉田郡山城付近に着到している情況が確認されるのである。

なお、この折の道増下向に関し、毛利氏は極めて複雑な立場にあったようだ。というのは、この元春宛の書状において元就が、「雲州・此方和平之儀、御談難レ申子細候」と確言していることから察せられるように、幕府の芸・雲和平調停に対して同調できない情勢にあったからである。もちろんこの因が石見における戦局の推移を重視した事情に基づけることは、改めて指摘するまでもなかろう。このために元就は、上使（道増）が安芸領国内に入ることを極力回避することに決し、その路次を選んで備後の鞆に使節（道増）を迎え、吉田興禅寺の住持「東堂」すなわち立雪斎恵心をしてこの接待に従事させる計画を予定していたのであった。ところが、元就の予想期日以前に道増の安芸下向が実現したために、予定を変更せざるを得なくなり、急遽当主隆元をしてその接待に当たらせる方針に切り替えたのである。[7]しかして元就は、同書状中で「彼聖護院殿（道増）は、公方様（義輝）叔父にて御座候」と強いて指摘しているように、幕府の上使道増が将軍の叔父に当たることを重視し、万一その機嫌を損ねようものなら、重大な事態をも生じ兼ねないとの配慮から、事の重要性を看過せず、可能な限り丁重に待遇するための便宜を取り計らったようだ。そして結局は和平の成立を不利益とする内部の事情とは裏腹に、表面上、幕府の和平調停に敢えて反対せず、以下に叙述していくように、これに同調していく方向を示すのである。

ところで、右に述べてきた和平の開始、および永禄二年時における道増の中国（出雲および安芸）下向に関しては、すでに紹介してきたところの従来の諸説には、各々異同があり、しかもその論拠は、何れも適切さを欠いているようである。例えば『島根県史』（前出）および『新修島根県史』（前出）などは、和平の開始を永禄二年に認めながら、同年五月の巣林院安芸下向に関連しては何らの指摘もなされていない。[8]殊に前者は、（永禄二年）十月十一日付の道増宛義輝書状（前出）を永禄三年と誤認し、道増の出雲・安芸両下向を分断し、各々永禄二年・同三年に別途に実践されたかのような解釈をしており、後者は、幕府宛の（永禄四年）十二月十四日付義久誓書を永禄二年と誤認し、和平開始の徴証としている。また、瀬川氏の『吉川元春』（前出）や河合氏の『安国寺恵瓊』（前出）は、幕府の和平特使道増安芸派遣の初年を永禄三（一五六〇）年と推論しているのである。[9]殊に瀬川氏は、道増の下向を永禄三年と確定する徴証に、彼が安芸在国の間であった同年五月二十日付で隆元・元就父子宛に認めた起請文を、京都から毛利氏宛に遣られたものと見做して採用し、道増安芸下向の事前交渉と判断しているのである。[10]しかし、此等の説も明らかな誤りと見做さざるを得ない。そもそも瀬川氏らのこのような考証の誤謬は、前掲の（永禄二年）十一月二日付尼子晴久宛義輝御内書、および（同年）十一月二十七日付元春宛元就書状の両状における年代推定の誤認に基因していると判断される。[11] つまり、これは山口県文書館編修『萩藩閥閲録』の推定も同様なのであるが、永禄三年としていることである。[12] しかし、この両書状の成立年代は、正確には次のように推定されるべきであろう。まず前者即ち義輝御内書から検討して見るに、道増の中国下向決定は永禄二年十月十一日の時点であり、しかも同年十一月二十七日には、安芸下向を実現している。したがって、此等の諸点を永禄三年五月二十日付の道増起請文（後述）の内容に「雲州よりたのまれ候やうの約諾、第一於㆓愚老㆒不㆓存知㆒候。必雲州のためをもわろかれと存事ハ無㆑之候。たゝ無事正路を存計候」とあり、既に道増が尼子氏との交渉を有し、そのために出雲に対する偏見無しと強いて調停の公平を強調している記事（恐らく、安芸滞在以前における道増出雲下向を意味するものに相違なかろう）、および前の（永禄二年）十月十一日付義輝御内書において彼が道増に対し、「至㆓中国㆒可㆑有㆓御下向㆒之由」と敢えて「中国」という、毛利・尼子両氏の領国を相含めた包括的呼称を使用している徴証などを考慮するならば、これの発給年代は永禄二年と判断して然るべきと考えられるのである。次いで元就書状であるが、これは内容が芸・雲和平に関連し、しかも道増最初の安芸下向を示唆するものであるから、『小早川家文書』二〇六号（前出）、および（永禄三年）[13] 四月二十四日付元春宛道増書状（『吉川家文書』五六八号）に「自㆓旧冬㆒滞留候」と記される情況などにより、前者と同様、永禄二年と断定される。

このように、右記両書状は何れも永禄二年と推定されるのであり、同三年とは明らかに異なるのであるから、幕府の芸・雲和平調停および特使道増初の安芸下向は、永禄二年とするのが妥当なのであって、この問題に関し瀬川氏らの考証は、抜本的に訂正を必要とされるわけである。

さて、永禄二年末の十一月下旬に安芸（吉田）に下向した道増は、そのまま当地で越年し、同三年に至ってもなお引き続き和平調停の交渉に従事したものらしい。（永禄三年）三月二十九日付の道増宛義輝自筆消息（『毛利家文書』二三八号）に拠れば、こうした彼の安芸在国を裏付ける徴証として、「長々御在国、別而辛労共、無㆓是非㆒題目候」と義輝が道増の長期安芸在国を犒った記事があり、また（同年）四月四日付元就宛義輝御内書（『毛利家文書』二三〇号）に、「聖護院門跡御逗留候」と見え、さらに（同年）四月二十四日付元春宛道増書状（『吉川家文書』五六八号）に「自㆓旧冬㆒滞留候」と記されている。しかし、内容からみた場合、この安芸滞在における道増の和平調停実務は、一進一退の状態であまり捗々しいものではなかったようだ。例えば、この実情について義輝御内書（前出『毛利家文書』二三八号）には、「御懇状畏入候。然者両国和平之段、大方可㆓相調㆒やうに承候」と記され、道増が義輝に書状を遣り、芸・雲和平がほぼ調った趣旨を報告している情況が窺われる一方で、これより然程月日を経ない（同年）四月二十四日には、幕府が和平調停上、元就・隆元説得の有力な助力者と頼む元春に対し、道増自身が「芸・雲和談之儀、達而可㆓申調㆒之由、堅　上意之条、自㆓旧冬㆒滞留候。既以当年之儀も及㆓半躰㆒候。急度一途之様、被㆑対㆓元就・隆元㆒御入魂」と旧冬より当年（永禄三年）に至るまで、未だ成立し得ない和平問題に関し、その実現を期して改めて元就・隆元父子に対する説得を要請している実情に垣間みることができる。

さらにこの状態は、彼が永禄三年五月二十日付で隆元・元就両人宛に遣った起請文（前出『毛利家文書』二三二号）に一層明白である。彼の起請文には、既に和平成立の是非を元就・隆元らの意向に見出していた道増が、尼子氏と自身との関係につき、有らぬ疑念を抱かれては調停上甚だ迷惑との前提に、元就・隆元に対し、和平調停に当面する自己の胸中を吐露して、出雲尼子氏より依頼されたと風聞する約諾など全く覚えがないこと、尼子氏の利益を反映させるような子細は毛頭ないこと、調停は正路をもって公平を旨とし、決して元就・隆元に悪意を有し得ないことなど、別心表裏のない旨を誓ったのである。が、さらにその一方で、元就・隆元が和平に同意する意向であれば、調停進展のために一層の援助を懇請するものであり、仮りに如何様にも同意し難い場合には、相応の覚悟があるので、その旨予め知らせを請うというのである。恐らく、このような彼の（起請文提出にみられる）心中は、安芸在国が長期に亘り、一時は（和平も）調整しかけたにもかかわらず、以前として進捗しない調停交渉に半ば業を煮やすといった状態で、最終的見込を決すべく実行された終局的手段であったであろう。

ところで、ここで彼が和平調停上長期的に活躍するための拠点となった滞在地について触れておくとしよう。彼の安芸における滞在拠点は、『吉川家文書』五六八号（前出）に「猶龍東台（興禅寺玄龍）え令レ申候」とあって、道増が龍東台即ち安芸吉田興禅寺の玄龍に元春に対する内意を託している事情から想起されるように、彼と身近に接触している模様から察するなら、『吉川家中并寺社文書』（前出）に「爰許（安芸吉田）迄御下向候へハ」云々とある記事との関連において、後述する道増再度の安芸下向の場合と同様、恐らくは安芸吉田の興禅寺であったろうと推測される[14]。

ちなみに、道増の安芸在国、芸・雲和平調停工作は、（永禄三年）[15]八月八日付元就宛義輝御内書（『毛利家文書』二三四号）に「於二巨細一者、聖護院門跡可レ有二演説一候」とあり、さらに（同年）[16]十二月八日付元就宛義輝御内書（『毛利家文書』二三二号）にも「委細、聖護院門跡可レ有二演説一候」と見え、何れも道増が幕府の奉行人上野信孝らと共に、元就に対し、幕府の内意を詳しく伝達する役割を担っている情況から察するに、彼はまだ安芸在国中であると判断されるから[17]、起請文提出後、芸・雲和平調停に関し、多分に毛利氏より同意を得、そのために滞在延期に至ったものと想起されるのであって、幾分とも進捗したものと思われる。なおこの点は、道増が永禄四年閏三月に至って再び安芸に下向する（後述）まで、数ケ月の間、一旦帰洛している実情によっても裏付けられるであろう。[18]つまり、彼の和平調停交渉は、特使である自身の帰洛を可能にする程度に進展を見たものと解されるわけである。

一方、道増らが安芸に逗留し、積極的に和平調停工作を展開していた間にあって毛利氏は、こうした道増に代表される幕府の政策に対し、和平成立には内実迷惑であったにもかかわらず、上意尊重の立て前から、消極的援助を実践している。しかし、毛利氏のこのような動きは、充分に客観情勢を得た結果であって盲目的無条件ではもちろんない。毛利氏は幕府の芸・雲和平調停交渉が開始され、巣林院・道増らの調停使節が相次いで中国下向におよんだ時期に相前後して、元就・隆元父子に対し、幕府から入洛督促の御内書を受け、[19]さらに皇室からは将軍義輝を通じて正親町天皇即位の費用献資の要請を受けるなど、[20]朝幕との間に重要な問題を抱えていた。この期のそうした情勢下にあって元就・隆元らは、出雲安国寺、山口の国清寺・香積寺、および毛利氏歴代の菩提寺である安芸吉田の興禅寺などの住持となり、[21]さらに京都五山の一角東福寺、および南禅寺など名刹の住持となり、京都・中国間を頻繁に往還していた高僧、立雪斎恵心を通じて幕府および畿内中央における諸情勢の情報蒐集、即ち京都手入を一層積極的に推進するに至ったものと見られる。そして皇室・幕府の上意を受容した毛利氏は、当主隆元らが絶対的に信頼する恵心を通じ、[22]皇室に対し石見大森銀山を奪取した折、占拠期間の弘治元年三月乃至永禄元年九月にかけて採取した銀鉱の一部を精錬して銀幣とし、これを正親町天皇の即位料として二千貫、さらに即位式間近の同年（永禄三年）正月二十一日には、御服費用の残高合計五十九貫四百文を進献したのであった。[23]そのために皇室では、践祚後三年余の間延引の余儀なきに至っていた正親町天皇即位式を無事実現し得たのである。この結果毛利氏は、朝廷より「天下之美誉、国家之芳声、何事如レ之。時運既到、忠勤厳重、叡感不レ浅者」（『毛利家文書』二九四号）との最高の讃辞を得る一方、義輝の斡旋によって元就は陸奥守に、隆元は大膳大夫に各々叙任され、かつ元春は駿河守に、隆景は中務大輔に任ぜられるという受領・官途の昇進に欲したのであった。[24] 引き続き幕府は、これらの儀式に遅れること僅か数日の同年二月二十一日付をもって当主隆元を安芸国守護職に補任したのをはじめ、[25]（同年）八月八日付をもって元就の錦直垂着用を免許し、さらに（同年）十二月八日付で元就・隆元を各々相伴衆に召し加えたのであった。[26] 元就らはこれら一連の幕府の行政措置に対して大いに満足したらしく、殊に錦直垂免許には（同年）十月二十九日付で恵心宛に「殊に彼御ひたゝれの事、忰家之面目不レ可レ過レ之候。不レ及二言語一儀候々々。申せはおろかに候間、中々筆を残候」と書き遺っていることに充分察知できるが、感激この上ない様子であったようだ。

しかしながら、こうした即位料調達の斡旋などを通じ、毛利氏一族の受領・官途の昇進に尽力した幕府の思惑には、微妙な要素が想起される。つまり、任免に関連する一連の幕府政治は、この期にあって、しばしば上洛要請や殿料などの献資あるいはその他の上納金を目ろんだ諸大名懐柔政策の常套的唯一の手段としての意味合いを帯びるものであった。[27] この場合もそうした例に洩れず、単なる功賞に止まらずに、暗に献資を促すものであり、芸・雲和平調停上、毛利氏の態度軟化を導引しようとする意図が含められているように察せられる。[28] また逆に、毛利氏側とすれば、即位料献上に象徴される皇室・幕府への接近は、改めて指摘するまでもなく、その根底に皇別という家系に基づける意識が作用していることも歴然たる実相であろうが、何にも増して当面する幕府の入洛督促、本格化した芸・雲和平交渉に政治的効果を得ようとする点にあろう。そしてその背景を成すのが、尼子氏の本領に圧力を加える形勢にありながら遅滞する、石見経略の戦局であろうことは想像に難くない。

註

（1）『吉川家文書』四〇八号、『毛利家文書』二八七・二八八・二八九・二九〇・二九一・二九二号、『萩藩閥閲録』八四・四・五、『吉田物語』、『新裁軍記』。
（2）『毛利家文書』七五五号、『萩藩閥閲録』二七之一、六・七・八・九、『新裁軍記』。
（3）『佐々木文書』（永禄二年）二月四日付、尼子晴久宛義輝御内書、『毛利家文書』二二七・二二八・二二九号。
（4）和平開始時期については、後に詳述するが、前掲『島根県史』から『安国寺恵瓊』に至るまで、従来の研究は何れも一貫して明瞭さに欠けている。
（5）『吉川家中并寺社文書』所収（永禄二年）十一月二十七日付元春宛元就書状。
（6）道増派遣の理由は、彼が既に上意を奉じて関東・東北地方に下向し、伊達家の内紛和解調停などに成功した（『伊達家文書』一九二・一九三・一九四・二〇八・二一〇・二二二号、『集古文書』、『岩崎文書』他）実績を有し、外交手腕に長けていたこと、及び尼子氏の領国出雲には、聖護院の本領である大野庄があり、この所属を廻る帰趨が彼の危惧となっていたと想定されることなどに基づけよう（『島根県史』）。
（7）『吉川家中并寺社文書』（前出）。
（8）『島根県史』・『新修島根県史』の何れも、道増の中国下向をもって和平の開始としている。
（9）河合氏は、何を論拠にしたものか要領を得ないが、『安国寺恵瓊』（前出）において「永禄三年義輝はまず毛利・尼子両氏の争いの調停にあたらせるため聖護院道増を安芸に派遣する」と断じている。
（10）道増起請文（前出『毛利家文書』二三一号）の内容は前述してきたので、改めて指摘しない。
（11）瀬川氏は前出『吉川元春』において、『吉川家中并寺社文書』所収の元就書状（前出）に関し「元就が永禄三年十一月廿七日石見滞陣中の元春に認めた書状」と見做し、さらに『佐々木文書』所収の義輝御内書（前出）については「義輝は永禄三年十一月二日尼子晴久に対しても、左の如き一書を認め」と述べ、何れもその発給年代を永禄三年と断定している。
（12）『萩藩閥閲録』第一巻七〇四頁。

(13) この道増書状発給年代が永禄三年と断定される由縁は、幕府の芸・雲和平調停期間中における道増の安芸下向のうち、四月時に在国している例は永禄三・四・五年の三度あるが、この内、前年の冬期に下向して在国越年におよんだ例は永禄三年時における場合だけである点に存する。

(14) 瀬川氏『吉川元春』（前出）では、道増の滞在拠点について「道増は厳島において越年し、暫く此地に滞在して、雲芸講和の為に奔走した」と論じ、厳島としている。しかし、氏の論拠が不明なので要領を得ないが、管見の限り、厳島とする適切な文献は見当たらず、甚だ疑問と見做さざるを得ない。

(15) この御内書発給年代は、『毛利家文書』二三五・二三七号に「昨日拝顔」（恵心の安芸下向）とあり、かつ「京都之儀御調之次第」と記され、元就の錦直垂免事が即位料献納の功績に基づくものであることから、これと同年の永禄三年と断定される。

(16) この御内書も前者と同様の理由により、永禄三年と断定される。

(17) これら両御内書に「聖護院門跡可レ有二演説一候」とある記事は、率直に受けとめるには疑問点がないでもない。この書状に拠れば、幕府の使者として道増が派遣された模様であるが、これに附帯する上野信孝奉書（副状）には、義輝御内書の記事とは異なり「猶立雪斎可レ有二御演説一候」と見え、幕府の内意を託された使者は恵心であると記している。この点はやはり同年月日付で元春宛に、受領返礼に対して答えた信孝奉書にも、「猶立雪斎可レ有二御演説一候」と記され、幕府よりの使者に恵心が任ぜられている事情がわかる。ところが、これと同様の記事は（永禄三年）十二月八日付で元就・隆元宛に、彼らを相伴衆に加えた旨を報じた義輝御内書の何れにも、やはり「委細聖護院門跡可レ有二演説一候」とあり、道増が幕府の内意を伝達していることである。しかもこの場合には、恵心は安芸在国（『毛利家文書』二三七号）であって、前の八月八日の場合のように幕府の使者となることはできない。したがって道増の記事をして彼（恵心）との間違いではないかと想定し、これの是非を論じることができなくなる。これらの考えを総合してみるならば、この御内書（『毛利家文書』二三四号）記事をたやすく批判できなくなるから、八月時における場合は、道増・恵心共に幕府の内意を受け、これを元就に伝達する役割を負っていたと判断せざるを得なくなる。しかし、このように考証したのでは、道増の下向が頻繁に行なわれたことを意味し、『吉川家文書』六七・四六六号、『小早川家文書』二二〇号（後述）の諸記事、および『吉川家文書』五六七号（後述）に「重而下向候。老緩之難治過憐察候」とあって、（永禄四年）四月十九日の時点で再び老体に杖打って安芸に下向したといった実情と明らかな相違が生じてくる。結局以上のように推論してくると、この『毛利家文書』二三四号（義輝御内書）記事に「聖護院門跡」云々とあるのは、同じく『毛利家文書』二三二・三一四号記事なども同様であるが、単なる幕府の使者として京都・安芸間を往還し、幕命を伝達するというのではなく、和平調停交渉のためにまだ安芸在国であった道増が、幕府の内意につき予め報告され、これを幕府の使者（奉行人）上野信孝下国に合わせ、彼と共に詳しく幕意を元就に説明するというものではなかったろうか。したがって、このような推論の限りにおいて、道増はこの時期まだ安芸在国中であると結論されるのである。

(18)　しかも、この間（帰洛以前）にあって道増は、永禄三年十月十七日付、剣持与左衛門宛兼重元宣・粟屋元親・児玉就忠・国司元相・赤川元保・桂元忠連署状（『萩藩閥閲録』巻百六十八）によれば、毛利氏より長門国吉永において、百貫を寄進されている。なお、道増の帰洛は、（永禄四年）閏三月十二日付元春宛義輝御内書（後述『吉川家文書』六七号）他一連の関連史料に「重而聖護院門跡御下候」と改めて安芸に再下向している情況に裏付けられる。しかし正確な期日に関しては確証を得ない。ただ（永禄三年）十二月八日時で在国中であったことは確実（『毛利家文書』二三二号、及び註13参照）であるから、この期日と再下向までの間で、ほぼ永禄四年正月前後ではなかったかと推測される。

(19)　『毛利家文書』二二七・二二八・二二九号。

(20)　『京都御所東山御文庫記録』。『勧修寺文書』（永禄二年力）八月十五日付、勧修寺尹豊宛万里小路輔房書状。

(21)　『棘林志』、『常栄寺文書』、『言継卿記』。

(22)　隆元は、恵心を単に政治、外交上の要人（相談役）として厚遇するばかりでなく、熱心な信仰を通じて深くその人物に傾頭し、身辺に生成する大小すべての問題・秘密事項など、細大もらさず知らせ、屢々その援助を得、さらには二世を頼み、一族宛の遺書を預けて後事を託すほどまでに絶対的信頼を寄せていたようだ（『毛利家文書』七五五・七六〇・七六一・七六二・七六三・七六四号）。

(23)　『言継卿記』永禄三年正月二十一日条、河合正治氏『安国寺恵瓊』（前出）。

(24)　『毛利家文書』二九四・二九八・二九五・二九六・二九七・二九九・三〇〇・三〇一号、『吉川家文書』四一一・四一二号、『小早川家文書』二一九号。

(25)『毛利家文書』三一三号。

(26)『毛利家文書』二三四・二三五・二三一・三一四号。

(27) 具体的例を列挙してみるに、伊達氏の場合には左京大夫任官の謝礼として黄金三十両、偏諱下賜の謝礼に同二十両を幕府に献納し、また毛利氏の場合には、相伴衆任命の謝礼（元就）に黄金百七十両を献納している。

(28) 後に詳述するが、やがて和平成立となるや特使道増は、諸御礼約定の履行を毛利氏側に迫っている（『毛利家文書』四八一号）。

三、和平の成立

特使道増が帰洛し、一時順調に進展するかに見えた和平調停は、間もなく渋滞し、調停当初の状態に逆転したらしい。（永禄四年）三月二十二日、義輝は村上掃部助宛に使僧慈照寺を派遣し、元就に対する和平協力説得を要請した（『村上文書』）一方、同年閏三月十二日、元春・隆景らに各々同内容の御内書を遣り、和平問題に関して一様に「対二元就・隆元一去々年以来雖二申遣一、無二一途一之条、重而聖護院門跡御下候」と、開始後三年に至るにもかかわらず、未だ進捗を見ない調停交渉の現情打開のために、再度道増を下向させる旨を報じ、併せて元就・隆元に対する説得を懇請したのであった（『吉川家文書』六七号、『小早川家文書』二二〇号）。なお、道増再派遣の実情に関連して義輝は、尼子氏向けの和平調停使節である近臣大館伊与守晴忠・進士美作守晴舎の両人に対し、「今度聖護院門跡御下事、豊・雲・芸和睦可レ然之由申遣候」（『佐々木文書』（永禄四年）四月十日付、義輝御内書）と披瀝している。したがって道増再下向の目的は、単に芸・雲間だけでなく、これに豊後の戦国大名大友氏（義鎮）をも加えた三カ国和平調停にあったと察せられる。しかし、前回における道増下向目的と多少異なり、ここに三カ国和平として新たに豊後を加えた真相は、尼子氏と大友氏が毛利氏に対し、北口、下口の両面より挟撃作戦を演じていたため、芸・雲和平推進上、同氏（大友氏）の軍事的介入停止の必要を認めたからであろう。この段階では、幕府和平調停の主体は、飽くまでも芸・雲和平に置かれていたのであって、芸・豊間の本格的和平調停には至っていないと判断する。[1]なお、義輝より再度安芸下向を決定された道増は、約一カ年後にその任を果たしている。彼が（同年）四月十九日付で元春に発給した書状には、下向情況について「重而下向候。老緩之難治過憐察候」と記されている。恐らくこれは、元春に対して老体を叱咤激励して再下向した趣旨を強調しようとの政治的効果を含めた表現であろうが、老令の彼にとって、下向の困難が想像を越するものであったことには相違なかろう。要するに、これほどまでに幕府は和平の成立を必要としているのである。

さて、再度の道増安芸下向、芸・雲和平調停工作は、在国半年以上を経過したこの年（永禄四年）の十二月に至って、一大進展を見ている（なお、『毛利家文書』四五六号によれば、これより先の同年九月に、尼子氏＝義久より毛利氏＝元就宛に書状が遣わされ、しかも毛利氏が一族間で早急にこれの返事をまとめている事実が知られる。したがって、こうした交渉の実情から察するに、和平の気運は、すでに永禄四年の九月段階には熟しつつあったようだ）。

すなわち（同年）十二月二十八日付、隆元宛元就書状（『毛利家文書』四五七号）に拠れば、「雲州へ〔御方〕神文之返事、又年寄衆返事、早々可レ給候。此事遅候てハ不レ可レ然候〱。隆景判帋、是又調可レ給候。待申計候〱。呉々此儀不レ可レ有二御延引一候。無二御失念一待申候〱」とあり、まず尼子氏より毛利家に対し、神文（起請文）が提出されていた情況が知られるのである。そしてこの尼子氏神文に対して毛利氏側では、元就が、同じく神文による当主隆元返事、同じく年寄衆の返事、それに一族隆景の判紙（神文）も同様に、早急に作成するよう請求し、しかも重ねてこの旨につき、遅引・失念のないよう厳重忠告している情況について知られる。(2) ここに見える神文が、いわゆる芸・雲和平成立を証するものであることは、芸・豊和平成立に際する起請文交換の例(3)、およびこの期の中国における政情から判断して、まず相違なかろう。しかもこの点は、尼子氏（義久）が和平調停推進者である幕府に対し、この年（永禄四年）十二月十四日付で誓書を認め、道増より伝達された下知に従い、和平に同意し、軍事行動の停止を誓っている事実にまさに合致することから確認されよう。(4) しかも（永禄五年）正月十二日付、粟屋与十郎元種宛策雲玄竜・永興寺周端・立雪斎恵心連署状（『毛利家文書』八五八号）の第四条に引用された、当主義久の内意を託された尼子家の使者兵部卿の口上に、「さてハ京都御請をも申、神文をも取替たる儀候」とあり、さらに同じく第六条に「此芸・雲御和談事者、天下への御請申たる事ニ候。心底少も無㆓表裏㆒候」などとある一連の徴証との関連において、事実成立したものと確証づけられるであろう。

　このように、芸・雲間の和平は、将軍の願望を達すべく斡旋尽力した道増の功労によって、永禄四年十二月十四日以降同五年正月十二日以前の一ヵ月余の間、恐らく毛利氏より尼子氏宛に誓紙の返書が発給された時点である、永禄四年十二月末に、事実上成立したのであった。だが、この間にあって毛利氏は、有利な解決を図る当主隆元の複雑な心中に顕著であるが、混迷を極め、和平に容易く決断できる内情ではなかったようだ。つまり、隆元はまず「和平中切候ハ可㆓出来㆒趣事」（『毛利家文書』七二九号）として、雲州と豊後の両国を敵としては勝算がないこと、国衆・家来等も既に戦闘に倦怠しきっていることなどを指摘し、「於㆓和談㆒者可㆓出来㆒趣条々」（『毛利家文書』七三〇号）では、和談となった場合、一味中に停止の方法がない程の離間の招来が想起されること、しかも、家中においてさえも離間の問題が予想されること、などの諸問題を想定し、成否何れの場合においても不利な事態の招来は回避できないと見ていたのである。

だが、一方で隆元は、和平の成否をめぐる右二通の自筆覚書中で特に注目される条項であるが、和談成就後に惹起すべき問題のうちで、雲州（尼子氏）に対しては人質も縁辺も不要であるとし、和談成就すれば尼子方から撹乱されて無力となる恐れがあり、極力現状の姿が望ましい、と敢えて現状維持を主張し、さらに「是ハ不レ入儀ニ候ヘ共、各自他国にも、もりハ（毛利）上意をも申こくり候て申切候と取沙汰すへき事、是ハ一向くるしからす、不レ入事ニ候ヘ共、可レ有二其沙汰一所を申計ニ候。上意を背候ても、家をかゝハり候ハてハ不レ叶事候。不レ得レ申候。前々もさやうの事毎々儀候」と言及している。つまり、例え上意に背き、内・外から誹謗されようとも、家の保持が何よりも先決であるとしているのである。この意味で隆元の意中は、和平の成立には極めて消極的であり、幕府の調停に対しては、当初の方針を重ねて貫徹するというものであった。しかし、隆元らの思案にもかかわらず、結果的に和平成立となった実情を察するに、和平破裂の場合に惹起される諸問題を憂慮・重視し、ために幕府への同心（和平の受諾）が有利との確信を得るに至ったのであろう。この時期のものと推定される元春宛の隆元自筆書状（『毛利家文書』七二七号）には、「下之儀はたと六かしき事出来候ハんならは、たまさか雲と和談候時、北口をハまつなてつけ、今之姿ニ仕リ候」とあり、かつ「心底にハ心ハゆるさす候て、上儀をも弥雲と無二別儀一やうに候て、豊・筑事を堅め度候」・「両国共ニ儀絶之時者、無二申事一候へ共、先雲儀ハおかしけにも和平趣候間、是ヲ先せゝり合候て、抱候て、下口之儀を和談成共、弓矢にて成共、堅め候て、北口之儀ハ仕度事候」と見えて、尼子・大友両氏、即ち北口・下口両面戦争の回避に政略の基点が置かれている。

ここで、和平成立の際に惹起された実務交渉の経緯について調べてみるとしよう。『毛利家文書』八五八号（前出）によれば、その条項第二の「先度被二仰談一候御縁辺之事」とある記事に、尼子氏が義久女中を通じ、当主義久、年寄衆共に神文を取り替し、吉田（毛利氏）・富田（尼子氏）間の和睦長久を願い、縁辺に同心した旨を毛利氏家来・年寄衆宛に通知している情況が見えている。したがって、まず第一に縁組の問題が指摘できよう。この縁組は、義久およびその女中が毛利家中に対し、「同心」の通知をしている事情、および同じくこの条で毛利氏側の交渉代表である玄竜ら三名（他に周端・恵心）が、「此方より御礼儀候者、従二雲州一もやかて祝儀可レ被レ申との事ニ候」と言及していること、さらに和平成立直前にそれを想定して記された隆元自筆覚書（前出『毛利家文書』七三〇号）に、出雲（尼子氏）に対しては「人質も縁辺も入ましく候」とあり、毛利氏側から提唱された問題とは考えられないこと、等々から察するに、和平調停者たる幕府即ち道増より提案されたもののようだ。なお、この縁組の当事者に充てがわれた人物については明らかでない。多分、この問題に義久女中も率先して動いていることから推して、義久の女に幸鶴丸（輝元）ではなかったかと推測されるが、事実の程は定かでない。

さらに、同書状の第三条に「邇摩郡貢用三百石可レ被二渡申一由」云々とあり、かつまた第四条に「就二福屋（隆兼）之儀一」と列挙されることから見ると、邇摩郡における貢用三百石の提供に関する約定、および福屋隆兼の問題などについても協議されたようである。殊に、こうした実務接渉のうち福屋の問題は、毛利・尼子・幕府（道増）三者間の折り合いがつかず、容易に解決され難かったらしい。同状の第四条から第八条に亘ってかなり詳細にこの問題が取り扱かわれているが、それらに拠れば、安芸吉田逗留中(5)の道増のもとへ、義久が歳暮御礼と称して使者を遣わし、和平の純熟とその成立後における尼子氏の面目保持との理由に基づき、道増に対し、毛利氏と福屋隆兼間の和解斡旋を懇請した。ところが、道増は旧冬（永禄四年十一月）に使者宗説を遣わして和解に努めたにもかかわらず、失敗した前歴があること、および目下早急に帰洛の意志であることなどを理由に、また、毛利氏と隆兼との間に和睦の成立はあり得ないとの見通しを前提に、これに肯定し得なかったのである[6]。が、度重なる義久の懇請があったために、終局的に道増は、和解斡旋の是否を元就・隆元の意向に委託することに決したのであった[7]。

ところで、右に検証してきたように、永禄四年十二月末に芸・雲和平を成立させ、幕府の究極的目標の達成という大任を果たした道増は、ただちに帰還の準備に移ったらしい。この点は、『毛利家文書』四八一号（前出）の第一条によれば、（同年）十二月二十八日の時点で「聖護院殿、此比磪御帰洛ニ被二相定一候。一日も御急迄にて候」と見える徴証に確かである。一方、これに対して毛利氏は、同状第二条で元就が「福屋表今一動之間者、磪御逗留候而可レ然存候。今一動以後者、早々返し被レ申候而可レ然候」と記している情況に窺われるが、福屋隆兼との一戦終結まで逗留を請い、以後はただちに帰洛しても差し支えないとの意向であったようだ。この結果道増は、毛利氏内部の情勢を察し、その代表である心東堂（恵心）・竜東台（玄竜）・永興寺（周端）らの説得を許容し、未だ実行に至っていない京都への諸御礼（永禄三年二月における毛利氏一族の叙位任官奏請、守護職補任、および和平特使道増の派遣など、一連の幕政に対する返礼あるいは殿料のことであろう。正確な額面は検出できないが、元就が一度に全納は困難なので半分ないし三分の一ずつ調えるとし、その納分を一種と二千七百貫―二千五・六貫と指摘していることから察するに、決して少なくはなさそうだ。ちなみに、相伴衆任命に対して既に献納された元就の返礼は、黄金百七十枚である―『毛利家文書』一三三二号―）および公料千貫の地京進（和平成立に際する祝儀のことであろう）の約定（同状第四～七条）などの早期解決を必要とする残務を理由に、二・三日の帰洛延引を約諾するに至った模様である（同状第三条）。恐らく、道増の内実は、延引の末の約定自然消滅などの事態を回避するために、この期を利して一挙に解決すべき心中であったと思われる。しかし、この期における道増帰洛は、以後二週間以上を経過した翌五年の正月十三日に至って「（道増）殊御上洛之事、月日を指候て被二仰合一候へハ、此事ニ御逗留候ハん事有間敷候」（前出『毛利家文書』八五八号第五条）と、尚も帰洛を急ぎつつも、実際彼がまだ吉田に滞在している実情から察するに、早急には実現を見なかった模様である。結局これが実現されるに至るのは、（永禄五年）月日不詳尾崎宛元就自筆書状（『毛利家文書』四七九号）に「上使（道増）帰洛之事、東堂（恵心）今晩呼上被レ申、可レ被二相調一候」とある徴証から推考するに、福屋問題が隆兼の逃亡と一族の誅戮によって一段落した後であり、毛利氏の石見経略がほぼ落着を見た後、つまりこの元就書状発給年時である永禄五年六月上旬と判断される。(8)

なお、ここで義輝の和平調停（道増の安芸再下向＝和平調停工作）について、従来の諸説（後代の記録・現代の著論）を検討しておくとしよう。まず記録類を一覧するに、杉岡就方編『吉田物語』など、この期における中国地方の動静を毛利氏を中心に詳述する記録の内の一部には、関連記事が全く見当たらないが、香川景継編『陰徳太平記』（正徳二年板本）(9)には、巻三十六「大友勢囲二豊前神田之松山城一付大友毛利和睦事」の条に、「此時（芸・豊和平成立時）、毛利・尼子和睦ノ儀ヲモ雖レ被二宣下一ト、此儀ニ於テハ、元就朝臣十箇条ノ一通ヲ以テ御断ハリヲ被レ申ケルニ因テ、准后（聖護院道増）此上ハトテ強テモ不レ宣ケリ」(10)とあり、また、この『陰徳太平記』の誤謬訂正を目的の一斑に置いて編纂された永田正純の『新裁軍記』には、「永禄四年・三月（日未考）、将軍（義輝）使二聖護院（按道増）一謀二芸・雲一成、公遂不レ肯」との見出しのもとに、「和平遂ニ不レ成」と論断が試みられており、何れも和平が不成立であったとしている。果たして、こうした記録類を試論の起点としていたものか否か定かでないが、今日における諸説も以下に述べていくように、ほぼ同様なのである。

すなわち瀬川氏は、『吉川元春』（前出）第二篇第四章第一節の「雲芸講和問題と元春の斡旋」（一三七頁）において、然し毛利氏は飽まで講和成立に反対であったから、荏苒月日を経過するも、講和問題は毫も進捗しなかったので、同（永禄四年）年十二月道増は遂に京都に帰還せんとするに至った。元就は道増が吉田を退去せば、義久をして講和の不成立を予想せしめ、却て福屋隆兼を援助せしむるに至らんことを憂慮し、特に隆元をして道増に猶暫く吉田に逗留せしむるやう勧説せしめた。

と論じ、また河合氏も『安国寺恵瓊』（前出、一五頁）によって、

ただ毛利氏は和平使節が安芸に滞在するのは自己に有利であったため、恵心に京都の皇室・将軍への献上物をもって上洛させ、和平遷延策を講ずるばかりであった（『毛利家文書』四八一号）。

と論及し、前者とほぼ同様の論旨を取っている。しかし、既に検証してきているので自明のことと思うが、此等の指摘は何れも要領を得たものとは見做し難い。まず瀬川氏の説を見るに、明らかに次の三点において論証の誤りが指摘できよう。即ちその第一点は、右に掲げた瀬川氏論説の抜粋記事中、傍線を施した（イ）の部分である。確かに毛利氏には、宿願となっていた石見平定と出雲侵攻という、芸・雲和平に極めて消極的にならざるを得ない事情があり、隆元の書状に認められるように、上意よりも家中の安泰が先決とする観念が強く働いている。しかし、現実には、幕府の和平調停に直接反対している形跡は認められず、むしろ上意を宿願達成のための嵩に応用する方向を見出し、表面的にはこれに同調し、尼子氏との間に誓紙を替して和平を成立させるに至るのであるから、この事実の限り、氏の指摘する「飽まで講和成立に反対であった」との見方は決して成立し得ないのである。恐らく氏は、『吉川家中并寺社文書』に「雲州此方和平之儀御談難レ申子細候」（前出）とある調停当初の記事に固執しているのであろう。次いで（ロ）であるが、永禄四年十二月末に和平は成立しており、実務上の諸問題を残すだけの情況に至っていたのである

から、「毫も進捗しなかった」ということもあり得ない。また、道増の帰還は、和平調停成功に関する幕府への報告が直接の理由と見做されるのであり、和平の遅滞にそれを求めるのは当を得ない。続いて（ハ）の部分については、（イ）・（ロ）での検証とも関連するが、道増の帰還理由は調停の大任成就の報告に起因するもので、和平成立の結果なのであるから、道増帰還の如何にかかわらず、「義久をして講和の不成立を予想」させる危惧は全くないのである。しかも、既に義久は福屋の問題を切離しても和平の完全なる成立を念願する意向であったから、この段階で、敢えて「福屋隆兼を援助せしむるに至らん」事態を惹起する行動に出ることは考えられないのであって、強いてこの問題に毛利氏が、「憂慮」する必要もまた皆無なのである。なお、隆元の道増に対する吉田逗留延長勧説の真意は、福屋隆兼討滅上の名分保持にあると想定するのが最も妥当であろう。次いで河合氏の論であるが、これは右に検討してきた瀬川氏説と論旨を同じくするものであるため、敢えて重複を避ける意味で詳述を省くが、その指摘にあるように毛利氏はただひたすらに「和平遷延策を講ずる」ことに終始した旨では決してなかったのである。氏は『毛利家文書』四八一号の解釈と用途を間違えたようである。

さらに、この問題（幕府の芸・雲和平調停）の骨旨であるべき調停の結末については、瀬川氏は同章第三節（一四四頁）で「嚮に将軍義輝は雲芸講和の為に斡旋大に努めたが、元就は表面之に賛意を表するがごとくにして、内実は之に反対なりし為に、遂に成立するに至らなかった」と断言し、河合氏は同書（一六頁）において「ついにこの和平交渉は失敗に終り。道増らは京都に一時引きあげる」と結んでいる[11]。しかし、これらの見方もまた、前の場合と同様、誤りと見做すべきであろう。これもやはり既に論証してきたところであるが、幕府の芸・雲和平調停は当初毛利氏の希望する埒内でなかった故に、難行を重ねたが、特使道増の斡旋尽力と毛利氏の政策転換によって、永禄四年十二月末に至って成立した（この約半年後に、上意遵奉を口実とした毛利氏の出雲侵攻によって破綻となるが、とにかく一度成立したことには相違ない）[12]のであって、「遂に成立するに至らなかった」あるいは「和平交渉は失敗」と説くのは本末顛倒であり、実相と全く逆である。[13]これ等の結論面での誤りは、単なる事実関係の誤認としてばかりでなく、小論の目的である和平調停推進者（幕府＝将軍）の真意の解明、強いては混乱期における室町幕府の政治動向を計測する上で、微妙ながら影響するものであることから、改めて強調しておきたい。

註

（1）『吉川家文書』四六一号他。
（2）これに元春の名が見えないのは、彼が和平の推進者である幕府と密接な関係にあることから察するに、既に作成終了していた事情からか。
（3）『吉川家文書』六九・七〇・七一号。
（4）「謹而言上仕候。抑毛利元就此方半之儀、雖㆓累年之確執候㆒以㆓聖護院御門跡㆒被㆑成㆓御下知㆒之条、於㆓自今已後㆒令㆓和平㆒、無二可㆓申談㆒候」（『島根県史』収録）とある。なお『島根県史』（前出）では、この誓紙の成立年代を永禄三年と誤認している。
（5）この期の道増滞在拠点については、歳暮御礼のために道増のもとへ派遣された尼子氏の使節が、「十三日ニ爰元下著候」（『毛利家文書』八五八号）と毛利氏の和平代表である玄竜のもと（興禅寺）にやってきている実情から察するに、前回同様やはり吉田興禅寺かその近辺と推定される。
（6）道増の情勢判断は、幕府の工作員日乗朝山らの援助を得ているらしい（『毛利家文書』一二三八号）。
（7）この点は、やがて毛利氏出雲侵攻の口実として利用される（『斎藤文書』（永禄五年）六月二十三日付、幕府宛隆元・元就連署状）に至る。

（8）　この書状（『毛利家文書』四七九号）には発行年月日が記されてないが、元春の所労快気が永禄五年六月十八日（『毛利家文書』七八五号）頃であり、宮内大輔（半井明英）の下向、元春診療が同年五月末（『毛利家文書』七八四号）であれば、「元春所労之趣、宮内方薬少も能候へハ可レ然候」とあるこの書状内容分析からして、永禄五年六月上旬と推定される。

（9）　『正徳二年板本陰徳太平記』上巻（臨川書店刊）。

（10）　この点は『島根県史』（前出）に和平不成功の徴証としてあげられてもいるが、二重の意味に解釈できる。つまり、芸・雲和平調停を芸・豊和平調停時（永禄六年）の次いでに行なわれたものと誤認したものか、それとも芸・豊和平成立の折に芸・雲和平の問題が提示されたことを意味するかという点である。しかし、何れにしてもこれが評価できない記事である点は確かである。

（11）　これらの研究の他に、『島根県史』（前出）なども不成功としている（『島根県史』は史料紹介・保存の意義は多大だが、考証面では評価し難い点が少なくない）。

（12）　『斎藤文書』（前出、註7参照）。

（13）　殊に河合氏は、『吉川家文書』五六九号の使途を誤っているようだ。

四、むすび

芸・雲間の和平は永禄二年五月以来の幕府の調停が成功し、同四年十二月末に成立したのであるが、和平特使道増が安芸より帰洛して後間もなく、同五年の六月末、毛利氏が上意を嵩に大々的に出雲侵攻を敢行したことから、成立半年余にして破綻となる。このために幕府は、調停の焦点を同四年春より芸・雲和平に関連させ、これの補助的意味から進めていた芸・豊間の和平問題に転化し、三度安芸に道増を派遣する一方で、大友氏の領国豊後には、特使として前の権大納言久我晴通を遣わし、かつ日乗朝山・連寿坊らをして裏工作に従事させるなど、本格的交渉を行なうことになるのである。しかし、ここでは、紙数に制限があるのでこれらの諸点については機会を改めて発表することにし、以上に展開してきた幕府（義輝）の芸・雲和平調停に関して纏めの意味を兼ね、改めてその実相について指摘し、併せて幕政上の意味に論及するとしよう。

幕府即ち将軍義輝の芸・雲和平調停は、瓦壊寸前の状態にあって実質的機能をほとんど失っていたとは言え、形式的には未だその（幕府）機構を維持する全国政権担当者としての立場から、毛利・尼子両氏に対して相互間の抗争を停止し「都鄙馳走」（『吉川家文書』六七号）させること、強いては将軍の「失二面目一候事不レ可レ在レ之」と威厳を以て「天下静謐之基」（『毛利家文書』二三〇号）を築くことを大義として推進された。だが、その真相は表向きの大義とは、微妙な趣旨の相違を想定させるものがある。

つまり、その第一点は、調停交渉展開の最中に、義輝が全幅の信頼を寄せる和平特使道増宛に秘密裡に遣った自筆消息で、この期における真情を「此度不二相調一候へは、他国覚、外聞可レ失二面目一候条、急度御かしく」（『毛利家文書』二三八号）と披瀝していることである。これは、和平調停が失敗に終わった場合には諸国に対する将軍＝幕府の権威を著しく失墜させてしまうもの、と義輝自身が認識していたことを物語るものであろう。換言するならば、三好長慶との和解が成り、京都近隣の治安に小康を得た義輝が、その失敗によって惹起される事態を危惧しながらも、敢えて将軍の面目＝権威の維持・恢復を企図して努力している情況について窺われるのである。このことは、和平の成立が調停開始後三年の長期に渡って辛うじて実現した経緯、あるいは幕府の斡旋に対応する毛利氏の姿勢が、上意を尊重する反面で和平の成立に利を認めず、「上意を背候ても、家をかゝハり候ハてハ不レ叶事候」（『毛利家文書』七二九号）と実質的には、利益本位、家中第一主義であって、一貫して現状維持を主張していたのに対し、結果的には、途中毛利氏側の政策転換があったにせよ、同氏との妥結を見出すに至った幕府の努力と執念とに関連付けて考えてみた場合に、義輝の芸・雲和平調停が、この期における大名・国人間相互の紛争調停に関して従来指摘されてきたような、「将軍はそれを調停し、あるいは和解を命ずることができるし、そうすべきであると考えていた[1]」といった観念に頼りきった為政であるとか、あるいはただ単なる「調停的役割を演じたりする[2]」だけに止まるものではなかったと見做されるのである。つまり、（義輝の芸・雲和平調停には）調停の成功によって何とか将軍の面目＝権威を維持・恢復しようとし、強いては入洛督促＝将軍援護を引き出そうと図り、そのために能動的な政治意図をもって必死の努力を続けている実情が検証できるのである。決して安易な伝統主義に基づいただけの便宜的政策ではないと見られるのである。

さらに第二点は、幕府の和平特使道増が毛利・尼子両氏の受諾によって和平成立となるや、実務交渉を終了しないまま、しかも未だ福屋隆兼の問題が解決せず、多分に和平破裂の危険性を孕んだ状態で、ただちに帰還を決定している情況から推測されることであるが、和平の成立に最大限の努力を払いながら、成立後に起こるべき諸問題に然程関心を寄せていず、むしろ回避しようとしているようにさえ窺われる点である。これは調停の的がその成功＝和平の成立そのもの、すなわち将軍の体面（権威）維持に重点が置かれていたことを如実に示すものであろう。また、道増が和平成立直後に帰還を表明した際、調停成功の代償とも見做される毛利氏への諸要求、即ち京都（幕府）に対する諸御礼および公料千貫の地京進の約定の早期履行を迫っていることから察するならば、その狙いはこの辺にも存するのではなかろうか。道増はこの場合における催促の理由に、彼が京都公・私より収賄の嫌疑を受け、甚大な迷惑を被ることを訴えている。しかし、彼の政治的立場および将軍義輝との関係から見て、まずそのような事態は予想されないから、あくまでもそれは一種の口実であって、内実は既にそうした問題、つまり見返りともいうべき献資の捻出、公料の徴収に力点が置かれていたように判断されるのである。

以上、調停の真相について纏めたが、これは戦国争乱期における室町幕府政治の一斑として次のように位置づけられよう。義輝の芸・雲和平調停は、形式的にではあったが、将軍が失墜の一途にあった権力を行使し得る大儀となり、またその（調停）成功は、彼の意識において極力権威の底落を予防し、維持・恢復するための恰好の場であったのであり、さらには幕府財政に如何程の比重を有しえたものか確証を得ないが、蚕食され低下した在来の収入源の一部肩代りとなる献資の調達、公料徴収に大いに寄与するものであった。したがって、これらの意味では、ほとんど実質的効力を失いつつあった幕府政治にあって、将軍が能動的に行使し得る最も実利的価値を備えた一例と見做されるのではなかろうか。

註

（1）　鈴木良一氏「戦国の争乱」（前出）。

（2）　永原慶二氏『大名領国制』（前出）。

【付記】小論は戦国争乱期における室町幕府政治に関する問題提起ともいうべき一試論であって、必ずしも充分なものとは考えていない。今後より多数の具体的例証を検討し、充実したものにまとめていく所存である。なお、本稿作成に際し、指導教授桑田忠親先生より懇切かつ的確な御助言を賜わった。ここに改めて深謝の意を表しておきたい。

（一九七四年九月三十日稿）

Ｖ　将軍偏諱の授与とその認知
―相良義陽の事例から―

小久保嘉紀

はじめに

戦国期の室町将軍は、支配領域や軍事基盤の縮小を余儀なくされる中で、地域権力に対する各種栄典の授与は継続して行っていた。そして室町将軍は、栄典授与に体現される、階層的な身分秩序である儀礼秩序の下に地域権力の編成を試みていたことが[1]、二木謙一氏の研究により指摘されている[2]。また二木氏は、その儀礼秩序により再生産される、戦国期の将軍権威の存在を高く評価し、戦国期においてもなお、地域権力は将軍権威の影響下にあったと結論付けている[3]。

つまり、栄典授与は、被授与者からの申請によることを基本とするため[4]、その申請があることにより、授与者、すなわち室町将軍の求心力、権威が存在したと見なされていると言える。しかし実際には、被授与者側の各地域における政治的背景や権力構造にも着目する必要があり、必ずしも将軍権威の存在にのみ帰結するのは妥当でないと考える。すなわち室町将軍の栄典授与やそれに基づく儀礼秩序について、各地域における政治的背景や権力構造を踏まえた上で捉え直す必要がある。

そこで本稿では、室町将軍による将軍偏諱の授与について、地域における認知の問題に注目したい。すなわち将軍偏諱の授与が実際に行われたとしても、そのことが周囲に事実として認められなければ、授与されたことの意味は成さない。その認知の成否をめぐる要因について、地域における政治的背景や権力構造を踏まえた上で考察していきたいと思う。

また近年は、室町将軍の栄典授与の中でも官位授与についての研究が活発であるが[5]、筆者がここで偏諱授与を取り上げる理由として、偏諱授与には官位授与に無い、主従制的な論理が存在するためである。すなわち偏諱授与とは、実名の一部を与えるという、本来親子間で行われていた行為であったものが、後に武家社会の主従間、とくに元服の際に烏帽子親と烏帽子子との間でも行われるようになった行為である。つまり偏諱授与とは、主従間の紐帯を強固にするために、擬制的な親子関係を主従間に適用した行為であると言える[6]。そこで、他の栄典授与には無い、主従制的な論理を持つこの偏諱授与から、室町将軍と地域権力との関係について考えてみたいと思う。

以上の問題意識に基づき、本稿では具体例として、永禄七年（一五六四）に将軍足利義輝から肥後の相良義陽（初名頼房）に授与された将軍偏諱の事例について考察する[7]。相良義陽への将軍偏諱の授与は、その先々代、先代の相良義滋・晴広への授与とともに従来も注目されてきたが[8]、将軍偏諱の授与の事実が相良氏の周辺でどのように認められていたか、またその認知の成否に影響を及ぼした要因について注目したい。

ここでまず、室町将軍による将軍偏諱の授与の研究史について整理しておきたい。二木謙一氏は[9]、歴代の室町将軍による将軍偏諱の授与を整理し、戦国期には新興勢力を中心にその授与が増加するとしている。また室町将軍から公家衆への偏諱授与については、富田正弘氏や水野智之氏による研究があり[10]、公家衆が室町将軍への従属を深めるとともに将軍偏諱の授与の対象は拡大し、やがてその対象は摂関家にまで及ぶと指摘している。

次に、本稿で考察の対象とする、戦国期の九州地域の儀礼秩序に関する研究史を整理しておく。大内氏については山田貴司氏の研究があり[11]、大内氏の官位上昇の政治的背景、また被官への官途推挙による家臣団編成について明らかにしている。また大友氏については大塚俊司氏の研究があり[12]、大友氏による偏諱授与と家臣団編成との関係性について指摘している。その他にも、対馬の宗氏や筑前の宗像氏の官途授与による家臣団編成について明らかにした、木下聡氏・桑田和明氏の研究がある[13]。以上のように先行研究では、地域権力による偏諱授与や官途授与について、家臣団編成の視点を中心に考察が成されてきたと言えよう。

しかしその一方で、地域権力に対して授与された偏諱が、その家中において、また支配領域が近接する他の地域権力に対してどのような影響を及ぼしたのか、という視点からの考察も必要であると考える。その点についても、以下、相良義陽への将軍偏諱の授与の事例から考えていきたい。

一、相良義滋・晴広・義陽への将軍偏諱の授与

本章では、将軍義輝から相良義陽への将軍偏諱の授与の経緯について考察する。なお、義陽の先々代・先代に当たる相良義滋・晴広も将軍義晴から将軍偏諱を授与されている。義陽の事例と義滋・晴広の事例とを比較対照させながら、これらの事例の背景について考えてみたい。

まず相良氏についてであるが、遠江国相良荘を名字の地とする相良氏は、元久二年（一二〇五）、肥後国人吉荘の

地頭職を獲得する[14]。鎌倉期の相良氏は、球磨郡内の多良木と人吉にそれぞれ拠点を置く二家があり、また山鹿郡に拠点を置く家もあった。なお、これら相良氏の諸家が、いつの時点で肥後各地に下向したのかは判然とせず、鎌倉期の相良氏の動向には不明な点が多い。

次の南北朝には、相良氏は南九州の国人衆と一揆を結んで九州探題の今川了俊に与同し、肥後・日向方面に勢力を伸ばしていた島津氏に対抗している[15]。

そして室町期に至ると、周辺の大友氏や菊池氏、名和氏や島津氏らとの抗争の中で離反と帰順を繰り返し、人吉周辺に勢力を保持していた。その中でもとくに、肥後国八代の名和氏とは長年にわたり抗争を繰り返している。相良氏と名和氏との抗争は、南北朝期の名和義高の八代入部より始まり、室町期の寛正年間に名和顕忠は一時、相良長続の庇護を受けるものの、その子の為続と文明初年より抗争を展開する。名和顕忠は為続の子の長毎とも八代などの領有をめぐり対立するが、永正十三年（一五一六）十二月に大友義鑑の調停の下、一時和睦に至っている[16]。

戦国期においては、九州の政治情勢が大内氏と大友氏との対立構造を軸に展開する中で、肥後もその影響を受けている。具体的には、天文年間までの肥後は大友氏と菊池氏との抗争が中心となるが、その菊池氏や相良氏は大内氏の影響下にあった。また服部英雄氏によると[17]、こうした政治情勢の中で周辺勢力からの侵攻を抑えるため、相良氏は中央の室町幕府と関係を持つように至ったとされる。しかしその一方で大友氏の肥後侵攻は顕著であり、大友氏は大友義鑑弟の重治を肥後守護の菊池氏に入嗣させ、肥後の間接支配を図るようになる。そして菊池義武（重治から改名）の反逆の後は、大友氏は肥後の直接支配に着手し、天文十二年（一五四三）に大友義鑑は肥後守護職を獲得している[18]。

このような政治情勢の中での[19]、相良義滋・晴広による将軍偏諱の申請はどのように行われ、そしてその授与にはどのような目的があったのであろうか。

天文十四年十二月、相良長唯とその養嗣子為清は、将軍足利義晴に将軍偏諱の授与を申請し、長唯は「義」字を授与されて義滋と、為清は「晴」字を授与されて晴広と改名している。またこのとき同時に、義滋は宮内大輔に、晴広は右兵衛佐に任官している。[20]その一連の経緯を示すのが以下の書状である。

史料一「相良長唯（義滋）書状案[21]」

「（端裏ウハ書）大内殿」

為勅使官務殿（小槻伊治）御下向、誠面目之至、連々被添貴意候故候、就此等之義（儀）、御懇札、畏入候、京都来年可致吹挙候、ます〳〵可預御入魂事、可為千秋万歳候、官務殿可為千■御憏（滞）留中、細々得尊意候、永々不可有別義（儀）候、可得御意候、恐々謹言、

十二月九日（天文十四年）　宮内太輔（大）長唯（相良）

謹上　大内殿（義隆）

史料二「相良長唯（義滋）書状案[22]」（傍線筆者）

「（端裏ウハ書）相良遠江入道殿」

為勅使官務殿（小槻伊治）以被任候宮内大輔候御下向、誠面目至候、御同前承候、案中候、（大内義隆）屋形様連々被添貴意故候、就如此之儀御札（書）畏存候、御滞留中、別而得御指南候、向後深甚可申入事、無別条候、来年京都可致言上候、倍貴辺可被添御意事無申及候、官務殿一段寒中御辛労之至候、猶期来信候、恐々謹言、

十二月九日（天文十四年）

相良遠江（武任）入道殿

追而、御方手跡三種、長々敷大望候、此内一、かんな（仮名）たるへく候、後便之時、必（無忘却）頼存候、恐々謹言、

十二月九日

相良遠江入道殿

史料一は、相良義滋・晴広の任官に際し、官務の小槻伊治が勅使として派遣されたことについて、それを仲介した大内義隆への礼状である。[23] そして史料二からは、「屋形様（大内義隆）連々被添貴意故候」とあるように、相良義滋が大内義隆のことを「屋形様」と仰いでいることが分かる。また史料二から、この任官が肥後相良氏の同族であり、大内義隆の近臣である相良武任を経由して行われていることが窺える。このとき相良武任は肥後に在国し、大内義隆から小槻伊治の肥後滞留、そして帰洛に当たっての指示を受けている。[24]

そしてこの件について、大友義鑑から相良氏に送られたのが次の書状である。

史料三「大友義鑑書状[25]」

（折封ウハ書）

「
「（異筆）天文十四年、於八代到来、　官務長者
以取合、相良義滋へ大友ヨリ、　」

相良殿　　義鑑」

御一字、官途被給候、為祝儀、太刀一腰・漆筒三百送給候、祝着候、仍太刀一振進之候、誠表賀礼候、猶入田

丹後守（親廉）可申候、恐々謹言、

九月十六日（天文十四年）　義鑑（大友）（花押）

相良殿

ここに見られるように、大友義鑑は相良氏への将軍偏諱の授与や任官に対して、「誠表賀礼候」と祝意を示し、「太刀一振」を贈っている。そしてそれは、相良氏が「御一字、官途」を授与されたことについて、大友義鑑に「太刀一腰・漆筒三百」を贈ったことに対する返礼であることが分かる。ここで相良氏が、大友義鑑に進物を贈った理由としては、大友義鑑は当初、相良氏への将軍偏諱の授与について難色を示しており、将軍側に対して意見を申し出ていた[26]。そのため相良氏は、将軍偏諱の授与や任官を実現するために、大友義鑑に配慮して進物を贈ったものと考えられる。このように、相良氏は将軍偏諱の授与や任官に際して、それを仲介した大内氏はもちろん、他に大友氏にも配慮し、円滑な関係を構築した上でその実現に至っているのである。

ここでこの一件について、相良氏の周辺からの対応に注目してみると、肥前の有馬晴純[27]、肥後の菊池義武から[28]、それぞれ祝詞や祝儀が贈られている。ここでは、大内氏や大友氏はもちろん、有馬氏や菊池氏といったその他の地域権力との間にも軋轢は生じていないことが分かる。そして相良氏は、今回の将軍偏諱の授与や官途の推挙について、「隣国之覚、大慶満足此事存候」と[29]、周囲に対して名誉なことであると述べている。

以上のように、天文十四年の相良義滋・晴広への将軍偏諱の授与は、「屋形様」と仰ぐ大内氏の仲介によるものであり、また大友氏をはじめとした周辺の地域権力からも祝意を示されるなど、周囲との円滑な関係の上に実現していることが窺える。

次に、相良義陽への将軍偏諱の授与について見ていきたい。相良義陽は初名を頼房と言い、相良晴広の嫡男として天文十三年に生まれ、天文二十四年の相良晴広の死去に伴い、十二才で家督を継いでいる。そして永禄七年（一五六四）二月、相良義陽に対して将軍義輝から「義」字の将軍偏諱が授与された。この授与については、相良氏の大友氏らからの自立志向を示すものであるとの評価が成されている[30]。

それでは以下、相良義陽への将軍偏諱の授与について、その前の相良義滋・晴広への授与の場合との差異に着目しながら見ていくこととしたい。

永禄七年二月、将軍義輝は相良義陽の求めに応じ、「義」字の将軍偏諱を授与し[31]、修理大夫への任官を行った[32]。その際に肥後へ派遣されたのは、将軍義輝の使僧の桜本坊である。このときに相良氏側で記された「相良氏将軍家使僧迎接日記」によると[33]、永禄七年四月、肥後国人吉に下向した桜本坊は[34]、相良義陽と対面し、将軍偏諱を授与する御内書の授受を行った。その際に式三献が催され、また義陽と義陽夫人により礼物が贈られた。ここで進物が贈られる対象となったのは、将軍義輝、慶寿院（義輝生母近衛氏）、小侍従（幕府女房）、将軍側近の細川藤孝、そして使僧の桜本坊である。細川藤孝は「今度之申次」とあるように、このときに相良義陽から将軍義輝への申次を行い、また後述するように将軍義輝の御内書の添状を発給している。そしてこれらの礼物は、相良氏の重臣らによって用意が成された[35]。

以上の経緯から分かることは、室町将軍側と相良氏側との間で直接、交渉が成されているという点である。天文十四年の相良義滋・晴広への将軍偏諱の授与の際は、相良氏が「屋形様」と仰ぐ大内氏の仲介によるものであったが、大内氏は弘治三年（一五五七）にすでに滅亡しており、今回の相良義陽への将軍偏諱の授与は、第三者の仲介を経ない、室町将軍と相良氏との二者間で完結して行われたものであった。

次に、他者を仲介しない、相良義陽への将軍偏諱の授与が、どのような論理に基づいて行われたのか見ていきたい。次の史料は、義陽に将軍偏諱を授与した御内書の、細川藤孝による添状である。

史料四「細川藤孝奉書」[36]（傍線筆者）

（折封ウハ書）
「　　　　　　　　　　　　　細川
謹上　相良修理大夫殿　　兵部大輔藤孝」

義御字之事、任先例、被加御袖判、御拝領候、誠御眉目之至、無是非次第候、尤珍重候、猶得其意可申由、被仰出候、委曲櫻本坊（豪為）可被申候、恐々謹言、

（永禄七年）二月九日　　　　　（細川）兵部大輔藤孝

謹上　相良修理大夫（義陽）殿

ここから、相良義陽への将軍偏諱の授与は、「先例」、すなわちその前の相良義滋・晴広への将軍偏諱の授与の事例に準拠していることが分かる。それにより、先例があるため室町将軍側としては問題無いと認識しており、また相良義陽も相良義滋・晴広の先例があるため、他者による仲介はもはや不要であり、相良氏単独で将軍偏諱を申請するに至ったものと思われる。

逆に、相良義滋・晴広への将軍偏諱の授与以前には、相良氏へ将軍偏諱が授与されたことはなく、相良義滋・晴広への授与は先例の無いものであったが、そのような場合には、大内氏のような有力者の仲介が必要であったということになる。ともかく、相良義陽への将軍偏諱の授与は、相良義滋・晴広の場合とは異なり、他者を仲介とせず、相良氏単独で申請したものであった。

しかしその後、豊後の大友宗麟から、この件について将軍義輝に異議が申し立てられたようであり、それに対して永禄八年三月、将軍義輝から大友宗麟へ釈明が成されている。

史料五「足利義輝御内書案」[37]（傍線筆者）

御内書案文

対相良、義字、官途修理大夫事、任先例遣之処、其例有間敷通言上、被思食不審候、雖然、於此儀者、一度被成下候之条、向後可得其意、委細申含輝広（上野）、差下之候、猶晴光（大館）可申候也、

三月五日（永禄八年）　御判（足利義輝）

大友左衛門督入道（宗麟）とのへ

（花押）（細川藤孝）

ここで将軍義輝は、相良義陽への「義」字の授与と修理大夫への任官は先例に基づいたものであるとし、さらに「雖然、於此儀者、一度被成下候之条、向後可得其意」と、この件についてはすでに一度授与したものであるので、了解するようにと述べている。これについては、将軍義輝が大友宗麟に対して、苦しく「弁解」したものであると説明されることが多いが[38]、この後、大友宗麟から将軍義輝に再度異議が申し立てられた形跡は無く、当時としてはある程度承服せざるをえない論理であったのではないだろうか。つまり、偏諱授与について、被授与者がみずからの意志で、授与者との間に距離を置くためなどの理由により、授与された偏諱を改めることはあるが[39]、授与者の側から授与した偏諱を撤回するような事例は、管見の限りでは確認することができない。すなわち、当時の社会通念上、偏諱は一度授与した場合、授与者は悔返さないのがむしろ通常であったとも考えられる。また、それでもなお、ここで大友

氏が異議を唱えた理由として、偏諱授与の撤回が目的であったことはもちろんであるが、それとともに将軍義輝に対して、大友氏としてはこの授与に不満であるとの意志を示すことで、再度このような授与が行われないよう促す目的も存在したと考えられる。

また、このとき相良氏としては、相良家の由緒や歴代当主の官途の履歴を書き出し、相良氏に対して将軍偏諱の授与や室町将軍の推挙による任官の先例があると示している(40)。そして、永禄十三年に幕府の使者として上野豪為が肥後に下向した際に、それらの先例が記された「重書」に目を通し、確かに先例が認められるとした上で、先年の相良義陽への将軍偏諱の授与や任官は先例に基づいたものであるとし、幕府としては問題無いとする認識を改めて示している(41)。

以上のように、永禄七年の相良義陽への将軍偏諱の授与は、大内氏の仲介による天文十四年の相良義滋・晴広への授与の場合とは異なり、相良氏単独で将軍偏諱を申請して授与されたものであった。その際に幕府側の認識として、相良義陽への授与は問題無いとしたのは、相良義滋・晴広の事例を先例として認めたためであった。

そこで大友宗麟は将軍義輝に異議を唱えたが、相良義陽への授与は先例に基づくものであり、また一度授与した偏諱を悔返すのは妥当でないとし、将軍義輝はその異議を受け容れなかった。その後、大友宗麟はこの件について、室町将軍に再度異議を唱えることはなかったが、完全に承服したわけではなく、相良義陽の将軍偏諱を認知しないという対応を行うようになる。つまり、「義陽」という実名を大友氏としては認めないという姿勢を示すようになるが、この点については次章で検討することとしたい。

二、大友氏による将軍偏諱の不認知

相良義陽への将軍偏諱の授与に対する異議が受け容れられなかった大友宗麟が、次に行った将軍偏諱の不認知について、本章ではその具体的な対応や、また大友氏がそのように対応するに至った背景、そしてその不認知が相良氏の周囲に及ぼした影響について考察していきたい。

大友氏の書札礼、すなわち書札の礼式について記したものとして、「御当家御書札認様」という故実書がある。[42]この故実書には、大友氏から公家・寺家宛ての書札礼や、また大友氏と文書を授受する機会の多い、隣国の伊予や九州地域の武家宛ての書札礼の雛型が載せられている。この「御当家御書札認様」の成立時期と作者については田北学氏によると、[43]文禄二年（一五九二）に大友義統は朝鮮出兵での失態により改易となり、周防国山口や常陸国水戸に預けられることとなるが、その間の文禄三年頃から慶長年間初頭にかけて、その近臣により作成されたものとしている。また成立の契機としては、改易による大名家としての大友氏の滅亡に際し、大友氏の先例や故実を後世に書き遺しておく必要が生じて作成されたものと考えられる。

この「御当家御書札認様」は、宛所ごとに項目が分類されており、その内の第十は、九州の諸勢力宛ての書札礼の項目である。そしてここに、相良義陽宛ての書札礼についても記されている。

史料六「御当家御書札認様」（傍線筆者）

第十、筑前・筑後・肥前・肥後・薩州衆へ御書認様之事、

阿蘇惟将　二字書、連署にハ御宿所と書也、
伯耆顕孝　二字書、連署にハ付字同前、
相良義陽　二字書、連署にハ付字同前、義ノ御字、天正五年より御当方御分別也、
阿蘇惟光　遠江守をは従義統様被遣畢、
合志孫次郎親為　二字書　、
小代伊勢入道宗虎　二字書殿、
赤星備中統家　二字書殿、
筑前衆　秋月種実　二字書殿、
肥前衆　有馬鎮純　二字書殿、
宗讃岐守義調（シゲ）　二字書殿、付字有、
筑後衆　高良山座主　御書にハ座主御坊と書也、
太宰少弐殿政興　謹上書也、
三池殿　二字書、
新田　二字書殿、
五条　二字書殿、進上状ニ裏書なし、
薩摩衆　島津修理大夫義久　謹上書也、
島津薩摩守義虎　連署ニ付字アリ、

これによると、肥後については、阿蘇惟将・伯耆顕孝・相良義陽宛ての場合、大友氏当主の直状では名字を「二字書」とし、大友氏の加判衆などの連署状では、[44]その宛所に「御宿所」と脇付を付すとしている。阿蘇惟将は阿蘇大宮司の家で、肥後国阿蘇郡を中心に勢力を展開し、また伯耆顕孝は南北朝期に後醍醐天皇に従った名和長年の流れを汲む、肥後国宇土郡の国人である。そしてそれらより薄札となるのは、小代宗虎・赤星統家であり、名字を「二字書」とし、敬称は「殿」とする。小代宗虎は肥後国玉名郡野原荘を根拠地とする小代氏の一族と思われ、また赤星統家は肥後国菊池郡の国人である。肥後国合志郡の国人、合志親為も「二字書」であるが、「殿」が崩した字体であり、小代宗虎・赤星統家より薄礼である。これらの記述から、相良義陽は他の肥後国人より厚礼であり、阿蘇大宮司家の阿蘇惟将や名和長年の流れを汲む名家である伯耆顕孝と同格の書札礼であることが分かる。また肥後以外についても見ると、宛所の上所に「謹上」を付す「謹上書」とするのは、大友氏と結び少弐氏の復興を目指した少弐政興や、薩摩の島津義久である。少弐氏・島津氏とも、鎌倉期に守護職を有した名家であり、それらの家には大友氏から謹上書を用いていることが分かる。また、筑前の秋月種実、肥前の有馬鎮純、筑後の新田氏・五条氏は名字を「二字書」とし、敬称は「殿」としており、肥後の小代宗虎・赤星統家と同格の書札礼である。なお、対馬の宗義調も「二字書」で「殿」であるが、「付字」を付すやや厚礼なものである。また、島津義虎の家である薩州家島津氏は、「連署」で「付字」を付すとしており、島津氏の中でも当主の義久に加えてここに記述があることからも、島津一族の中でも家格が高いことが窺える。

さて、ここで注目したいのが相良義陽の項の「義ノ御字、天正五年より御当方御分別也」という箇所である。すなわち相良義陽の「義」字について、天正五年（一五七七）になり初めて大友氏はそれを認めたと記されている。つまり、相良義陽の「義」字は永禄七年（一五六四）に将軍義輝から授与されたものであるが、大友氏としてはその十三年後の天正五年から、その授与の事実を認知したということになる。

それでは、実際に大友氏の文書から、どのように認知へと転換しているか確認することとしたい。

史料七「大友宗麟書状(45)」（傍線筆者）

（折封ウハ書）
「相良殿　　宗麟」

「（端裏切封）」

志岐兵部入道(麟泉)進退之儀、対志賀安房守(親度)、度々雖示給候、彼者連々一雅意之条、一問目之儀申付候之処、兵部入道事、改先非、向後可励貞心之通申候歟、頼房(相良)重々御口能、難黙止候之間、此節之儀者、令赦免候之趣、猶年寄共可申候、恐々謹言、

九月十四日(天正四年)　　宗麟(大友)（朱印）

相良殿

史料八「大友義統書状(46)」（傍線筆者）

求麻郡(肥後国)衆并彼堺目諸侍、至其方内意之旨、具承知候、誠感心候、銘々以状雖可申候、当時爰元加下知子細候之候、必取鎮可申遣候、毎事義陽(相良)申談候趣可被相違候、至日州衆者、義賢(伊東)可有入魂之条不及申候、恐々謹言、

正月廿日(天正六年カ)　　義統(大友)（花押）

山田土佐入道(宗昌)殿

史料七の内容は、天草の国人、志岐麟泉の進退に関わるものであり、相良義陽の仲介により、大友宗麟が志岐麟泉

を赦免した天正四年に比定される文書である[47]。この中で大友宗麟は、相良義陽を「頼房」と呼称している。そして史料八は、大友宗麟の嫡男、大友義統から[48]、日向の伊東氏の被官、山田宗昌に宛てた文書である[49]。その内容は、肥後国求麻郡の国人及びそれと境界を接する国人の動向についてのもので、相良義陽と相談の上で対応するようにとする、天正六年と推定される文書である。この中で大友義統は、相良義陽を「義陽」と呼称している。以上のように、大友氏は天正四年まで相良義陽を「頼房」と呼称していたが、天正六年頃を契機として、それ以後は「義陽」と呼称が変化していることが文書上からも確認できる[50]。

それでは、大友氏以外の他家からの相良義陽の呼称にも変化は見られるのだろうか。その点について、相良義陽が将軍偏諱を授与された永禄七年（一五六四）から、死去する天正九年（一五八一）までの文書中に、相良義陽の実名が記されているものを一覧としたのが表1である。これによると、大友氏が相良義陽の呼称を「頼房」から「義陽」へと改めた天正五年以降、肥前の龍造寺氏や肥後の伯耆氏・阿蘇氏・合志氏、薩摩の島津氏という相良氏の周辺の地域権力からの呼称も「義陽」として定着していることが分かる[51]。

では次に、相良義陽自身は実名をどのように自称していたのであろうか。永禄七年から天正九年までの、相良義陽の発給文書を一覧としたのが表2である。ここでは、相良義陽の差出表記に注目することとしたい。これによると、相良義陽は永禄七年二月に将軍偏諱を授与されたにもかかわらず、同年七月発給の感状では差出を前名の「頼房」としている[52]。それが転換するのは、天正四年の近衛前久の九州下向に関する、近衛家の家礼である伊勢貞知宛ての起請文である[53]。ここで相良義陽は、近衛家の「家来」となっており[54]、それを契機として「義陽」の実名の使用を実質的に始めたと考えられる[55]。このように相良義陽は、天正四年に近衛家の「家来」という地位を獲得することで、永禄七年

表1　相良義陽呼称一覧

年月日	文書名	呼称	差出	宛所	文書内容	典拠	刊本
〔永禄12(1569)ヵ〕.5.10	戸次鑑連・臼杵鑑速・吉弘鑑理連署状	頼房	(吉弘) 鑑理 (花押)・(臼杵) 鑑速 (花押)・(戸次) 鑑連 (花押)	相良 (頼房)	木上進退	『相良家文書』526号	『大日本古文書家わけ5』1
〔天正4(1576)〕.9.14	大友宗麟書状	頼房	(大友) 宗麟 (朱印)	相良 (頼房)	志岐進退	『相良家文書』575号	『大日本古文書家わけ5』2
〔天正4(1576)〕.9.19	佐伯惟教・朽網鑑康・田原親賢・志賀親度連署状	頼房	(志賀) 親度 (花押)・(田原) 親賢 (花押)・(朽網) 鑑康 (花押)・(佐伯) 惟教 (花押)	相良 (頼房)	志岐進退	『相良家文書』574号	『大日本古文書家わけ5』2
〔天正4(1576)〕.12.16	近衛前久書状	義陽	久 (近衛前久)	(相良) 義陽	尽力謝意	『相良家文書』588号	『大日本古文書家わけ5』2
〔天正4(1576)〕.12.16	伊勢貞知書状	義陽	(伊勢) 貞知 (花押)	(相良) 義陽	尽力謝意	『相良家文書』589号	『大日本古文書家わけ5』2
〔天正6(1578)ヵ〕.1.20	大友義統書状	義陽	(大友) 義統 (花押)	山田土佐入道 (宗昌)	境目案件	「山田文書」	『日向古文書集成』
〔天正7(1579)〕.4.晦	龍造寺隆信書状	義陽	(龍造寺) 隆信 (花押)	蓑田平右衛門允・高橋中務少輔・東山城守	両家交渉	『相良家文書』600号	『大日本古文書家わけ5』2
〔天正8(1580)ヵ〕.10.10	伯耆顕孝書状写	相良義陽	(伯耆) 顕孝	阿蘇 (惟将)	肥後情勢	『阿蘇家文書』	『大日本古文書家わけ13』2
〔天正8(1580)〕.12.13	伯耆顕孝書状	相良義陽	(伯耆) 顕孝 (花押)	島津 (義弘ヵ)	肥後情勢	『島津家文書』1717号	『大日本古文書家わけ16』4
〔天正8(1580)ヵ〕	阿蘇惟将書状案写	相良義陽	(阿蘇) 惟将	伯耆 (顕孝)	肥後情勢	『阿蘇家文書』	『大日本古文書家わけ13』2
〔天正9(1581)ヵ〕.4.3	合志親為起請文	相良義陽	合志親為 (花押)	龍造寺(隆信)	両家和睦	「龍造寺家文書」	『佐賀県史料』3
天正9(1581).12.12	島津義久感状	義陽	(島津) 義久	相良四郎太郎 (忠房)	義陽戦死	『相良家文書』657号	『大日本古文書家わけ5』2
(年未詳).3.22	阿蘇惟賢書状	義陽	(阿蘇) 惟賢 (花押)	相良 (義陽)	乗馬謝意	『相良家文書』629号	『大日本古文書家わけ5』2
(年未詳).11.8	大矢野鎮運書状	義陽	(大矢野) 鎮運 (花押)	高橋中務少輔	乗馬進覧	『相良家文書』580号	『大日本古文書家わけ5』2

〈注〉相良義陽が将軍偏諱を授与された永禄7年（1564）から、死去する天正9年（1581）までの文書の文中に、相良義陽の実名が記されているものを一覧とした。

に授与されながら天正四年まで使用を控えていた将軍偏諱を名乗るに至ったのである。

なお、相良氏の菩提寺である肥後願成寺に仏像を寄進する「永禄七年十月付相良義頼祈願文」では「相良修理大夫藤原義頼」と署名している。[56] ここで他の場合とは異なり、天正四年以前に将軍偏諱をともなう「義頼」という実名を使用しているのは、自家の菩提寺への祈願文という、他に遠慮する必要が無い場合であるためと考えられる。

ところで、相良家中では、主人である相良義陽の実名をどのように呼称していたのだろうか。ここでその手がかりになる史料として、相良家臣の的場氏の手による『八代日記』が挙げられる。[57] 同史料は、文明十六年（一四八四）から永禄九年（一五六六）に至る、相良家中の出来事を中心に記した年代記である。この『八代日記』を用い、相良義陽が相良家中でどのように呼称されていた

表２　相良義陽名乗一覧

年月日	文書名	差出	宛所	敬称	上所	脇付	書止文言	文書内容	典拠	刊本	備考
〔永禄 7（1564）〕.7.27	相良頼房感状	頼房（花押）	岩本源二兵衛尉（頼真）	殿			恐々謹言	軍忠褒賞	「岡本文書」	『熊本県史料中世編』3	
永禄 7（1564）.10	相良義頼祈願文	相良修理大夫藤原義頼					者也	仏像寄進	「願成寺文書」	『熊本県史料中世編』3	
〔永禄 9（1566）〕.9.16	相良頼房書状	頼房（花押）	島津（義久）	殿		御宿所	恐々謹言	軍勢派遣	『島津家文書』1635 号	『大日本古文書家わけ 16』4	
〔永禄 10（1567）〕.2.8	相良頼房書状	修理大夫頼房（花押）	島津（義久）	殿	謹上	御宿所	恐々謹言	立春祝儀	『島津家文書』1636 号	『大日本古文書家わけ 16』4	
永禄 10（1567）.8.2	相良義陽書状写	義陽　御書判	井口石見守	とのへ		参候	恐々	扶持約束	「井口文書」	『熊本県史料中世編』4	検討の余地あり
永禄 11（1568）.4.4	相良頼房起請文案	相良修理大夫藤原頼房	東郷（重綱）・祁答院（良重ヵ）	殿				同盟確認	『相良家文書』523 号	『大日本古文書家わけ 5』1	
〔永禄 12（1569）ヵ〕.9.7	相良頼房書状写	頼房（花押影）	北郷（時久）	殿		御宿所	恐々謹言	大隅情勢	『薩藩舊記雑録　後編』5	『鹿児島県史料』	
元亀 3（1572）.9.15	相良頼房名字書出	頼房（花押）	相良藤四郎長重					名字授与	「犬童文書」	『熊本県史料中世編』3	
元亀 3（1572）.9.15	相良頼房名字書出	頼房（花押）	相良藤十郎長意					名字授与	「犬童文書」	『熊本県史料中世編』3	
元亀 4（1573）.2.10	相良頼房名字書出	頼房（花押）	吉賀江十郎政員					名字授与	「深水文書」	『熊本県史料中世編』3	
〔天正元（1573）〕.9.11	相良頼房書状	頼房（花押）	島津（義久）	殿		参御宿所	恐々謹言	大隅情勢	『島津家文書』1638 号	『大日本古文書家わけ 16』4	
天正元（1573）.10.2	相良義陽感状写	義陽　御書判	井口若狭守	との		参候	恐々	軍忠褒賞	「井口文書」	『熊本県史料中世編』4	榜討の余地あり
天正 3（1575）.2.10	相良義陽感状写	義陽　御書判	井口若狭守	との		参候	恐々	軍忠褒賞	「井口文書」	『熊本県史料中世編』4	検討の余地あり
〔天正 3（1575）〕.7.7	相良頼房感状	頼房（花押）	岩本主馬允	殿			恐々謹言	軍忠褒賞	「岡本文書」	『熊本県史料中世編』3	
〔天正 4（1576）〕.10.7	相良義陽起請文	修理大夫義陽（花押）	伊勢因幡守（貞知）	殿			恐々謹言	軍忠褒賞	『相良家文書』564 号	『大日本古文書家わけ 5』2	
〔天正 4（1576）〕.11.5	相良頼房書状	頼房（花押）	島津（義久）	殿		参御宿所	恐々謹言	誓書交換	『島津家文書』1643 号	『大日本古文番家わけ 16』4	
〔天正 5（1577）〕.3.8	相良義陽書状	義陽（花押）	島津（義久）	殿		御宿所	恐々謹言	境目案件	『島津家文書』1645 号	『大日本古文書家わけ 16』4	
〔天正 5（1577）〕12.16	相良義陽書状	義陽（花押）	島津（義久）	殿		御宿所	恐々謹言	戦勝祝儀	『島津家文書』1649 号	『大日本古文書家わけ 16』4	
〔天正 8（1580）ヵ〕.12.18	相良義陽書状案写	義陽	阿蘇（惟将）	殿		御報	恐々謹言	肥後情勢	『阿蘇家文書』	『大日本古文書家わけ 13』2	
〔天正 9（1581）〕.2.18	相良義陽感状写	義陽　御判	深水源四郎	殿			恐々謹言	軍忠褒賞	『南藤蔓綿録』5	『肥後国史科叢書』3	
〔天正 9（1581）〕.2.18	相良義陽感状	義陽（花押）	犬童筑前守（長晴）	殿			恐々謹言	軍忠褒賞	「犬童文書」	『熊本県史料中世編』3	
天正 9（1581）.9.8	相良義陽起請文	義陽（花押）	（龍造寺）隆信・久家			参	如件	両家和睦	「龍造寺家文書」	『佐賀県史料』3	
（年未詳）.1.27	相良義陽書状	義陽（花押）	甲斐（宗運）	殿			恐々謹言	肥後情勢	「徳本氏所蔵文書」	『熊本県史料中世編』3	
（年未詳）.3.7	相良義陽書状写	よしひ（花押影）	おく	へ		参申給へ	かしく	息子様子	「熊本県立図書館所蔵文書」	『八代日記』	
（年未詳）.5.21	相良義陽書状写	義陽　在判	山崎武蔵守	との			以上	扶持約束	『肥後国誌』所収文書	『肥後国誌』下	
（年未詳）.5.28	相良頼房書状	頼房（花押）	児玉大膳丞	殿			恐々謹言	扶持約束	「西文書」	『熊本県史料中世編』3	
（年未詩）.6.27	相良義陽感状	義陽（花押）	樅木与一	殿			恐々謹言	軍忠褒賞	「熊本県立図書館所蔵文書」	『八代日記』	
（年未詳）.6.27	相良義陽感状	義陽（花押）	犬童大炊助	殿			恐々謹言	軍忠褒賞	「豊永文書」	『人吉市史』	
（年未詳）.12.21	相良義陽書状	義陽（花押）	大童筑前守（長晴）	殿			恐々謹言	技持約束	「犬童文書」	『熊本県史料中世編』3	

〈注〉相良義陽が将軍偏諱を授与された永禄７年（1564）から、死去する天正９年（1581）までの相良義陽の発給文書を一覧とした。

か検討してみたい。

まず、永禄七年の将軍偏諱の授与について、『八代日記』の記事によると、同年五月三日条には「京都ヨリ御使桜本坊、今日口宣頂戴候」とあり、将軍義輝の使者の桜本坊と相良義陽が対面して任官の口宣を受け取ったとし、次に同年五月十日条には「さくら本坊有馬のことく御行候、今日人吉ヨリ御立候」とあり、桜本坊は肥後国人吉を発ち、肥前国有馬へと向かったとしている。これらの記述は、前に挙げた「相良氏将軍家使僧迎接日記」とほぼ合致するものである(58)。すなわち『八代日記』の記述には、将軍偏諱の授与の経緯がほぼ正確に反映されていると言える。そして『八代日記』には、「相良氏将軍家使僧迎接日記」には見られない、さらに詳細な記述も見られる。「桜本坊有馬ヨリ八代ニ着候、爰元油断之由ニて腹立にて候、来二日ニ求磨ニ上候、来廿二日ニ八代まて下候」（同年五月二十九日条）、「桜本坊求磨ニ御上候」（同年六月二日条）、「桜本坊御立候、安内〔案〕者高雲寺御船まて、豊州使僧今日同前ニ立候」（同年六月二十五日条）とあり、桜本坊はその後、有馬から肥後国八代に着いたが、相良家側の何らかの不備に対して立腹していたようである。そして六月二日に桜本坊は肥後国求磨に向かい、六月二十五日に豊後の大友氏の使僧と同日に帰路に着いたようである。なお、永禄八年七月二十三日条に「桜本坊求磨へ御上候、八月十一日ニ八代ヨリ御立御出（ミふねこ）船（とく）」とあり、翌永禄八年も桜本坊は肥後に下向していたことが分かる。

このように、『八代日記』は相良家の家中日記という性質を持つため、相良義陽への将軍偏諱の授与についても詳細にその情報を把握していると言える。それでは『八代日記』から、永禄七年の将軍偏諱の授与により、相良家中での相良義陽の呼称に変化は見られるのであろうか。その点について、『八代日記』に見る永禄七年以降の相良義陽の呼称について一覧としたのが表3である。これによると、永禄七年以降も相良義陽の家中での呼称は、「頼房さま」

表３『八代日記』相良義陽呼称一覧（永禄７年以降）

日付	記事	備考
〈永禄７年〉		
2月27日条	頼房さま佐敷ニ御下向候而、比えい山ヨリ御使僧、（後略）	
5月14日条	頼房さま今年始八代ニ御下向、	
5月18日条	上津浦ヨリ朝音寺八代ニ為使御越候、旨趣ハ頼房さま御下向御祝、（後略）	
5月28日条	頼房さま御帰宅、佐敷ノコとく、徳口ニ両日御逗留、	
9月16日条	豊州御使金栗院御舟ノコトク、頼房さまヨリ引物陣三千（ママ）、（後略）	
10月1日条	頼房御下、佐敷通也、	
11月5日条	七日丙午日ニ働定候而、今日頼房さま高塚ニ御出張、 （中略）頼房さましもくゝまて御光儀、くゝにて宗運ニ御参会、（後略）	
11月25日条	頼房さま御開陣、	
〈永禄８年〉		
3月12日条	頼房さま八代ニ御下候、	
3月20日条	頼房さま妙見ニ御参籠候、	
3月28日条	頼房さま御開陣、	
4月12日条	頼房さま三使之宿ニ御礼、三使廳而陣内ニ御礼、（中略）何れにも頼房さまハ御光儀候ハす候、十八日ニ御立候、（後略）	
4月12日条	彼小宿ニ先　頼房様御礼ニ、其後三使陣内御礼、	同年11月23日条の後にあり。
4月13日条	頼房ニ御合尺、御座敷蓑田兵部方ニテ、（後略）	同年11月23日条の後にあり。
6月13日条	頼房橋（様ヵ）高津賀ヨリ御社参候、夫ヨリ御帰宅之由候処ニ、（後略）	
6月28日条	上津浦鎮貞、頼房ニ御会尺、廿九日出船、	
7月21日条	頼房さま如求磨御帰宅、佐敷へ、	
10月9日条	頼房さま八代御下向之儀御申候、御使ニ市十郎上候、（後略）	
11月20日条	頼房さま御ひかしニ御光儀之時、市十郎へ忝上意、（後略）	
〈永禄９年〉		
4月22日条	頼房様八代ニ御下向、佐敷ヨリ御船にて同廿三ニ妙見ニ御社参、	
5月6日条	屋形さまヲ頼房さまニ御申請候、御座敷ハ蓑兵、	

〈注〉相良義陽が将軍偏諱を授与された永禄７年（1564）から、『八代日記』が残存する永禄９年までの、相良家中での相良義陽（初名頼房）の呼称（実名）を一覧とした。

「頼房様」「頼房」のいずれかであることが分かる。つまり相良家中では、当然のことながら相良義陽への将軍偏諱の授与の事実を把握しているにもかかわらず、主人である相良義陽の呼称は依然として「頼房」のままであるということになる。『八代日記』の記事は永禄九年までであるが、先述したように主人である相良義陽自身が天正四年まで「義陽」の実名の使用を控えていた以上、相良家中でも天正四年まで「義陽」とは呼称していなかったと考えられる。

以上のように、相良義陽は天正四年に近衛家の「家来」となるまで、「義陽」の実名を文書中で用いることは無く、また相良家中でも「義陽」と呼称されることは無かったのである。

三、将軍偏諱の認知への転換の背景

本章では、大友氏が相良義陽の将軍偏諱に異議を唱えたのはどのような秩序意識に基づくのか、またなぜ天正五年に将軍偏諱の認知へと転換したのかという点について、その背景をより具体的に考察することとしたい。

まず、大友氏が異議を唱えた背景として、家格の視点から、大友氏が相良氏をどのような家として認識していたのか考えてみたい。そこで取り上げるのが、永正十五年（一五一八）のものとされる、大友義長から嫡男親安（後の義鑑）に与えた、大友家の政治方針に関する訓戒状である。以下、その中でも相良氏及び肥後に関する箇所を挙げる。

史料九「大友義長条々写」[59]（傍線筆者）

条々

〈中略〉

一、相良か事、肥後当国きせつ（義絶）の時より、当家披（被）官たるへきよし（由）申候て、于今無相違候、殊更当時者菊法師丸（菊池重治）彼国之名字付候、其上ゑんへん（縁辺）なと之儀も凡申談候条、旁以為当家無相違可申合事肝要候、自然伯耆なと負屓〔贔屓カ〕之者、如何躰申成候共、不可有同意候、

（中略）

（永正十五年カ）六月三日　義長（大友）（花押）

すでに服部英雄氏や海老澤衷氏により指摘されている点であるが、この中で「相良か事」は「当家披（被）官たるへきよし（由）」とあるように、大友氏は相良氏を大友家の被官として認識していたことが分かる(60)。しかし、服部氏や海老澤氏が指摘するように、相良氏はむしろ大内氏に接近するなど独自の動きを見せているように、大友氏と相良氏は完全な主従関係にあったとは言い難い。ただし、相良氏は大友氏を「屋形様」と仰ぎ(61)、また大友義鑑が天文十二年（一五四三）に肥後守護職を獲得した際には(62)、相良氏は祝賀の使者を大友氏に派遣している(63)。つまり、実態として相良氏は大友氏の被官にとどまらない行動をとる一方で、名目としては肥後守護である大友氏を「屋形様」と仰いでいたということになる。そのため、相良義陽の将軍偏諱を大友氏が認知していない間は、相良氏は「屋形様」である大友氏に配慮して将軍偏諱を伴う実名の使用を控えていたと考えられる。

また参考に、日向の伊東義祐（前名祐清）や肥前の有馬晴純（前名賢純）への将軍偏諱の授与や任官に対して、大友氏が異議を唱えた一件についても見ていきたい。

伊東義祐は、天文六年に将軍義晴から将軍偏諱を授与されて義祐と改名し(64)、そして天文八年には弾正大弼の官途を幕府に申請している。この伊東氏の申請について、幕府は公家の三条公頼に諮問したが問題無いとの回答であり、ま

た幕府内の衆議でも問題無いとされた[65]。しかしそこで大友義鑑から、幕府への手日記の提出により[66]、次のように異議が唱えられた。

史料十「天文八年手日記[67]」（傍線筆者）

手日記天文八

一、伊東六郎（義祐）弾正大弼之官途望候歟、彼一家代々大和守と申候、義尹公方様防州御座之時、至彼家はしめて尹祐と被下候き、それも大和守と申候、相応之官途以下可被仰出候哉、殊義之御字被下候事、又大弼之事一向無其例儀候条、為此方兎角不及言上候、

一、高来（肥前国）之有馬太郎（晴純）官途之事申上候歟、彼仁代々左衛門尉と申候、あらためて可被下之儀如何候、殊御字之事、上下共被下事、一向不及其沙汰儀候、隣国衆之事、被糺先例、可被仰出候哉、代々御字・官途以下被下候人数之事、島津代々陸奥守　菊池代々肥後守　千葉介　太宰少弐以下其外之衆者、彼衆中被官並之事候条、各存知之前候、

一、西国之事者、大内・此方大概存知仕候、而何事をも申付候、今以其分候条、両方被成御尋、毎事可被仰出事候哉、乍斟酌為御心得、御両所迄濃々令申候、又なにの大夫事、西国において大内・此方より外は不可有之候歟、又為御存知候、

（天文八年）十二月五日

龍（東興）眠庵

勝（光秀）光寺まいる

この事例についてはすでに山田康弘氏により注目されているが[68]、この異議から窺える大友氏の秩序意識についてさらに考えてみたい。

この異議を要約すると、伊東氏の家の官職（官途・受領）は大和守であり[69]、また伊東氏への将軍偏諱の授与の先例は下字の授与であるため、弾正大弼への任官と「義」字の授与は妥当でないとする。また有馬氏については、将軍偏諱の授与や任官自体が妥当でないとする[70]。そして、将軍偏諱の授与や任官が九州で許されるのは、島津氏・菊池氏・千葉氏・少弐氏などの家であり、それら以外の家はこれらの家の「被官並」であるとする。そして西国のことは大内氏・大友氏に尋ねた上で仰せ付けるべきであるとし、また諸大夫への任官は大内氏・大友氏以外には許すべきではないとする。

ここに見られる大友氏の秩序意識とは、西国の家格秩序では大内氏・大友氏が頂点に位置し（両家にのみ諸大夫への任官が許される[71]）、その下に島津氏・菊池氏・千葉氏・少弐氏などの家（すなわち将軍偏諱の授与や任官が許される家）が展開し、それら以外の家（すなわち将軍偏諱の授与や任官が許されない家）はこれらの家の「被官並」である、というものである。

したがって、伊東氏や有馬氏は「被官並」の家であり、将軍偏諱の授与や任官は妥当でない、ということになる。ただしこの異議の中で、伊東氏と有馬との間にも差異があり、伊東氏の場合は下字の将軍偏諱の授与と大和守への任官は先例があるため、それは差し支え無いとしている。しかし、有馬氏の場合はそのような先例も無く、将軍偏諱の授与や任官自体が妥当でないとしている[72]。

そして、このような大友氏の秩序意識によると、相良氏もまた「被官並」の家ということになり、将軍偏諱の授与や任官が許されない家であることになる。そのため大友氏は、相良義陽への将軍偏諱の授与に異議を唱えたのである。その一方で、第一章で見たように相良義滋・晴広への将軍偏諱の授与の際には、大友氏はその授与を許容したのは、大友氏と並び西国の事は「大概存知仕候」と認識する大内氏の仲介によるものであったためと考えられる。

最後に、大友氏がそれまで認めていなかった相良義陽の将軍偏諱を、天正五年に認めるに至った背景について、大友氏の側から考えてみたい。その転換の契機を明らかにするために、天正五年に大友氏と相良氏が置かれていた状況について見ていくこととする。

天正五年、薩摩の島津氏が日向侵攻を開始すると、日向の伊東義祐は敗れ、豊後の大友宗麟の下に逃れて来た。これは、大友宗麟の婿の一条兼定の娘が伊東義祐の子義益の妻となっていたなど、当時大友氏と伊東氏は同盟関係にあったためである[73]。そして翌天正六年に大友氏は、伊東氏の旧領回復を名目に日向に出兵し、島津氏との耳川の戦いへと至る[74]。

次に、相良氏の状況に注目すると、先述したように、当時、織田信長の要請により近衛前久が九州に下向しており、肥後の相良氏や、薩摩の島津氏の下に滞在していた[75]。そして天正四年十月、近衛前久の斡旋により、相良氏と島津氏との間で和睦が成立している[76]。

以上の点から天正五年という時期は、島津氏の日向侵攻にともない、日向の伊東氏と同盟関係にあった大友氏と島津氏の衝突が近く避けられない状況にあった。そして、大友氏と島津氏の対立の中で、その前年に島津氏と和睦していた相良氏の動向は、大友氏にとって軽視できないものであった[77]。そのため、大友氏は相良氏に一定程度の配慮を示し、相良義陽の将軍偏諱の認知へと転換したと考えられる。そして、天正五年三月以降、相良義陽の自称も「義陽」

へと定着するに至るのである。

結　語

最後に、本稿で指摘した点を整理し、今後の課題について述べて結びとしたい。

第一章では、永禄七年の相良義陽への授与の事例と、天文十四年の相良義滋・晴広へ授与の事例とを比較検討した。その結果、天文十四年の授与は大内氏の仲介によるものであったが、永禄七年の授与は相良氏単独の申請によるものであり、そのため大友氏は、相良義陽への将軍偏諱の授与の事実を認めず、その不認知の姿勢は天正五年まで続くことを指摘した。

第二章では、大友氏の書札礼である「御当家御書札認様」の「義ノ御字、天正五年より御当方御分別也」という記述に注目し、大友氏からの相良義陽の呼称は永禄七年以降も「頼房」であり、それが天正五年を契機として「義陽」と転換することを大友氏の文書上からも確認した。そしてその転換と機を一にし、他家からの相良義陽の呼称も「義陽」に定着する。また相良義陽自身も、近衛家の「家来」となる天正四年までは「義陽」と名乗るのは控え、「頼房」と名乗り続けていた。そして相良家中からも、「頼房様」のように呼称されていた。

第三章では、大友氏が相良義陽の将軍偏諱を認めなかった背景、そしてそれが天正五年に認知へと転換する背景について考察した。まず、大友氏が異議を唱えた背景として、相良氏を「被官並」の家と見なし、将軍偏諱の授与は妥当でないとする大友氏の秩序意識が存在したことを指摘した。次に、天正五年にそれが転換する背景として、島津氏の日向侵攻にともない、大友氏と島津氏の対立が深まる中で、相良氏の帰趨が大友氏においても軽視できなくなり、相良氏に配慮する必要が生じたためと考えられる。

以上の点から、相良義陽の場合、実際に将軍偏諱の授与が行われたとしても、大友氏がそのことを認めない中では、義陽自身もまた、将軍偏諱を伴う実名の使用を控えざるをえなかったことが分かる[78]。そこに、戦国期の将軍権威の限界性を認めることも可能であろう。また、天正五年に大友氏と相良氏をめぐる政治過程の中で、将軍偏諱の不認知が転換したように、政治状況が儀礼秩序に及ぼす影響を窺うことができる。

なお、この事例については、「独力で「義」の一字を得た相良氏が、この段階に戦国大名としての実質を完成させているとみることは十分に可能である」との評価も成されてきたが[79]、独力で将軍偏諱を得るに至った点に意義はあるとしても、それを実際に名乗ることができなかった段階においては、そのように評価するにはなお留保が必要であると考える。

ただ、ここで気がかりな点として、本稿の第三章に関連し、伊東義祐の先代、尹祐に下字の将軍偏諱を授与した先例があるため、大友氏は義祐への下字の授与は許容するとしていた。ただ、第一章で見たように相良義陽の先代・先々代、相良義滋・晴広にも「義」字と下字の将軍偏諱をそれぞれ授与しており、相良義陽にも伊東義祐のように授与の先例はあるということになる。そしてそれについて、室町将軍も先例はあるものとして認めていた。しかし、大友氏の認識はそれとは異なり、下字の将軍偏諱の授与は先例があれば可能であるが、「義」字の授与はたとえ先例があっても相良氏の場合は不可であるとしていた。戦国期の大友氏の歴代当主は室町将軍から「義」字を授与されており、相良氏がそれに並ぶのを大友氏が嫌ったためとも考えられるが、このような先例の形成の問題については、なお考察する必要があると考える。今後の課題としたい。

註

（1）本稿では、偏諱や官位などの栄典の授与や、家格などにより形成される身分秩序を儀礼秩序と呼称する。
（2）二木謙一『中世武家儀礼の研究』（吉川弘文館、一九八五年）、同氏『武家儀礼格式の研究』（吉川弘文館、二〇〇三年）。
（3）二木氏註（2）前掲著書（二〇〇三年）、四三六～四三八頁。
（4）ただし、天文九年（一五四〇）二月に筑前国人の秋月氏が御供衆の家格を申請した際（『大館常興日記』天文九年二月二十二日条）、秋月氏から申請したという形式ではなく、大内氏と大友氏との和睦調停において秋月氏が果たした「忠功」に対し、室町将軍が自発的に授与したという形式にしてほしいと秋月氏が希望したように、申請を伴わずに室町将軍側から授与するというケースも存在したようである。しかし、結果的にこの秋月氏の要望は受け容れられなかったように、そのようなケースは稀であったと考えられる。なお、この事例については、山田康弘「戦国期栄典と大名・将軍を考える視点」（『戦国史研究』五一号、二〇〇六年）。
（5）その中でもとくに、木下聡『中世武家官位の研究』（吉川弘文館、二〇一一年）が網羅的な研究として挙げられる。
（6）偏諱授与の始まりとその展開については、飯沼賢司「人名小考―中世の身分・イエ・社会をめぐって―」（竹内理三先生喜寿記念論文集刊行会編『荘園制と中世社会』、東京堂出版、一九八四年）、加藤秀幸「一字書出と官途（受領）挙状の混淆について」（『古文書研究』五号、一九七一年）、紺戸淳「武家社会における加冠と一字付与の政治性について―鎌倉幕府御家人の場合―」（『中央史学』二号、一九七九年）。
（7）なお、「義陽」の読み方であるが、「（年未詳）相良義陽書状写」（「熊本県立図書館所蔵文書」、『八代日記』）の差出に「よしひ」とある。
（8）服部英雄「戦国相良氏の誕生」（『日本歴史』三八八号、一九八〇年）、二木謙一「戦国期室町幕府・将軍の権威―偏諱授与および毛氈鞍覆・白傘袋免許をめぐって―」（初出、『国学院雑誌』八〇巻十一号、一九七九年。後に、同氏註（2）前掲著書、一九八五年）。また服部氏には、戦国期の相良氏の領主支配や家中秩序について明らかにした、「戦国相良氏の三郡支配」（『史学雑誌』八六編九号、一九七七年）がある。

（9）二木氏註（8）前掲論文。

（10）富田正弘「室町殿と天皇」（『日本史研究』三一九号、一九八九年）、水野智之「室町将軍の偏諱と猶子—公家衆・僧衆を対象として—」（初出、『年報中世史研究』二三号、一九九八年。後に、同氏『室町時代公武関係の研究』、吉川弘文館、二〇〇五年）、同氏『名前と権力の中世史—室町将軍の朝廷戦略—』（吉川弘文館、二〇一四年）。

（11）山田貴司「室町・戦国期の地域権力と武家官位—大内氏の場合—」（『福岡大学大学院論集』三六巻一号、二〇〇四年）、「大内義隆の大宰大弐任官」（『地方史研究』三一九号、二〇〇六年）、「中世後期地域権力の官位獲得運動—大内教弘への贈三位運動—」（『日本歴史』六九八号、二〇〇六年）。

（12）大塚俊司「大友氏の加冠・偏諱授与と家臣団」（『年報中世史研究』三二号、二〇〇七年）。

（13）木下聡「対馬宗氏の官途状・加冠状・名字状」（『東京大学日本史学研究室紀要』十号、二〇〇六年）、桑田和明「戦国時代における筑前国宗像氏発給文書の一考察—官途状、官途吹挙状、加冠状を中心に—」（『駒沢史学』五五号、二〇〇〇年）。

（14）「元久二年七月二十五日付鎌倉将軍家下文案」（『大日本古文書　家わけ五相良家文書』三号）。以下、『大日本古文書　家わけ五相良家文書』は『相良』と略す。

（15）「永和三年十月二十八日付南九州国人一揆契状案」（「禰寝文書」、池田公一編著『中世九州相良氏関係文書集』文献出版、一九八七年）。

（16）以上、南北朝・室町期の相良氏と名和氏との関係については、池田こういち『肥後相良一族』（新人物往来社、二〇〇五年）。

（17）服部氏註（8）前掲論文（一九八〇年）。

（18）この一連の経緯については、外山幹夫『大友宗麟』（吉川弘文館、一九七五年）、三五・三六頁。『大分県史　中世編三』（一九八七年）、一四八〜一五〇頁。

（19）なお、戦国期の相良氏ら肥後の勢力と大友氏との関係について明らかにした論考として、本田不二郎「戦国時代の肥後と大友氏との関係」(『熊本史学』創刊号、一九五二年)、松原勝也「天文期肥後国情勢と相良・名和・阿蘇三氏盟約―大友氏による肥後国支配との関連―」(『九州史学』一四一号、二〇〇五年)がある。とくに松原氏によると、天文年間は大友氏による肥後の安定的な支配が進む時期とし、菊池氏を支持していた相良氏・名和氏・阿蘇氏による三氏盟約は崩壊して、大友氏の影響下に置かれていくと指摘している。

(20) 木下聡氏によると、この相良義滋・晴広の宮内大輔・右兵衛佐への任官の背景として、宮内大輔については相良家に由緒ある官途であり、また右兵衛佐については任官の仲介をした大内氏による、大友氏対策としての意図によるものと指摘している(同氏「相良晴広の右兵衛佐任官の背景」、『戦国史研究』六〇号、二〇一〇年)。
(21) 『相良』三八六号。
(22) 『相良』三九〇号。
(23) なお、このとき朝廷から派遣された小槻伊治は、その娘が大内義隆の側室であり、大内氏の庇護下にあった。福尾猛市郎『大内義隆』(吉川弘文館、一九五九年)、六五頁。
(24) 『相良』三七三・三七五号。
(25) 『相良』三七〇号。
(26) 『相良』三六六号
(27) 『相良』三八〇号。
(28) 『相良』四一六号。
(29) 『相良』四一三号。
(30) 服部氏註(8)前掲論文(一九八〇年)。
(31) 『相良』五一〇号。
(32) 『相良』五〇九号。
(33) 『相良』五一二号。

(34)　なお、当時の相良氏の本拠は肥後国人吉の古麓城である。そこではなく、人吉城で桜本坊を迎えた理由については判然としない。
(35)　『相良』五一三号。なお、翌永禄八年三月には、礼物の受領を告げる将軍義輝の御内書と細川藤孝の副状が出されている。『相良』五一五・五一六号。
(36)　『相良』五一一号。
(73)　『相良』五一七号。
(38)　二木氏註（8）前掲論文、三九九頁。
(39)　例えば、日野澄光は将軍義澄から授与された「澄」字を改め、内光と改名しているが、これは京から没落した将軍義澄との間に距離を置き、関係を断ち切るためとされている。水野氏註（9）前掲論文、二九一頁。
(40)　『相良』五一八・五一九号。
(41)　『相良』五四四号。
(42)　『続大友史料（家わけ）』五。
(43)　註（42）所載の田北学氏の注による。
(44)　大友氏の加判衆については、外山氏註（18）前掲著書、七二～七四頁、同氏『大名領国形成過程の研究』（雄山閣、一九八三年）、五七〇～五七五頁。同氏によると、加判衆は連判衆とも称され、大友氏の家臣団の中で最高位に位置し、大友氏当主を補佐して、家臣統制、所領給与・没収、徴税等指導、合戦評定及び出陣指揮などの任に就いていたとされる。
(45)　『相良』五七五号。
(46)　「山田文書」（『日向古文書集成』）。
(47)　この一件に関しては、『相良』五七二・五七四・五七六～五七八号。年次比定については、『相良』五七一号に「手日記天正四 十一 十三」として一、志岐御赦免之事」とあることから、天正四年と比定した。なお、『相良』五七四号では、佐伯惟教ら大友氏の老中らも「頼房」と呼称している。
(48)　なお、大友義統は天正四年初頭に家督を父宗麟から譲られたとされる。外山氏註（18）前掲著書、一九四頁。

(49)　文末の「至日州衆者、義賢可有入魂之条不及申候」について、伊東氏は天正五年の島津氏の日向侵攻に伴い、豊後の大友氏の下に逃れていた。これは、大友宗麟の婿である一条兼定の娘を伊東義益が妻としていたなど、大友氏と伊東氏が同盟関係にあったためとされる（外山氏註（18）前掲著書、二五二頁）。そしてここで、日向の国人への対応については当時伊東氏の家督の地位にあった伊東義賢に委ねられている。またこの文書の年次比定について、文中に「義賢」とあることから、伊東義賢の家督継承及び実名を「義賢」と名乗るのは天正五年八月のこととされるため（『宮崎県史　通史編　中世』、一九九八年、九八四頁）、少なくとも天正六年正月以降の文書であることは確実である。

(50)　管見の限りでは、天正五年に「義陽」と呼称した大友氏の発給文書は残存していないものの、史料八のように天正六年正月の段階で「義陽」と呼称しているため、「御当家御書札認様」の記述の通り、その前年の天正五年より「義陽」と呼称していた可能性が高い。

(51)　ただし、相良義陽は永禄七年の将軍偏諱の授与の際に修理大夫に任官したが（『相良』五〇九号）、島津義久はこの任官を認めず、以後も義陽の前官の「遠江守」で呼称している（『相良』五九七号）。これは、当時島津義久も修理大夫であったため（『大日本古文書　家わけ十六　島津家文書』六三五号。以下、『大日本古文書　家わけ十六　島津家文書』は『島津』と略す）、それと重なる相良義陽の修理大夫は認めないという意志によるものである。そして実際に、島津義久は義陽の修理大夫を認めない一方で、相良氏に対してみずからを修理大夫と称している（『相良』六二六号）。以上の点から、島津義久は相良義陽の将軍偏諱は認めても、修理大夫の官途は認めないという姿勢であったことが分かる。

(52)　「（永禄七年）七月二十七日付相頼房感状」（「岡本文書」、『熊本県史料　中世編』三）。

(53)　「（天正四年）十月七日付相良義陽起請文」（『相良』五六四号）。
また、天正四年の近衛前久の九州下向の背景及び、近衛家の家礼としての伊勢貞知については、橋本政宣「織田政権と近衛前久」（同氏『近世公家社会の研究』、吉川弘文館、二〇〇二年）、水野哲雄「戦国期島津氏領国における伊勢流武家故実の受容と展開」（『年報中世史研究』三三号、二〇〇八年、黒嶋敏「織田信長と島津義久」（『日本歴史』七四一号、二〇一〇年）。とくに水野氏によると、伊勢貞知が幕府を致仕した後、近衛家の家礼となった背景として、以前からの将軍近臣と公家衆との交流が挙げられるとする。

(54)「(天正四年)十月八日付近衛前久書状」(『相良』五六五号)。

(55) なお、この伊勢貞知宛ての起請文の翌月に出された島津義久宛ての書状では(『島津』一六四三号)、「頼房」に一時的に戻しているが、島津氏宛てに突然「義陽」の実名を使用するのは、いまだこの段階では保留していたと考えられる。

(56)『熊本県史料　中世編』三。なお、「義頼」と署名した現存文書はこの一点のみであり、その実名はごく短期間のもので、まもなく「義陽」へと改名したと思われる。したがって、相良義陽の実名の変遷は、「頼房」(永禄七年二月まで)→「義頼」(同年十月頃まで)→「義陽」(天正九年の死去まで)。ただし、この実名を実質的に用いることができるのは天正四年以降となる。

(57) 東京大学史料編纂所架蔵謄写本。また、慶應大学所蔵「相良家文書」中のものを原本と指摘する、丸島和洋氏の論考がある(同氏「慶應大学所蔵相良家本『八代日記』の基礎的考察」、『古文書研究』六五号、二〇〇八年)。同氏によると、『八代日記』の成立時期は永禄末年頃であり、戦国期相良氏の同時代史料であると言える。また同氏は、『八代日記』の紙背文書にも注目し、『八代日記』の編者、的場氏の「的場家文書」として見なしうるとしている(同氏「慶應大学所蔵相良家本『八代日記』紙背文書の翻刻と紹介」、『三田中世史研究』十六号、二〇〇九年)。そして同氏は、的場氏が様々な地方暦の入手に努めていた可能性を紙背文書から指摘している(同氏「『八代日記』と地方暦」、『古文書研究』七九号、二〇一五年)。
　なお『八代日記』は、熊本中世史研究会編『八代日記　付歴代参考・関係未刊文書』(青潮社、一九八〇年)として翻刻されており、本稿はその成果によった。

(58) 註(33)参照。

(59)「大友家文書」(『大分県史料』二六巻五〇一号)。大友義長は嫡男親安に対して、永正十二年と同十五年に訓戒状を与えているが、本史料はその後者のものである。なお義長は、永正十五年の訓戒状を書き与えた約二ヶ月後に死去している。この訓戒状の性質については、義長が嫡男である親安に大友家の政治方針や家督としての心構えを説いたものであり、この時期に大友氏の嫡子単独制の完成が見られるとする。『大分県史　中世編二』(一九八五年)の第二章第四節(渡辺澄夫氏執筆)。

(60) 服部氏註(8)前掲論文(一九八〇年)。『大分県史　中世編二』(一九八五年)の第四章第三節(海老澤衷氏執筆)。

(61)『相良』三四六号。
(62)「大友家文書」(『大分県史料』二六巻二九〇号)中に、肥後守護職を安堵する将軍義晴の次の御判御教書がある(傍線筆者)。

肥後国守護職事、任去延文四年八月廿四日御判之旨者(ママ)、早全領知守先例可致其沙汰之状、如件、

天文十二年五月七日　(足利義晴)(花押)

大友修理大夫(義鑑)とのへ

この文中に見られるように、大友氏への肥後守護職の安堵は、南北朝期の「延文四年八月二十四日付足利義詮御判御教書」(「大友家文書」、『大分県史料』二六巻三八一号)が根拠となっていることが分かる。したがって、三重野誠氏が説くように(同氏「大友氏宛の守護職補任文書」、初出、『大分県地方史』一三九号、一九九〇年。後に、同氏『大名領国支配の構造』、校倉書房、二〇〇三年)、大友氏の認識としては、肥後守護職は元々大友氏が所持していたものであり、その後一時的に阿蘇氏に委譲していたに過ぎない、というものであったと考えられる。
(63)『相良』三五三・三五五号。
(64)「(天文六年)八月二十三日付細川晴元書状」(「伊東家文書」一二号、『宮崎県史　史料編　中世二』)・「(天文六年)八月二十三日付伊勢貞孝書状写」(「伊東家文書」一四号、同)。
(65)『常興』天文八年十一月二十八日条。
(66)「(天文八年)十二月五日付大友義鑑書状」(「大友家文書録」、『大分県史料』三三巻九八一号)。
(67)「大友家文書録」(『大分県史料』三三巻九八二号)。
(68)山田氏註(4)前掲論文。
(69)ただし、この異議の中で伊東氏の家の官途は代々大和守であり、それは将軍義尹期からであるとしているが、実際には伊東氏への大和守の任官は将軍義政期にすでに見られる(『島津』八五号)。
(70)天文八年七月、有馬晴純は「晴」字の将軍偏諱を授与され、修理大夫に任官している(『大館常興日記』天文八年七月三・七・八・二十三日条)。

(71) ただし、ここに見られる大内氏と大友氏は対等の家格であるという大友氏の秩序意識とは異なり、大内氏からは大友氏を対等の家格とは見なしていないことを、筆者は大内氏と大友氏の両家の書札礼の比較検討から指摘した。拙稿「書札礼からみた室町・戦国期西国社会の儀礼秩序」(『年報中世史研究』三八号、二〇一三年)。
(72) また大友氏はその後、幕府に「彼有馬ハ少弐被官人にて候」(『大館常興日記』天文九年二月八日条)と伝え、有馬氏は少弐氏の被官であるため、将軍偏諱の授与は不適切であると異議を唱えている。
(73) 註(49)参照。また、同年、伊東義祐は義益の子の慶龍(後の義賢)の後見を大友宗麟・義統父子に依頼している(「(天正五年)閏七月二十九日付伊東義祐書状」、「志賀文書」、『大分県先哲叢書　大友宗麟資料集』五巻一六七四号)。
(74) 大友氏の日向出兵の経緯については、『大分県史　中世編三』(一九八七年)の第三章第三節(渡辺澄夫氏執筆)。
(75) 谷口研語『流浪の戦国貴族近衛前久』(中公新書、一九九四年)一一一～一一四号。
(76) 『相良』五六六・五六八・五六九・五九〇号。
(77) 実際に大友氏は、日向出兵の際に相良氏の下に使者を派遣し、日向侵攻の状況を伝えるとともに、大友方への加勢を要請している(『相良』五九八号)。
(78) 大友氏が認めない可能性がある中で、永禄七年に相良義陽が将軍偏諱を申請した理由として、当初、相良義陽は大友氏の意向を無視したか、あるいは室町将軍が許可すれば大友氏も妥協せざるをえなくなると考えていたと思われる。しかし、結果として大友氏は妥協せず、また相良義陽も大友氏との関係を悪化させるのは得策でないと考え、「義陽」の実名の使用を控えたと考えられる。
(79) 服部氏註(8)前掲論文(一九八〇年)。

第3部

永禄の変

Ⅰ

将軍義輝殺害事件に関する一考察

山田康弘

はじめに

室町幕府第十三代将軍である足利義輝（将軍在位一五四六年～六五年）は、悲劇的な最期をとげたこともあって戦国期歴代将軍の中では比較的著名な将軍の一人である。義輝期の幕府・将軍及びその周辺に関する研究史上の蓄積も義晴（十二代）期に次いで多いが、[1]永禄八年（一五六五）五月十九日に惹起した、三好氏による義輝殺害事件（以下「永禄の政変」と称す）については、この事件が戦国期幕府政治史上最も重大な事変の一つであるにもかかわらず、史料的な制約が著しいこともあってこれまで十分に論じられてこなかった。そこで小稿ではこの事件について検討し、その要因に関する一つの試案を提示することを課題としたい。

一、将軍義輝と三好氏

まず、義輝と三好氏の関係について概論し、考察の端緒としたい。[2]天文十五年（一五四六）十二月、父義晴の譲りを受けて将軍の地位を継続した義輝は、当初は細川京兆家家督細川晴元と連合して三好長慶とは対立関係にあったものの、同十九年末に三好軍によって近江国朽木への動座を余儀無くされると、その後方針を転換して三好氏と講和・同盟し、その結果、朽木動座から約一年後の同二十一年正月、再び京都に戻ることになった。しかし、この同盟は長くは安定しなかった。翌天文二十二年閏正月になると、義輝と三好氏との同盟関係を破棄し、かつての同盟者細川晴元との再度の連携をはかろうという企てが、義輝側近上野信孝以下「公方衆六人」を中心に進められ、これを察知した三好長慶が急遽京都を脱出する、といった事件が起きたのである[3]。義輝側と三好氏との関係は、同盟成立後わずか一年余りで早くも動揺の兆しが現れていったのであった。もっとも、こうした反三好派将軍直臣衆の策動は、伊勢貞孝など親三好派の直臣衆の抵抗もあってこのときは成功せず[4]、二月二十六日に清水寺で義輝と三好長慶の会見が実現して両者の同盟維持が確認され、またその際に「奉公衆六人別心之輩」、すなわち前記の上野信孝など反三好派直臣衆六名が三好側に「人質[5]」を出すことでひとまず収束がはかられている。

　ところが、この事態は三月に入ると一変する。すなわち、「武家（義輝）与三好筑前守（長慶）との間之事、今日相破[6]」れ、義輝は三好氏とついに訣別することになったのである。さらにこのような状況のもと、義輝はその後七月に細川晴元派の部将二〇人を引見し、その場で「晴元御免」と「三好筑前守（長慶）被補御敵[7]」を宣言したのであった。義輝は三好氏との同盟を破棄し、再び細川晴元と同盟したのである。ところで、この時の晴元派部将に対する義輝の引見は「奉公之上野民部大輔（信孝）以下五六人」の「迎[8]」によってなされており、この事実は、上野信孝をはじめとする反三好派直臣衆がこの時の義輝の政策転換に深く関わっていたことを示唆している。上野等は五ヶ月前にその反三好的行動をいったんは封じられたものの、直後より巻き返しをはかり、ついに義輝を動かして三好氏との同盟破棄を実現せしめたのであった。

しかし、このような政策転換は三好側の反発を招かずにはおられない。この直後の八月、義輝は三好側の猛攻を受けて大敗し、再び京都を脱出して朽木に動座することになったのである。『言継卿記』はこの義輝の敗走について「是偏に上野民部大輔(信孝)悪興行故也」[9]と、上野信孝の責任としており、ここからもまた、義輝の敗戦の要因である三好氏との同盟破棄という政策転換が、上野など反三好派直臣衆の策動に因るものであったことをうかがわせる[10]。

以上、義輝の将軍継続から天文二十二年八月の朽木への再度の動座までの推移を先ず通覧してきたが、ここで注目されるのは上野信孝など反三好派直臣衆の動向である。義輝が三好氏によって京都を駆逐されたことは、当時の三好氏が軍事的に義輝よりはるかに優位にあったことを示している。しかし、そこに至るまでの経緯を観察してみると、三好氏は上野など反三好派直臣衆の挙動を一度は封じ込めたものの、その再燃をついに止められず、そして最後はこれら直臣衆の策動による、義輝の三好氏からの離反という事態を許してしまったのであった。つまり、三好氏は天文二十一年正月から約一年半にわたって義輝と同盟してきたが、この間においても義輝や将軍直臣衆の独自の行動を完全に統制下に置くまでには至っていなかったのであり、そしてそのため、結局三好氏は将軍を朽木に追放し、将軍擁立体制の放棄を再び決断せざるをえなくなったのであった。

このような状況は、永禄元年に義輝が三好氏と講和し、約五年ぶりに朽木から帰京した後においても認められる。帰京以降の義輝と三好氏はこれまでにないほど関係が親密化し、御供衆、御相伴衆の資格や偏諱といった種々の栄典が義輝より三好氏関係者に次々に授与されていったが[11]、そうした中にあってもこの両者の間には軋轢が生じていた。例えば大日本古文書『蜷川家文書』に収載される「左衛門督局奉書案」（七七四号）なる文書によれば次のようにある。すなわち、永禄年間のはじめ、曼殊院門跡と北野松梅院との間で惹起した相論が幕府政所沙汰によって処理され、当時将軍から独立して政所沙汰を主導していた政所頭人伊勢氏（伊勢貞孝）によって松梅院敗訴という判決が下された。[12]ところが、その後将軍義輝がこの判決に不満な松梅院側の愁訴を受け入れて政所沙汰での判決の経緯を調査しようとする動きを見せたことから、これを知った三好氏の有力内衆松永久秀は義輝に対し、そうした義輝の行為は頭人伊勢氏の下した判決の改変を意図するものであり、判決を勝手に改めることは伊勢氏の面目を失わせるものである、と激しく抗議した。これに対して義輝は、判決の改変などは意図してはいないと久秀に弁明したが、久秀は納得せず、重ねて同様の旨を義輝に抗議したため、義輝はついに激怒し、「少ひつ（松永久秀）、よきやうにいたし候へ」と「あら〳〵と仰出され」ることになってしまった、というのである。

この事件からは、以前別の機会でも言及したごとく、[13]当時の義輝が判決の改変といった政所沙汰への介入を決して自由には行いえていなかったことが窺知される。伊勢氏と三好氏は天文二十年以降約一〇年にもわたって堅固な同盟関係にあった。[14]それゆえ、義輝が伊勢氏の政所沙汰における権益を侵すがごとき行動をとると、三好側（松永久秀）より強い抗議が出されたのであり、そして右のごとく、義輝はこのような三好側の抗議を一方的に無視することも拒否することもできず、三好側に弁明し、最後は「よきやうにいたし候へ」と言わざるをえなかったのであった。

ただし、ここで一つ注意を要するのは、三好氏と義輝の関係において、義輝のみが一方的に制約を受けていたわけではなかったという点である。というのは、同じ「左衛門督局奉書案」の後半部分によれば、松永久秀は、上述のように義輝から反発をうけ、また義輝の側近上野信孝などからも「ゑんりよ（遠慮）なき少ひつ（久秀）申されやうに候」などと批判されたことから、その後次のように述べたというのである。すなわち、義輝が政所沙汰での判決を改変するように見えたのでこれに抗議したのであるが、義輝の主張するごとく、単に判決に至るまでの経緯を調査するということだけであるならば、「もつともよきなく候（余儀）」というのである。当初久秀は義輝が判決までの経緯を調査することすら容認していなかった。しかし義輝の反発を受けた久秀は、判決の改変は認めないものの、その後調査については譲歩したのである。このように、義輝は政所沙汰への介入の自由を三好氏によって制限されていたが、一方の三好側のほうもまた義輝の意思を完全に無視できたわけではなく、義輝に譲歩をせざるをえない場合も見られたのであった。

二、将軍擁立体制のジレンマ

1. 将軍と擁立者の関係

従来、戦国期（一四九三年の「明応の政変」以降）の歴代将軍については、今谷明氏の「京兆専制」論に代表されるように[15]、細川京兆家や三好氏、或いは織田信長といった「擁立者」の「傀儡」に過ぎなかったと理解され、この見地の上にこれまで議論が積み重ねられてきた。しかし、戦国期の幕府内部の状況を観察してみると、右に検討してきたような将軍義輝と三好氏の関係のごとく、将軍の独自意思が擁立者側によって完全に圧殺されていたわけではなかったことをうかがわせる場面がしばしば析出される。

例えば、残存史料が比較的豊富であり、それゆえ最も実態が把握しやすい十二代将軍義晴期の天文年間（一五三〇年代から四〇年代）における幕府内の状況について分析してみると、この時期の幕府「御前沙汰」や「政所沙汰」が当時の京兆家家督細川晴元及びその内衆によって一方的に「専制」されていた徴証はなく、依然として将軍やその側近、政所頭人伊勢氏や奉行衆などの将軍直臣衆によって担われていたことが判明する[16]。この時期にあっても「京兆家の意思＝幕府の意思」という等式は成り立ってはいなかったのである。このような状況は「将軍傀儡化」時代の起点としてこれまで大きな画期性が与えられてきた明応の政変直後の十一代将軍義澄期（治世一四九三年〜一五〇八年）においても同様であった。義澄は当時の京兆家家督細川政元との関係を重視し、政元が「在国」を示唆すると自ら政元の許に出向いてこれを慰留せざるをえなかった。しかし、一方の政元のほうも義澄から在国を慰留されればほぼ必ずこれに応じて帰京しており、さらに義澄が京兆家に反抗して独自の政策を次々と打ち出してきても、政元はこうした義澄の行動を完全に停止させることもまた黙殺することもできないでいたのであった[17]。またこれ以外にも、脇田修氏に指摘があるごとく、やはり最後の将軍である十五代将軍義昭（治世一五六八年〜七三年）についても、これを擁立する織田信長が義昭の言動にしばしば悩まされていたことが知られている[18]。

ところで、先にあげた十二代将軍義晴は大永元年（一五二一年）十二月、前将軍義稙の出奔に伴って当時の京兆家家督細川高国によって播磨より迎立された将軍であり（当時十一歳）、その治世の初期にあたる大永年間（一五二〇年代）については、この高国が義晴を「後見[19]」していたとする記述が史料上から検出される。実際、例えば大永四年から実施された将軍御所移築に関する記録である『御作事方日記[20]』を瞥見してみると、義晴が御所移築をめぐるさまざまな問題について高国に頻繁に諮問を下したり、また高国から上申された助言を義晴が重視していたことなどがわかり、ここからは、将軍迎立の立役者たる高国が、若年でありしかも未だ幕府内に十分な独自基盤を持たなかった義晴を支え、その「後見」者と呼ぶに相応しい重要な立場にあったことが知られる。ただし、この時期においても高国が将軍たる義晴を傀儡化し、義晴やその直臣衆を自由にその統制下に置くことができていたわけでは決してなかった。

例えば『御作事方日記』大永四年三月十二日・二十六日条には次のような事実が所載されている。すなわち、大永四年三月、将軍御所移築事業を担当する御作事奉行衆（七～八名の将軍直臣衆）が「殿中」において衆議し、その結果「棟別事」は「始末為右京兆（細川高国）被申付之、可有進納之事」、すなわち移築費用を捻出するための棟別銭の徴収業務は京兆家が担うべしということに一決した。そこでこれを受けた将軍義晴はただちにこの旨を高国に下知したが、高国は下知に難色を示して「斟酌」を義晴に申し入れ、再度義晴より同様の旨が命じられてもやはり重ねて「斟酌」を求めた。ところが、高国の難色にもかかわらず義晴より三たび同様の下知が下されるに至り、そこで高国もついに「重而かやうに被仰下候を、さのミとかく申もいかゝと存候」と述べ、下知を受け入れる意向を表明しているのである。[21]高国は殿中での御作事奉行衆の談合に全く参画してはおらず、その上、この奉行衆の衆議をうけて義晴から出された下知は高国にとって好ましくない内容であったにもかかわらず、何ら阻害されることなく高国に命ぜられ、しかも高国はこの下知を拒否することも無視することもせずに最後は受容していたのであった。高国は義晴嗣立の功労者であり、義晴を「後見」していたと後に称されていたが、その高国ですら義晴やその直臣たちを全く自由にしていたわけではなく、義晴から制約を受けることもあったのである。

2．将軍擁立体制のジレンマ

このように、戦国期においても将軍の独自の意思が発現されるという場面をしばしば析出することができ、したがって従来のような、擁立者による一方的な戦国期将軍傀儡化、といった見方は再検討を迫られていると判断されるのであるが、今少し視角を変えてこの点を更に穿鑿してみることにしたい。

今谷氏の「京兆専制」という用語は鎌倉幕府のいわゆる「得宗専制」を念頭に置いた上で考案されたものであるが、[22]この得宗政権下における北条得宗家と将軍との関係について、村井章介氏が次のような興味深い点を指摘している。[23]

すなわち、得宗家によって将軍（宮将軍）は至高の権威とは裏腹に、何ら実質的な権力を持たない存在として位置づけられていたが、将軍が存在している限り、将軍の成人にともなって、将軍と御家人との間にある人格的・情誼的な支配―被支配の関係が実体化し、更に将軍が反得宗派御家人の結集点として押し出されてくるという、得宗家にとって看過しえない問題の発生する可能性が常につきまとった。しかし、このようなリスクがあるにもかかわらず、将軍に相応しい尊貴性を備えていないことから自らが将軍になれない得宗家としては、御家人一般に対する支配の正統性を確保するために将軍を擁立しこれを利用していかざるをえず、そのため、得宗家は将軍が成人して自らの意思を表明できるようになってくるとこれを追放し、幼少者を新たな将軍に迎えるという行為を繰り返さざるをえなかった、というのである。村井氏は、ほぼ二〇年周期で実施された得宗家による将軍廃立は、得宗家の強さの表現ではなく逆に解決しえない「矛盾」の表現であったと説いている。

このような得宗家の抱えていた矛盾は、もとよりやや状況は異なるものの、細川京兆家や三好氏、織田信長といった戦国期の将軍擁立者と将軍との関係を考える上で一つの示唆を与えてくれるように思われる。

戦国期の歴代将軍が、下知の効力や軍事・警察等、その存立のためのさまざまな面を京兆家をはじめとする擁立者側に多大に依存していたことはいうまでもない[24]。そしてこのように依存していたがゆえに、歴代の将軍は擁立者側を完全に自己の統制下に置くことはできず、擁立者側からしばしば制約を受け、その行動を規定されることになった。義澄が在国を示唆する細川政元を慰留すべく自ら政元の許に出向かざるをえなかったことや、大永期の義晴が細川高国に頻繁に諮問を下し、高国の「後見」を仰いでいたこと、さらには義輝が政所沙汰に関する松永久秀の抗議を黙殺することもできず、ついには激怒して「よきやうにいたし候へ」といわざるをえなかったことなどは、そうした制約の存在の一斑を示すものといえる。

しかし、細川政元が義澄と対立しながらも結局は最後まで義澄と訣別せず、また、義稙の出奔という事態を受けた細川高国がそのまま「自立」せず、その後播磨より義晴を迎えてこれを擁立していかざるをえなかったように、擁立者側もまたかつての得宗家と同様に、将軍と結び、将軍を擁立することを必要としていた[25]。つまり、将軍と擁立者は前者が後者に一方的に依存していたのではなく、いってみれば相補的な関係にあったのであり、そしてこのようにそれぞれが相手の存在を否定せず、相互に相手を必要とし利用している限り、将軍が擁立者側によってその行動を規定されていたのと同様に、もう一方の擁立者側のほうもまた、先に見た得宗家の事例を考えればやはりその当然の帰結として、たとえ擁立者側のほうが将軍より時として何らかの形で優位に立つことがあったとしても、将軍の成人に伴って擁立者側が包摂しきれない将軍の「独自」の部分が将軍やその周辺の中に出現し、とりわけ将軍と人格的・情誼的な支配—被支配の関係にあった奉行衆や奉公衆などの将軍直臣衆（彼らはまた幕府諸機関の担い手でもあった）の間で、この将軍の独自の部分が顕在化していく傾向が現れてくることはどうしても妨げえなかったのではあるまいか。だからこそ、先に指摘したごとく、戦国期の幕府内において擁立者側の一方的な「専制」や「将軍傀儡化」などといったものではなく、依然として将軍の独自性が発揮されうる場面がしばしば現出されることになったと考えられるのである。擁立者側は自らの立場の安定化をはかるために将軍を利用していたが、このように将軍を利用すれば利用しただけの大きさや期間の制約を必ず受けねばならず、この制約を回避しようとすれば結局のところ得宗家のごとく成人した将軍を廃して幼主を改めて迎立するか、さもなければ将軍擁立体制によって得られる利点を諦めてこの体制を放棄し、将軍から訣別して自立するしかない。将軍擁立体制とは、このような「ジレンマ」を擁立者側にもたらすものであったと評価されるのである。織田信長や細川京兆家が、独自の意思を積極的に主張してくる将軍との関係の中で苦慮していたのはこのようなジレンマであり、結局このうち信長は、将軍（義昭）を否定して自立することでこの問題を解消していったのであった。[26]将軍を「官制上」のみ最高位に擁立して利用しつつ、実権のほうは擁立者側がこれを把握する、ということを目指す将軍擁立体制は、擁立者側に恒久的な安定を保障するものでは決してなく、将軍の成人に伴って不安定化が避けられないという問題を実は内包するものであったのであり、そしてこの点こそが、義輝殺害の大きな要因の一つであったと考えられるのである。

三、永禄の政変の要因と三好氏の政変後構想

永禄元年に三好氏と和睦して帰京した後、将軍義輝はこれまでしばしば角逐に及んでいた政所世襲頭人家伊勢氏を追放し、長年の懸案であった政所沙汰を自己の管下において幕府内での地位を安定化させると共に、数多くの諸大名間の紛争調停を遂行し、全国レベルにおける将軍の存在感を示していった。[27]一方今谷明氏の研究[28]によれば、このような義輝とは対照的に三好氏のほうは、天文二十二年に義輝を朽木へ駆逐した後は畿内の最高権力者として君臨したものの、永禄元年に将軍の帰京が果たされて「幕府の復活」がなされた後はその地位を喪失し、これまでのような直接的な京都支配はほとんどなしえなくなっていったという。今谷氏はこのことから、義輝殺害事件（永禄の政変）の要因として、「将軍が在京し即ち幕府の存在する限り結局京都の実権を把握できないことを眼のあたりに見せつけられた」三好氏が「将軍の物理的抹殺こそが唯一の京都掌握への道」であると決断し、「ついに将軍の暗殺を決行するに

いたった」としている。

三好氏が永禄八年に将軍義輝を襲撃したことは、当時の三好氏にとって義輝の存在が抹殺せねばならないほどの大きな脅威であったからに他ならないが、右に述べたような、幕府内での将軍の地位安定化や外交活動による将軍の全国的な在在感の高揚、さらには今谷氏のいう「幕府の復活」などにしても、三好氏が将軍を傀儡化し、幕府「専制」体制を実現できていればさして大きな脅威を三好氏に与えるものではなかったはずである。将軍の全国的な存在感の高揚などは、将軍を擁立する三好氏に有利に働いた可能性もあったといえよう。

しかしすでに観察してきた通り、実際の三好氏はそうした「専制」はとりえていなかったのであった。それゆえに、将軍が三好氏にとって抹殺せねばならない程の脅威になりえたのである。将軍義輝は永禄元年当時すでに二十三歳（殺害時は三十歳）という、自らの意思を十分表明できる年齢に達しており、また松永久秀に「あら〳〵」と反発したごとく、実際にもその意思を積極的に主張していた。三好氏は永禄元年以降、このような義輝を再び受け入れ、これと結びつくことで立場の安定化をはかっていったのであり、そしてかかる姿勢をとりつづけている以上、かつての得宗家と同様に、三好氏もまた義輝やその周辺の中に自由にできない部分が残り、場合によってはそのために制約を受けざるをえなかったのである。その上、義輝のような将軍の存在を許している限り、三好氏としては、かつて宮将軍が反得宗勢力の結集点としてしばしば押し出されていたように、諸大名や将軍直臣衆が三好氏を媒介とせずに将軍と直接結びつき、その中で将軍が反三好派の結集点として押し出されてくる、といった事態もまた避けがたかった。実際、たとえば第一章で観察してきた上野信孝などの反三好派直臣衆の動向や、或いは永禄二年に上洛して義輝に拝謁した長尾景虎（後の上杉謙信）の次のような挙動、すなわち、義輝の朽木からの帰京に尽力できなかったことに遺憾の意を表すことで暗に三好氏（による義輝の朽木追放）を批判したうえ、義輝への忠誠を強い調子で言明していたことなどからも窺知されるように[29]、そうした事態は現実にしばしば起きていたのである。

しかも、このような状況の中で三好氏は永禄元年以降、さらに以下のような危機的状況、すなわち、これまで同氏を支えてきた三好実休をはじめとする有力一族を相次いで失い、さらに、永禄七年七月にはついに長慶自身までもが長い闘病の末に卒去し、その上三好氏家督は未だ十代の義継（長慶甥）が継嗣する、という事態に直面したのであった[30]。このことが三好氏に少なからぬ動揺をもたらすとともに、将軍義輝に対する三好氏側の懸念を更に増幅させていったであろうことは想像にかたくない[31]。三好氏がこの懸念を解消する方策としてとりえたのは、後に織田信長が実行し、また三好氏自身もかつて二度にわたって実行したごとく、将軍擁立体制を放棄して自立するか、あるいはかつての得宗家と同様に、現将軍を追放し、より統制下に置きやすい人物を新たに将軍に据えるかの二つであった。そして三好氏は後者を選択し、その結果、永禄八年五月、ついに永禄の政変が引き起こされることになった、と考えられるのである。

ただし、この政変では、これまで繰り返されてきた「将軍追放」にとどまらず、事態が「将軍殺害」にまで至っている点は注意しなければならない。しかも、三好氏は義輝殺害を挙行した後はその生母慶寿院や弟の照山周暠、さらには義輝側室の小侍従殿までをも潜伏先を探索して殺害するなど[32]、義輝一族の族滅を執拗にはかっていたのであった。では、なにゆえ三好氏はこのような挙動を見せていたのであろうか。この点も問われなくてはなるまい。

そこで想起したいのが、明応二年（一四九三）の政変以来、将軍家が義澄系（義澄―義晴―義輝）と義稙系（義稙―義維―義栄）の二つに分裂し、その後の畿内から西国における政治的変動の多くは、この「二つの将軍」の対立に起因するものであったという点である。[33] このことを考慮するならば、永禄の政変に際しての三好氏の挙動からは、義輝一族＝義澄系足利氏の族滅を進めることによって、三好氏が擁立することになる義稙系足利氏（義栄）に将軍家を統一し、半世紀以上にもわたる「二つの将軍」問題に由来する政治的不安定をここで解消しようという意図を理解することができえよう。これまで三好氏にせよ或いは京兆家にせよ、「二つの将軍」問題に直面する可能性が高いにもかかわらず、将軍と対立しても単に将軍を追放するだけにとどめていたが、永禄八年五月当時の三好氏は危機的状況に直面する中で、追放した（前）将軍が与党勢力を糾合して反撃に転じてくるという、これまで何度となく繰り返されてきた「二つの将軍」問題に対処するだけの余裕をもはや失っていたということもできる。だが、三好氏はこの時義輝のもう一人の弟覚慶（後の義昭）の捕縛には失敗し、そのため「二つの将軍」問題を完全に解決できず、そして結局、その後この問題によって弱体化していくことになるのである。

おわりに

簡単にまとめておこう。①永禄元年以降、将軍義輝が幕府内の地位を安定化させ、また諸大名間紛争調停によって全国的な存在感を示しはじめるに伴って、義輝に対する三好氏の懸念が将軍擁立体制のもつ「ジレンマ」の中で次第に高まっていき、②有力一族の相次ぐ卒去と若年者の継嗣という三好氏の危機的状況がこの懸念をさらに増幅させていった。③そして、その結果ついに永禄八年五月に義輝廃位を三好氏に決断させることになり、④さらに明応の政変以来の最大の政治的不安定要因であった「二つの将軍」問題の解消という意図が、この政変を義輝及びその一族（義澄系足利氏）の族滅という事態にまで発展させることになった、以上である。永禄の政変は将軍が「弱体」であったがゆえに惹起したのではなく、依然として将軍が三好氏にとって自由にできない部分のある存在であった―それは三好氏自身が将軍擁立体制を維持していることの「所産」であったが―上、将軍の動向（「二つの将軍」問題）がなお畿内において政治的不安定要因になりうる可能性のあるものであったがゆえに、引き起こされることになったと評価されるのである。

ところで、これまで将軍擁立体制が内包するジレンマについて指摘してきたが、このような矛盾やジレンマがあったにもかかわらず、三好氏は永禄の政変以降も足利義栄を十四代将軍として迎立し、将軍擁立体制をなお堅持していた。(34) 将軍に迎立した功績によって、義栄は義輝に比べれば三好氏の統制下に置きやすかった可能性は高いが、義栄もまた将軍継続時すでに三十歳に達しており、またその実父義維も健在であったから、義輝の時と同じ問題に再び三好氏が直面する危険は十分にあった。にもかかわらず、三好氏は将軍擁立体制を放棄することはなかったのである。しかもこれは何も三好氏ばかりではなかった。細川京兆家もまた同様であり、織田信長も元亀四年（一五七三）まではこの体制の内包する問題に苦慮しながらも将軍との関係を放棄することはなかったのである。さらにこうした姿勢を見せていたのはこれら中央勢力に限っていたわけではなく、多くの地方の諸大名もまた戦国期に至っても将軍との交流を捨象してはいなかった。西日本一帯を中心とした広い地域の複数の諸大名が将軍の許に頻繁に使者を送って音問を通じ、将軍からの献金命令に応諾せざるをえないなどの一定の制約を受けてまで、将軍との安定的な関係をなお求め続けていたのである。(35)

このような現象を説明するのにこれまで専ら用いられてきたのが、正統性、身分・家格秩序の論理であった。すなわち、将軍を頂点とする既往の身分・家格秩序の残存とその社会における看過しえない影響力の存在を措定し、これを前提に、諸大名にとって将軍と関係を結び、守護職などを得ることは、身分的同格性をもつ近隣の諸大名や有力内衆、あるいは土豪や百姓など被支配者に対し、自らの家格の高さや支配者としての正統性を示す上でなお有用であり、領国支配上効果的であった、とする理解である。[36] しかし、このような見方は傾聴に値するものの、これだけに全ての答えを収斂させて適切なのかという点は議論されなくてはなるまい。例えば、将軍の意向が大名によって内衆間の調停・統制手段に利用されるという側面や、[37] 領国内での将軍直属勢力対策という問題、[38] さらには多くの諸大名との交流などを通じて集積された豊富な人脈と情報を有する将軍及びその周辺との密接な関係がもたらす、諸大名間の同盟や牽制といった「外交」上の効果などについても、今後考慮されなければならない点といえよう。[39] そして、これらの問題が俎上に載せられ、将軍と諸大名との結びつきの事情が解明されてはじめて、永禄の政変の意味が十分理解されることになるのである。

註

（1）　紙数の都合上、代表的な論考のみをあげると、長江正一『三好長慶』（吉川弘文館、一九六八年）、今谷明『戦国期の室町幕府』（角川書店、一九七五年）、同「三好・松永政権小考」（同著『室町幕府解体過程の研究』第二部第五章、岩波書店、一九八五年。初出は一九七五年）、宮本義己「足利将軍義輝の芸・豊和平調停」（『政治経済史学』一〇二・一〇三号、一九七四年）、同「足利将軍義輝の芸・雲和平調停―戦国末期に於ける室町幕政―」（『国学院大学大学院紀要』六輯、一九七五年）、同「曲直瀬一渓道三と足利義輝」（『日本歴史』三五〇号、一九七七年）、同「戦国大名毛利氏の和平政策」（同三六七号、一九七八年）、髙梨真行「将軍足利義輝の側近衆―外戚近衛一族と門跡の活動―」（『立正史学』八四号、一九九八年）、松村正人「室町幕府政所頭人伊勢貞孝―

その経済基盤と行動原理をめぐって―」（『白山史学』三五号、一九九九年）などがある。
(2) 以下に記述する義輝期の概要については、長江『三好長慶』及び今谷『戦国期の室町幕府』（いずれも前掲）参照。
(3) 『厳助往年記』天文二十二年閏正月日条、『言継卿記』同年閏正月八日条。
(4) 義輝期における伊勢貞孝の挙動については、松村前註（1）論文、及び山田康弘『戦国期室町幕府と将軍』第四章（吉川弘文館、二〇〇〇年）参照。
(5) 『言継卿記』天文二十二年二月二十六日条。ところで、『続群書類従』第三十四輯（拾遺部。続群書類従完成会）には、清水寺で義輝と長慶の同盟確認がなされた日と同じ日付をもつ、伊勢貞孝など親三好派直臣衆七名による起請文が収載されている。この起請文が今谷氏の指摘するように三好長慶に出されたものなのか、それとも義輝に提出されたものなのか判然としないが、ここには「殿中御様体余猥候之間、各申合、可令言上趣、御同心尤可然存候」とあり、この起請文の日付などから考えてこのうちの「殿中御様体余猥」とは上野信孝などによる反三好の策動を指し、またあとの部分は、伊勢貞孝以下親三好派直臣衆の「各」が「申合」せて「言上」した「趣」を義輝（または長慶）が「御同心」した結果、清水寺における同盟確認が実現された、と解釈される。なお、この起請文については今江廣道氏の解説（『群書解題』第三巻、続群書類従完成会、一九六〇年）、今谷『戦国期の室町幕府』（前掲）二〇四・二〇五頁参照。
(6) 『言継卿記』天文二十二年三月八日条。
(7) 『言継卿記』天文二十二年七月二十八日条。
(8) 『言継卿記』天文二十二年七月二十八日条。
(9) 天文二十二年八月一日条。
(10) なお、上野信孝はこの後も常に義輝に扈従し、永禄六年四月二十九日に卒去している（『言継卿記』同日条）。この間、信孝はかつての「内談衆」（先代義晴の側近衆）と同様に義輝の仰せを奉じて単署、または進士晴舎（後述）などとの連署で奉書や御内書副状などを発給し（大日本古文書『蜷川家文書』七一七号等）、さらに後述のように三好側に対して義輝の立場を擁護するなど、義輝側近の中心として活躍した。ちなみに、義輝は永禄六年四月十九日、重態に陥った信孝のために病気平癒の祈祷を吉田兼右に要請しており（『兼右卿記』同日条）、ここからは信孝が死の直前に至るまで義輝の寵臣であったことが窺知される。なお、進士晴舎についてはフロイス『日本史』に「はなはだ高位の殿で、宮廷でもっとも有力者の一人」などとあり、最後は永禄の政変で義輝と運命をともにした（松田毅一・川崎桃太訳『日本史』３〈五畿内篇Ⅰ〉八一・二二九・三一〇・三一六頁、中央公論社、一九七八年）。義輝の周辺にはこのような上野や進士の他に、「賦」（担当奉行への裁決指示奉書）を発給していたことが知られる大館輝氏などが侍しており（東京大学史料編纂所架蔵影写本『浄福寺文書』等）、義輝のもとにも内談衆のような側近集団が形成されていた可能性がある。

(11)　長江『三好長慶』（前掲）等参照。

(12)　戦国期の政所沙汰及び政所頭人伊勢氏の権限と立場については、山田『戦国期室町幕府と将軍』（前掲）第四章参照。

(13)　前註（12）に同じ。

(14)　前註（4）諸論文参照。

(15)　今谷「京兆専制―後期幕府の権力構造―」（前掲『室町幕府解体過程の研究』第二部第一章。初出は一九七七年）。

(16)　山田『戦国期室町幕府と将軍』（前掲）第四章・第五章。

(17)　山田『戦国期室町幕府と将軍』（前掲）第一・第二・第三章。

(18)　脇田「織田政権と室町幕府」（同『近世封建制成立史論―織豊政権の分析Ⅱ―』第三章第三節、東京大学出版会、一九七七年。初出は一九七五年）、同『織田信長』（中央公論社、一九八七年）。

(19)　「伺事記録」（桑山浩然校訂『室町幕府引付史料集成』上巻、近藤出版社、一九八〇年）所収天文十年十月二日付幕府裁判記録の中に次のような記載がある。すなわち、幕府の「対決」が広橋邸という「他家」においてなされたことに関し、「先年吉田神主事」の時にも「岩栖院」で「対決」が実施されたという先例があるが、「其ハ右京兆（細川高国）後見之時」のことであって例外である、というものである。この「先年吉田神主事」とは大永四年における吉田兼満の「在所公事篇」のことを指していると見られ、『実隆公記』大永四年八月から十月の条の中にこの事件をめぐる記事が散見される。

(20)　『ビブリア』八九号（一九八七年）に翻刻が掲載されている。

(21) なお、『御作事方日記』によれば、その後高国は「八幡山上山下・淀・山崎等」の「棟別」を石清水八幡宮に寄進する許可を義晴に求めたり、あるいは、山城国上三郡に「棟別之事」のために人を差遣するので御下知を給わりたいと義晴に要請するなど、実際に棟別銭の徴収業務に携わっていたことが知られる（大永四年八月二十四日、同五年三月十七日条）。
(22) 今谷『室町幕府解体過程の研究』（前掲）二六二頁。
(23) 村井「執権政治の変質」（『日本史研究』二六一号、一九八四年）。
(24) このような依存の構造とそれに対する将軍側の対策などについては、山田『戦国期室町幕府と将軍』（前掲）第三章参照。
(25) 何ゆえに将軍の存在をかくも必要としていたのかという点は大きな問題である。この点は後にも触れる。
(26) とはいえ、信長はこの問題を簡単に解消できたわけではなく、将軍擁立体制の放棄に至るまでには様々な紆余曲折があったことは注意しなければならない。将軍と織田政権の関係についてはなお多くの問題が残されており、今後検討すべき課題の一つである。
(27) 山田前掲著書第四章、及び宮本前註（1）諸論文参照。
(28) 以下、今谷前註（1）論文「三好・松永政権小考」。
(29) 大日本古文書『上杉家文書』四七〇号。佐藤博信「越後上杉謙信と関東進出―関東戦国史の一齣―」（『戦国大名論集9　上杉氏の研究』吉川弘文館、一九八四年、所収。初出は一九七八年）参照。
(30) 長江『三好長慶』（前掲）参照。
(31) この時期の三好側がいかに義輝に強い脅威を感じていたかは、義輝息女が「人質」として松永方に送られるという異例の措置が講じられている点からも十分知られる（『言継卿記』永禄六年三月十九日条、山田前掲『戦国期室町幕府と将軍』一九〇頁）。
(32) 『言継卿記』永禄八年五月十九・二十四日条他。
(33) 山田『戦国期室町幕府と将軍』（前掲）第一章参照。
(34) 足利義栄については、齋藤（瀬戸）薫「足利義栄の将軍宣下をめぐって」（『国史学』一〇四号、一九七八年）参照。
(35) 例えば義晴期においては、朝倉（越前）、今川（駿河等）、本願寺（加賀）、若狭武田（若狭）、畠山（河内等）、能登畠山（能登）、北畠（伊勢）、大内（周防等）、大友（豊後等）などの諸大名が、将軍の献金命令に応じ、しかも実際に納金したことが史料から確認される。

(36)　石母田正『中世政治社会思想』上・解説（『日本思想大系』21、岩波書店、一九七二年）、川岡勉「室町幕府―守護体制の変質と地域権力」（『日本史研究』四六四号、二〇〇一年）等。

(37)　下村效「鴨社領若狭国丹生浦―中世漁村の成立と発展、とくに代銭納・大網・網場相論について―」（『国史学』八九号、一九七二年）。

(38)　今岡典和「戦国期の幕府と守護―近江守護六角氏を素材として―」（『ヒストリア』九九号、一九八三年）。

(39)　この点については別の機会に報告したいと考えている。

Ⅱ
永禄の政変の一様相

柴　裕之

永禄八年（一五六五）五月十九日、三好義継・松永久通ら三好権力の一万人程の軍勢が室町御所を包囲し、第十三代室町幕府将軍足利義輝を殺害した（『言継卿記』）。この永禄の政変は、三好権力が権威的な室町幕府将軍の存在に対抗の末に生じた事変として注目され、戦国期将軍擁立に伴うジレンマ、三好権力による相対化という、それぞれの論点より政変の意義の検討が進められている[1]。

この政変の政治背景には、これまでにも指摘されているように、三好長慶死後の三好権力の危機的な状況下での将軍義輝との対立が大きく関わっていることは間違いない。しかし三好権力が、これまでにも度々に及び緊張・対立関係を生じさせつつも、基本的には戦国期室町幕府・将軍との連立による天下統治の態様を進めてきたことをふまえると、「天下諸侍御主」であった室町幕府将軍を殺害するにまでに至ったという、この政変の特異さは当時の天下統治の態様からしても、やはり際立っているといえる。その点に注目すると、山田邦明氏が、「三好方としても将軍を殺そうとまでは考えておらず、何事かを訴えるために軍勢を差し向けたところ、戦いが始まってこういう結果になったということらしい」と提示した[2]、この政変の偶発性という側面にも目をむけてみる必要があるのではなかろうか。

実際に史料に注目すると、この政変を記した軍記物の『永禄記』（『群書類従』第二十輯所収）には、三好権力の軍勢が「御所巻に及」び、「公方様へ訴訟有よし申触」れたとの行為がみられる。この「訴訟」行為は、（永禄八年）六月十六日付け直江政綱宛山崎吉家・朝倉景連連署書状（「上杉家文書」『上越市史』別編１上杉氏文書集一、四五九号文書）でも、「号三好左京大夫（義継）・松永右衛門佐（久通）訴訟、公方様御門外迄致祗候」として記されていることからも確認できる。したがって、三好権力の軍勢が将軍義輝に対して、なんらかの「訴訟」を目的にして、「御所巻」と認識される行為のもとで行動を起こしたことは間違いない。

「御所巻」に関しては、清水克行氏の研究がある。[3] 清水氏によれば、「御所巻」とは、これまでにも類似したものも含めて足利直義の失脚、康暦の政変、文正の政変などで行われ、「室町殿権力の異義申し立てを目的として、諸大名が室町御所を包囲する訴訟行為」である。そして、この行為は「ほとんどが幕府内の有勢者の失脚を意図して実行されている」ことが指摘されている。また小池辰典氏は、明応の政変も、細川政元ら主導者とは目的が異なり、赤松政則ら諸大名にとっては室町幕府将軍足利義材の「側近排除を目指す訴訟、即ち「御所巻」に類するもの」としてあったとする。[4]

これらの見解に従うと、「御所巻」は類するものも含めて、これまでも室町幕府政治において度々行われてきた多勢を率いての「訴訟」行為で、幕府内の優勢者（側近衆）の排除を求めるものであり、室町幕府将軍の存在自体を否定する政治行為ではない。したがって、この「御所巻」の特質をふまえるならば、この永禄の政変も、三好権力は将軍義輝の殺害を目的としたのではなく、反三好権力派将軍側近衆の幕府政治からの排除にこそ狙いがあったのではなかろうかと推察される。

この推察を裏づける同時代史料が、政変直後の一五六五年六月十九日に、イエズス会宣教師ルイス・フロイスが京都より豊後国の司祭・修道士へ認めた書翰である（松田毅一監訳『十六・七世紀イエズス会日本報告集』第Ⅲ期第2巻〈同朋社刊〉所収）。そこには、三好権力側が「公方様に箇条書を渡したいので取りに来るように」と求め、それを受け取りに来た「老人」が読んだところ、「一箇条は、公方様が奥方と同老人の娘、その他多数の大身を殺すこと、そうすれば彼らは平穏に（居城へ）引き返すであろうというものだった」との記述がみられる。同記述は、ルイス・フロイス著『日本史』第一部六五章（松田毅一ほか編『完訳フロイス日本史』1、中央公論新社刊）でも確認できる。そこでは、訴状の受渡人が石成友通、「老人」は将軍義輝側近の進士晴舎とされるが、記述内容に相違はない。

この記述によれば、三好権力が多勢を率いて、将軍義輝に求めた「訴訟」内容は、将軍義輝室（「奥方」）と「老人の娘」、「多数の大身」の殺害の執行で、それが執行されれば将軍義輝には危害を加えず、撤退する意向であったことがわかる。このことから、前述の推察が政変の主目的としてあったと指摘できよう。

だが、この三好権力側の「訴訟」内容は将軍義輝にとっては、自身の政務を支える側近衆を失い、政治生命の喪失という事態となり受け入れ難いものであったことは想像に難くない。したがって、将軍義輝側がその要求を拒絶し、包囲する三好権力の軍勢を排斥にでた結果が、将軍義輝の殺害という事態へと至ってしまったというのが、この政変の一様相としてうかがえよう。

この政変の結果、将軍義輝を殺害してしまった三好権力は天下統治への対処を求められ、一方、この三好権力に反抗する勢力は、「天下再興」への尽力を各地の大名たちに求めることとなる。そして織田信長は、この呼びかけに応じて、「天下再興」に尽力していくのである。[5]

註

（1）山田康弘「将軍義輝殺害事件に関する一考察」（『戦国史研究』四三、二〇〇二年）、天野忠幸氏の近業『中世武士選書31　三好一族と織田信長――「天下」をめぐる覇権戦争』（戎光祥出版、二〇一六年）をあげるに止める。
（2）山田邦明『日本の歴史八　戦国の活力』（小学館、二〇〇八年）、一二七頁。
（3）清水克行「「御所巻」考―異議申し立ての法慣習―」（同『室町社会の騒擾と秩序』吉川弘文館、二〇〇四年）。
（4）小池辰典「明応の政変における諸大名の動向」（『白山史学』五一、二〇一五年）。
（5）この動向に関しては、とりあえずは拙稿「信長の京都上洛」（黒田基樹監修『別冊太陽171　戦国大名』平凡社、二〇一〇年）を参照されたい。

Ⅲ

永禄政変後の室町幕府政所と摂津晴門・伊勢貞興の動向
―東京国立博物館所蔵「古文書」所収三淵藤英書状を題材にして―

髙梨真行

一、「古文書」の概要

東京国立博物館収蔵品に、「古文書」という外題を持つ、二巻組の巻子がある。[1] 筆者がその構成を仮目録としてまとめたものが表1および2である。二つの巻子は「古文書謹辞売渡田事」、「古文書近日天下」という外題を持つ。表1No.1売券の事書に「謹辞売渡田事」とあり、表2No.1後伏見上皇院宣の書出しが「近日天下…」で始まることから、装丁時に巻首文書の冒頭語句を識別のために記したものであろう。各巻に首題や、上下等の別もない。

「古文書謹辞売渡田事」（表1参照）は年紀を持つ十九通の文書からなり、大治元年（一一二六）から文明五年（一四七三）まで、およそ平安時代末期から室町時代後期の文書を時代順に継いだもので、紙背文書を持つものが四点確認される。形態は一紙の竪紙が大半で、内容は売券や寄進状・年貢送進状など、主として仏僧の経済行為に関係したものが多く、諸寺院に伝来したものと推測される。

一方、「古文書近日天下」（表2参照）は二十三通の無年号文書からなり、聖俗双方の筆による書状が大半を占め、形態は竪紙がほとんどで内容も多岐にわたり、内十九点に紙背文書が確認される。時代は応長元年（一三一一）や正和

表１　東京国立博物館所蔵「古文書（謹辞売渡田事）」巻の構成

No.	文書名	年号	月日	差出人	宛所	本紙の法量（縦×横cm）	形態	紙背	伝来	内容	備考
1	売券	大治元（一一二六）	一二月一〇日	僧源祐	―	29・5×42・4	竪紙	無	不明	田地の売却	『平安遺文』二〇九九
2	売券	長寛二（一一六四）	一一月二五日	権都那慶寛	―	31・3×41・5	竪紙	無	法隆寺	田地の売却	『平安遺文』三三一七
3	寄進状	仁安三（一一六八）	二月二六日	僧永賀	―	30・0×39・4	竪紙	無	法隆寺	田地の寄進	『平安遺文』三四五三　永賀は興福寺僧
4	売券	文治二（一一八六）	七月二五日	僧俊任	坂上末国	30・0×36・0	竪紙	無	高野山	田地の売却	『鎌倉遺文』一三一
5	書下案	建武三（一三三六）	一二月一日	足利直義	金沢称名寺長老	31・0×31・0	竪紙	●	称名寺	寺領の知行安堵	『南北朝遺文』五四六
6	連署状案	暦応元（一三三八）	一一月四日	俊弁外十名	―	27・0×35・2	竪紙	無	称名寺	訴訟に関する陳弁	『南北朝遺文』八〇九
7	請取状	康永元（一三四二）	九月一一日	湛睿	―	26・0×30・2	竪紙	●	称名寺	用途五貫文請取	反古の徴候あり、湛睿は称名寺第三世
8	印信伝授状	康永三（一三四四）	一〇月一七日	洪意	理塔	31・0×39・0	竪紙	無	伝法院	印信の伝授	
9	送進状	貞和四（一三四八）	九月三日	―	称名寺	30・3×40・7	竪紙	●	称名寺	赤岩郷の年貢米送進	
10	算用状	永和二（一三七六）	三月五日	霊康・物□	―	30・2×38・2	竪紙	無	不明	諸用途の算用	
11	下地注文	永和五（一三七九）	四月一九日	元禅	―	30・0×39・2	竪紙	●	不明	馬三郎手作田の下地注文	紙背「釈論開解抄第十八」
12	寄進状	至徳二（一三八五）	八月一三日	僧頼弁・僧有円	法隆寺	27・5×37・5	竪紙	無	法隆寺	懸米の寄進	
13	寄進状	応永一三（一四〇六）	二月一三日	ねづみ屋御房寄進主女心	南禅寺	29・2×30・4	竪紙	無	南禅寺	屋敷地の寄進	

表2　東京国立博物館所蔵「古文書近日天下」巻の構成

No.	文書名	年号	月日	差出人	宛所	本紙の法量（縦×横cm）	形態	紙背	伝来	内容	備考
1	後伏見上皇院宣	鎌倉末～南北朝	九月一六日	油小路隆蔭	大教院法印御房	33・0×50・0	竪紙	無	東寺	東寺への祈禱依頼	
2	書状	南北朝	六月二八日	高師冬	称名寺長老御房	29・5×39・5	竪紙	●	称名寺	道明房帰寺、止住の通達	紙背「東要集二」
3	書状	鎌倉末	一月一八日	某時就	明□御房	31・8×49・6	竪紙	●	称名寺	諸事の通達	切封墨引あり
4	書状	鎌倉末	五月一三日	金沢貞顕	（称名寺）方丈進之候	32・0×42・0	竪紙	●	称名寺	祈禱巻数披露の旨を伝達	『鎌倉遺文』二九四〇三
5	書状	（正和五）一三一六	閏一〇月八日	藤原泰能	賢也御房	29・0×40・5	竪紙	●	称名寺ヵ	関東下向につき極楽寺へ書状を伝えた旨の通達	『鎌倉遺文』二五九八二
6	書状	（応長元）一三一一	閏六月二二日	定識	本如御房	30・5×40・6	竪紙	●	称名寺	「一乗仏性権実論」三帖返却の件	『鎌倉遺文』二四三四一
7	書状	鎌倉末～南北朝	一二月二〇日	広有	称名寺侍者御中	29・5×43・0	竪紙	●	称名寺	道明御房常福寺還住の件	
14	寄進状	応永二六（一四一九）	一一月七日	大法師隆乗	―	29・2×41・6	竪紙	無	不明	順観房忌月新田の寄進	順観兄証人順忍
15	室町幕府奉行人連署奉書	文安五（一四四八）	五月一六日	布施貞基 飯尾永祥（為種）	東寺雑掌	27・5×37・0	折紙	無	東寺	牢籠人の探索命令	
16	評定事書	応仁二（一四六八）	八月二五日	―	―	30・2×42・1	竪紙	無	東寺ヵ	文殊講方寄附について	断簡
17	称名寺大経蔵目録	文明三（一四七一）	七月一六日	三重憲祐	―	26・0×35・0	竪紙	無	称名寺	称名寺大経蔵目録	
18	布施代銭等注文	享徳元（一四五二）	一二月一一日	順忍	―	27・4×32・7	折紙	無	不明	布施代銭等について	折紙を上下で裁断し継ぎ直す
19	所当米収納支配注文	文明五（一四七三）	一二月二日	会坊普門院	―	30・0×42・0	竪紙	無	不明	箸尾舎利供養所当米についての収納・支配の注文	

8	書状	鎌倉末～南北朝	三月一五日	綱維	東禅寺御侍者	31・0×39・5	竪紙	●	称名寺	下向につき通達	『鎌倉遺文』二八一〇九
9	書状	鎌倉末～南北朝	三月一四日	平常氏	—	28・0×37・0	竪紙	●	不明	鎌倉世上騒乱につき用心を伝う	
10	書状	鎌倉末～南北朝	一月一二日	信昭	—	26・8×31・5	竪紙	●	不明	囚一殿要文進上につき	紙背折紙
11	書状	鎌倉末～南北朝	一月一七日	信綱カ	—	29・0×43・4（第一紙） 29・0×40・5（第二紙）	竪紙	●	不明	諸事の伝達	二紙を継ぐ
12	書状	鎌倉末～南北朝	一月九日	□左衛門尉宗	土橋寺侍者御中	27・0×35・4	竪紙	●	称名寺	上洛につき祈禱依頼	
13	書状	元亀年間	一二月五日	三淵藤英	東寺年預御坊	27・0×38・4	折紙	無	東寺	東寺領西九条縄之内を処分制限通達	
14	某伝奏奉書案	室町	六月三〇日	—	長者僧正御房	28・0×40・4	竪紙	無	東寺	東寺へ日吉社怪異につき祈禱指示	
15	書状	鎌倉末～南北朝	一一月一三日	僧実反カ	称名寺侍者御中	31・0×40・9	竪紙	無	称名寺	諸事情勢につき通達	
16	消息	鎌倉末～南北朝	未詳	—	—	31・5×43・0	竪紙	●	不明	贈答の披露状	
17	消息	鎌倉末～南北朝	未詳	—	御侍者まいる	29・0×43・0（第一紙） 29・0×43・6（第二紙）	竪紙	●	不明	諸事情勢につき通達	二紙を継ぐ、切封墨引あり
18	書状	鎌倉末～南北朝	一二月七日	沙門明賢	称名寺方丈	29・5×42・3	竪紙	●	称名寺	祈禱依頼の伝達	
19	書状	鎌倉末～南北朝	八月一八日	沙門明賢	称名寺御房	29・3×43・6	竪紙	●	称名寺	照鏡分勅学院所望につき	
20	書状	鎌倉末～南北朝	九月二七日	素月	称名寺読師御侍者中	29・2×33・3	竪紙	●	称名寺	時候挨拶状	
21	書状	南北朝	四月二五日	盛誉	本如（湛睿）上人御房	29・5×43・0	竪紙	●	称名寺	「発微録」点本借用依頼	切封墨引あり
22	書状	未詳	六月二二日	念定	清涼寺御房	26・5×53・0	竪紙	●	清涼寺	新善光寺空地の件	
23	書状	鎌倉末～南北朝	六月一〇日	源阿	—	25・2×31・5	竪紙	●	称名寺	仰せによる書状送付を伝う	『鎌倉遺文』一五三四九

※差出・宛所の—は記載がないことを示す。伝来の記載は、他の史料から傍証が取れるもののみ記した。備考の『平安遺文』『鎌倉遺文』『南北朝遺文』の数字は、それぞれ所収文書番号を示す。●は紙背文書があることを示す。

五年（一三一六）に推定される文書や織豊期に活躍する三淵藤英（?～一五七四）の書状が確認されることから、鎌倉末から安土桃山時代にわたるものと判断される。

両者を検討すると、まず紙背文書の内容であるが、表1№11および表2№2文書の裏面に「釈論開解抄第十八」や「東要集二」という内題を持つ聖教類が確認できる。また表1№17称名寺大経蔵目録、表2№2高師冬書状（図1）および№4金沢貞顕書状（図2）などは、これらの文書がかつて称名寺に伝来したことをうかがわせる。また料紙は

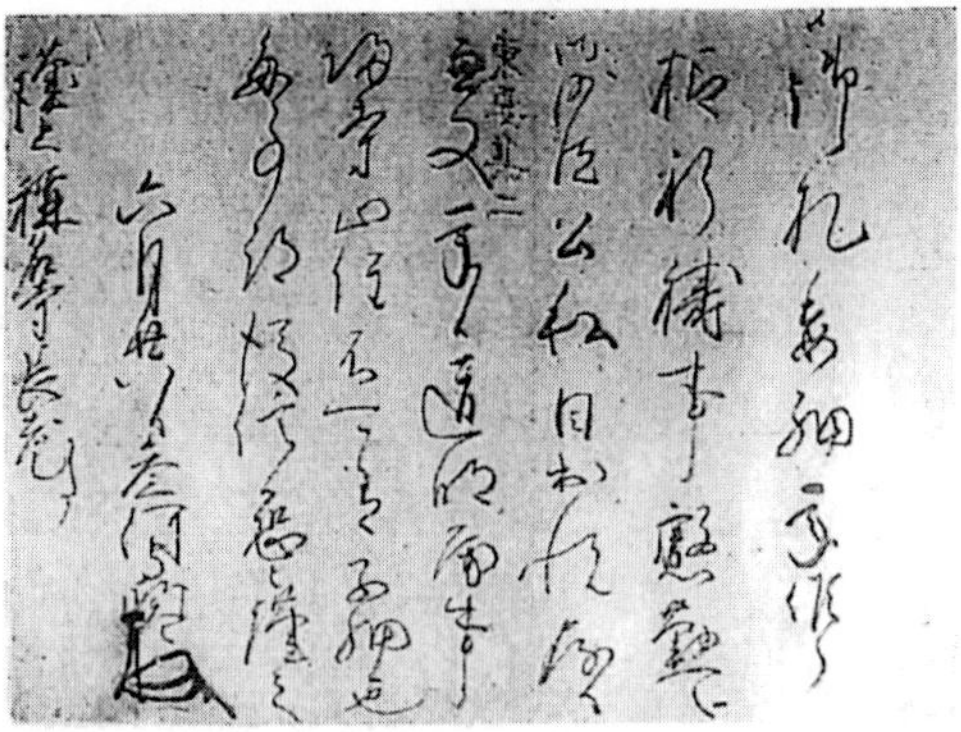

図1　高師冬書状　南北朝時代・14世紀

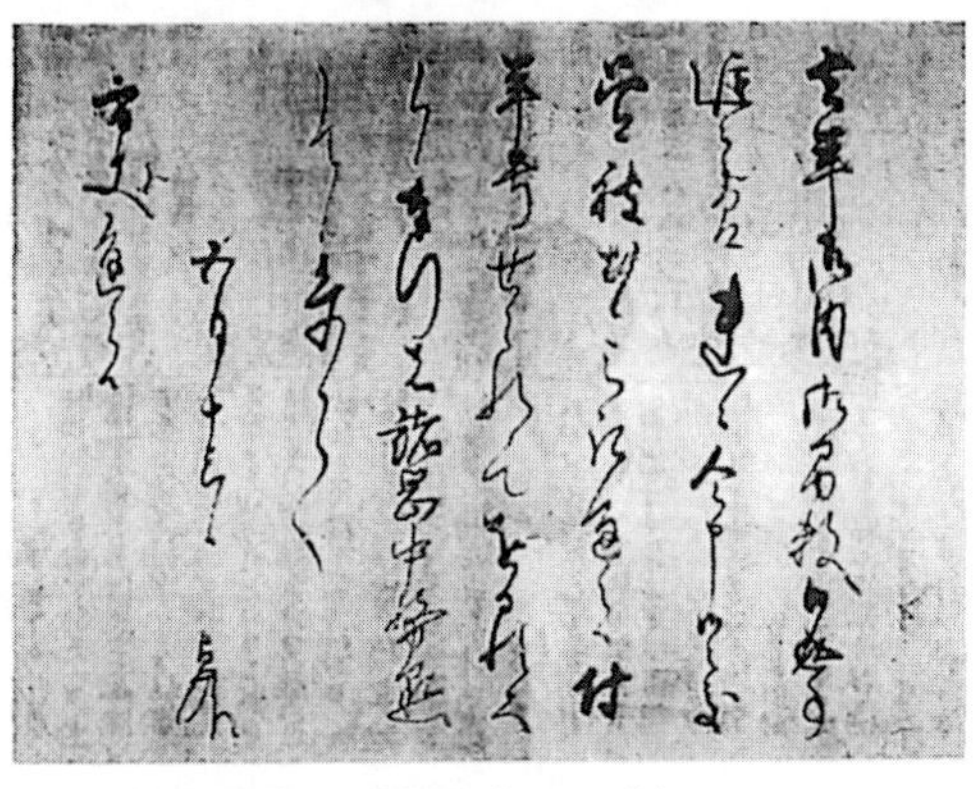

図2　金沢貞顕書状　鎌倉時代・14世紀

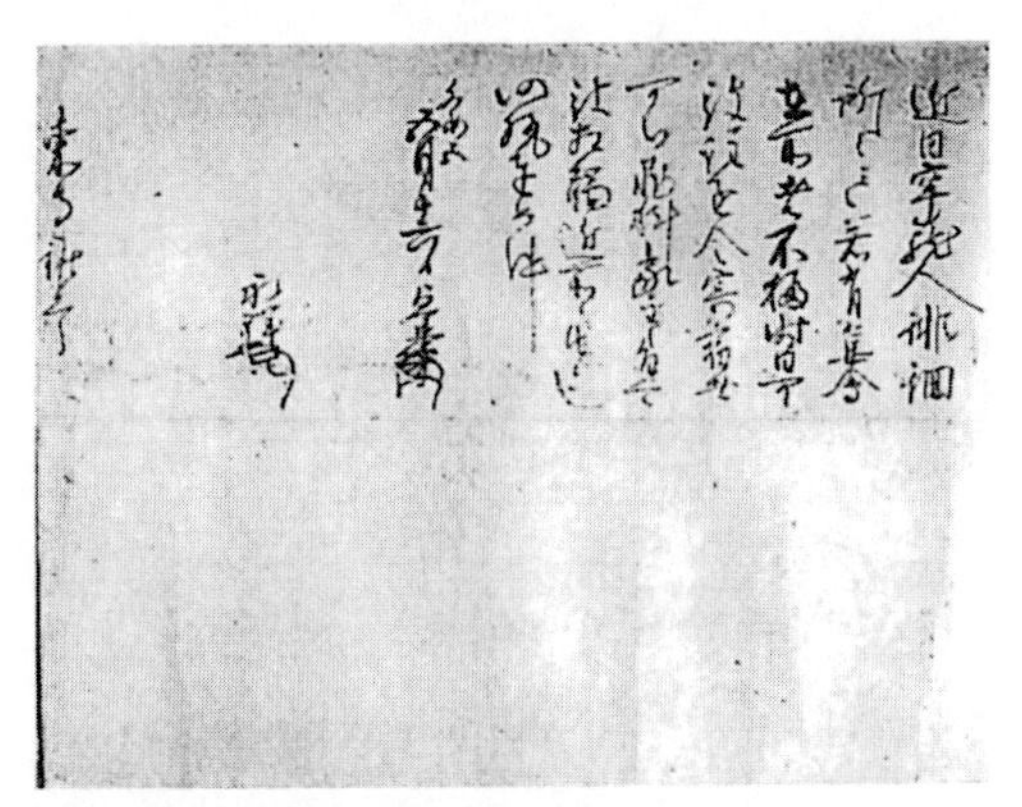

図3　室町幕府奉行人連署奉書（折紙）文安5年（1448）

楮紙系の割合厚めなもので、案文類は少なく、墨色・筆致や花押からいっても中世文書としての体裁を持つものがほとんどである。全ての文書は巻子装丁の際、天地および端奥を裁断した痕跡があり、現状は実寸より小さくなっている。加えて、各文書の宛所から二巻の文書群を称名寺・東寺など寺院別でグルーピングすることが可能であろう[2]。今後の課題としたい。

現在、巻子装丁の目的を詳らかにしないが、恐らく江戸時代以降に、諸寺院に伝来していた文書を収集し、巻子に装丁したと推測され、加えて各巻にわたり内容的な連続性や統一性がみられないことから、「手継券文」等、後世の証文として順次装丁されていったものではないと判断される。一つには明治をさほど遡らない時期に古書の収集家が巻子にしたのかもしれないが、現時点では不詳である。当館では明治十年（一八七七）に購入して以降の所蔵となる。

一見雑然とした文書群ではあるが、表1No.5足利直義書下案、No.15室町幕府奉行人連署奉書（図3）、表2No.1後伏見上皇院宣、No.2高師冬書状（図1）、No.4金沢貞顕書状（図2）、No.13三淵藤英書状（図4）など内容的に政権との関係を見出せるものも含まれている。そこで、本稿ではこれらの内の一通を題材に中世政治史へのアプローチを試みたい。

二、問題提起―三淵藤英書状の背景―

今回、筆者が本稿で取りあげる文書は表2No.13（年号未詳）三淵藤英書状である（図4）。法量縦二七・〇cm、横三八・四cm。料紙はやや厚めの楮紙系のもので、色は黄褐色。料紙を二分割にして上部だけに墨書が認められる折紙の形態である。奥の部分には湿気によるものと思われる料紙の変色が見られる。また表面中央よりやや袖寄りの本文四行目「催促」の字の下に折れ跡が確認される。前述のように裁断の可能性があるため、切封や墨引の痕跡は現状からは認められないが、袖の部分が多めに裁断されていると思われ、その他断片的に残る凹凸の折れ跡から、恐らく中世折紙に多く見られる十二折と判断される。竪紙を上下に二つ折りにして、文字を認めた後、文字の面を外側にして中央で二つに折り、更に二つに折り、最後に三つ折にしたもので、裁断の可能性を考慮しても、文字がかなり奥側に詰まって認められていることから、宛所の「東寺年預御坊」が折り畳んだ後で表書になるような略式の封式であったと思われる。これは書札礼が乱れ始め多様化する戦国時代以降の様式と合致し、三淵藤英の活躍した時代との齟齬はない。以下史料紹介の意味も含めて、この文書の発給年次とその目的の解明を手がかりに、歴史的背景を検討する。

【史料1】

九条縄之内、先度
伊勢三郎（貞興）殿被仰事
付而、所務中被置候、
只々無紀明御催促
不謂之由、従三郎（伊勢貞興）殿、御
理候条、可被相拘候哉、
御存分候者、可承候、彼方へ
可申候、恐々謹言、

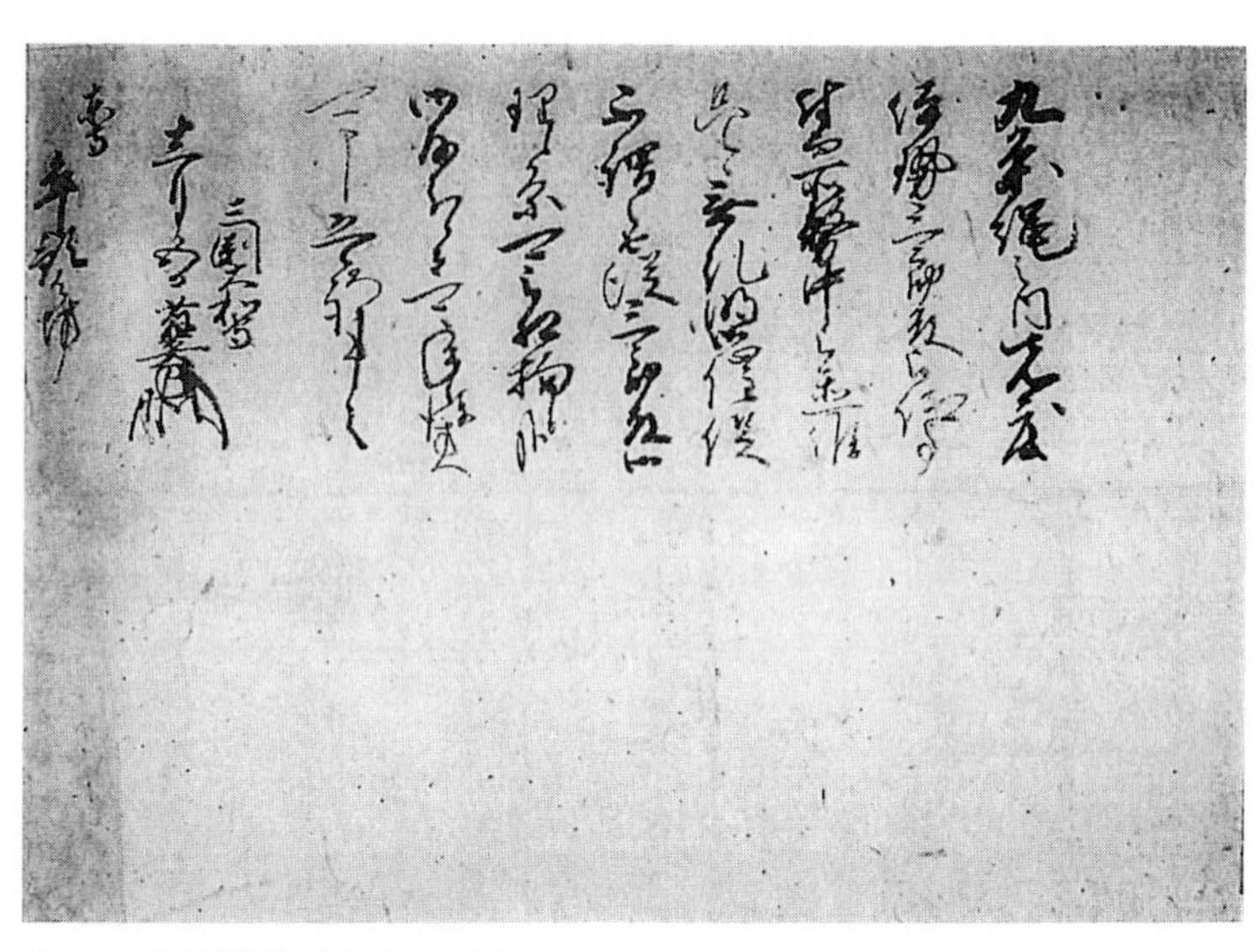

図４　三淵藤英書状（折紙）　元亀年間（1570～73）

三渕大和守

十二月五日　藤英（花押）

東寺
年預御坊[3]

最初に釈文を掲げてみたが、差出人は「三渕大和守藤英」、宛所は「東寺年預御坊」とある。三淵藤英は、室町幕府末期に第十三代将軍足利義輝と最後の将軍となる足利義昭に仕えた近習で、奉公衆と呼ばれる家柄の出身である。近年、『大日本史料』第十編之二十三の編纂を担当された金子拓氏が藤英の卒伝をまとめられ、その成果の一部を論文にされた[4]。その中で藤英の卒伝編纂の過程で収集した関連史料をベースに、三淵藤英発給文書を整理し三淵藤英年譜をまとめられているが、本稿で取りあげた書状については未収録である。

金子氏の研究によれば藤英は永禄十一年（一五六八）織田信長の軍事支援により上洛を果たした足利義昭に仕えたが、義昭の京都追放後の天正二年（一五七四）七月六日、信長の命により近江国坂本城で子の秋豪とともに自害した[5]。従ってこの文書発給の下限は天正元年となる。また藤英の受領名

「大和守」の初見が永禄十一年十月五日で、同九年八月二十日までは官途名「弾正左衛門尉」を名乗っており、[6]【史料1】が初見であるとする仮定を除けば、永禄十一年～天正元年までの間に藤英が東寺年預に出した書状となる。年預とは東寺の寺内組織にあって、衆議・評定などの運営を年番で務めた者を指す。[7]

次に本文中の「九条縄之内」と「伊勢三郎」を確認しておこう。まず九条縄之内であるが、これは山城国西九条を指し、現在の京都市南区西九条一帯にあたる。中世においては葛野郡に属した。当該期の西九条の領主関係は複雑で、泉涌寺領、亭子院領、東寺領など本所領が入り組んでいた。特に文保二年（一三一八）に後宇多院が散所法師十五人を寄進して以来、東寺領散所はこの地の周辺に拡大し、根本寺領の一つとなった。[8]「縄之内」は「縄内」とも表記され、永禄・元亀頃まで西九条内の字名として『東寺百合文書』にも多数散見される。[9]

伊勢三郎は伊勢貞興に比定される。室町幕府政所頭人を世襲した伊勢氏の末裔で、最後の当主であった。[10]天正十年、明智光秀に属して大山崎で羽柴秀吉と戦い討死した人物である。[11]

人物等の比定を終えたところで、次に文書中の「所務中被置候」と「可被相拘候」という語句に着目しつつ、内容に触れてみたい。前者は中世不動産法でしばしば登場し、室町幕府の訴訟において審議途中の係争地を、帰属が確定するまでの間、土地からの上分（年貢や諸公事物など領主の収益）の扱いに関して、幕府などの公権力が暫定的に管理する措置を指す。[12]後者は、係争地の名主百姓等に対し、上分を係争者双方へ納めさせず保管させる命令で、永正年間（一五〇四～二一）から後者の表現が史料上に登場するという。[13]両語句とも訴訟用語であり、【史料1】が単なる藤英の私信ではなく、訴訟上の伝達を目的として出されたと推測される。[14]この点をふまえて、前述の金子氏の研究と比較すると、永禄末年から元亀年間にかけて、藤英自身、室町幕府の訴訟に関し副状や折紙を出しており、[15]そうした発給

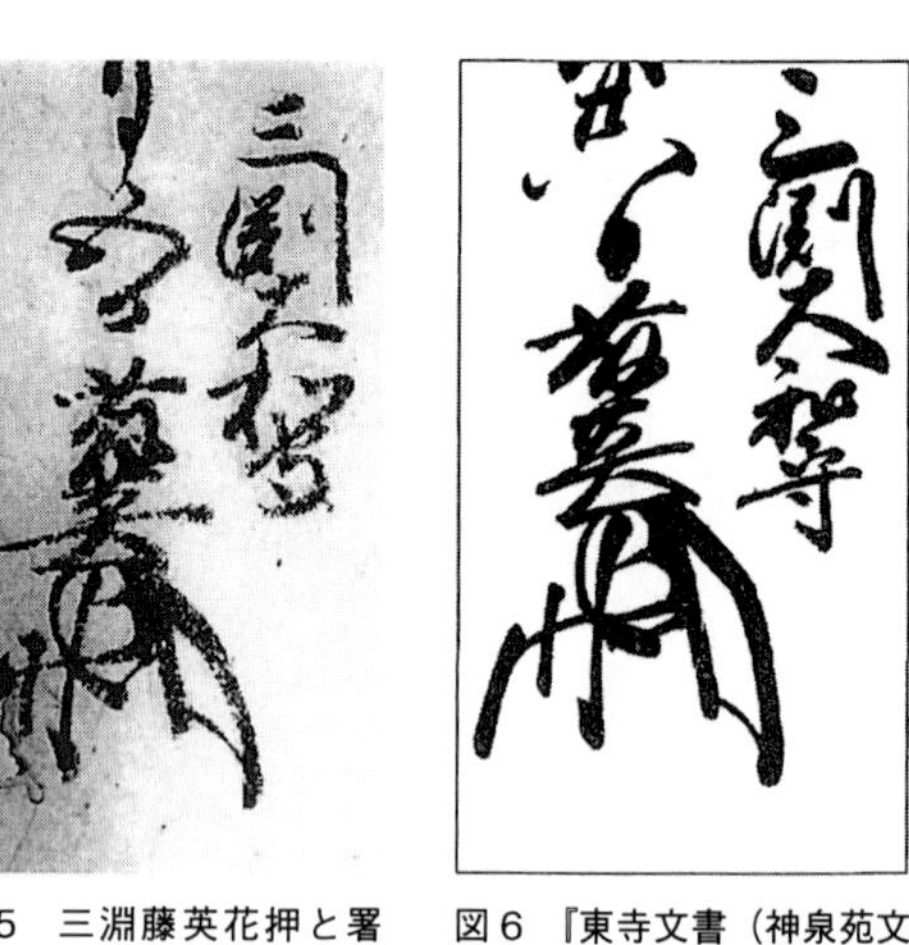

図5　三淵藤英花押と署判拡大図（前掲史料1）

図6『東寺文書（神泉苑文書）』所収　三淵藤英・秋豪連署状（花押拡大図）

文書中には【史料1】と同様に書止文言が「恐々謹言」となるような書札形式もある。[16]

花押に関しては、『醍醐寺文書』永禄十一年十月十八日付書状以降に発給された文書と同形で、藤之から藤英へ改名後の形態である。より詳細に比較すると【史料1】のものは、大きさ、筆の運びに加え、一緒に記された「藤英」署名の筆致とともに、『東寺文書（神泉苑文書）』（東京大学史料編纂所架蔵影写本）元亀二年（一五七一）九月二十八日付東寺観智院真盛宛藤英・秋豪連署状の署判と酷似する（図5・6参照）。以上のことより、【史料1】の差出人は藤英本人であることが間違いないと判断される。

次に、内容について大意をとってみたい。

西九条字縄之内に関して、前に伊勢三郎殿が仰せられた事について、（幕府または公方様が年貢・諸公事を）管理されることとなった。もっぱら、訴訟審議もなしに、（東寺が年貢・諸公事を）催促したのは論外であると、三郎殿が判断されたために、（年貢・諸公事を）現地百姓中に保管させる措置がなされた。本件に関してそちらの（東寺側の）存分があるならば（私藤英が）承ろう。（その旨、私から）先方へ伝えよう。

これは領主間相論における「中間狼藉」の禁止命令であり、訴訟に際して裁定者側の判断により出された文書である。この場合、差出人の藤英は、伝達者に過ぎず主体が自分にないことは、文中の敬語表現から判断でき、「所務中被置候」という「処分制限」措置を決定した人物は、藤英の主、すなわち将軍足利義昭とみられる。[17]係争関係は一方は伝達を受けた東寺であり、対立しているのは伊勢貞興であろうか。しかし、この措置の根拠は貞興が「仰せられたこと」にあり、また「御理」すなわち判断した結果としている点は、一方で貞興を裁定者とする可能性も残る。その点については本稿の最後に検討したい。

そして【史料1】の目的は、訴訟の事務手続上出された文書であり、この書状自体が所領所職等を保障するものではない。加えて当該期の藤英の発給文書例や前述の署判の信憑性に鑑みて、偽文書の可能性は否定できよう。

恐らく藤英が書状を出した直接の原因は、係争中にもかかわらず、寺領であった西九条縄之内に対し、東寺が上分催促を行なったことにあり、訴訟審議を経ずに、年貢・諸公事の催促など論外であり、中間狼藉にあたるとの抗議（または命令）が、貞興によってなされたため、幕府では係争地の暫定管理と上分の処分制限のための在地保管を決定し、藤英を介してその旨を東寺に伝達したのである。

【史料1】の概観をつかんだところで、次章ではその背景にあった貞興と東寺の係争の遠因を探ってみたい。

三、西九条縄之内と政所伊勢氏

貞興が東寺と西九条縄之内をめぐって相論を展開したとするならば、係争地に対して何らかの権利所有が認められるはずである。本章では西九条と伊勢氏の関係を追ってみたい。

明応年間（一四九二～一五〇一）に時の当主貞陸は山城国守護に在職した後、永正十一年（一五一四）、守護方の下知と称して西九条への代官入部を画策したが、この地に権利を持つ東寺を含む諸領主は連合し、禁裏・幕府に提訴したために阻止された。[18]以後伊勢氏は山城国守護となった細川京兆家との協調の下、同国での地歩確立を推進するが[19]、その進出は貞陸の祖父貞親の時に、将軍家被官の集住地同国西岡への進出と在地勢力の被官化まで遡れよう。[20]在京して政所頭人として幕政に参与する伊勢氏は奉行人や奉公衆と同様、先祖伝来の本貫地や集約化された所領を持たず、京都近郊での私領確保は必然的な流れと理解できる。[21]

時代が下ると、西九条縄之内は室町幕府御料所に設定された。伊勢氏の家宰蜷川氏の残した『蜷川家文書』に、天文年間（一五三二～五五）推定の「伊勢貞孝幷被官人知行目録」と呼ばれる所領目録がある。[22]これは、明応の政変以降、細川氏から三好氏へと幕府周辺の政治勢力変遷に伴い、侵略された幕府御料所の奪還を目指して作成されたとされるが[23]、その中の二つの項目に、

【史料２】

一、御料所西九条縄内、当知行、今度十川（一存）・今村（慶満）押領

一、同縄内春日田事、当知行、今度十川・今村押領[24]

とあり、同地は御料所として伊勢貞孝が知行していたが、天文期には十河一存や三好氏被官今村慶満に押領されていた。[25]

当該地が伊勢氏の私領に類似している点は、前述目録に掲出された御料所各地を伊勢氏庶流の貞倍や貞順、被官三上氏や淵田氏が代官として知行していることからも明白である。[26]幕府御料所代官職の占有は貞孝の幕府政所の頭人在

職に起因すると考えられ、目録記載の御料所は政所が管理を任された「政所料所」であろう[27]。つまり、西九条縄之内の知行には政所頭人の在職と密接な関わりが想起される。

【史料3】
伊勢守(伊勢貞孝)知行分西九条縄内事、被補御料所御代官職、被仰付松阿畢、然或被官人拘分、或免除地以下、悉被棄破之条、存知之、早致指出、年貢諸公事物并地子銭等、如先々厳密可沙汰渡彼代、若令難渋者、可有其沙汰之由、所被仰出之状、如件、

永禄五
七月十日　　　貞広(飯尾)（花押）
　　　　　　　盛秀(松田)（花押）

当所名主百姓中[28]

【史料3】は御料所代官職を貞孝に替えて、将軍義輝の同朋衆松阿弥[29]を任じた際、年貢以下の納入を当地の名主百姓に命じたものである。重要なのは、傍線部の、伊勢氏被官人への既納分や貞孝時代の免除地などが一切否定されている点で、これは貞孝更迭以前の御料所管理において、伊勢氏側に自由な裁量権のあったことを示唆しており、形式的には幕府御料所であっても伊勢氏の私領と同質であったようだ[30]。しかし、更迭によって闕所地とされていることからも、幕府御料所に依拠した私領である不安定は常に伴うものであった[31]。こうした更迭の理由であるが、御料所代官の与奪は将軍に帰属しており、当時の将軍義輝の意向が予測される。そこで当該期の政治情勢を概観してみよう。

永禄五年（一五六二）三月、当時洛中を支配していた三好氏が和泉国岸和田で畠山氏と根来寺衆徒連合軍と戦い敗退したため、畠山氏に呼応する近江六角氏が京都に進軍する騒ぎとなった。これを恐れた在京駐留の軍勢を指揮する

三好義興（長慶の子）は将軍足利義輝を連れ出し石清水八幡宮のある男山（現京都府八幡市）に撤退した。将軍の移動は幕府をあげての亡命となり、多くの直臣や奉行人が随う中、政所頭人伊勢貞孝はこれに倣わず在京し[32]、入洛した六角軍と提携した。しかし戦局は三好方の松永久秀の反撃により逆転、畠山・根来寺の連合軍は河内太平寺で大敗し、六角氏も本国近江に撤退、幕府・三好と敵対した形となった貞孝は同年五月末に近江国坂本へ逃亡[33]、入れ替わる形で義輝らは六月二十二日、男山より還京した[34]。

近年の研究では、六角氏との提携原因を、将軍義輝と三好政権の接近にみられる貞孝を取り巻く環境の変化が、三好との同盟破棄を選択させたことに求めている[35]。結果として貞孝は頭人職を罷免、同年八月末に細川晴元旧臣や一部の将軍直臣とともに謀叛を企て、丹波路の長坂口杉坂の戦いで子の貞良とともに討死した。

御料所代官更迭の原因は、日付上からも貞孝と六角氏との提携に求められ、同時に政所頭人職をも罷免されたのである[36]。

伊勢氏の支配から離れた西九条縄之内はその後どうなったのか。貞孝と代わった松阿は、永禄八年五月十九日、三好三人衆らによる将軍義輝殺害の際に討死しており[37]、以後の代官職と西九条縄之内支配の変遷は未詳であるが、貞孝の孫貞興の時代には伊勢氏の知行に復していたようである。

【史料4】

「（封紙ウワ書）
誓願寺玉案下　　貞興」

「　　伊勢三郎　」

就今度誓願寺回禄、知行分城州西九条縄之内戒光寺仏殿事、令寄進当寺之上者、永不可有相違候、早至其地可被

引移之段、肝要候、猶両三人可申候、恐々敬白、

四月廿三日　貞興（花押）

誓願寺玉案下[38]

【史料4】は伊勢貞興が誓願寺に対し、この当時、西九条縄之内にあった戒光寺仏殿（恐らくは仏殿領のことであろう）を寄進した文書である。貞興はここで縄之内を「知行分」と明記しており、代官職と確定は出来ないものの何らかの権利を有していたのだろう。年未詳ではあるが、「三郎貞興」との名乗りからも、永禄十一年以降に出されたものであろう[39]。西九条縄之内は松阿の後に貞興が知行していた。

では貞興の西九条縄之内知行の意味は何か。貞孝が将軍・幕府からの離反により御料所代官職と政所頭人職を将軍から剥奪されていたことを勘案すると、侵略行為による当知行以外で知行が可能な条件としては将軍の赦免に伴う幕府への復帰が前提となろう[40]。

以上、本章では主として伊勢氏の御料所代官職を媒介とした西九条縄之内との関わりを確認した。西九条縄之内は永正年間以降、伊勢氏による御料所代官職に依拠する知行化が認められ、それは私領と同質であった。こうした所領の喪失は伊勢氏の家産収入に打撃を与えたはずである。前述のように政所頭人および御料所代官職の任免権は将軍義輝が握っており、貞孝の頭人罷免と謀叛による敗死の後、西九条縄之内を孫の貞興が再び知行した事実は、将軍の赦免に伴う幕府への復帰にあると考える。伊勢氏の代官職に依拠した御料所支配は、家職でもあった幕府財政を管轄する政所頭人の在職が根源にあった。そこで、次章では貞孝以後の室町幕府政所頭人職と伊勢氏の動向を追い、伊勢氏復帰の時期を明らかにしたい。

四、伊勢宗家の幕府帰参と政所頭人摂津晴門の動向

伊勢貞孝が、永禄五年八月に幕府に謀叛し討死したことは先に触れたが、貞孝に代って頭人に就任したのは、摂津晴門である。伊勢貞孝の正確な罷免の時期は不明だが、同年五月二十七日には近江国坂本に逃れており[41]、以後、洛中での政所頭人としての活動は見られなくなる[42]。また同年八月末に貞孝が挙兵し、洛中を放火した際に禁裏では「いせのかみらう人しゆ」とし、以後一貫して「らう人」と記しており[43]、頭人職から罷免され牢人となっていたようだ。前述のように同年八月二十日付で、南芳院祠堂銭の徳政免除を認めた摂津晴門・諏方晴長連署奉書が出されていることから[44]、五月末から八月末までに罷免されたのであろう。挙兵の理由について、貞孝は坂本に逃亡して幕府への帰参の機会をうかがっていたが、義輝は在京しない頭人に替えて晴門を登用したため、進退極まって細川京兆家の残党や幕府の叛乱分子などの軍事力による復帰を画策したのだろう。

ともあれ、貞孝・貞良父子の死により、伊勢氏の政所への関与は見られなくなり、代わって摂津晴門の活動が看取される。ちなみに『新版角川日本史辞典』付録の政所執事の項で確認すると[45]、最後の執事は摂津晴門とあり、在職期間は永禄五年八月二十日~同十二年十一月二十四日とされる。そしてこの期間は研究の進展によって広がる可能性を残しているとする。

つまり現段階の研究では、最後の室町幕府政所頭人は摂津晴門となる。伊勢氏の政所頭人時代には、事務官たる蜷川氏が政所沙汰に関連する膨大な引付（訴訟関係記録類）を残しており[46]、これを利用して、具体的な活動が盛んに研

究されたが、貞孝以降の史料群に晴門の活動を示唆するものはほとんど確認し得ない。伊勢氏被官の蜷川氏が政所代（頭人の補佐官）を世襲継承してきた関係から、恐らく頭人の交代により政所代も摂津氏被官へ代わったと推測される。しかし蜷川氏のように摂津氏被官が史料を残さなかったのか、現在まとまった形での引付などは残されていない。

室町中期以降、二階堂氏に代わり伊勢氏が政所頭人となって以後の独占は、およそ一八〇年近くにわたり、さながら家職と思われた頭人職の更迭には、将軍義輝の強い意志が反映していたとされる。家産収入が、政所に持ち込まれる訴訟の礼銭を始め、畿内の寺社・公家等からの年々の贈答と、政所御料所からの年貢等に立脚した伊勢氏にとって、頭人職の更迭による収入の悪化は必然であった。ゆえに宗家の断絶以降、頭人職復帰を目的とする伊勢氏被官の宗家再興に向けての活動が顕著になる。(47)

活動の依拠するところは、伊勢氏庶流の幕府内での勢力残存にあり、同族の貞助が貞孝殺害後も義輝側近として活躍していることや、(48)貞辰、貞順、貞倍、貞知などの幕府内での活動が確認される。庶流にしても、政所への関与による利潤は、宗家の頭人在職の恩恵でもあり、再興の成否は庶流各家の家産をも左右したと思われる。同時に、こうした勢力の残存こそ、将軍義輝の狙いが伊勢氏全体の抹殺ではなく、政所における頭人職を介しての伊勢守家（伊勢氏宗家）の影響力排除にあったことを示すものである。だからこそ、義輝が将軍として幕政を主導していた期間、伊勢宗家の再興はなかったのである。

一方、中央から追われた貞孝の末裔たちは、血縁を頼り若狭守護武田氏のもとに流寓していたが、(49)永禄八年に義輝が殺害されると転機が訪れた。義輝を討った三好三人衆らが擁立した義栄と義輝の実弟義昭とが将軍職を争奪し、永禄十一年二月摂津国富田の普門寺に滞在中の義栄が将軍宣下を受け、寺社・公家等はこぞって参賀した。その一人として貞孝の孫虎福丸（貞為）がこの時義栄に帰参した(50)。

斎藤（瀬戸）薫氏は虎福丸の帰参をもって、三好三人衆に擁立された足利義栄が、政所を中心とする幕府機構を掌握していたことを指摘し、その際に中心的な役割を果たしたのが、在京していた伊勢氏庶流であるとした(51)。しかし頭人職に貞為が就いたとする史料は確認できない。たしかに貞孝の時代に庶流が政所沙汰に関与していたことは確認されるが(52)、一方この時期、義輝によって頭人に登用されていた人物は摂津晴門である。

晴門は義輝殺害後、足利義昭に従い越前国朝倉氏のもとに流寓していた。義輝殺害以降、将軍職をめぐる義栄・義昭の競争があったことは前述したが、晴門は義昭の側で活動し、永禄十一年五月の元服に先立ち、その従四位下左馬頭任官に奔走している(53)。そこで次の史料を考えてみたい。

【史料5】

（前略）従伊勢虎福（貞為）使横川（長綱カ）掃部入道来、対面、就　将軍　宣下告使（ツケツカイ）出納（高屋重弘）右京進御倉与奪云々、下向富田、御昇殿と計申之云々、奏者摂津守（摂津晴門）役也云々、不参之間伊勢守に被仰出之、幼少之間、同名可召進之、(54)（後略）

在京していた山科言継の許に、伊勢虎福丸（貞為）被官の横川掃部入道が使者として来訪して言うには、摂津富田の義栄の許に禁裏から将軍宣下の告使として蔵人出納の高屋重弘が遣わされた。宣旨の奏者役は摂津晴門であったが、不参により、義栄から「伊勢守」にその役が仰せ付けられた。しかし「伊勢守」は幼少のため、同族が代行するのだという。横川はその際の奏者の作法について、先例を言継に尋ねたのである。

ここから虎福丸帰参は、晴門不参の代行勤仕であること、しかも自身ではなく、同族が勤めたことが判明する。本来は晴門の役である旨を伊勢氏被官の横川が言継に述べている点、伊勢氏側はこれを重々理解した上で勤めようとしていたことを示唆している。では言継が記した「伊勢守」とは誰を指すのか。斎藤氏は虎福丸（貞為）に比定しているが、同一人物を日記の同日条で「伊勢虎福」と「伊勢守」に書き分けるという点に不自然さが残る。氏の説に従えば、言継は日記に「伊勢虎福に被仰付」と記すのではないか。そこで筆者はこれを虎福丸貞為の弟貞興に比定したい。貞興は幼名を小法師丸といった。先に伊勢氏遺臣が伊勢守家再興を幕府に嘆願したことに触れたが、その際の一条に、

【史料6】

一、伊勢守（伊勢貞孝）進退之儀者、申旧候之間、無是非候、先、兵庫頭（伊勢貞良）・小法師（伊勢貞興）被召出候やうにと、内々申入候之処、当分御用に不相立之由、御気色承候、然者、小法師成人之間者、以名代奉公之事、可申付候、名代事者、上意次（足利義輝）第たるへき事、[55]

とあり、遺臣たちは小法師丸成人まで名代が幕府に対して奉公する件につき将軍の許可を申請していた。伊勢氏の系図類では貞為の幼名は虎福以外に見当たらない。[56]つまり遺臣たちは小法師＝三郎貞興を宗家の正嫡として再興を願い出ていたと考えられよう。[57]そこで筆者は【史料5】の「伊勢守」を貞興とする余地もあると考える。[58]【史料5】の意は「晴門の不参によって、義栄は伊勢守家の正嫡である小法師丸に奏者役を命じたが幼少であるため、[59]同名の一族が名代として務めた」となる。

一方、残る疑問は晴門の不参についてである。将軍義輝乳人の春日局は晴門の父元造の養女にあたる。[60]また嫡子と思しい糸千代丸が義輝殺害時に討死していることが関係していよう。[61]心情的にも三人衆の擁する義栄への帰参は有り得なかったのだろう。晴門は義輝殺害後も在京したが、三人衆側に与党せず、義昭が義栄の対抗者として将軍職を目指し、越前の朝倉義景を頼り下向すると、その許に帰参した。[62]また越前には晴門だけではなく、幕府奉行人の諏方晴

長や同俊郷なども下向している。[63]特に晴長は政所寄人・執事代として、貞孝の時代から政所沙汰に関与してきた。[64]晴門を始めこれら越前国一乗谷に下向した者は反義栄派であったと理解される。

当時幕府は三好三人衆らに擁立された摂津国富田の義栄と越前国一乗谷で朝倉氏の庇護下にある義昭とに分裂しており、[65]同様に政所に関しても義昭の側に立つ頭人摂津晴門や寄人の諏方晴長・俊郷らと、義栄に接近して幕府帰参を実現し、在京して政所の実務を担う伊勢一門[66]とに分裂していた。[67]もとより、伊勢氏一門のこうした動きは、政所頭人職に付随する様々な利潤[68]の獲得を目的としており、宗家再興と当主の幕府への帰参に付随して頭人復職を摸索するものであった。「晴門の代行」でも良しとする真意は、幼主による職務遂行の可否など問題ではなく、ひとえに帰参による宗家再興の事実を希求した結果であろう。

五、幕府政所頭人職をめぐって

前章では、当時政所を含む幕府が分裂していたことを明らかにしたが、永禄十一年九月、義昭を奉じる織田信長の上洛と義栄の急死により、政局は一気に逆転し、幕府は将軍となった義昭の下で統合された。これに伴い義昭と行動をともにした晴門や奉行人たちも帰洛した。

足利義昭上洛までの間、政所頭人職は義栄側の伊勢氏、義昭側の摂津氏のどちらに帰属していたのか。摂津晴門発給文書の分析から、その変遷を考えてみたい。そこで筆者が晴門署判の文書をまとめてみたものが表3である。管見の限りではあるが晴門は永禄七年十二月二十七日（№9）以降同十一年十一月十日（№13）まで、頭人として徳政免除などの動産を対象とする文書を発給していない。『武政規範』政所沙汰篇によれば、政所の管掌する事項は主として洛中の動産訴訟等であり[69]、そのためには在京が前提となる。また永禄八年以降三好三人衆・松永久秀らが軍事力を背景として京都の庶政にあたっており、晴門自身も越前の義昭の許へ下向していることから、この結果は当時の情勢を反映している。つまり義輝殺害後の幕府政所では訴訟処理が一時的に停止していたと判断される。一方、義栄の許に帰参し在京していた伊勢氏も、政所訴訟に関する文書を発給していない[70]。その為当該期の頭人と政所訴訟については判然としない[71]。

永禄十一年十一月以降の発給は、義昭の上洛に伴い、晴門が再び洛中での政所訴訟に関与し得たことを示し、一時の断絶があるものの、義輝から義昭期の幕府において、政所頭人であり続けたといえる。

一方、義栄死後の伊勢氏の動向は、前述のように永禄十一年十月二十二日、義昭の許に伊勢貞興が祗候しており、この時七歳であった。言継が「非御供、着烏帽子、車寄之北に祗候、同名上野介後見也、(中略)次、伊勢三郎(貞興)、雖非御供、長橋三之間之ソハ口へ呼、土器物にて酒勧之[72]」との記載から、正規の御供衆として扱われなかったようで、しかも伊勢上野介が名代となっている[73]。この状況は翌年二月二十六日に言継が御所に参上した際に「伊勢三郎八歳幼少之時(間カ)、非御供、只烏帽子にて祗候也[74]」とあり、しばらく続いたらしく、同年七月一日にようやく一色藤長らとともに御供衆として列席している[75]。言継はこの措置を幼少のためと推察しているが、二月に御供衆でなかった貞興が七月には許されている事実からその格式の違いを年齢とするには不自然さが残る。筆者は義昭の意向によるものと推測する。将軍職をめぐる対立候補であった義栄の許に帰参した伊勢氏に対して不快を示し、貞興の帰参を直には認めなかったのであろう[76]。

表3　摂津晴門発給文書

No.	文書名	年号	月日	差出人	宛所	内容	政所沙汰関連	出典
1	書下	天文二一（一五五二）	一二月	摂津晴門	東寺	年末祈禱巻数の披露を伝える		東寺百合文書い函八一
2	書状	（年未詳）	一二月二九日	摂津晴門	東寺年行事	年末祈禱巻数の披露を伝える		東寺百合文書ゑ函二〇一
3	政所頭人加判連署奉書	永禄五（一五六二）	八月二〇日	諏方晴長・摂津晴門	南芳院雑掌	祠堂銭の徳政免除	●	森田博三氏所蔵文書
4	政所頭人加判連署奉書	永禄五（一五六二）	九月二六日	松田盛秀・諏方晴長・摂津晴門	―	祠堂銭の徳政免除	●	法輪寺文書
5	連署状	（永禄五）（一五六二）	一一月三日	大館晴忠・摂津晴門	善法寺	石清水八幡宮造営奉行承認と造営費下行に関する通達	●	菊大路文書
6	政所頭人加判連署下知状案	永禄五（一五六二）	一一月九日	諏方晴長・摂津晴門	―	政所公人新四郎の諸役免除と諸商売の許可	●	蜷川家文書
7	政所頭人加判連署奉書	永禄五（一五六二）	一一月一六日	諏方晴長・摂津晴門	清蔭軒主	祠堂銭の徳政免除	●	尊経閣文庫所蔵文書
8	政所頭人加判連署奉書	永禄六（一五六三）	五月七日	松田頼隆・摂津晴門	本興寺雑掌	徳政免除	●	本興寺文書
9	政所頭人加判連署奉書案	永禄七（一五六四）	一二月二七日	松田頼隆・摂津晴門	―	諸商売諸役の免除	●	古文書集
10	書状写	（永禄一一）（一五六四）	三月一五日	摂津晴門	山科家雑掌	義昭の元服に伴い、四品叙爵の申沙汰を依頼	○	『言継卿記』永禄一一年三月二四日条
11	書状写	（永禄一一）（一五六四）	三月一五日	摂津晴門	山科殿参人々御中	義昭の元服に伴う、四品叙爵の申沙汰、公家装束の調達依頼	○	『言継卿記』永禄一一年三月二四日条
12	連署状写	（永禄一一）（一五六四）	三月一九日	諏方晴長・摂津晴門	山科家雑掌	義昭の元服に伴い、公家装束の調達を依頼	○	『言継卿記』永禄一一年三月二四日条
13	政所頭人加判連署奉書	永禄一一（一五六八）	一一月一〇日	松田頼隆・摂津晴門	来迎院役者	買得地安堵	●	来迎院文書

14	政所頭人加判連署奉書	永禄一一（一五六八）	一二月一八日	諏方晴長・摂津晴門	――	買得地安堵	●	法輪寺文書
15	政所頭人加判連署奉書	永禄一一（一五六八）	一二月二九日	諏方晴長・摂津晴門	永円寺住持順覚	徳政免除に伴う常盤井宮家の押妨停止と知行安堵	●	国上寺文書
16	連署書下	（永禄一二）（一五六九）	一月一五日	飯尾貞遙・松田頼隆・摂津晴門	当地百姓	寺領大宮北小路内屋敷地子銭の安堵		大徳寺文書
17	連署状	（永禄一二）（一五六九）	一月一九日	摂津晴門・飯尾貞遙・松田頼隆	明院良政・村井貞勝・坂井好斎	相国寺光源院領地子銭の還付通達		光源院文書
18	連署折紙	（永禄一二）（一五六九）	一月二〇日	飯尾貞遙・松田頼隆・摂津晴門	明院良政・坂井好斎・村井貞勝	誓願寺灯明料地子銭の還付通達		誓願寺文書
19	政所頭人加判連署下知状	永禄一二（一五六九）	二月二三日	諏方晴長・摂津晴門	――	徳政免除	●	離宮八幡宮文書
20	政所頭人加判連署下知状	永禄一二（一五六九）	一一月二四日	諏方晴長・摂津晴門	――	徳政・臨時課役の免除	●	樽井文書

＊蜷川家文書は『大日本文書』家分け21、それ以外の出典は東京大学史料編纂所架蔵影写本・写真帳を利用した。
＊政所頭人加判連署奉書とは、徳政免除などで政所頭人と政所奉行人が連署で申請者に発給する文書で、書止文言が「仍執達如件」となるもの。政所頭人加判連署下知状とは同様の内容で、書止が「仍下知如件」で終るものを指す。
＊政所沙汰関連の欄の内、●は政所訴訟、○は広義の政所沙汰を示す。

ともあれ伊勢貞興は義昭の許に帰参したが、この時期、晴門は同十一年十一月以降再び政所訴訟関連の文書を発給し続けている（表3№13・14・15・19・20）。ゆえにこの期間での貞興の政所頭人補任はなかったと判断される。しかし永禄十二年十一月二十四日以降、摂津晴門の政所訴訟に関する文書は確認し得ず、『言継卿記』にも元亀二年正月二十五日以降記載に現れない。さらにこの間の元亀元年九月三十日、山城国西岡を中心に洛中で土一揆が発生し、幕府は鎮静のため徳政令を公布したが[77]、その関連史料にも晴門の名は登場せず、徳政免除の文書も発給していない[78]。頭人に在職していなかったのか、その後の頭人職は不明となる。そこで、以上の点をふまえて、次の史料を考えてみたい。

【史料7】

今度城州之儀、為政所職奉行人被出可然之旨、公儀(足利義昭)へも申上候処、其通被申付之由、可然候、於政所役者、向後も不可有異儀候、将又、高槻番手之事、被申付之由尤候、猶、夕庵(武井)可申候、恐々謹言、

十一月朔日(元亀二年)　　　　信長(織田)（花押）

伊勢三郎(貞興)殿[79]

元亀二年（一五七一）、信長は禁裏および室町幕府の財政復興を目的に山城国内の御料所、寺社本所領および免除地、私領、買得屋敷など全てを対象とした、田畠反別一升宛の一国平均段銭を課した[80]。右史料はこれに関連するもので、信長は貞興に政所奉行人を段銭奉行として派遣させる旨を将軍義昭に上申し、上意を得たことが分かる。注目すべきは「政所役」を今後も貞興に保証した点である。この史料を根拠として、脇田修氏は政所の復活ととらえ、足利義昭の幕府が、依然政所機構を包括していたとされた[81]。たしかに信長がこの件を通達している事実は、この時点で貞興が奉行人を統括する地位にあったことを示す。また「向後も」の表現からは保証の継続を意味すると解されるので、これ以前に貞興はかかる地位に就いていたといえる。信長はここでその地位を「政所職」と記し「頭人職」とはしていないが、政所の統括者が頭人であったのは今までみてきたとおりである[82]。

つまり晴門から貞興への頭人交代が指摘できる。その日時は史料的な制約もあり断定できないが、永禄十二年末から元亀二年までの期間であろう。交代理由としては、摂津晴門の死去か幕政からの引退が考えられる。晴門の生没年は不詳であるが、享禄元年（一五二八）十一月二十八日に従五位下に叙されており[83]、永禄十二年時点で四十年近くが

経過しており、高齢に達していたと推察される。[84]そして、頭人職を世襲させるべき実子がいないことは前述した。加えて摂津氏自身、政所頭人の在職例は伊勢氏に比べるべくもない。[85]この事実は先例重視の幕府にあって、晴門に政所頭人職への固執を生じさせなかったものと考えられる。もっとも摂津氏の起用そのものが前例のないことで、義輝による政所からの伊勢氏排除が目的にあり、暫定的な処置と取れなくもない。[86]そこで晴門の死後（もしくは引退の可能性も有る）、政所頭人としての実績と経験を担う伊勢守家の幼主貞興が頭人職に就いたと筆者は考えたい。

そして最後に問題提起とした【史料1】三淵藤英書状にもどって、残された課題すなわち、年次の確定について触れてみたい。これまで考察してきたとおり、筆者は本稿二章で西九条縄之内をめぐる東寺と貞興との相論を仮定した。五章では伊勢貞興が元亀二年十一月までに政所頭人に在職していたと推定した。この二点をふまえ、二章であげた西九条縄之内相論における措置決定の根源が政所頭人の権限にあったのではないかと考える。そこで『東寺百合文書』でこの西九条相論に関連する史料を確認したところ、次のような文書の包紙を発見した。

【史料8】

西九条縄内御下知両通幷長慶（三好）・一存（十河）・今村（慶満）書状
伊勢三郎（貞興）殿内古市・三上放状等元亀元年九月七日
□□山城守殿放状一通[87]

正文の散逸が惜しまれるが、これは元亀元年（一五七〇）九月七日に東寺が幕府へ提訴した折り、西九条縄之内に関連する券文を取りまとめて備進した際の文書の包紙であろう。[88]注意したいのはその中に貞興の内衆三上や古市ら[89]が出した「放状」すなわち売券が含まれていることである。東寺側はこれより以前に伊勢氏内衆から西九条縄之内の地を買得していたのだろう。この包紙からは東寺との係争者が貞興の被官であった可能性を示唆していよう。しかし筆者は西九条縄之内が、貞孝の代官罷免後、一時的に伊勢氏の手から離れていたと推測したが、一方で縄之内の一部については、そのまま被官人が知行し続けていたとも理解できる。または貞興の幕府帰参の段階で知行に復し、その後に被官に分与されたのかもしれないが今のところ不詳である。[90] また被官が売却したとするならば、その理由に前述の伊勢氏の政所からの排除に伴う家産収入減少との関係が想起される。以上不詳な点があるものの、元亀元年九月七日を前後して、西九条縄之内をめぐる東寺と伊勢被官との間で争われた相論が、幕府において審議されていた可能性がある。ちなみに、『武政規範』によれば、土地等の売却に関する訴訟は政所管轄である。とすればこの相論は幕府政所が担当したと推定される。

そこで再び【史料1】の文面に戻ってみると「伊勢三郎殿被仰事付而」とあり、これは貞興の仰と解釈できよう。[91] これに従えば、将軍義昭を主とする室町幕府の政所頭人として、東寺と伊勢被官の相論を貞興が裁くという構図が予想される。[92] また義昭近臣の三淵藤英が伝達者として介在していたのは、義晴・義輝執政期に見られた幕府訴訟に近臣が介在する例を踏襲したものである。[93] 相論の措置に関する決定事項を伝達した【史料1】は貞興の政所頭人在職の根拠と筆者は考えたい。

この他、西九条と貞興に関連した史料としては元亀二年十一月、信長被官の木下（羽柴）秀吉が、西九条泉涌寺領を押領したため、禁裏は伝奏勧修寺晴豊に返還を命じる女房奉書を下した事件がある。[94] 泉涌寺側は公武に通じた山科言継に返還折衝を依頼し、言継が将軍義昭の御所に祗候して談判すると、秀吉は「一向不存知之間、伊勢三郎ニ可被仰之由、堅固ニ申之」[95] と返答した。秀吉の言分では押領の行為が貞興の指示であることを暗示しているのか、これが事実とすれば、貞興の縄之内を含む西九条の押領への関与が生じてくる。

貞興の頭人在職と秀吉らの本所領の押領に至る一連の流れは、前述の山城国一国平均段銭との関連が想起される。元亀二年末には信長被官による洛中各地の押領が確認され[96]、これらは段銭徴収を口実とした本所領への侵略とも解せる。だからこそ秀吉は言継の詰問に対して「貞興の指示に基づく行為」であるとして、返答を回避したのだろう。この返事からは貞興が段銭徴収に責任を負う政所の頭人として西九条に干渉していたとする余地もある。

元亀元年以降、東寺の側の史料から貞興と西九条との関わりが見出せないことから、相論の行方もこれ以上は分からない。そのため確定は困難であるが、【史料1】が元亀元年または二年頃に、東寺と伊勢被官とで争われた訴訟に際して出されたものではないかと推定する。また貞興は将軍義昭の幕府のもとで、政所頭人として、この訴訟に関与していた可能性を指摘したい[97]。

結　び

本稿では、当館所蔵の一通の文書を手がかりにして、史料紹介の意味も含めて論を展開したが、明らかにし得た各事項を確認して稿を終えたい。
①西九条縄之内について、伊勢氏は永正年間以降、政所頭人を前提とした御料所代官職を根拠に支配を進め、幕政の変遷に伴って紆余曲折を経ながらも貞興の時代まで相伝された。
②室町幕府は第十三代将軍足利義輝の殺害（永禄の変）が原因となり、将軍職をめぐり義栄派と義昭派とに分裂、

政所も摂津晴門ら政所寄人系奉行人と伊勢氏を中心とする勢力とが並存し、将軍不在期にも両者は限定的ではあるが政所の機能を果たしていた。

③政所による動産訴訟は義輝殺害後から義昭が将軍となるまでは一時的に停止していた。

④政所頭人職は永禄五年九月の貞孝の叛乱により摂津晴門に移り、義輝殺害後の空白期を除き、義昭上洛後再び摂津晴門が在職していたが、その死去または引退の後、織田信長の後援により貞孝の嫡孫貞興の時に伊勢氏に復した可能性がある。[98]

特に④は幕府政所を信長が摂取する過程の前段階と理解され、この流れは後に貞興が明智光秀の配下に組み込まれていく事実へつながることを示唆して本稿の結びとしたい。[99]

註

（1）　列品番号Ｂ（書跡）―一七二一。当館では「諸寺院文書」として展示している。所収文書の一部は『平安遺文』『鎌倉遺文』『南北朝遺文』等に所収。また東京大学史料編纂所架蔵影写本『東京国立博物館所蔵文書』三〇七一・三六―八二（全五巻）として文書の謄写が収められる。

（2）　大半の文書群は称名寺伝来の聖教の紙背文書を表にして巻子に装丁された可能性がある。内容的な連続性はないものの、旧蔵寺院別では幾つかのグループに分けられよう（表１・２「伝来」欄参照）。

（3）　活字未刊。ただし東寺文書データベース作成委員会編「東寺文書検索システムＣＤ―ＲＯＭ」二〇〇一年三月にデータとして収録される。

（4）　金子拓「室町幕府最末期の奉公衆三淵藤英」（『東京大学史料編纂所研究紀要』十二、二〇〇二年）。本論文によって織豊期の研究者が説く「二重政権」を担った人物像に具体性が備わったと評価できる。特に醍醐・伏見地域の支配者としての藤英の活動は、義昭と直臣との関わりおよび幕府の畿内近郊の在地支配を知る上で重要な考察である。

（5）『大日本史料』第十編之二十三、九九～一四〇頁。

（6）前掲註（4）金子論文七二～七四頁。

（7）富田正弘「中世東寺の寺院組織と文書授受の構造」（『京都府立総合資料館紀要』八、一九八〇年）。

（8）『京都市の地名』（日本歴史地名大系二七、平凡社、一九七九年）一〇〇五～一〇〇六頁、西九条の項。

（9）例えば当該期では『東寺百合文書』（東京大学史料編纂所所蔵写真帳、以下本稿ではこれを使用）ニ函二一〇号・室町幕府奉行人連署奉書、モ函一四六号―二・三・西九条縄之内打宛請取等。

（10）一般的に辞典などで政所（室町幕府財政と将軍家家政を管轄する機関）の長官を指す場合、執事という名称を使うが、本稿で扱う時代では、史料上この語句はほとんど見られない。一方、同義の「頭人」という語句が散見される。そこで本稿では、いわゆる「執事」を「頭人」という名称で統一する。

（11）『言経卿記』天正十年六月十三日条。『大日本史料』第十一編之一、四二七頁参照。

（12）石井良助『中世武家不動産訴訟法之研究』（弘文堂書房、一九三八年）四二一～四三二頁。

（13）石崎建治「室町幕府奉行人奉書の内容的分析と室町幕府奉行人の性格―『置所務於中』の分析から―」（『早稲田大学大学院文学研究科紀要』別冊第十九集・哲学史学編、一九九二年）。

（14）一章で述べたごとく料紙も厚礼で、字も比較的丁寧である。書止文言は「恐々謹言」で書札礼上は書状になるが、「仍折紙如件」や「仍状如件」等で結ばれる戦国から織豊期に出された折紙や書下と機能は同じで、また敬語表現などからも内容的には奉書に近いものであろう。この様な書状形式の折紙・書下や奉書は当該期の洛中で比較的頻繁に発給されている。

（15）前掲註（4）金子論文七五頁の表1「三淵藤英発給文書」№6・7・8・10・13・24・25文書。

（16）前掲註（4）金子論文七五頁の表1「三淵藤英発給文書」№24文書、『醍醐寺文書』（年号未詳）十月十七日付三淵藤英書状。

（17）当時の政治情勢を考えると、織田信長の可能性も否定し得ないが、藤英が将軍直臣であることは、前掲註（4）金子論文よりも明らかである。当該期の幕政における信長の影響は先行研究でも明らかにされているが（染谷光廣「織田政権と足利義昭の奉公衆・奉行衆との関係について」『国史学』一一〇・一一一合併号、一九八〇年三月）、直接信長の関与を示す史料がない以上、一応義昭としておく。

(18)『東寺百合文書』ノ函三六〇号・永正十一年五月二十日付西九条惣寺社本所申状案。ひ函一五一号・永正十一年五月吉日付西九条諸散在領主寺社本所連署衆中法度置文案によれば、この時貞陸の入部停止を訴えた西九条に権利を持つ領主は東寺、東福寺、法華山寺、戒光寺、伏見稲荷であった。当該期の領主関係の複雑さが知られる。

(19)『東寺百合文書』た函一三九号・永正十一年八月二十五日付当所名主沙汰人中宛室町幕府奉行人連署奉書、ノ函三六〇号・永正十一年八月二十五日付諸寺社雑掌宛室町幕府奉行人連署奉書案。マ函一〇三号・永正十一年八月二十六日付広橋守光宛後柏原天皇女房奉書。

(20)田中淳子「山城国における『室町幕府―守護体制』の変容―幕府の御料国支配と細川京兆家『領国化』―」（『日本史研究』四六六、二〇〇一年）三七・三九～四四頁。

(21)五味文彦「管領制と大名制―その転換―」（『神戸大学文学部紀要』四、一九七五年）三七～四〇頁。

(22)松村正人「室町幕府政所頭人伊勢貞孝―その経済基盤と行動原理をめぐって」（『白山史学』三五、一九九九年）六四頁三～一〇行。

(23)前掲註（22）松村論文六五～六七頁。

(24)『蜷川家文書』六一八号（『大日本古文書』家分け第二十一）。

(25)『東寺百合文書』イ函二一八号・（年未詳）十一月十三日付西九条縄内名主百姓宛窪存重書状案、イ函二四八号・（年未詳）十二月十九日付名主百姓宛窪存重書状案、ミ函二二一号・（年未詳）八月二十日付岡重長、窪存重連署状。窪存重・岡重長は十河一存の被官と思われる。

(26)前掲註（22）松村論文六四頁一五～一九行。

(27)桑山浩然「室町幕府経済の構造」（永原慶二編『日本経済史大系』二・中世、東京大学出版会、一九六五年）、田中淳子「戦国期室町幕府の御料所支配―将軍義晴期を中心に―」（『年報中世史研究』二四、一九九九年）六一～七二頁。
(28)『東寺百合文書』て函四号。
(29)『永禄六年諸役人附』（『群書類従』二九・雑部所収）。
(30) 前掲註（27）田中論文六一頁。
(31) 天文二十二年にも貞孝は三好方との連携の咎で、御料所丹波国桐野河内村代官職を義輝より奪われていた（『蜷川家文書』六七五号・六七六号）。また後述するが、貞孝討死の後、西京七保内の知行分と被官人の買得地が、御料所として近臣の一色藤長・細川藤孝に折半で宛行なわれており（『一色家古文書』永禄五年九月十七日付一色藤長宛室町幕府奉行人連署奉書写、同日付細川藤孝宛室町幕府奉行人奉書写）、将軍との関係に左右されていた。
(32)『蜷川家文書』七八〇号・（永禄五年）九月二日付室町幕府奉行人連署奉書案。
(33) 山田康弘『戦国期室町幕府と将軍』（吉川弘文館、二〇〇〇年）第四章「戦国期の政所沙汰」一九〇頁注（97）。
(34) この間の政治的な流れは、長江正一『人物叢書　三好長慶』（吉川弘文館、一九六八年）一九六～二一一頁、今谷明『戦国三好一族』（新人物往来社、一九八五年）一九二～一九八頁に詳しい。
(35) 前掲註（22）松村論文六七頁一六行～七七頁、前掲註（33）山田著書一六九～一七六頁。山田氏は三好・伊勢同盟に対する将軍義輝の警戒と幕府政所への介入を、具体例にあげられている。これまで先行研究であげる貞孝と六角氏との同盟と叛乱の理由に、義輝の指示による三好への叛乱とする説（前掲註（34）長江著書二一〇・二一一頁）、松永久秀謀略説（前掲註（34）今谷著書二〇三頁）などがあるが、筆者としては山田氏の説に首肯したい。あえて付言するならば、政所訴訟をめぐる将軍・頭人間の対立に加え、松永久秀の幕政関与が、貞孝に幕府および三好政権からの離脱を促したと考えるが、この件は別稿にて考察したい。
(36) 頭人罷免が先か代官職剥奪が先かは判然としない。貞孝に代り頭人となった摂津晴門の発給文書の初見は、『森田博三氏所蔵文書』（東京大学史料編纂所所蔵写真帳六一七一・六三―四―一―二）永禄五年八月二十日付南芳院雑掌宛摂津晴門・諏方晴長連署奉書であるから、この頃までに頭人職が交代したと判断される。
(37)『言継卿記』（続群書類従完成会刊行）永禄八年五月十九日条。

（38）『誓願寺文書』（東京大学史料編纂所架蔵影写本三〇七一・六二一―十三）。
（39）当時代の記録における貞興の通称の「三郎」の初見は『言継卿記』永禄十一年十月二十二日条、将軍義昭の本圀寺御所への祗候の記事。
（40）永禄十一年の義昭上洛以来、室町幕府は畿内の寺社および諸領主の知行安堵を盛んに行ない、信長の「執申」によって、幕府奉行人連署奉書が発給されているが（石崎建治「足利義昭期室町幕府奉行人奉書と織田信長朱印状の関係について」『文化財論考』創刊号、金沢学院大学美術文化学部文化財学科、二〇〇一年）、その前提は公験提出による審議よりも、実際に在地を「当知行」しているか否かが基準とされていた（池上裕子『日本の歴史15　織豊政権と江戸幕府』講談社、二〇〇二年、二四～二八頁、久野雅司「足利義昭政権と織田政権―京都支配の検討を中心として―」『歴史評論』六四〇、二〇〇三年、二一頁上段・二三頁上段）。貞興の例もこれにあたる可能性がある。仮に不法占拠による当知行であったとしても、【史料4】で「知行分」と自ら記載しているので、これ以前に幕府の安堵を求めていたとするのが自然であろうし、そのためには、幕府への帰参が必要であったと筆者は考える。
（41）前掲註（33）。
（42）政所頭人の在職は不明だが、職権行使が見られる最後は『纔拾抄』（国立公文書館内閣文庫所蔵）五月二十日付乳人（春日局カ）宛蜷川親俊奉書案である。『纔拾抄』の史料的性格については、前掲註（33）山田著書一八九頁註（90）参照。
（43）『御湯殿上日記』（『続群書類従』補遺三所収）永禄五年八月二十五～二十八日条。
（44）前掲註（36）。
（45）朝尾直弘・宇野俊一・田中琢編『角川新版日本史辞典』（角川書店、一九九六年）一二三四頁。
（46）『蜷川家文書』を筆頭に、内閣文庫に各種の引付類が伝存する。前述の『纔拾抄』もその一つである。
（47）伊勢氏遺臣たちは、幕府に対し伊勢宗家再興を嘆願している（『蜷川家文書』七九四号・伊勢貞孝遺臣等同家再興嘆願条書案）が、義輝の殺害後まで宗家再興の事例は史料上確認できない。
（48）『菊大路文書』（東京大学史料編纂所架蔵影写本三〇七一・六二一―四二一―五）（永禄五年）九月十四日付善法寺宛足利義輝御内書。

『伊勢貞助記』（国立公文書館内閣文庫所蔵）（永禄五年）九月十七日付松永久秀宛足利義輝御内書案によれば、貞孝の叛乱に際して貞助は同調せず、義輝に従ったようである。貞孝追討を賞した感状の使者として名があることからも裏付けられる。

(49) 『伊勢系図』（『続群書類従』六上・系図部所収）によれば、貞良母は武田元光女とある。貞孝の孫貞為の流寓先は若狭国小浜であるから、祖母方の実家で遺臣たちに養育されたことになる。

(50) この間の事情は斎藤（瀬戸）薫「足利義栄の将軍宣下をめぐって」（『国史学』一〇四、一九七八年）に詳しい。

(51) 前掲註（50）斎藤論文六八頁。

(52) 『伊勢貞助記』弘治三年十二月十一日付安芸大膳亮宛伊勢貞助書状案からは、政所沙汰に貞助が関与していることが確認される。恐らく頭人伊勢守家を中心に蜷川氏が被官とともに政所での実務にあたっていたと思われる。

(53) 『言継卿記』永禄十一年三月二十四日・二十五日条。

(54) 『言継卿記』永禄十一年二月八日条。

(55) 前掲註（47）。

(56) 貞為の幼名が虎福であるのは、【史料5】および『蜷川家文書』八一一号、『永禄十一年日記』（『ビブリア』七六）二月六日条などの当時代の記録より明らかで、小法師とは別人である。一方、『伊勢系図』には「貞興（童名三郎小法師）」とある。

(57) 嫡庶の別の理由は史料不詳。ただし『寛永諸家系図伝』『寛政重修諸家譜』の伊勢貞興の譜では、病弱の兄貞為から伊勢氏の家督を譲られたとするが（高木昭作監修・谷口克広著『織田信長家臣人名辞典』吉川弘文館、一九九五年、伊勢貞興の項）、他の史料で貞為が病弱であった事実は確認し得ない。その上、慶長十四年（一六〇九）に五一歳で没しており比較的長寿である。またここに『伊勢貞興返答書』（『続群書類従』二四下・雑部所収）という史料があるが、後年貞興が室町幕府の故実を尋ねられた際に作成して返答したもので、その奥書に、

此一巻、大内左京兆義興・大友匠作義鑑、対貞陸（伊勢）被相尋之条数返答之、斯書少々書加之進之候、正文披見上之（ママ）、被秘置之、
聊爾不可有外見者也
元亀三年七月四日

伊勢三郎
　貞興花押

とあり、貞陸の返答書が貞興に伝来しており、これに加筆を加えて、依頼者に披見している。相手に対し、秘匿の上、他見を戒めていることからも、伝家の重書であったのだろう。正嫡ゆえに伊勢流の故実を継承したのだろうか。もっとも貞為を経て貞興に継承された可能性も残るが、貞為に関する故実書は今のところ見当たらない。

(58) あるいはこの時、受領名の伊勢守を拝領したのかもしれないが史料未詳。むしろ「伊勢守」は特定の人物ではなく「伊勢守家の当主」という意で言継は記したのだろうか。未詳。

(59) 『言継卿記』永禄十一年十月二十二日条では七歳とある。一方貞為は永禄二年の生まれであるから、当時は一〇歳である。

(60) 前掲註（33）山田著書一七五頁。将軍義輝の乳人春日局は日野晴光室で晴門の父元造の養女という。また『言継卿記』天文十三年閏十一月二十三日条では元造息女に将軍に仕えた女房「左京大夫局」が確認され、摂津氏と将軍家とのつながりの深さがうかがわれる。

(61) 『言継卿記』永禄八年五月十九日条の討死交名に「摂津いと歳十三」とある。舘残翁『富樫氏と加賀一向一揆史料』（巌南堂書店、一九七三年）二五八・二六一頁および三七七頁系図参照。

(62) 『言継卿記』には政所頭人に就任した永禄五年八月以降、晴門が毎年の正月の答礼で言継邸に出向いている記事が確認されるが、永禄九年五月二十一日の本満寺に滞在する春日局の病気見舞いを最後に記載が消え、次に登場するのは同十一年三月二十四日条の越前から晴門の書状が言継の許に届いた記事である。この間に越前一乗谷に下向し、義昭の許に帰参したのだろう。

(63) 『言継卿記』永禄十一年二月八日・三月二十四日・二十五日・四月九日条。

(64) 『蜷川家文書』に散見される。

(65) 永禄八年五月十九日〜同十一年二月八日は将軍職が不在であり、正確には幕府は断絶しているが、それまで幕府を担っていた将軍直臣や奉行人等が義昭・義栄両派に分かれていたことより、義輝時代の幕府機構が二つに分裂して継承されたと理解できる。この遠因は、応仁・文明の乱以降分裂した将軍家（義稙流と義澄流）の孕む大きな政治問題にある。三好三人衆による義輝の殺害

（永禄の変）は、二流の将軍家の統合が目的と捉える山田氏の説はこの意味で説得力を持つ（山田康弘「義輝殺害事件に関する一考察」『戦国史研究』四三、二〇〇二年）。しかし、義昭（義澄流）の脱出により未完となり、皮肉にも義栄（義稙流）の急死によってその統合が果たされたのである。

(66)　ところで松村氏は前掲註（22）論文七五頁で伊勢氏所領の分散から宗家に対する庶流の求心力が低下していたとされているが、貞孝の叛乱には従わなかったものの、前掲註（50）斎藤論文での考察のごとく、帰参時における一門の結束が確認できる。むしろ、政所沙汰とその利潤に基づく連携が想起される。無論、義栄が帰参を許したのは、前掲註（51）（52）のような一族の持つ政所の実務能力を自派へ摂取する目的であり、両者の利害は一致していた。

(67)　前掲註（50）斎藤論文六二頁および七五頁註（31）。もっとも、実際には両者の混在もあった。義昭の元服儀礼の記録である『朝倉亭御成記』（『群書類従』二二・武家部所収）に、伊勢氏被官と思しき「堤左京亮」の名があり、義昭のもとに伊勢氏の者がいた可能性はある。

(68)　年間の贈答や訴訟の礼銭等、詳しくは前掲註（33）山田著書一八八頁註（86）参照。

(69)　前掲註（33）山田著書一三四頁。

(70)　前掲註（50）斎藤論文六五頁では、永禄十年六月十一日付山科音羽郷名主百姓宛貞助・秀林連署書下案（『祇園社記』）を伊勢氏による政所訴訟の事例としてあげており、この貞助を伊勢貞助に比定しているが、内容は政所訴訟ではなく所務沙汰（不動産訴訟）と推測される。

(71)　筆者は、前章で政所の分裂を考察したが、正確に言えば、当該期の政所における動産訴訟への関与は晴門・伊勢氏ともにない。ただし『武政規範』政所沙汰篇（『中世法制史料集』二・室町幕府法、所収）の定める「将軍家御家務」については、晴門が義昭の元服費用に関し山科言継に打診しており（前掲註（53）および表3の№10・11・12）、貞助も勧修寺晴右に対して義栄の将軍宣下のための諸費用を折衝するなど（『晴右記』永禄十年十一月十八日条）、双方とも確認できる点に基づいた結論である。

(72)　前掲註（39）。

(73)　『永禄六年諸役人附』で御供衆として伊勢上野介の名がある。

(74)『言継卿記』永禄十二年二月二十六日条。
(75)『言継卿記』永禄十二年七月一日条。これ以降は御供衆として登場するようになり、元亀二年五月十九日に相国寺で執行された義輝の追善供養には、細川昭元・上野信恵とともに騎馬で義昭に随行している（『国賢卿記抄録』〈史料纂集『慶長日件録』二所収〉元亀二年五月十九日条）。
(76)義昭の義栄与党者への感情についてうかがい知る事例としては、加賀国井家庄をめぐる二条晴良と勧修寺晴右の相論で、越前流寓時の元服に際し、京より下向した晴良の行為を賞し、義栄与党の晴右には「御所存之外」として、その還付履行を渋っている事件がある。前掲註(50)斎藤論文註(52)、前掲註(40)久野論文十九頁等参照。義栄擁立に貢献した親三好派の公卿高倉永相も永禄十一年九月、義昭の報復を避け、大坂に逃亡している（前掲註(50)斎藤論文六九頁下段参照）。義栄与党者は義昭に冷遇されていたようだ。
(77)『大日本史料』第十編之五、二〇頁。
(78)信長とその被官は入京後、徐々に政所の職権に介入していったようで永禄十二年三月十六日の撰銭令は信長の朱印で出された（奥野高廣編『増訂織田信長文書の研究』上、吉川弘文館、一九六九年、二五六〜二六一頁）。また元亀元年の徳政は、室町幕府奉行人、将軍奉公衆、織田信長とその被官の協力がみられ、信長の幕府機構摂取の初期段階と位置付けられる（『大日本史料』第十編之五、六〇・八三〜八六・一一三頁）。この時、徳政免除の幕府奉行人奉書は出されたが、晴門加判のものは管見の限り見られない。
(79)『本法寺文書』（前掲註(78)奥野著書四九八頁）。
(80)『言継卿記』元亀二年十月九日条。『阿弥陀寺文書』九月晦日付阿弥陀寺宛明智光秀等連署状（前掲註(78)奥野著書四八九頁）。信長は十月十五日に禁裏の財政再建を名目に徴収した段銭を、洛中に対し一町につき米五石を利率三割として貸し付けている（『京都上京文書』十月十五日付京都立売組宛明智光秀等連署状〈前掲註(78)奥野著書四九三頁〉）。これなど政所の職掌にあたり、頭人の差配が必要とされたのだろう。
(81)脇田修『近世封建制成立史論』（東京大学出版会、一九七七年）二四二頁。同じ理解に立ち、染谷氏もこの史料を貞興の政所頭人就任の根拠としている（前掲註（17）染谷論文六九頁）。たしかに義輝の殺害により一時的に政所の機能は停止したと考えられるが、これ以前に晴門が義昭の下で政所を管掌していたことは本稿で考証したとおりである。

(82) 前掲註（57）谷口著書五一頁伊勢貞興の項で、谷口氏は「当時わずか十歳のはずだからあまりにも幼すぎる」と、貞興就任に疑問を呈されたが、本稿で考察したように、貞興には補佐した庶流の存在があげられ、政所沙汰遂行にあたっては、年齢自体で別段支障を来たさなかったと考える。名代を立てての代行は前述のとおりである。

(83) 湯川敏治編『歴名土代』（続群書類従完成会、一九九六年）。

(84) 『歴名土代』には、天文十九年四月十三日に晴門の父元造が従三位に叙任された記載があり、これが「家初例」であると注記される。武家において一〇歳以前の従五位下叙任はよほどの例であるから、晴門の叙任を仮に二〇歳としても、永禄十二年には六〇歳前後となる。

(85) 摂津氏は幕府において評定衆の格式で恩賞方・官途奉行、地方頭人などを世襲しており、幕府の故実には明るかったかもしれないが、政所沙汰の経験は、幕府草創以来晴門のみである。

(86) ところで前掲註（33）山田著書で、山田氏は戦国期の政所頭人を政所における最高決裁者と位置付け、将軍から独立した裁許を行える存在としている（一七一頁二～一一行）。また政所内談廃絶の理由としてあげている三説の一つとして、頭人が訴訟における政所寄人たちの内談に出席しなくなることによって、自身の裁決権の独立性を高めようとしたとする意見がある（一八一頁注（42））。筆者はこれに関連するものとして次の史料を提示する。

（前略）傍輩中、被訪意見、於執事代（諏方晴長）、左右立合、算用対決之上、三百卅余貫文、定未納之儀落居趣、証人奉行飯尾中務大夫（盛就）・中沢備前守（光俊）幷禅興（松梅院）奉行治部（藤通）三郎左衛門尉・御門跡奉行盛秀（松田）、殊更、摂津掃部頭（晴門）有殿中脇候、令披露無御別儀、為御裁許十月廿九日、被成御下知候、（後略）

これは『曼殊院文書』（東京大学史料編纂所架蔵影写本三〇七一・六二―九―二）（永禄五年）極月四日付奈良長高宛松田盛秀書状の一部である。竹内門跡（曼殊院）と北野社松梅院禅興との相論で、同文書同年十二月二十四日付奈良長高宛飯尾盛就・中沢光俊連署状からも内談開催が確認できる。傍線部にあるように、その際、奉行人とともに頭人摂津晴門も内談に同席し、裁許がなされている。山田氏の説をふまえてこの史料を考えれば、晴門の頭人就任により、伊勢氏時代の裁許の独立性が後退したと解釈できる。義輝の意向か否かは不明だが、晴門が頭人となった政所に前時代との差異が認められよう。

(87)『東寺百合文書』ヤ函二〇〇号。

(88)同年同日付で光源以下四名の東寺の寺僧と思しい名の記された包紙があり、この時、三好長慶折紙や信長朱印などの重書が証文として提出されたようだ（『東寺百合文書』ア函二七八号）。

(89)『大徳寺文書』（『大日本古文書』）二四五四号・河村正秀・寺本長盛・古市日則・横川長綱・三上秀興連署状。連署者はみな伊勢氏被官である。

(90)貞興の同族貞倍は、永禄十二年十月五日、信長より御料所丹波国桐野河内村を安堵されている（前掲註（22）松村論文七四・七五頁）。この地は伊勢宗家知行の地であった。貞孝時代の知行は庶流への分散化が図られていたようだが、この時期、西九条縄之内が貞興へ返還された可能性もあり得よう（前述【史料4】参照）。

(91)幕府訴訟において、連署奉書などの記載で訴人側の表現として一般的なのは、身分の上下にあわせて「申」または「被申」が多く、提訴を意味する語句であり、「被仰」はより命令といった色彩が強い。提訴者が貞興なら前者を使うのが自然ではないか。

(92)自分の被官が係争中の訴訟に関与する点に違和感もあるが、永禄五年（一五六二）四月二十三日に、頭人伊勢貞孝は洛中の土倉で伊勢氏被官となっていた野洲井与一と内海彦左衛門の間で争われた畠の買得か質券かの相論を裁許し、与一の買得を認めている（『纔拾抄』永禄五年四月二十三日付政所代蜷川親俊奉書案）。野洲井氏が伊勢氏被官であるのは、『前田尊経閣文庫所蔵文書』（東京大学史料編纂所架蔵影写本三〇七一・三六―一八七）（年未詳）十一月三日付伊勢貞孝書状、（年未詳）十一月十二日付蜷川親俊奉書から分かる。伊勢氏は主従関係と分離させて職権として政所訴訟を管掌していたといえよう。

(93)前掲註（33）山田著書第五章参照。義昭の幕府でこうした訴訟に関与した近臣としては藤英の他、飯川信堅、曽我助乗、一色藤長などがいる。前掲註（40）久野論文参照。

(94)『大日本史料』第十編之七、九七頁。

(95)『言継卿記』元亀二年十一月九日条。

(96)　元亀二年十一月の幕府による平野社領への押領（『大日本史料』第十編之七、九〇～九三頁）、同年十二月の丹羽長秀による御料所近江国舟木庄や明智光秀による曼殊院・青蓮院・妙法院領などの押領（同第十編之七、一四七～一五九頁）等、広範囲に行なわれていたことが分かる。また元亀元年三月の義昭近臣一色藤長による曇華院領山城国大住庄への違乱（同第十編之四、二〇七～二一一頁）、同年四月の明智光秀による東寺八幡宮領山城国下久世庄への押妨（同第十編之四、二六〇・二六一頁）等、元亀年間に入る頃から幕府や信長被官の侵略が確認されることから、この段銭賦課により一層拍車がかかったと理解できる。

(97)　貞興の頭人としての権限は、近臣三淵藤英の介在からも、あくまで将軍義昭に帰属したと思われる。このことは、政所では貞孝時代の独立性が失われ、政所沙汰が将軍のもとに吸収されたことを示唆している。

(98)　義昭と信長との関係は、永禄十二年正月の「殿中御掟」を経て、翌元亀元年正月二十三日の「五箇条条書」、そして同三年九月の「十七ヶ条意見状」で衝突不可避の事態となる。義昭と昵近であった晴門の後任として、信長の推挙により貞興が新頭人に起用された事実は、信長の対義昭政策の影響も指摘できよう。

(99)　『吉田文書』（天正八年）正月十三日付明智光秀書状（奥野高廣編『増訂織田信長文書の研究』補遺・索引、吉川弘文館、一九八八年、二一三・二一四頁）で光秀が丹波平定に関連して国役として開墾を命じている人物に三上大蔵大夫、古市修理進、寺本勘兵衛尉、蜷川弥三郎らがおり、これらは皆伊勢氏被官である。被官の多くは伊勢氏の知行した御料所桐野・河内村のある丹波に勢力を残していたのだろう。また山崎の戦で貞興とともに諏方飛驒守が討死している（『大日本史料』第十一編之一、四二八～四九五頁）。系譜は未詳だが、奉行人諏方氏（晴長は政所執事代として活躍した）の後裔だろう。また『伊勢系図』によれば貞興は光秀の婿という。光秀は幕府政所や頭人伊勢貞興を通じて、丹波平定を進め、配下に旧幕府勢力を吸収していったと考えられる。

第4部

義輝関連史料・関係者一覧

木下昌規　編

史料紹介　岩瀬文庫蔵『室町家日記別録』所収の足利義輝期の番帳について

はじめに

近世初頭、楢村長教が室町幕府の御料所沙汰人であったという「三好日向守義興」の日記を基に編纂したとされる『室町殿日記』（以下『日記』）には、複数の写本が存在している。[1] さらに、『室町殿日記』を抜粋して編纂したものに、『室町殿物語』がある。それぞれ翻刻された刊本が存在し、ともに笹川祥生氏が『日記』のその概要や成立、編者について解説している。[2]『日記』の編者と内容については、笹川氏の指摘にあるように、史実と比較して不審な点があり、そのままの内容を信用することはできない。特に「義興」に関して、本書では「三好日向守」とするが、「三好日向守」は三好三人衆の三好長逸のことで、「義興」は三好長慶の嫡男三好義長の改名後の実名である。このように、人名表記関しても事実と異なる点も多い。序文では、「三好日向守長縁」の日記、つまり三好氏の記録を基にするとされていながらも、三好氏の関係性については錯乱している。前述の笹川氏によれば、本書は「事実と事実でないことが渾然となって」いると評価する。『日記』には多くの興味深い文書の写も掲載するが、それについても史料批判が不可欠である。そのため、基本的には二次史料の範囲を超えるものではないといえる。

『日記』の写本のうち、岩瀬文庫所蔵本は全七冊で『室町家日記』（請求番号二八―八三）と外題があるが、同内容である。岩瀬文庫本で特筆されるのは、六冊十二巻分の本文のほかに別録として一冊（法量：縦二七・〇×横一八・九cm、全一九丁、以下『別録』）付属していることである。この『別録』は、直臣らの交名や番帳の写しとなっており、そのうち、本書の扱う義輝期の番帳の写しも収録されている。この番帳は従来、全文の翻刻やその性格について詳細に検討されてこなかったが、最近では木下聡氏が義輝期の奉公衆体制を検討するなかで、この『別録』所収の番帳の性格の一端や成立年代に言及された[3]。本稿では、『別録』所収の義輝期番帳の翻刻紹介を行うにあたり、その成果を踏まえつつ、史料の性格や内容を検討したい。

収録内容

『日記』本体の編者は楢村長教とされるが、この『別録』と『日記』本体は明らかに別内容で、『別録』が『日記』と同一の編者と理解することには疑問が残る。軍記物である『日記』本体と異なり、『別録』の内容はさまざまな時代の複数の交名や番帳を編集したものである。『別録』そのものの成立は奥付がないため、書写年代や編者は不明である。以下、『別録』掲載の内容は全部で四種類に分類できる。

一つ目に収録される八幡宮社参の記録は、明徳二年（一三九一）から永享十二年（一四四〇）までの義満・義持・義教期の石清水八幡宮参詣における随身の武士の交名を記したものである（二丁オ～五丁ウ）。これは、『群書類従』第二輯神祇部にも収録される「八幡社参記」後半部分の交名を単に書写したもので、未知の史料ではない。

二つ目に収録される「寛正年中記録」は、同一の記録がなく、『別録』にのみ確認される交名である（五丁ウ～八丁オ）。しかし、記載される人員は、一部を除けば、永正六年（一五〇九）四月作成で大館尚氏（常興）を記主とし、

『群書類従』第二十二輯武家部に収録される「長禄二年以来申次記」冒頭の交名と酷似する。「長禄二年以来申次記」との相違点としては、大野持種・斯波義敏父子ではなく、「斯波松王丸」が記載されていることや、「二階堂大夫判官」など一部の人名の欠落があることである。二木謙一氏はこの交名の成立について、「斯波松王丸」が記載されることから、寛正初年（一四六一）頃のものとされる。(4) これには「元通記之」とある。幕府関係者であろう「元通」は、幕府奉行人の布施元通に比定できる。元通は足利義澄期から義晴期にかけて活動した奉行人で、前述の大館尚氏とも同時代の人物であるため、(5) 本来の記録は十六世紀前半に書写されたものであろう。

三つ目は、本稿で扱う『別録』でのみ確認される義輝期の番帳である（八丁オ～一一丁ウ）。二木氏によれば、記主は大館晴光で、成立は永禄六年諸役人附成立以前、記載者から永禄三年十二月二十四日が下限という。(6)

四つ目には、記主不詳の「文明十一年記」の書写が収録されている（一二丁ウ～一九丁オ）。これは『歴代残闕日記』にも収録されるほか、一部は『大日本史料第八編之十一』に翻刻されており、未知の史料ではない。それと『別録』の記載を比較すると、誤字や脱落もあるが、『残闕』では不詳であった文字が記されており、比較的利用価値はある。また、もとの記主として「晴光記之」とあるから、書写したのは大館晴光と思われる。晴光は義晴期からの将軍側近であり、前述の布施元通とは同時代の人物である。

つまり、本書のうち二つは、類似の史料がない『別録』特有の交名である点で注目される。『別録』自体は、旧室町幕府関係者である大館家や布施家の所蔵する原書、またはそれらを書写したものを基に編纂して作成されたと思われる。

義輝期の番帳の成立年代

本書の対象である義輝期に関わるのは、「佐々木左京大夫」に始まる「当時御相伴衆」から、「右筆方」の「飯尾与三左衛門」までの範囲である。御相伴衆（三名）・御供衆（四名）・御部屋衆（七名）・申次（八名）・五箇番衆（一番十名、二番十二名、三番十名、四番五名、五番十八名）・右筆方（十三名）の交名が記載される。これらの交名には統一した名称が付されているわけではないため、本稿では便宜的に「番帳」とする。この史料は原本が現存していないため、交名の内容は現在、岩瀬文庫本でしか確認できない。

義輝期の番帳としては、「永禄六年諸役人附」として知られる「光源院殿御代当参并足軽以下衆覚」（『群書類従』第二十九輯雑部所収、以下、「諸役人附」とする）があるほか、後述する今谷氏が紹介された永禄二年〜四年頃成立とされる「貞助記詰衆五番衆」（以下「貞助」）がある。[7]「番帳」はこれらの番帳と並ぶ義輝期の番帳として注目される。

二木氏は、記主は第十二代将軍足利義晴期の内談衆大舘晴光で、永禄三年以前成立とされ、[8]福田豊彦氏は室町幕府の番帳を紹介するなかで、天文二十一年から永禄二年までの間に成立したとされた。[9]木下聡氏は、さらに成立年代を絞り、永禄二年初頭とされた。[10]後述するように、記載された直臣から妥当な年代比定と思われる。

御相伴衆

本番帳は、「当時御相伴衆」と御相伴衆の交名から始まる。御相伴衆は三管四職家など、守護・大名クラス最高の格式である。「番帳」には、「佐々木左京大夫・北条左京大夫・尼子修理大夫」の三名が掲載される。永禄二年頃成立とすれば、それぞれ六角義賢・北条氏康・尼子晴久が相当する。

そのうち「三好筑前守」とあるのは、三好長慶に比定できる。長慶は天文二十一年二月二十六日に御供衆に加わり（『言継卿記』、以下『言継』）、永禄三年正月二十日に御相伴衆に、翌日に修理大夫に任官している。このことから、御相伴衆となる永禄三年正月二十日が下限となろう。また、長慶の御相伴衆新加、修理大夫任官の際に、その嫡男義長が筑前守任官、御供衆新加となっており、この「三好筑前守」を義長に比定することも可能だが、それならば、御相伴衆に「三好修理大夫」とあるべきであろう。

また、永禄二年四月には美濃の斎藤義龍が御相伴衆に新加している（『厳助往年記』永禄二年四月条）。そのため、義龍新加以後の成立であれば、ここでの御相伴衆には義龍も加わっていなければならないだろう。総論にあるように、義輝期の御相伴衆はこの三名に限定されるわけではないが、このことから、「番帳」は永禄元年十二月頃より翌二年四月頃までの間に成立したと、より作成期間を限定することができ、木下聡氏による年代推定の妥当性が証明されよう。

番帳に掲載される将軍直臣

「番帳」には、前述のように御相伴衆・御供衆・御部屋衆・申次・五箇番衆・右筆方の交名が記載される。ほかに、幕府内での家格には外様衆もあるが、「番帳」には記載されない。しかし、外様衆が存在しなかったわけではない。永禄二年五月五日には、参賀に出仕した人物に「外様有馬殿」がいる（『後鑑』所収「貞助記」同日条）。「番帳」作成期間内の同三月三日には出仕した面々に「有馬殿」とあるから、同一人物であろう。番帳作成期間に外様衆として「有馬殿」が在京出仕していたことは、一次史料からも裏づけられる。この「有馬殿」は永禄五年九月に伊勢貞孝に従い、三好・松永方によって敗死した有馬源二郎（重則ヵ）と思われる（『後鑑』所収「年代記抄節」永禄五年九月十一日条）。また、「諸役人附」にも外様衆として有馬源次郎が確認できるが、これは別人であろう。

「番帳」に記載される人物は、当時の直臣のすべてではない。次に、「番帳」に掲載された人物を確認したい。

【御供衆】「番帳」では、当時の御供衆として「細川小四郎（輝経）、朽木民部少輔（稙綱）、赤松下野守（政秀カ）、三好筑前守（長慶）」の四名がある。御供衆は文字通り、将軍の御成などの行列に騎乗で御供する直臣である。細川輝経は奥州家当主、朽木稙綱は義晴期の内談衆、赤松下野守は受領名から播磨赤松氏一族の赤松政秀と思われる。このうち、「諸役人附」に記載があるのは細川輝経のみである。

「番帳」の成立時期である永禄二年前後の御供衆に注目すると、永禄元年の義輝帰洛の際には、細川藤賢・大館輝氏・上野信孝・三好長慶・伊勢貞孝が御供衆として供奉していた（『兼右卿記』永禄元年十二月二日条）。さらに、『言継』永禄二年正月七日条での正月参賀の出仕者をみると、同朋衆を除けば、細川藤賢、大館晴光・輝氏父子、大館晴忠、上野信孝と同与三郎（信孝の子カ）、伊勢貞孝・貞良父子、伊勢右京亮が確認できる。ほかに、同記十月十三日条には細川輝経も確認できる。『言継』のほか、同年中の記事を確認する限り、「番帳」成立時期の御供衆は、細川藤賢、細川輝経、大館晴光・輝氏父子、大館晴忠、上野信孝、同与三郎、伊勢貞孝・貞良父子、伊勢右京亮、三好長慶となる。そのほか、義晴期からの御供衆である朽木稙綱も含まれよう。なお、「番帳」に記載される赤松下野守だが、これを政秀と比定した場合、政秀が上洛・在京して義輝に御供衆として参勤する事例は、管見の限り史料から確認できないため、実態は不明である。

地方武士に対する栄典ではなく、実際に在京し出仕奉公する御供衆は、この時点で少なくとも一〇名を越えていた。特に、伊勢貞孝や記主とされる大館晴光の記載がないことは注目されよう。さらに、上野信孝など、義輝側近の名前が一部確認できない。そのため、「番帳」の御供衆については、当時の実態を反映したものとは言い難い。なぜ、実際の御供衆と掲載人員が一致しないかなどは現状ではわからないため、この点は後考を俟ちたい。

【御部屋衆】　御部屋衆は「長禄二年以来申次記」によれば足利義教期に成立し、将軍の寝所で宿直をする直臣で、「御もんの衆」が勤めるものとされた。「番帳」には、「一色式部少輔(藤長)、細川兵部大輔(藤孝)、三淵弾正左衛門(藤之)、上野与十郎、朽木孫六(藤綱カ)、朽木弥十郎(輝孝)、大館三郎」の七名がいる。このうち、「諸役人附」では「朽木弥十郎輝孝」として朽木輝孝のみが御部屋衆として確認できるが、永禄二年五月一日には御部屋衆として、「三淵伊賀入道(晴員)、同弾正左衛門尉、一色式部少輔、細川兵部大輔」の四名が出仕していることが確認できる（『言継』）。ほかに御部屋衆かは確認できないが、永禄二年正月七日の正月参賀の出仕者として上野与十郎がいる（『言継』）。また、一色藤長と細川藤孝はここでは御部屋衆だが、永禄三年二月には御供衆となっているため（『兼右卿記』同年二月二十一日条）、「諸役人附」では御供衆の項に記載される。また、「朽木孫六」は輝孝の兄藤綱の仮名である「弥六」の誤記の可能性が高い[11]。藤綱は永禄六年六月十四日時点で御部屋衆とあり（『言継』）、兄弟で御部屋衆であったことは間違いない。最後の大館三郎は「諸役人附」にも確認できず、詳細は不明である。一次史料からは当時大館三郎は確認できず、大館三郎が御部屋衆だったことは立証できない。「諸役人附」には御部屋衆として「大館源五郎(宗貞)」が確認できるが、仮名が異なる。ほかに義輝に近侍した大館姓のなかで、「外様衆詰衆以下」には「大館兵部少輔藤安」がおり、「三郎」が藤安の仮名だった可能性はあるが、断定できない。

「番帳」に記載される御部屋衆は、入道していた三淵晴員と詳細不明の大館三郎を除外すれば、おおむね人員は相当する。晴員は「諸役人附」では申次に掲載されているが、永禄二年正月七日時点で御部屋衆として確認できるため

（『言継』）、「番帳」作成期間に御部屋衆だったことは確かである。

【申次】　次に、「番帳」の申次を確認すると、「荒川治部少輔（晴宣）、小笠原備前守（稙盛）、伊勢備後守、大和宮内大輔（晴完）、海老名刑部大輔（頼雄）、飯河山城守（信堅）、彦部雅楽頭（晴直）、大和治部少輔（孝宗）」がいる。大和孝宗を除けば、それぞれ「諸役人附」でも申次として確認できる。なお、申次は殿中で式日の際や日常的に将軍と面会者との取次を行うことを主な職掌とするが、殿中での申次行為自体は御供衆・御部屋衆も行っており、申次のみが独占して行うものではなかった。そのため、ここでは家格としての意味での申次についてみていく。

『言継卿記』永禄二年五月一日条によれば、節朔に出仕した申次は、「大和宮内大輔（晴完）、伊勢備後守、同加賀守（貞助）、海老名刑部少（頼雄）〔大〕輔、有馬民部少輔、荒川治部少輔（晴宣）、彦部雅楽頭（晴直）」である。ここで確認されない小笠原稙盛は、永禄四年三月二十九日の三好亭御成の際の記録「三好義長亭御成記」（『群書類従』第二十二輯武家部所収）に申次として確認できる。一方で大和孝宗は、義輝期には申次としての活動が一次史料からは確認できない。「諸役人附」の義輝期の前半部分では申次ではなく「御小袖御番衆」と記載され、義昭期にあたる後半部分に「申次」とあるため、永禄二年時点で申次だったかは判然としない。しかし、この時点で申次でなかったと断定できないため、孝宗が申次だったことを否定することはないだろう。そのため、当時「番帳」の申次もおおむね実態に即したものと理解してよかろう。また、「番帳」には名前のない有馬民部少輔の場合、申次としての初見は前述の『言継卿記』五月一日条で、「番帳」が同年四月以前の成立と考えれば、有馬式部少輔が掲載されていないことに疑問はない。さらに、伊勢備後守は十月十三日には「申次」だったが、翌三年二月一日の参賀の際には「御部屋衆」となっている。

以上のように、御供衆と異なり、御部屋衆と申次は一部の人員の欠落を除けば、おおむね史料的な裏づけが可能であり、当時の構成人員を反映したものと理解してよいだろう。

【番衆と詰衆】　奉公衆の基盤である五箇番衆は、一番から五番衆まで計五十五名の交名が掲載される。なお、四番衆が五名と少ないのに対し、五番衆は十八名と三倍近く存在している（人員については翻刻を参照）。ここで注目されるのが、「貞助」である。成立時期は、前述のように「番帳」と「諸役人附」の間である。「番帳」とほぼ同時期の永禄二年から四年頃成立の番帳とされるが、両者の関係はどのようなものであろうか。そこで、成立時期が近い「番帳」と「貞助」の関係も含めて検討する。

「番帳」と「貞助」の掲載される人物を比較すると、「番帳」は五十五名であったが、「貞助」に記載されるのは一番から五番まで五十一名で、そのうち「番帳」と苗字・通称・官途が一致するのは三十六名である。しかし、注目されるのは、それぞれの所属の番は異なっていることである。詰衆について福田氏は、十六世紀に番衆が事実上縮小したとされた[12]。しかし、単なる縮小ではなく、本来の奉公衆五箇番の構成と詰衆の構成も異なっているのである。「詰衆」自体はこれ以前より存在するものだが、「長禄二年以来申次記」によれば、将軍が若年のときに五箇番衆より別に召し仕われ、御部屋衆同様に寝所を警固するものを意味して詰衆とされていた。

「番帳」が従来の五箇番衆の交名であることは、これ以前の番帳で『群書類従』第二十九輯雑部に所収される「永享以来御番帳」や、「長享元年九月十二日常徳院殿様江州御動座当時在陣衆着到」などの各種番帳の五箇番衆の構成と比較すると判明する。それぞれの番帳で五箇番衆が三〇〇名以上記載されていることと比較すれば、義輝期にはおよそ六分の一に規模が縮小されていることになる。

木下聡氏は、義輝期の奉公衆の編成を検討するなかで、「番帳」と「貞助」の番構成の相違については評価を保留されている。[13]実際に「貞助」と「番帳」の所属番相違の事例をあげると、「番帳」で一番衆所属とされる曽我又太郎は詰衆五番衆所属、同じく一番衆の角田藤秀は詰衆二番衆に所属している。一方で、一番衆の本郷信富や結城七郎四郎は詰衆一番衆所属となって異動はない。この事例から、番衆と詰衆は必ずしも所属が一致、継続したものでないことがわかる。それを踏まえれば、「番帳」は従来の五箇番衆の交名であり、「貞助」はそれと異なる編成である詰衆の交名となろう。この場合、五箇番衆と詰衆は別個のものとなる。このことから、義輝期の詰衆は、本来の詰衆や単なる番衆の縮小ではなく、従来の五箇番衆体制が一度解体し、奉公衆の所属構成を含めて詰衆に再編成されたものであったと理解してよいのではないか。

永禄六年以降成立の「諸役人附」前半部には直臣団を構成する「詰衆」が掲載されるが、本来の五箇番衆は掲載されていない。「貞助」は「諸役人附」以前の詰衆の番帳であるため、義輝期には「番帳」成立直後、従来の五箇番衆に代わって詰衆が成立したと思われる。

そこで、「番帳」では五番衆の人員が十八名と多いことが注目される。五番衆番頭の大舘晴光は義晴期以来の重臣で、天文末からの近江動座の際にも義輝に近侍していた。『大館常興日記』では、五番衆内の交流が確認でき、[14]戦国期でも五番衆においては番頭と番構成員である番子の関係は維持されていた。五番衆が他の番より多く存在しているのは、番頭である晴光の動向が関係していると思われる。つまり、番頭と番子の関係が維持されている五番衆にとって、番頭の晴光が義輝に近侍し続けている以上、番子もそれに従い義輝に出仕し続けたといえる。ほかに義輝期には三番衆の番頭の家である上野信孝がいたが、番頭としての実態は判然としない。ほかの一番・二番・四番の番頭は、義輝期の動向は不明である。「番帳」からは、五番衆は番頭晴光のもと、ほかの番衆と比較して結束していたことがうかがい知れよう。つまり、五箇番衆のなかで、五番衆が多くなるという不均等（四番衆はその四分の一以下）を解消するため、詰衆に再編されたのではないか。当然、均等のために所属の番より異動もあったであろう。

　また、永禄二年初頭頃成立の「番帳」より、「貞助」の成立は下るだろう。すると「貞助」のほうは、永禄二年後半より同四年までの成立と、さらに限定されるのではないか。換言すれば、従来の番衆より詰衆への再編は早くて永禄二年の後半、遅くとも永禄三・四年頃までといえよう。そのため、永禄二年前半までは従来の五箇番衆体制は継続していたといえる。

【幕府奉行衆】「右筆方」として奉行衆が十三名記載されるが、永禄六年正月二十三日に死去した松田盛秀を除き（『言継』同日条）、「諸役人附」にも記載される。「飯尾加賀守（貞広）」は天文二十四年の時点で「前加賀守」に[15]、「飯尾大和守（堯連）」は弘治二年時点で「前大和守」となっていることを除けば[16]、おおむね永禄二年に奉行人の通称官途などは相当するため、当時の実態に即したものとして疑問はない。

おわりに――成立の背景

　本番帳が作成された時期は、永禄元年十二月頃より永禄二年四月以前の間となる。この時期は三好氏との和睦による義輝の帰洛と、京都での幕府再興の時期に重なる。

「番帳」の作成者については、前述のように大館晴光の可能性が指摘されている。番衆のなかでは五番衆の人員が多く記載されることもその傍証となろうが、五番衆番頭である晴光本人や輝氏・晴忠などの大館氏の一族が記載されないのは不自然である。そのため、「番帳」の記主を晴光に特定することはできないだろう。そのため、記主については幕府内の人物かその関係者ということのみ指摘しておこう。なぜ、御供衆など義輝側近の掲載が実態に即していないのかなど「番帳」には問題点も残るが、一次史料の裏付けから後世の偽造とも思われない。

次に、作成の背景として注目されるのが、大名の上洛である。特に、永禄二年の前半に特質されることとして、地方の大名の上洛が続いたことが挙げられる。二月二日には織田信長、次いで斎藤義龍、長尾景虎の上洛が続く。前述のように、斎藤義龍の御相伴衆加入以前の成立であることを踏まえれば、成立期間内に上洛したのは地方の大名は信長のみである。上洛に関連して作成された可能性もあるが、信長の上洛と同日には三好長慶父子も上洛している（『言継』）。両者の上洛と成立に対して直接の関連を示すものはないため判然としないが、三好氏の上洛にともなって、新しい幕府体制を確認する意味でこの番帳が作成されたと理解できるのではないか。少なくともこの時期に番帳が作成されたのは、義輝が帰洛後の将軍直臣団構成の再確認を図ったことに関連したものであることは間違いないだろう。その後、奉公衆は新たに詰衆へと再編された。詰衆への再編の背景としては、各番衆の構成人数にバラツキがあったことがその理由として想定されよう。つまり、詰衆の成立の目的は、将軍に祗候する奉公衆が減少するなかで、各番所属の人員を均等に再配置するものであったと思われる。

さらに、「番帳」は従来の奉公衆らが新たに詰衆に再編される以前の、五箇番衆構成を示す最後の番帳という意味でも注目される史料といえる。『別録』全体の編者や成立時期については、後考を俟ちたい。

註

（1）それぞれ写本の種類については、『国書総目録』の「室町殿日記」の項目を参照。

（2）　京都大学蔵『室町殿日記』上下巻（京都大学国語国文資料叢書、臨川書店、一九八〇年）、笹川祥生校注『室町殿物語』全二巻（平凡社東洋文庫三八〇・三八四、一九八〇年）、刊本は宝永三年版を底本とする。
（3）　木下聡「室町幕府奉公衆の成立と変遷」（同『室町幕府の外様衆と奉公衆』第一部第三章、一七三頁、同成社、二〇一八年）。
（4）　二木謙一「室町幕府御相伴衆」（同『中世武家儀礼の研究』第三編第一章、吉川弘文館、一九八五年、初出一九七九年、三二六頁）。
（5）　活動時期については今谷明・高橋康夫編『室町幕府文書集成奉行人奉書篇　上』（思文閣出版、一九八六年、以下『集成』）奉行人一覧を参照。
（6）　前掲註4、三一八・三一九頁。
（7）　国立公文書館蔵内閣文庫『武家故実雑集』第六冊。詳細は、今谷明「『東山殿時代大名外様附』について」（同『室町幕府解体過程の研究』第二部第三章岩波書店、一九八五年）参照。
（8）　前掲註4、三一九頁。
（9）　福田豊彦「室町幕府の奉公衆体制」（同『室町幕府と国人一揆』Ⅰ―四、吉川弘文館、一九九五年、初出一九八八年、八九頁）。
（10）　前掲註3、一七三頁。
（11）　朽木氏の系譜に関しては西島太郎「室町中・後期における朽木氏の系譜と動向」（同『戦国期室町幕府と在地領主』第二部第一章、八木書店、二〇〇六年）参照。
（12）　福田氏「室町幕府の奉公衆（一）―御番帳の作成年代を中心として―」（前掲『室町幕府と国人一揆』Ⅰ―二、初出一九七一年、三〇頁）。
（13）　前掲註3、一四四頁。
（14）「総論　足利義晴の研究」（拙編著『シリーズ室町幕府の研究3　足利義晴』戎光祥出版、二〇一七年）参照。
（15）　天文二十四年六月二十日付幕府奉行人連署奉書案（「石清水文書」・『集成』三七七五号）。
（16）　弘治二年二月二十七日付幕府奉行人連署奉書（「東大寺宝庫文書」・『集成』三七八三号）。

【岩瀬文庫蔵『室町家日記別録』翻刻】

※本書では、まだ刊行・翻刻されていない「別録番帳」の箇所を翻刻した。旧字体は常用漢字に直し、改丁は〈」〉で区切った。

（前略）

当時御相伴衆
佐々木（六角義賢）左京大夫　北条（氏康）左京大夫
尼子（晴久）修理大夫
当時御供衆
細川（輝経）小四郎　朽木（稙綱）民部少輔
赤松（政秀）下野守　三好（長慶）筑前守　」（八丁オ）
御部屋衆
一色（藤長）式部少輔　細川（藤孝）兵部大輔
三淵（藤之）弾正左衛門　上野与十郎
朽木孫〔弥〕六（藤綱）　同弥（輝孝）十郎
大館三（藤安カ）郎
申次
荒川（晴宣）治部少輔　小笠原（稙盛）備前守
伊勢備後守　大和（晴完）宮内大輔　」（八丁ウ）
海老名（頼雄）刑部大輔　飯河（信堅）山城守
彦部（晴直）雅楽頭　大和（孝宗）治部少輔
五箇番当時祗候衆
一番次第不同

本郷（信富カ）大夫判官　曽我又次郎
楢葉近江守　角田（藤秀）采女正
本郷虎猿　曽我又太郎
結城七郎四郎　松任知弁法師　」（九丁オ）
竹藤（藤兼カ）左京亮　岩室治部少輔
二番次第不同
片岡（晴親）大和守　後藤（広綱）治部少輔
安威（藤備）兵部少輔　飯河弥九郎
大草（公広）三郎左衛門　沼田（光兼）上野介
沼田三郎左衛門　結城七郎
沼田弥四郎　片岡与五郎
安東（泰職）蔵人　西部（郡）縫殿助　」（九丁ウ）
三番次第不同
真下（晴英）式部少輔　杉原（晴盛）兵庫助
小林（藤宗）民部少輔　矢嶋治部少輔
二宮五郎　橋本与五郎
杉原（長盛）与七郎　矢嶋（慶行）中務丞
宇治大路越中守　松田小十郎

四番次第不同
高伊予守（師宣）　石谷兵部大輔（光政）
二階堂七郎　下津屋越前守
」（一〇丁オ）
田林（村）刑部大輔
五番次第不同
一色小太郎　狩野左京亮（光茂）
小田右京亮（光家）　市民部少輔
久世弥九郎　進士源十郎（藤延）
小田孫三郎　能勢左馬助
進士修理亮（晴舎）　三上三郎（輝房）
」（一〇丁ウ）
小坂孫次郎（章利カ）　水主兵庫助
高林（橋）新二郎　清四郎

下津屋佐渡守　水上弥兵衛尉
清次郎　籾井兵部丞（藤安）
右筆方
飯尾加賀守（貞広）　飯尾大和守（尭連）
松田対馬守（盛秀）　飯尾中務大輔（大）（盛就）
諏方信濃守（晴長）　松田丹後守（藤弘）
」（一一丁オ）
中沢備前守（光俊）　松田九郎左衛門（頼隆）
治部大蔵丞（光栄）　松田主計允（光秀）
治部三郎左衛門（藤通）　諏方兵衛尉（俊郷）
飯尾与三左衛門（為忠）
（後略）
」（一一丁ウ）

※史料の掲載を許可してくださった愛知県西尾市岩瀬文庫に感謝申し上げます。

表1　足利義輝（義藤）発給文書一覧　※室町殿袖判口宣案は除く

	年月日	文書名	内容	署判	宛所	奏者	使者	書止文言	出典	備考
1	天文15年12月20日	足利義藤寄進状	山城国綺庄を寄進す、吉書	左馬頭源朝臣（花押）	石清水八幡宮			如件	「石清水文書」172（『大日本古文書』家わけ）	判始吉書
2	天文16年5月7日	足利義藤公帖	南禅寺住持職に補任す	左中将（花押）	彭叔（守仙）和尚			如件	『東福寺文書』（東京大学史料編纂所架蔵写真本）	
3	（天文17年カ）5月3日	足利義藤御内書	父稙宗との鉾楯を停止せしむ	（花押）	伊達左京大夫（晴宗）とのへ	晴光（大館）		申也	「伊達家文書」192（『大日本古文書』家わけ）	
4	天文17年12月17日	足利義藤御判御教書	内殿灯油料等を安堵す	（袖判花押）	（石清水八幡宮大山崎神人等）			下知如件	「離宮八幡宮文書」（『兵庫県史』史料編中世8）	
5	（天文17年）	足利義藤一字書出	「藤」						『大日本古文書　益田家文書』281	益田藤兼に対して
6	（天文19年）2月28日	足利義藤御内書	白傘袋・毛氈鞍覆の礼として太刀一腰・鵝眼三千疋到来を謝す	（花押）	長尾平三（景虎）とのへ	晴光		候也	「上杉家文書」1117（『大日本古文書』家わけ）	切紙、「御方御所様御内書」
7	（天文19年）5月3日	足利義藤御内書	右大将所労につき、本復せんことを立願せしむ	（花押）	土御門三位（有春）とのへ			候也	『土御門文書』（東京大学史料編纂所架蔵影写本）	
8	天文19年8月14日	足利義藤御判御教書	当知行分を安堵す	（袖判花押）	永原越前守重興			如件	「保阪潤治氏所蔵文書」（『戦国遺文　佐々木六角氏編』683）	
9	（天文19年カ）12月30日	足利義藤御内書（誓紙）写	上洛の馳走を求む		佐々木弾正少弼（定頼）とのへ			候也	『御内書要文』（国立公文書館蔵内閣文庫本）	
10	（天文20年）2月12日	足利義藤御内書	朽木動座につき忠節を求む	（花押）	佐々木宮内大輔（晴綱）とのへ	道恕		候也	『史料纂集　朽木文書』99	
11	（天文20年）2月12日	足利義藤御内書写	朽木動座につき忠節を賞す	義輝（追筆カ）	曽我上野介（晴助）殿			候也	「古証文」（『後鑑』第4巻663頁）	「古証文」は弘治元年と追筆

12	（天文20年）2月12日	足利義藤御内書	朽木動座につき、忠節を賞す	（花押）	護聖院			候也	『護正院文書』（東京大学史料編纂所架蔵謄写本）	
13	（天文20年）3月18日	足利義藤御内書写	万松院殿一年忌料進納を賞す		赤松左京大夫（晴政）とのへ	宗薫（三淵晴員）	孝蔵主	候也	『御内書要文』（国立公文書館蔵内閣文庫本）	
14	天文20年4月19日	足利義藤公帖	南禅寺住持職に補任す	左中将（花押）	潤仲（周瓏）和尚			如件	「天龍寺文書」626（原田正俊編『天龍寺文書の研究』思文閣出版、2011年）	
15	天文20年4月19日	足利義藤公帖	安芸国永福寺住持職に補任す	（花押）	守澄（月汀）首座			如件	『東福寺文書』（東京大学史料編纂所架蔵写真本）	
16	天文20年4月21日	足利義藤公帖	真如寺住持職に補任す	左中将（花押）	守澄（月汀）西堂			如件	『東福寺文書』（東京大学史料編纂所架蔵写真本）	
17	（天文20年）8月8日	足利義藤御内書	朽木動座につき忠節を求む	（花押）	横瀬雅楽助（由良成繁）とのへ	晴光	聖護院殿・孝阿	候也	「由良文書」（『群馬県史』資料編中世3 2060）	
18	（天文20年）8月8日	足利義藤御内書	伊達稙宗・晴宗父子和睦の意見と聖護院への馳走を求む	（花押）	蘆名遠江守（盛舜）とのへ	晴光	葉（孝カ）阿	候也	「青山文書」（『梁川町史』514）	
19	（天文21年）正月9日	足利義藤御内書	坂本進発につき、人数を求む	（花押）	三宝院（義堯）殿	近衛殿（演説）		恐々謹言	『三宝院文書』（東京大学史料編纂所架蔵謄写本）	
20	天文21年4月2日	足利義藤御判御教書	因幡・伯耆・備前・美作・備後・備中六箇国守護職に補任す	（袖判花押）	尼子民部少輔晴久			如件	「佐々木文書」（『出雲尼子氏史料集』773）	
21	天文21年5月20日	足利義藤公帖	摂津国福厳寺住持職に補任す	（花押）	宗言首座			如件	『南禅寺文書』中巻、282	
22	天文21年5月23日	足利義藤公帖	真如寺住持職に補任す	左中将（花押）	宗言西堂			如件	『南禅寺文書』中巻、283	『南禅寺文書』中巻、282と同封
23	（天文21年）5月25日	足利義藤御内書	大鷹到来を賞す	（花押）	長尾弾正少弼（景虎）とのへ	晴光		候也	「上杉家文書」（『大日本古文書』家わけ）1124	切紙

24	（天文21年）5月25日	足利義藤御内書	礼として太刀一腰（長光）・馬一疋・青銅三千疋到来を賞し、太刀一振（国宗）を下賜す	（花押）	長尾弾正少弼とのへ	晴光		候也	「上杉家文書」1125（『大日本古文書』家わけ）	切紙
25	天文21年11月15日	足利義藤御判御教書	近江国退蔵寺を十刹に列す	（花押）	住持			如件	『尊経閣文庫文書』（東京大学史料編纂所架蔵影写本）	『鹿苑日録』に写しあり
26	（天文21年）12月4日	足利義藤御内書写	禁裏御料所内蔵寮領諸口率分の違乱停止	（花押影）	三好筑前守（長慶）とのへ	貞孝（伊勢）		候也	『言継卿記』天文21年12月5日条	
27	（天文22年）正月日	足利義藤御内書写	家督の祝儀として太刀一腰・馬一疋・青銅万疋到来を謝し、太刀一振を下賜す		大内左京大夫（義長）とのへ	貞孝		候也	『御内書要文』（国立公文書館蔵内閣文庫本）	665『蜷川家文書』
28	（天文22年）正月日	足利義藤御内書写	偏諱を遣わす		大内左京大夫とのへ	貞孝		候也	『御内書要文』（国立公文書館蔵内閣文庫本）	664『蜷川家文書』
29	（天文22年）正月日	足利義藤御内書写	御相伴衆を承認する		大内左京大夫とのへ	貞孝		候也	『御内書要文』（国立公文書館蔵内閣文庫本）	663『蜷川家文書』
30	（天文22年）正月日	足利義藤御内書写	左京大夫を任ず		大内左京大夫とのへ	貞孝		候也	『御内書要文』（国立公文書館蔵内閣文庫本）	672『蜷川家文書』
31	（天文22年）正月日	足利義藤御内書写	偏諱の礼として太刀一腰・馬一疋ならびに鵞眼万疋到来を謝し、太刀一振を下賜す		陶尾張守（晴賢）とのへ	貞孝		候也	『御内書要文』（国立公文書館蔵内閣文庫本）	671『蜷川家文書』
32	（天文22年）正月日	足利義藤御内書写	白傘袋・毛氈鞍覆の御礼として太刀一腰・紅縁二十斤到来を賞す		内藤下野守（興盛）とのへ	貞孝		候也	『御内書要文』（国立公文書館蔵内閣文庫本）	670『蜷川家文書』
33	（天文22年）正月日	足利義藤御内書写	白傘袋・毛氈鞍覆の御礼として太刀一腰・白糸三十斤到来を賞す		杉伯耆守（重矩）とのへ	貞孝		候也	『御内書要文』（国立公文書館蔵内閣文庫本）	669『蜷川家文書』

34	（天文22年）正月日	足利義藤御内書写	白傘袋・毛氈鞍覆を免許す		飯田石見守（興秀）とのへ	貞孝		候也	『御内書要文』（国立公文書館蔵内閣文庫本）	『蜷川家文書』667
35	（天文22年）正月日	足利義藤御内書写	備中守に任ず		問田備中守（隆盛）とのへ	貞孝		候也	『御内書要文』（国立公文書館蔵内閣文庫本）	
36	（天文22年）2月27日	足利義藤御内書写	年頭の祝儀として、太刀1腰・馬1疋到来を賞す	御判	岡周防守（国高）とのへ		演説：久我右幕下（晴通）	候也	『座右抄』4、（国立公文書館蔵内閣文庫『御内書古案』）	
37	（天文22年3月20日）	足利義藤御内書写	太神宮造替料につき国役	御判	佐々木左京大夫（義賢）とのへ	晴光		候也	「外宮天文引付」（『戦国遺文 佐々木六角氏』741）	「勢州記録」（『後鑑』所収）では3月21日付け
38	天文21年5月20日	足利義藤公帖写	丹後国安国寺住持職補任	左中将	守龍西堂			如件	『鹿苑日録』24	
39	（天文22年）5月26日	足利義藤御内書	鉄放1丁を遣わす	（花押）	横瀬雅楽助とのへ	晴光		候也	「由良文書」（『群馬県史』資料編中世3 2023）	
40	（天文22年）5月26日	足利義藤御内書	馬を所望す	（花押）	横瀬雅楽助とのへ	晴光	孝阿	候也	「由良文書」（『群馬県史』資料編中世3 2025）	
41	（天文22年）7月29日	足利義藤御内書写	安見美作守出張につき、本意に属すことを賞し、牢人の企てを止む		遊佐河内守（長教）とのへ		海蔵院	候也	『御内書要文』（国立公文書館蔵内閣文庫本）	
42	天文22年8月吉曜日	足利義藤願文	入洛のことを祈願す	義藤（花押）	伊勢太神宮			如件	『吉備津彦神社文書』（東京大学史料編纂所架蔵影写本）	
43	（天文22年）	足利義藤御内書写	太神宮造替料事につき、分国に相催すべし		佐々木左京大夫とのへ	晴光		候也	「外宮天文引付」（『三重県史』中世一上）	
44	（天文23年）正月19日	足利義藤御内書写	南蛮鉄放到来を謝す	御判	大友五郎（義鎮）とのへ	晴光		候也	『大友家文書録』（東京大学史料編纂所架蔵謄写本）	
45	（天文23年）2月7日	足利義藤御内書写	京都の儀につき忠節を求む	御判	大友五郎とのへ	宮内卿局		候也	『大友家文書録』（東京大学史料編纂所架蔵謄写本）	

46	(天文23年)3月28日	足利義輝御内書写	天文22～23年年頭祝儀分として太刀一腰・鵞眼千疋到来を謝す	御判	大友五郎とのへ	晴光		候也	『大友家文書録』(東京大学史料編纂所架蔵謄写本)	天文23年2月12日「義輝」に改名
47	天文23年4月2日	足利義輝御判御教書写	越前国妙法寺を十刹となす	御判				如件	『鹿苑日録』24	
48	(天文23年)5月13日	足利義輝御内書写	天文22年年頭祝儀分として太刀一腰・鵞眼千疋到来を謝す	御判	大友五郎とのへ	晴光		候也	『大友家文書録』(東京大学史料編纂所架蔵謄写本)	
49	(天文23年)8月16日	足利義輝御内書写	当年祝儀として太刀1腰・鳥目千疋到来を謝す	御判	大友五郎とのへ	晴光		候也	『大友家文書録』(東京大学史料編纂所架蔵謄写本)	
50	天文23年8月16日	足利義輝御判御教書写	肥前国守護職に補任す	御判(袖判)	大友五郎義鎮			如件	『大友家文書録』(東京大学史料編纂所架蔵謄写本)	
51	(天文23年)11月5日	足利義輝御内書写	瑞夢により仮名を改めることを承認す	御判	大友新太郎(義鎮)とのへ	晴光		候也	『大友家文書録』(東京大学史料編纂所架蔵謄写本)	
52	(天文24年カ)3月19日	足利義輝御内書	左京大夫に任ず	(花押)	伊達次郎(晴宗)とのへ	晴光		候也	「伊達家文書」208(『大日本古文書』家わけ)	
53	(天文24年カ)5月3日	足利義輝御内書	官途の礼として、黄金三十両到来を賞す	(花押)	伊達左京大夫(晴宗)とのへ	晴光		候也	「伊達家文書」212(『大日本古文書』家わけ)	
54	(天文24年カ)5月3日	足利義輝御内書	馬を所望す	(花押)	伊達次郎(輝宗)とのへ	晴光		候也	「伊達家文書」271(『大日本古文書』家わけ)	
55	(弘治元年)6月18日	足利義輝御内書	日乗上人の夢想を賞す	義輝(花押)	近衛殿(稙家)			恐惶謹言	『円満院文書』(東京大学史料編纂所架蔵影写本)	
56	(天文24年)9月24日	足利義輝御内書	奥州探題補任の礼として、大鷹一本・馬一疋・黄金三十両到来を賞す	(花押)	伊達左京大夫とのへ	晴光	孝阿	候也	「伊達家文書」219(『大日本古文書』家わけ)	

57	(天文24年)9月24日	足利義輝御内書	奥州守護代職を桑折播磨守と牧野弾正忠に申し付く	(花押)	伊達左京大夫とのへ	晴光	孝阿	候也	「伊達家文書」221(『大日本古文書』家わけ)	
58	(天文24年)10月16日	足利義輝御内書	左馬頭(足利晴氏)息への偏諱を承知す	義輝(花押)	近衛殿			恐惶謹言	「喜連川文書」(『栃木県史』)	
59	(天文24年)10月20日	足利義輝御内書	左馬頭息為字之礼、太刀一腰〈康春〉・青銅三千疋到来を謝し、太刀を下賜する旨伝達を依頼す	義輝(花押)	近衛殿			恐惶謹言	「喜連川文書」(『栃木県史』史料編中世)	
60	(天文24年)10月24日	足利義輝御内書	左馬頭息に馬を所望す	義輝(花押)	近衛殿			恐惶謹言	「喜連川文書」(『栃木県史』史料編中世)	
61	天文24年閏10月16日	足利義輝公帖	摂津国光雲寺住持職に補任す	(花押)	龍喜(熙春)首座			如件	『東福寺文書』(東京大学史料編纂所架蔵写真本)	
62	(弘治2年)3月27日	足利義輝御内書写	本願寺との停戦を求む	判	朝倉左衛門督(義景)殿へ	義堅		候也	「金沢市立図書館所蔵文書北国鎮定書札類」(『福井県史』資料編2 37)	
63	弘治2年4月12日	足利義輝公帖写	越前国日円寺住持職補任	左中将御判	妙忻首座			如件	『鹿苑日録』24	
64	弘治2年5月	足利義輝・織田信長条書※	鉄炮鍛冶につき、条々を定む					者也	『鍛冶記録国友文書』(東京大学史料編纂所架蔵影写本)	※偽文書
65	(弘治2年)6月20日	足利義輝御内書写	万松院殿7年忌仏事料2万疋到来を賞す	御判	大友新太郎とのへ	晴光		候也	『大友家文書録』(東京大学史料編纂所架蔵謄写本)	
66	弘治2年7月4日	足利義輝公帖	建長寺住持職に補任す	左中将(花押)	禅乂西堂			如件	「津久井光明寺文書」『神奈川県史』)資料篇3、古代・中世編三下、七〇一六	
67	(弘治2年)9月23日	足利義輝御内書写	鉄放到来を謝す	御判	大友新太郎とのへ	晴光		候也	『大友家文書録』(東京大学史料編纂所架蔵謄写本)	

68	弘治3年4月23日	足利義輝公帖	東福寺住持職に補任す	左中将（花押）	元龍西堂			如件	『萩藩閥閲録』妙寿寺	『閥閲録』では22日付
69	弘治3年5月4日	足利義輝公帖	建仁寺住持職に補任す	左中将（花押）	宗言西堂			如件	『南禅寺文書』中巻、285	
70	（弘治3年カ）5月16日	足利義輝御内書写	馬1疋の進上を謝し、婚礼の祝儀として太刀1腰を下賜す	義輝御判	松平蔵人（元康）とのへ	細川右京大夫（氏綱）		申也	『武家雲箋』（東京大学史料編纂所架蔵謄写本）、※検討の要あり	
71	弘治3年9月19日	足利義輝公帖	景徳寺住持職に補任す	（花押）	周憲（文盛）首座			如件	「天龍寺文書」633（原田正俊編『天龍寺文書の研究』思文閣出版、2011年）	
72	弘治3年9月22日	足利義輝公帖	臨川寺住持職に補任す	左中将（花押）	周憲西堂			如件	「天龍寺文書」634（原田正俊編『天龍寺文書の研究』思文閣出版、2011年）	
73	（永禄元年）12月19日	足利義輝御内書写	移座の儀につき、合体絵像・刀八毘沙門頂戴を謝す	御判	巣林庵			候也	木下聡「史料紹介「大和家蔵書」所収「大和大和守晴完入道宗恕筆記」」（『東京大学日本史学研究室紀要』21、2017）	「天龍寺文書」633と同封
74	（弘治4年）2月4日	足利義輝御内書	入洛要請受諾を賞す	（花押）	尼子修理大夫とのへ	晴忠（大館）・晴舎（進士）	神門寺	候也	「佐々木文書」（『出雲尼子氏史料集』956）	
75	（弘治4年）2月4日	足利義輝御内書	晴信と和与承諾を賞す	（花押）	長尾弾正少弼とのへ	晴光		候也	「上杉家文書」1122（『大日本古文書』家わけ）	切紙
76	弘治3年3月2日	足利義輝公帖	浄住寺境内の所務を命ず	左中将（花押）	守雄首座			如件	『浄住寺文書』（東京大学史料編纂所架蔵影写本）	切紙
77	（永禄元年）3月10日	足利義輝御内書案	上杉景虎との和談を調停す		武田大膳大夫（晴信）とのへ・武田太郎（義信）とのへ	晴光	悦西寺（聊悦）	可申也	「天理大学図書館蔵「大館記七」所収「武家儀条々」紙背文書」（『戦国遺文　武田氏編』4109）	
78	弘治3年6月27日	足利義輝御判御教書	大峯において祈祷を命ず	参議左近衛権中将源朝臣（花押）				如件	『若王子神社文書』（東京大学史料編纂所架蔵影写本）	

79	（永禄元年）閏6月28日	足利義輝御内書写	音信として黄金100両到来を賞す	御判	大友新太郎とのへ	晴光		候也	『大友家文書録』（東京大学史料編纂所架蔵謄写本）	
80	永禄元年8月	足利義輝寄進状写※	初生衣神社に寄進す						「初生衣神社所蔵」（『戦国遺文　今川氏編』参考27）	※偽文書
81	（永禄元年カ）8月3日	足利義輝御内書	入洛につき、大伝法院の忠節を求む	（花押）	三宝院殿			恐々謹言	『諸寺文書纂』（東京大学史料編纂所架蔵謄写本）	
82	（永禄元年）10月16日	足利義輝御内書	三好長慶との和談半ばにつき忠節を求む	（花押）	横瀬雅楽助とのへ	晴光	孝阿	候也	「由良文書」（『群馬県史』資料編中世3 2069）	
83	（永禄元年頃）	足利義輝御内書（書状）	左京大夫誓紙を求む	義	三宝院殿			かしく	「醍醐寺文書」（『大日本古文書』家わけ）1745	折紙
84	（永禄元年頃）	足利義輝御内書（書状）	返書を求む	義	三宝院殿	春日局		候へく候	「醍醐寺文書」（『大日本古文書』家わけ）1746	折紙
85	（永禄元年頃）	足利義輝御内書（書状）	根来寺使者を付け置くべし	義	三宝院殿			かしく	「醍醐寺文書」（『大日本古文書』家わけ）1747	折紙
86	（永禄元年頃）	足利義輝御内書（書状）	根来寺の請文祝着	義	三宝院殿			かしく	「醍醐寺文書」（『大日本古文書』家わけ）1748	折紙
87	（永禄元年頃）	足利義輝御内書（書状）	義賢の存分を承知す	義	三宝院殿	祐阿		かしく	「醍醐寺文書」（『大日本古文書』家わけ）1749	折紙
88	（永禄元年上洛以前）	足利義輝御内書（書状）	河州・摂州の行を止む	よし輝	三宝院殿			かしく	「醍醐寺文書」（『大日本古文書』家わけ）1750	折紙
89	（永禄元年頃）	足利義輝御内書（書状）	根来寺の儀を承知するに、内書を遣わすべし	義	三宝院殿			かしく	「醍醐寺文書」（『大日本古文書』家わけ）1751	折紙
90	（永禄元年カ）	足利義輝消息	上洛ののちの対面を望む	義	御りやう（義輝娘カ）			候	『宝鏡寺文書』（東京大学史料編纂所架蔵影写本）	※自筆か
91	（永禄2年）正月9日	足利義輝御内書写	東国の馬を三好実休に遣わさんとす	（花押影）	三好筑前守とのへ	貞孝		候也	「徳川林政史研究所所蔵古案」（『戦国遺文　三好氏編』550）	

92	（永禄2年）4月13日	足利義輝御内書写	御代始の御礼参賀の遅延するに、その謝罪の奏達を依頼す	義輝御判	近衛殿			恐惶謹言	「古文書」『後鑑』四巻六九〇頁	
93	（永禄2年）4月23日	足利義輝御内書写	日野家家督の事	御判	春日局			かしく	『日野家領文書写』（宮内庁書陵部所蔵）	
94	（永禄2年）4月21日	足利義輝御内書	坂本着津につき、参洛を求む	（花押）	長尾弾正少弼とのへ	藤安（大館）		候也	「上杉家文書」1140（『大日本古文書』家わけ）	切紙、捻封
95	（永禄2年カ）5月13日	足利義輝御内書	雲州と和睦につき、馳走を求む	（花押）	吉川治部少輔（元春）とのへ	信孝（上野）		候也	「吉川家文書」461（『大日本古文書』家わけ）	切紙
96	（永禄2年カ）5月13日	足利義輝御内書	雲州と和睦につき、意見を求め、京都の儀につき馳走を求む	（花押）	小早川孫三郎（隆景）とのへ	信孝		候也	「小早川家文書」221（『大日本古文書』家わけ）	切紙
97	永禄2年6月11日	足利義輝自筆起請文	密々の儀につき、他言せざることを誓す	義（花押）	関白殿			如件	「上杉家文書」1167（『大日本古文書』家わけ）	杉原
98	（永禄2年）6月12日	足利義輝御内書	景虎の帰国を止んとす	義輝（花押）	関白殿			かしく	「上杉家文書」1141（『大日本古文書』家わけ）	切封
99	（永禄2年）6月16日	足利義輝御内書写	若州父子和談につき、意見を求む	義輝	佐々木左京大夫とのへ	信孝	蔭凉軒	可申也	「古簡雑纂五」（『戦国遺文佐々木六角氏編』790）	
100	（永禄2年）6月16日	足利義輝御内書写	若州父子和談につき、馳走を求む	義輝	佐々木四郎（義治）とのへ	信孝	蔭凉軒	可申也	「古簡雑纂五」（『戦国遺文佐々木六角氏編』791）	
101	（永禄2年）6月16日	足利義輝御内書	長尾弾正少弼下国の風聞あり	（花押）	大館上総介（晴光）とのへ			候也	「上杉家文書」1142（『大日本古文書』家わけ）	切封
102	永禄2年6月26日	足利義輝御判御教書写	豊前国守護職に補任す	御判（袖判）	大友新太郎義鎮	晴光		候也	『大友家文書録』（東京大学史料編纂所架蔵謄写本）	
103	永禄2年6月26日	足利義輝御判御教書写	筑前国守護職に補任す	御判（袖判）	大友新太郎義鎮	晴光		候也	『大友家文書録』（東京大学史料編纂所架蔵謄写本）	
104	（永禄2年）6月26日	足利義輝御内書	裏書を免する	（花押）	長尾弾正少弼とのへ	晴光		候也	「上杉家文書」1110（『大日本古文書』家わけ）	切紙

105	（永禄2年）6月26日	足利義輝御内書	塗輿を免許す	（花押）	長尾弾正少弼とのへ	晴光		候也	「上杉家文書」（『大日本古文書』家わけ）1111	切紙
106	（永禄2年）6月26日	足利義輝御内書	関東上杉五郎進退につき、意見と馳走を求む	（花押）	長尾弾正少弼とのへ	晴光		候也	「上杉家文書」（『大日本古文書』家わけ）1112	切紙
107	（永禄2年）6月26日	足利義輝御内書	甲越一和につき、信濃諸侍への意見を求む	（花押）	長尾弾正少弼とのへ	晴光		候也	「上杉家文書」（『大日本古文書』家わけ）1123	切紙
108	（永禄2年カ）6月26日	足利義輝御内書	出羽最上山形孫三郎より馬進上により、分国中の馳走を求む	（花押）	長尾弾正少弼とのへ	晴光	演説：関白殿	候也	「上杉家文書」（『大日本古文書』家わけ）1126	切紙
109	（永禄2年）6月29日	足利義輝御内書	腫物を見舞う	（花押）	長尾弾正少弼とのへ	晴光	輝氏	候也	「上杉家文書」（『大日本古文書』家わけ）1143	捻封、本紙切封
110	（永禄2年）7月14日	足利義輝御内書	近衛殿の越後下向を止めんとす	（花押）	長尾弾正少弼とのへ	晴光		候也	「上杉家文書」（『大日本古文書』家わけ）1144	
111	（永禄2年）9月17日	足利義輝御内書写	代始の礼として太刀一腰・鵞眼万疋到来を賞し、太刀一振（波平）を下賜す	御判	大友新太郎とのへ	晴光		候也	『大友家文書録』（東京大学史料編纂所架蔵謄写本）	
112	（永禄2年）9月17日	足利義輝御内書写	家督の祝儀として太刀一腰・青銅万疋到来を賞し、太刀一振（恒弘）を下賜す	御判	大友新太郎とのへ	晴光		候也	『大友家文書録』（東京大学史料編纂所架蔵謄写本）	
113	（永禄2年）9月17日	足利義輝御内書写	豊前国守護職補任の礼として太刀一腰・鵞眼万疋到来を賞す（報告）	御判	大友新太郎とのへ	晴光		候也	『大友家文書録』（東京大学史料編纂所架蔵謄写本）	
114	（永禄2年）9月17日	足利義輝御内書写	筑前国守護職補任の礼として太刀一腰・鵞眼万疋到来を賞す（報告）	御判	大友新太郎とのへ	晴光		候也	『大友家文書録』（東京大学史料編纂所架蔵謄写本）	

115	（永禄2年）9月17日	足利義輝御内書写	肥前国守護職補任の礼として太刀一腰・鵞眼万疋到来を賞す（報告）	御判	大友新太郎とのへ	晴光		候也	『大友家文書録』（東京大学史料編纂所架蔵謄写本）	
116	（永禄2年カ）10月11日	足利義輝御内書	中国下向を見舞い、小早川への馳走を求む	義輝（花押）	聖護院殿			恐々謹言	「小早川家文書」206（『大日本古文書』家わけ）	自筆
117	（永禄2年）11月日	足利義輝御内書写	諏方信濃守知行分を申し付くように本願寺に馳走を求む	義輝	烏丸（光康）殿			如件	金沢市立玉川図書館蔵『加能越古文叢　御内書符案』	
118	（永禄2年）11月日	足利義輝御内書写	諏方信濃守知行分回復を命ず	御判	本願寺（顕如）	宗薫		可申也	金沢市立玉川図書館蔵『加能越古文叢　御内書符案』	
119	（永禄2年）11月2日	足利義輝御内書	雲・芸和睦を調停す	（花押）	尼子修理大夫とのへ	晴忠・晴舎	聖護院	候也	「佐々木文書」（『出雲尼子氏史料集』987）	
120	（永禄2年）11月9日	足利義輝御内書写	九州探題職、ならびに大内家督のことを先例に任せ承認す、また料所の回復を命じ、久秀との入魂を命ず	御判	大友新太郎とのへ	大覚寺門跡・愚庵		候也	『大友家文書録』（東京大学史料編纂所架蔵謄写本）	
121	（永禄2年）11月21日	足利義輝御内案写	御料所河州日置庄の回復を命ず	御判	三好筑前守とのへ			候也	「雑々聞検書」（『戦国遺文三好氏編』572）	
122	（永禄2年）12月27日	足利義輝御内書写	門跡の御礼として、太刀一腰（吉綱）・青銅万疋到来を謝す	義輝御判	本願寺	宗薫		恐々謹言	『和簡礼経』第6	執筆：細川彦四郎、「古文書」（『後鑑』所収）では12月28日付
123	（永禄2年）12月27日	足利義輝御内書写	犬進上を謝す		蓬雲軒（内藤宗勝）	貞孝		候也	「蜷川家記」『後鑑』六九九頁	
124	永禄3年正月15日	足利義輝御判御教書写※	中国発向を賞し、賞録を宛がうことを保障す	義輝判	細川六郎（のちの昭元カ）殿			如件	「諸家文書纂」『後鑑』六九九頁	※偽文書か、検討の要あり

125	（永禄３年）2月18日	足利義輝御内書写	飛騨国司勅許の儀につき、礼として太刀1腰〈助国〉・馬1疋〈雲雀毛〉到来を謝す	御判	三木右兵衛尉とのへ	信孝		可申也	金沢市立玉川図書館蔵『加能越古文叢　御内書符案』	
126	（永禄３年）2月18日	足利義輝御内書写	三木良頼の飛騨国司勅許儀につき、礼として太刀1腰・馬1疋〈雲雀毛〉到来を謝す	御判	三木兵衛尉とのへ	信孝		候也	金沢市立玉川図書館蔵『加能越古文叢　御内書符案』	
127	（永禄３年）2月18日	足利義輝御内書写	名字改名につき、飛騨守に任ず	御判	古河飛騨守（三木良頼）とのへ	信孝		候也	金沢市立玉川図書館蔵『加能越古文叢　御内書符案』	
128	（永禄３年）2月18日	足利義輝御内書写	父良頼苗字改名につき、同じく左衛門佐に任ず	御判	古河左衛門佐（三木嗣頼）とのへ	信孝		可申也	金沢市立玉川図書館蔵『加能越古文叢　御内書符案』	
129	永禄３年２月18日	足利義輝公帖	南禅寺住持職に補任す	左中将（花押）	竹雲和尚（笠雲恵心）			如件	「常栄寺文書」（『山口県史　史料編　中世編２』）	
130	（永禄３年）2月20日	足利義輝御内書	駿河守に任ず	（花押）	吉川治部少輔とのへ	信孝		候也	「吉川家文書」411（『大日本古文書』家わけ）	切紙、自筆か
131	（永禄３年）2月20日	足利義輝御内書	中務大輔に任ず	（花押）	小早川又四郎（隆景）とのへ	信孝		候也	「小早川家文書」219（『大日本古文書』家わけ）	切紙、自筆か
132	（永禄３年）2月20日	足利義輝御内書	伊豆守に任ず	（花押）	熊谷兵庫頭（信直）とのへ	信孝		候也	「熊谷家文書」135（『大日本古文書』家わけ）	切紙、自筆か
133	（永禄３年）2月20日	足利義輝御内書写	中務大輔に任ず	義輝公御判	阿曽沼少輔十郎（広秀）とのへ	信孝		候也	『萩藩閥閲録』巻35　阿曽沼二郎三郎	
134	（永禄３年カ）2月20日	足利義輝御内書写	下野守に任ず	義輝公御判	宮民部大輔（盛常）とのへ	信孝		候也	『萩藩閥閲録』巻149　宮与左衛門	
135	（永禄３年カ）2月20日	足利義輝御内書	民部大輔に任ず	（花押）	天野藤次郎（元定）とのへ	信孝		候也	山口県文書館蔵「右田毛利家文書」112（『山口県史　史料編　中世編３』）	

136	永禄3年2月21日	足利義輝御判御教書	安芸国守護職に補任す	（袖判花押）	毛利大膳大夫隆元			如件	「毛利家文書」313（『大日本古文書』家わけ）	
137	（永禄3年）2月25日	足利義輝御内書	礼として太刀一腰・青銅千疋到来を賞す	（花押）	吉川治部少輔とのへ	信孝		候也	「吉川家文書」522（『大日本古文書』家わけ）	切紙
138	（永禄3年）2月25日	足利義輝御内書	礼として太刀一腰・青銅千疋到来を賞す	（花押）	熊谷兵庫頭（信直）とのへ	信孝		候也	「熊谷家文書」133（『大日本古文書』家わけ）	切紙、押紙には「永禄三年庚申」とあり
139	（永禄3年）2月25日	足利義輝御内書	太刀一腰・青銅千疋到来を賞す	（花押）	平賀新九郎（広相）とのへ	信孝		候也	「平賀家文書」26（『大日本古文書』家わけ）	切紙
140	（永禄3年）2月25日	足利義輝御内書写	礼として太刀一腰・青銅千疋到来を賞す	義輝公御判	阿曽沼少輔十郎（広秀）とのへ	信孝		候也	『萩藩閥閲録』巻35 阿曽沼二郎三郎	
141	（永禄3年）3月2日	足利義輝御内書写	万松院殿代よりの桐紋使用を承認す	御判	大友新太郎とのへ	晴光		候也	『大友家文書録』（東京大学史料編纂所架蔵謄写本）	
142	（永禄3年）3月4日	足利義輝御内書写	広瀬代官職につき、在所に申し付けるべし	義輝	本願寺殿	宗薫		恐々謹言	「温故古文抄」（『加能史料』）	
143	（永禄3年）3月16日	足利義輝御内書写	入洛の礼として太刀一腰・馬一疋到来を謝す	御判	大友新太郎とのへ	晴光		候也	『大友家文書録』（東京大学史料編纂所架蔵謄写本）	
144	（永禄3年）3月16日	足利義輝御内書写	殿料として30万疋到来を賞す	御判	大友新太郎とのへ	晴光		候也	『大友家文書録』（東京大学史料編纂所架蔵謄写本）	歳阿が徴収に下向
145	（永禄3年）3月16日	足利義輝御内書写	石火矢ならび種子嶋筒到来を賞す	御判	大友新太郎とのへ			候也	『大友家文書録』（東京大学史料編纂所架蔵謄写本）	歳阿を以て到来
146	（永禄3年）3月16日	足利義輝御内書写	左衛門督に任ず	御判	大友左衛門督（義鎮）とのへ	晴光		候也	『大友家文書録』（東京大学史料編纂所架蔵謄写本）	
147	（永禄3年）3月22日	足利義輝御内書写	大神宮領能登国櫛比庄の遵行を命ず	御判	畠山次郎（義綱）とのへ	晴光		可申也	「温故古文抄」（『加能史料』）	

148	149	150	151	152	153	154	155	156	157	158
（永禄3年カ）4月4日	永禄3年5月15日	（永禄3年）6月2日	（永禄3年カ）7月1日	永禄3年7月29日	（永禄3年カ）8月8日	（永禄3年カ）8月8日	（永禄3年）8月8日	（永禄3年）8月8日	（永禄3年カ）8月8日	（永禄3年）8月8日
足利義輝御内書	足利義輝公帖	足利義輝御内書	足利義輝御内書	足利義輝御判御教書	足利義輝御内書	足利義輝御内書	足利義輝御内書	足利義輝御内書	足利義輝御内書	足利義輝御内書
芸・雲和睦を調停せんとし、石州侵攻を止む	南禅寺住持職に補任す	日・薩両国を調停す	雲芸和平につき、毛利への意見を求む	東大寺の当知行を安堵す	御相伴衆召加の御礼として、太刀一腰（貞長）・黄金（170両）到来を賞し、絵2幅・盆1枚を下賜す	錦直垂を免ず	受領の礼として、太刀一腰・鵞眼千疋到来を賞す	小袖の礼として鵞眼三千疋到来を賞す	左衛門佐に任官の礼として、太刀一腰・青銅二千疋到来を賞す	受領の礼として太刀一腰・鵞眼千疋到来を賞す
（花押）	左中将（花押）	（花押）	義輝（花押）	参議左近衛権中将源朝臣（花押）	（花押）	（花押）	（花押）	（花押）	（花押）	（花押）
毛利陸奥守（元就）とのへ	竹英和尚	嶋津修理大夫（義久）とのへ	聖護院殿		毛利陸奥守とのへ	毛利陸奥守とのへ	吉川駿河守とのへ	吉川駿河守とのへ	小早川左衛門佐（隆景）とのへ	熊谷伊豆守とのへ
		貞孝	晴光		信孝	信孝	信孝	信孝	信孝	信孝
		演説：近衛殿				聖護院門跡				
候也	如件	候也	恐惶謹言	如件	候也	候也	候也	候也	候也	候也
「毛利家文書」230（『大日本古文書』家わけ）	『萩藩閥閲録』妙寿寺	「島津家文書」86（『大日本古文書』家わけ）	萩市郷土博物館蔵文書（『山口県史　史料編　中世編3』）	『東大寺文書』（東京大学史料編纂所架蔵影写本）	「毛利家文書」233（『大日本古文書』家わけ）	「毛利家文書」234（『大日本古文書』家わけ）	「吉川家文書」413（『大日本古文書』家わけ）	「吉川家文書」526（『大日本古文書』家わけ）	「小早川家文書」222（『大日本古文書』家わけ）	「熊谷家文書」137（『大日本古文書』家わけ）
切紙		近衛稙家が副状			切封	切紙	切紙	切紙	切紙、自筆	切紙

159	(永禄3年カ)8月8日	足利義輝御内書	官途の礼として太刀一腰・鵞眼千疋到来を賞す	(花押)	天野民部大輔(元定)とのへ	信孝		候也	山口県文書館蔵「右田毛利家文書」115(『山口県史』史料編 中世編3)	切紙
160	(永禄3年)8月16日	足利義輝御内案写	三好長慶助勢のため上洛を求む		畠山宮内大輔(湯川直春)とのへ	晴光		候也	「雑々書札」(『戦国遺文三好氏編』参考61)	
161	(永禄3年)9月17日	足利義輝御内案写	戦功を賞す	御判	松永弾正少弼(久秀)とのへ	信孝・晴舎		候也	「雑々聞検書」(『戦国遺文三好氏編』856)	
162	(永禄3年)10月17日	足利義輝御内案写	戦功を賞す		三好修理大夫(長慶)とのへ		竹内三位	者也	「雑々書札」(『戦国遺文三好氏編』679)	鳥子半切
163	(永禄3年)11月24日	足利義輝御内書写	飯盛入城につき珍重		三好修理大夫とのへ	季治卿(竹内)・信孝・晴舎		候也	「雑々書札」(『戦国遺文三好氏編』694)	
164	(永禄3年)12月8日	足利義輝御内書	忠節の褒美により御相伴衆となす	(花押)	毛利陸奥守とのへ	信孝	聖護院門跡	候也	「毛利家文書」232(『大日本古文書』家わけ)	切紙
165	(永禄3年)12月8日	足利義輝御内書	忠節の褒美により御相伴衆となす	(花押)	毛利大膳大夫(隆元)とのへ	信孝	聖護院門跡	候也	「毛利家文書」314(『大日本古文書』家わけ)	切紙
166	永禄3年12月28日	足利義輝公帖	景徳寺住持職に補任す	(花押)	元珪(大玄)首座			如件	『東福寺文書』(東京大学史料編纂所架蔵写真本)	切紙
167	(永禄4年)閏3月4日	足利義輝御内書	小笠原大膳大夫帰国につき馳走を求む	(花押)	長尾弾正少弼とのへ	晴光		候也	「上杉家文書」480(『大日本古文書』家わけ)	切紙
168	(永禄4年)閏3月12日	足利義輝御内書	雲州との和睦を調停す	(花押)	毛利陸奥守とのへ	信孝	聖護院	候也	「長府毛利家文書・無銘手鑑」(『出雲尼子氏史料集』1082)	切紙
169	(永禄4年)閏3月12日	足利義輝御内書	芸・雲和睦を調停せんとし、馳走を求む	(花押)	吉川駿河守とのへ	信孝	聖護院門跡	候也	「吉川家文書」67(『大日本古文書』家わけ)	切紙
170	(永禄4年)閏3月12日	足利義輝御内書	雲州と和睦につき、馳走を求む	(花押)	小早川中務太輔(隆景)とのへ	信孝	聖護院門跡	候也	「小早川家文書」220(『大日本古文書』家わけ)	切紙
171	(永禄4年)3月28日	足利義輝御内書	松平元康の早道馬献上の執り成しを賞す	(花押)	誓願寺泰翁(慶岳)	松阿		申也	「誓願寺文書」『愛知県史』史料編11、年次未詳史料一五九三	切紙

172	（永禄4年）4月4日	足利義輝消息	専修寺相論につき		御□ま申給へ（慶寿院）			かしく	「専修寺文書」（『福井県史』資料編2 27）	自筆か
173	（永禄4年カ）4月10日	足利義輝御内書	豊・雲・芸和睦につき、同心を求む	（花押）	大館伊予守（晴忠）とのへ・進士美作守（晴舎）とのへ		聖護院	候也	「佐々木文書」（『出雲尼子氏史料集』1088）	
174	（永禄4年）4月30日	足利義輝御内書写	濃刕伝灯寺事につき、執り成しを求む	義輝御在判	山科（言継）殿			如件	『永禄沙汰』（東京大学史料編纂所架蔵謄写本）	
175	（永禄4年）6月2日	足利義輝御内書	東国出陣の勝利を賀す	（花押）	長尾弾正少弼とのへ	輝氏（大館）	一舟	候也	「上杉家文書」（『大日本古文書』家わけ1127）	切紙
176	（永禄4年）6月7日	足利義輝御内書	飛鳥井中納言父子下向につき入魂求む	（花押）	伊達左京大夫とのへ			候也	「伊達家文書」（『大日本古文書』家わけ3249）	
177	（永禄4年）6月18日	足利義輝御内書写	二宮知行分広瀬五ヶ村代官職につき、清水某に申し付けるべし	義輝御判	本願寺殿	宗薫		恐々謹言	「温故古文抄」（『加能史料』）	切紙
178	（永禄4年）6月29日	足利義輝御内書写	年始礼、太刀一腰・白鳥一・背腸五十桶到来を謝す	御判	畠山次郎とのへ	晴光		候也	「温故古文抄」（『加能史料』）	
179	（永禄4年）7月23日	足利義輝御内案写	三好長慶父子に助勢を求む		畠山宮内大輔とのへ	晴光		候也	「雑々書札」（『戦国遺文三好氏編』参考77）	
180	（永禄3年）8月8日	足利義輝御内書	官途の礼として太刀一腰・鵞眼千疋到来を賞す	（花押）	平賀蔵人大夫（広相）とのへ	信孝		候也	「平賀家文書」27（『大日本古文書』家わけ）	切紙
181	（永禄3年）8月8日	足利義輝御内書	毛氈鞍覆・白傘袋免許の礼として、太刀一腰・馬一疋・鵞眼三千疋到来を賞す	（花押）	山内新左衛門尉（隆通）とのへ	輝孝（朽木）		候也	「山内首藤家文書」226（『大日本古文書』家わけ）	切紙
182	（永禄3年）8月14日	足利義輝御内書	音信として、太刀一腰・馬一疋、備後沙到来を賞す	（花押）	山内新左衛門尉とのへ	輝孝		候也	「山内首藤家文書」230（『大日本古文書』家わけ）	

番号	年月日	文書名	内容	差出	宛所	奏者等	副状	書止	出典	備考
183	（永禄4年）10月13日	足利義輝御内書写	小倉内蔵助所持の馬を求む	御判	今川上総介（氏真）殿	量忠（上野）		穴賢	『小倉文書』（東京大学史料編纂所架蔵影写本）	
184	（永禄4年）	足利義輝御内書	景虎年寄中の馳走を賞す	義（花押）	関白殿申給へ			かしく	「上杉家文書」1168（『大日本古文書』家わけ）	
185	（永禄5年カ）正月20日	足利義輝御内書	氏真と岡崎との鉾楯を和睦せしむ	（花押）	今川上総介殿	信孝	三条大納言・文次軒	穴賢	「真崎文庫文書」（『戦国遺文　今川氏編』1635）	永禄6年とも
186	（永禄5年カ）正月20日	足利義輝御内書	氏真と岡崎との和睦につき、意見を求む	（花押）	北条左京大夫（氏康）とのへ	信孝	三条大納言・文次軒	候也	「真崎文庫文書」（『戦国遺文　今川氏編』1636）	
187	（永禄5年）2月11日	足利義輝御内書	下野国専修寺住持職を安堵す	（花押）	高田専修寺住持真智上人〔御〕房			候也	「法雲寺文書」33（『福井県史』資料篇5　中近世3）	
188	（永禄5年）3月2日	足利義輝御内書写※	大友との和平を求め、東北の情勢を伝う	義輝御判	毛利陸奥守とのへ	大舘（晴光カ）		申也	『武家雲箋』（東京大学史料編纂所架蔵謄写本）	※要検討
189	永禄5年3月4日	足利義輝公帖	丹後国雲門寺住持職に補任す	（花押）	守厚（心叔）首座			如件	「天龍寺文書」636（原田正俊編『天龍寺文書の研究』思文閣出版、2011年）	
190	永禄5年3月6日	足利義輝公帖	臨川寺住持職に補任す	左中将（花押）	守厚西堂			如件	「天龍寺文書」637（原田正俊編『天龍寺文書の研究』思文閣出版、2011年）	「天龍寺文書」636と同封
191	永禄5年5月2日	足利義輝公帖	建長寺住持職に補任す	左中将	義哲西堂			如件	『史料纂集　長楽寺文書』33	
192	永禄5年6月	足利義輝御判御教書写	周防国吉敷郡国清寺を十刹となす	御判	住持			如件	『鹿苑日録』24	
193	永禄5年6月11日	足利義輝御判御教書	防州国清寺を十刹に列す	（花押）	住持			如件	『常栄寺文書』（東京大学史料編纂所架蔵影写本）	
194	永禄5年8月6日	足利義輝御判御教書	備中国守護職に補任す	（袖判花押）	毛利大膳大夫隆元			如件	「毛利家文書」315（『大日本古文書』家わけ）	切紙

195	永禄5年8月6日	足利義輝御判御教書	備後国守護職に補任す	(袖判花押)	毛利大膳大夫隆元			如件	「毛利家文書」316(『大日本古文書』家わけ)	切紙
196	永禄5年9月10日	足利義輝公帖	景徳寺住持職に補任ず	(花押)	建洞首座			如件	『大禅寺文書』(東京大学史料編纂所架蔵影写本)	
197	(永禄5年)9月17日	足利義輝御内書案	敵数多に討捕ことを賞す	御判	松永弾正少弼とのへ	信孝・晴舎	貞助(伊勢)	候也	「雑々聞検書」(『戦国遺文三好氏編』856)	
198	永禄5年9月19日	足利義輝御内書	長門国守護職に補任す	(袖判花押)	毛利大膳大夫隆元			如件	「毛利家文書」317(『大日本古文書』家わけ)	
199	(永禄5年)10月10日	足利義輝御内書写	京都の情勢を報じ黄金50両の到来を謝す	御判	大友左衛門尉〔督〕とのへ	晴光		候也	「武家引付永禄五」(『大館記』6所収、『ビブリア』85、1985)	
200	(永禄5年)11月7日	足利義輝御内書	豊・芸・雲和睦調停し、出雲侵攻を止めんことの意見を求む	(花押)	吉川駿河守とのへ	量忠	巣林院	候也	「吉川家文書」68(『大日本古文書』家わけ)	切紙
201	永禄5年11月16日	足利義輝公帖	円覚寺住持職に補任す	左中将(花押)	建洞西堂			如件	「大禅寺文書」(『神奈川県史』資料篇3、古代・中世編三下、七二九七)	
202	(永禄6年カ)正月27日	足利義輝御内書	豊州との鉾楯を止め、和睦せしむ	(花押)	吉川駿河守とのへ	信孝	聖護院門跡	候也	「吉川家文書」464(『大日本古文書』家わけ)	切紙
203	(永禄5年カ)正月20日	足利義輝御内書写	駿州と三州鉾楯につき、意見を求む	「花押同前」	武田大膳大夫入道とのへ	信孝	文次軒	候也	「秋田県立公文書館所蔵「秋田藩家蔵文書」44(『戦国遺文　武田氏編』4022)	永禄6年とも
204	(永禄6年カ)正月20日	足利義輝御内書写	使節日向下向路次の馳走を求む	義輝公御判	宇都宮弥三郎(豊綱カ)とのへ	藤孝(細川)		候也	『萩藩閥閲録』巻91　曽根三郎右衛門	
205	(永禄6年カ)正月27日	足利義輝御内書	使節日向下向路次の馳走を求む	(花押)	河野左京大夫とのへ	量忠	桜本坊、梅仙軒(演説)	候也	「本福寺文書」(『愛媛県史』資料篇1912)	切紙、封紙は別のもの
206	(永禄6年)正月27日	足利義輝御内書	豊・芸和与につき、意見を求む	(花押)	戸次伯耆守(鑑連)とのへ	晴光	聖護院門跡・愚庵	候也	『立花文書』(東京大学史料編纂所架蔵影写本)	

207	(永禄6年カ)3月22日	足利義輝御内書	雲・芸和与につき、毛利方へ馳走を求む	(花押)	村上掃部助(武吉)とのへ	量忠	梅仙軒	候也	「屋代村上文書」(『戦国遺文 瀬戸内編』229)	永禄7年以降カ
208	(永禄6年)3月23日	足利義輝御内書	参議執奏につき、飛騨国司宛案文を送る	義輝(花押)	(近衛前嗣)	信孝・関白殿		候也	『田中光顕自所蔵文書』(東京大学史料編纂所架蔵影写本)	前久宛御内書に案文と載せる
209	永禄6年4月6日	足利義輝公帖写	建仁寺住持職補任	左中将	守鑑西堂			如件	『鹿苑日録』24	
210	永禄6年5月13日	足利義輝御判御教書	日野家領以下所々文書の案に御判を載せる	(花押)	春日局			如件	『日野家領文書写』(宮内庁書陵部所蔵)	
211	(永禄6年カ)5月16日	足利義輝御内書	周防・長門両国守護職を預け置く	(花押)	毛利大膳大夫とのへ	信孝		候也	「毛利家文書」318(『大日本古文書』家わけ)	
212	(永禄6年)6月15日	足利義輝御内書	為官途之礼、太刀一腰〈長光〉・青銅万疋到来を謝し、太刀を下賜す	(花押)	河野左京大夫とのへ	上野孫三郎(量忠)	梅仙軒	候也	「明照寺文書」(『愛媛県史』資料篇1907)	
213	永禄6年9月23日	足利義輝公帖	南禅寺住持職に補任す	左中将(花押)	卜星和尚			如件	『大禅寺文書』(東京大学史料編纂所架蔵影写本)	
214	(永禄7年)2月7日	足利義輝御内書	修理大夫に任ず	(花押)	相良修理大夫(義陽)とのへ	藤孝(細川)	桜本坊(豪為)	候也	「相良家文書」509(『大日本古文書』家わけ)	
215	(永禄7年)2月9日	足利義輝御内書写	恩賞により一代の御相伴衆となす	(花押影)	伊東三位入道(義祐)とのへ	藤孝		候也	「伊東家文書」(『宮崎県史』史料編中世Ⅱ)	
216	(永禄7年)2月9日	足利義輝御内書写	大鷹を所望す	(花押影)	伊東三位入道とのへ	藤孝	桜本坊	候也	「伊東家文書」(『宮崎県史』史料編中世Ⅱ)	
217	永禄7年2月17日	足利義輝御判御教書写	太神宮領美濃国福永御厨年貢のことの究済を認む	御判	祭主(藤波朝忠)とのへ			如件	木下聡「史料紹介「大和家蔵書」所収「大和大和守晴完入道宗恕筆記」(『東京大学日本史学研究室紀要』21、2017)	

218	（永禄7年）3月5日	足利義輝御内書写	使節豊後下向につき、馳走を求む	（花押影）	村上出雲守（通康）とのへ	量忠	梅仙軒	候也	「彦根藩諸士書上」（『戦国遺文　瀬戸内編』235）	
219	（永禄7年）3月15日	足利義輝御内書	又三郎の修理大夫任官を了承す	義輝（花押）	近衛殿	量忠		恐惶謹言	「島津家文書」637（『大日本古文書』家わけ）	
220	（永禄7年カ）4月7日	足利義輝御内書写	越・甲無事の儀につき、輝虎の存分を聞き、その出勢を尋ねる	御判計	上杉弾正少弼（輝虎）とのへ	（南星軒）	南星軒	候也	『新集古案』（東京大学史料編纂所架蔵謄写本）	
221	（永禄7年5月）	足利義輝条書	賀茂競馬につき、諸事を定む					以上	『座田文書』（東京大学史料編纂所架蔵影写本）	
222	永禄7年5月10日	足利義輝御判御教書	北野宮寺領諸国所々等を安堵す	参議左近衛権中将源朝臣（花押）	（松梅院禅興）			如件	『史料纂集　北野神社文書』166	
223	（永禄7年）6月1日	足利義輝御内書	慶寿院殿らの伊勢参宮の馳走を賞す	（花押）	祭主権大副とのへ	晴門（摂津）		候也	『下郷伝平氏所蔵文書』（東京大学史料編纂所架蔵影写本）	
224	（永禄7年）7月20日	足利義輝御内書写	三宝院相続につき	義輝御判	九条（稙通）殿			恐惶謹言	『三宝院文書』（東京大学史料編纂所架蔵謄写本）	
225	永禄7年7月29日	足利義輝祝言写	天下泰平・国土豊饒・子孫繁昌・武運長久を祈る					申寸	『生源寺文書』（東京大学史料編纂所架蔵影写本）	
226	（永禄年間カ）10月13日	足利義輝御内書写	京都物騒につき、馳走を求む	（花押影）	伊東大膳大夫（義益）とのへ	藤孝	桜本坊	候也	「伊東家文書」（『宮崎県史　史料編中世Ⅱ』）	
227	永禄7年12月26日	足利義輝御判御教書写	伊予国大善寺を諸山となす	御判	住持			如件	『鹿苑日録』24	
228	（永禄7年）	足利義輝一字書出	「義」	（袖判花押）					「相良家文書」510（『大日本古文書』家わけ）	相良義陽に対して
229	（永禄8年）3月5日	足利義輝御内書	相良より官途・御字の御礼として刀一腰（来国光）・黄金百両到来により、内意を申し下すべし	（花押）	細川兵部大輔（藤孝）とのへ		上野大蔵大輔（輝広）	候也	「相良家文書」515（『大日本古文書』家わけ）	

230	（永禄8年）3月5日	足利義輝御内書案	相良の官途・偏諱への不審を宥む	御判	大友左衛門督入道とのへ	晴光	輝広	候也	「相良家文書」517（『大日本古文書』家わけ）	申次たる藤孝の花押あり
231	（永禄8年）3月23日	足利義輝御内書	氏康との和睦を調停す	（花押）	上杉弾正少弼とのへ	晴光		候也	「上杉家文書」1128（『大日本古文書』家わけ）	切紙
232	永禄8年春	足利義輝御判御教書写※	忠節を賞す	義輝御判	久松民部大輔殿			如件	「久松文書」『後鑑』七六八頁	※偽文書
233	（永禄12年）正月11日	足利義輝御内書写※	六条表での軍忠を賞す	義輝公御判	柳澤新右衛門尉（元政）とのへ	秀政（上野）		候也	『萩藩閥閲録』巻21 柳澤靱負	※実は義昭御内書
234	（天文年間）3月30日	足利義藤御内書	尼子民部少輔を御相伴衆となすにより、伝達を依頼す	義藤（花押）	近衛殿	晴光		恐惶謹言	「佐々木文書」4（『山口県史 史料編 中世編4』）	自筆、天文22年以前
235	（天文年間）4月28日	足利義藤御内書写	当年祝儀として太刀一腰・馬一疋到来を賞す		北畠中将（具教）殿	晴光		如件	『御内書要文』（国立公文書館蔵内閣文庫本）	
236	（天文年間カ）5月10日	足利義藤御内書写	日野父子不和により駿河に下向す		今川治部大輔（義元）とのへ	晴光		候也	『御内書要文』（国立公文書館蔵内閣文庫本）	
237	（天文年間）5月11日	足利義藤御内書	在陣を賞す	（花押）	一色七郎（藤長）とのへ			候也	国立公文書館蔵『古簡』	
238	（天文年間）7月25日	足利義藤カ御内書写	鳥雁雀鶉到来を賞す		朝倉孫次郎（義景）とのへ	晴光	演説：門跡（大覚寺）	候也	『御内書要文』（国立公文書館蔵内閣文庫本）	
239	（天文年間）8月21日	足利義藤御内書写	京都逗留を賞す		佐々木弾正少弼とのへ	貞孝		候也	『御内書要文』（国立公文書館蔵内閣文庫本）	
240	（天文年間）10月15日	足利義藤御内書写	執奏を依頼す	義藤	近衛殿			恐惶謹言	『御内書要文』（国立公文書館蔵内閣文庫本）	
241	（天文年間）12月25日	足利義藤御内書写	当年の祝儀として太刀一腰・馬一疋到来を賞す	御判	北畠中将殿	晴光		如件	『御内書要文』（国立公文書館蔵内閣文庫本）	

242	（天文年間）12月25日	足利義藤カ御内書写	山門より巻数到来を賞す		朝倉孫次郎とのへ	晴光		候也	『御内書要文』（国立公文書館蔵内閣文庫本）	
243	（天文・弘治年間）3月3日	足利義藤カ御内書写	大峯祈祷の精誠を求む	御判	吉野山本願	晴光		候也	『御内書要文』（国立公文書館蔵内閣文庫本）	
244	（天文・弘治年間）4月1日	足利義藤御内書写	大鷹を遣わす		武田伊豆守（義統）とのへ	信孝・藤宗（小林）		候也	『御内書要文』（国立公文書館蔵内閣文庫本）	切紙
245	（天文・弘治年間）8月5日	足利義藤御内書写	忠節を求む		岩室坊		演説：三宝院	候也	『御内書要文』（国立公文書館蔵内閣文庫本）	
246	（天文・弘治年間）8月9日	足利義藤御内書写	軍忠を求む		川勝彦次郎・宇津次郎左衛門尉	晴光		候也	『御内書要文』（国立公文書館蔵内閣文庫本）	
247	（天文・弘治年間）8月9日	足利義藤御内書写	軍忠を求む		内藤備前守（宗勝）	晴光		候也	『御内書要文』（国立公文書館蔵内閣文庫本）	
248	（弘治年間カ）8月12日	足利義輝御内書	丹波での行を求む	（花押）	中澤新三郎とのへ	輝氏		候也	『岩田佐平氏所蔵文書』（東京大学史料編纂所架蔵影写本）	案文：晴光
249	（天文・弘治年間）9月9日	足利義藤カ御内書写	出勢を求め、上洛の馳走を求む		右京大夫（細川晴元）とのへ		演説：近衛殿	候也	『御内書要文』（国立公文書館蔵内閣文庫本）	各一通ずつ発給
250	（天文・弘治年間）6月28日	足利義藤御内書写	織田・今川の紛争調停につき、意見を求む	義藤	近衛殿		聖護院殿	恐惶謹言	『御内書要文』（国立公文書館蔵内閣文庫本）	
251	（天文・弘治年間）	足利義藤カ御内書写	大鷹到来を賞す		佐々木左京大夫とのへ	稙□〔綱〕（朽木）		候也	『御内書要文』（国立公文書館蔵内閣文庫本）	
252	（天文・弘治年間）	足利義藤御内書写	新年を賀し、巻数拝受を謝す		聖護院殿			恐々謹言	『御内書要文』（国立公文書館蔵内閣文庫本）	
253	（天文・弘治年間）	足利義藤御内書写	一乗院の腹病を心配す	義―	増長院殿			かしく	『御内書要文』（国立公文書館蔵内閣文庫本）	自筆、案文藤頼
254	（永禄8年カ）正月20日	足利義輝御内書写	大鷹到来を賞し、刀一腰（国行）を下賜す	（花押影）	伊東左京大夫とのへ	藤孝		候也	「伊東家文書」（『宮崎県史史料編中世Ⅱ』）	

255	(永禄年間)2月3日	足利義輝御内書写	鶴の到来を謝し、また黒符鷹を所望す	在判	河野宗三郎(通宣)とのへ	梅仙軒・信孝	桜本坊	候也	「河野文書」(『愛媛県史』資料篇1881)	切紙〈長六寸三分、上包折返〉
256	(永禄年間カ)2月11日	足利義輝御内書	立原備前守の馳走を賞す	(花押)	大館治部大輔とのへ・進士修理亮とのへ			候也	「佐々木文書」(『出雲尼子氏史料集』957)	
257	(永禄年間)2月22日	足利義輝御内書写	毛氈鞍覆・白傘袋を免許す	御判	大野九郎兵衛尉(直昌)殿	藤孝		可申也	「大野系図」(『愛媛県史』資料篇1913)	
258	(永禄年間)2月26日	足利義輝御内書写	黒符若鷹到来を謝す	(花押影)	河野宗三郎(通宣)とのへ	梅仙軒・信孝		候也	「河野文書」(『愛媛県史』資料篇1882)	切紙〈長六寸三分、上包折返〉
259	(永禄年間)3月5日	足利義輝御内書	官途の事	(花押)	由良刑部太輔とのへ	量忠・文次軒		候也	「園田文書」(『群馬県史』資料編中世3 2072)	
260	(永禄年間)3月5日	足利義輝御内書	御供衆に加う	(花押)	由良刑部太輔とのへ	量忠・文次軒		候也	「由良文書」(『群馬県史』資料編中世3 2074)	永禄5年以前
261	(永禄年間)3月6日	足利義輝御内書写※	越・甲和与を求め、上洛の馳走を求む	光源院義輝御居判	上杉弾正少弼とのへ	義景(朝倉)		申也	『新集古案』(東京大学史料編纂所架蔵謄写本)	※実は義昭御内書
262	(永禄年間)3月18日	足利義輝御内書	芸州下国を見舞う	(花押)	慮庵(愚庵カ)	大館兵部少輔(藤安)		候也	「小早川家文書」205(『大日本古文書』家わけ)	自筆
263	(永禄年間)3月20日	足利義藤御内書	門跡領石田・小栗栖を安堵す	義輝(花押)	三宝院殿			恐々謹言	『諸寺文書纂』(東京大学史料編纂所架蔵謄写本)	
264	(永禄年間)3月22日	足利義輝御内書写	雲・芸和睦に意見を求む	在判	河野左京大夫とのへ	量忠	梅仙軒	候也	「河野文書」(『愛媛県史』資料篇1903)	切紙、切封、上包折返
265	(永禄年間カ)3月23日	足利義輝御内書写	祝儀として太刀一腰・馬一疋・大鷹二連の到来を賞し、腹巻一領を下賜す	(花押影)	伊東左京大夫とのへ	貞孝		候也	「伊東家文書」(『宮崎県史』史料編中世Ⅱ)	自筆案文、藤頼調進
266	(永禄年間)4月10日	足利義輝御内書	晴宗の山門元三会を馳走せんことを賞す	(花押)	伊達左京大夫とのへ	信孝		候也	「伊達家文書」234(『大日本古文書』家わけ)	天文21年まで

267	（永禄年間）4月20日	足利義輝御内書	小畠七郎所持の鶴を所望す	（花押）	松梅院	緑阿		申也	『小畠文書』（東京大学史料編纂所架蔵影写本）	
268	（永禄年間カ）5月2日	足利義輝御内書写	大鷹一本到来を賞し、春日局の湯治下国の馳走を求む	御判	有馬式部少輔（則綱）とのへ	晴完（大和）		候也	木下聡「史料紹介「大和家蔵書」所収「大和大和守晴完入道宗恕筆記」」（『東京大学日本史学研究室紀要』21、2017）	右筆：細川宮内大輔（隆是）
269	（永禄年間）5月11日	足利義輝御内書写	大鷹到来を謝す	在判	河野宗三郎（通宣）とのへ	信孝	梅仙軒	候也	「河野文書」（『愛媛県史』資料篇1887）	切紙〈長六寸六分〉
270	（永禄年間）5月13日	足利義輝御内書	越相和睦につき馳走を求む	（花押）	上杉弾正少弼年寄中		藤安	候也	「上杉家文書」（『大日本古文書』家わけ1129）	切紙
271	（永禄年間）5月13日	足利義輝御内書	礼として太刀一腰（助宗）・鵞眼万疋到来を賞す	（花押）	毛利備中守とのへ	信孝		候也	「毛利家文書」（『大日本古文書』家わけ308）	切紙
272	（永禄年間）6月15日	足利義輝御内書	観世大夫面につきて、厳重の差し上げを賞し、腰刀一〈正宗〉を遣わす	（花押）	青木武蔵守とのへ	上野孫三郎	梅仙軒	候也	「青木庄左衛門家文書」（『福井県史』資料編6中近世4）	
273	（永禄年間）8月13日	足利義輝御内書	門跡領石田・小栗柄の地を等閑せず	義輝（花押）	三宝院殿			恐々謹言	『諸寺文書纂』（東京大学史料編纂所架蔵謄写本）	
274	（永禄年間）8月19日	足利義輝御内書	門跡領石田・小栗柄の知行を認む	義輝（花押）	三宝院殿	藤長（一色）		恐々謹言	『諸寺文書纂』（東京大学史料編纂所架蔵謄写本）	永禄7年か8年
275	（永禄年間）9月20日	足利義輝御内書写	河野父子の和睦を調停す	在判	河野宗三郎（通宣）とのへ	信孝	梅仙軒	候也	「河野文書」（『愛媛県史』資料篇1890）	切紙〈六寸六分〉
276	（永禄年間）9月20日	足利義輝御内書写	梅仙軒知行の回復を命ず	在判	河野宗三郎（通宣）とのへ	信孝		候也	「河野文書」（『愛媛県史』資料篇1891）	切紙〈六寸三分〉
277	（永禄年間カ）10月27日	足利義輝御内書	馬を所望す	（花押）	横瀬雅楽助とのへ	信孝	文次軒	候也	「由良文書」（『群馬県史』資料編中世3 2027）	

278	（永禄年間）11月21日	足利義輝御内書	禁裏御料所船木庄につき、疎略なきことを披露を依頼す	義輝（花押）	広橋大納言（兼秀）殿			恐々謹言	『手鑑』（東京大学史料編纂所架蔵影写本）	
279	（永禄年間）12月5日	足利義輝御内書写※	続目の礼として、太刀一振（正宗）・腰物（信国）・馬一疋到来を賞す	義輝公御判	草苅三郎左衛門尉とのへ	信恵		候也	『萩藩閥閲録』巻34　草苅太郎左衛門	※実は義昭御内書
280	（永禄年間）12月16日	足利義輝御内書	門跡領石田・小栗栖に競望の輩あるにつき、料所を当座の替地とす	（花押）	三宝院殿			恐々謹言	『諸寺文書纂』（東京大学史料編纂所架蔵謄写本）	
281	（永禄年間）12月28日	足利義輝御内書	当寺寄宿を免除す	（花押）	妙顕寺	信孝		候也	『妙顕寺文書』（東京大学史料編纂所架蔵影写本）	
282	（永禄年間月日未詳）	足利義輝御内書	猿若衆来たりて泥酔するの、訪問せんとす	義（花押）	関白殿御返事まいる申給へ			かしく	「上杉家文書」1169（『大日本古文書』家わけ）	
283	（年未詳）2月15日	足利義輝御内書	音信を謝し、馳走を求む	（花押）	三宝院（義堯）殿	藤頼（松田）		恐々謹言	『三宝院文書』（東京大学史料編纂所架蔵謄写本）	
284	（年未詳）2月26日	足利義輝カ御内書写	蘇鉄到来を謝す	御判	勝光寺	宮内卿局		候也	国立公文書館所蔵内閣文庫『座右抄』五、「万事書物作法」	
285	（年未詳）3月5日	足利義輝御内書写	禁裏御修理料の馳走を求む	（花押影）	高城下野守（胤吉）とのへ		孝阿	候也	「秋田藩家蔵文書44（『戦国遺文　房総編』1158）	
286	（年未詳）3月5日	足利義輝御内書	禁裏御修理料の馳走を求む	（花押）	山川中務太輔とのへ		孝阿	候也	「島崎文四郎家文書」（『福井県史』資料編6、中近世4）	
287	（年不詳）3月15日	足利義輝御内書	音信を謝し、馳走を求む	（花押）	三宝院殿	藤頼（松田）		恐々謹言	『諸寺文書纂』（東京大学史料編纂所架蔵謄写本）	

288	289	290	291	292	293	294	295	296	297	298
（年未詳）4月6日	（年未詳）4月26日	（年未詳）5月26日	（年未詳）6月11日	（年未詳）6月15日	（年未詳）6月15日	（年未詳）7月5日	（年未詳）7月9日	（年未詳）7月28日	（年未詳）8月10日	（年未詳）8月23日
足利義輝御内書写	足利義輝御内書	足利義輝御内書写	足利義輝御内書写※	足利義輝御内書案	足利義藤御内書写	足利義輝御内書	足利義輝御内書	足利義輝御内書写	足利義輝御内書	足利義輝御内書
毛氈・鞍覆・白傘袋の礼として、太刀一腰・馬一疋・青銅三千疋到来を謝す	毛氈鞍覆・白傘袋免許の礼として、太刀一腰・青銅三千疋到来を賞す	馬を所望す	入洛につき、馳走を求む	広徳軒の出雲下向を留む	雲州下向延引を求む	大和晴完知行分違乱停止を命ず	京表行につき、忠節を求む	請文提出を賞す	山科郷につき、伝達	監物丞に任ず
御判	（花押）	（花押影）	光源院殿義輝公書判	御判計		（花押）	（花押）	（花押影）	花押	（花押）
山県下野守（秀政）とのへ	松浦肥前守（隆信）とのへ	筥根別当とのへ	麻生とのへ	広徳軒（如安）	広徳軒（如安）	三好筑前（以下破損）	瓺原七人衆中	波多野与兵衛尉（秀親）とのへ	一色式部少輔（藤長）とのへ	水野監物丞（守隆）とのへ
信孝	藤之（三淵）	晴光	輝元（毛利）				晴光	信孝		晴直（彦部）
		孝阿	細川陸奥守（輝経）	晴光	晴光					
可申也	候也	候也	候也	恐惶謹言	恐惶謹言	候也	候也	候也	候也	候也
「古簡雑纂」（『福井県史』資料編2　14）	『松浦文書』（東京大学史料編纂所架蔵謄写本）	『相州文書』（東京大学史料編纂所架蔵謄写本）	『麻生古証文古書類写』（東京大学史料編纂所架蔵謄写本）	『和簡礼経』第6	『御内書要文』（国立公文書館蔵内閣文庫本）	「平成十八年度東京古典会・古典籍展観大入札会目録」（『戦国遺文　三好氏編』1045）	慶應義塾大学蔵『反町文書』	「波多野家文書」（『兵庫県史』史料編中世9）	『思文閣古書資料目録第134号』、97	「水野家文書」（『愛知県史』史料編11、年次未詳史料1622）
			※実は足利義昭御内書（天正四年以降）		案文晴光				義晴御内書カ	永禄7年以前

299	（永禄年間）9月2日	足利義輝御内書	下野国専修寺住持職を安堵す	（花押）	高田専修寺真智上人			候也	「法雲寺文書」21（『福井県史』資料篇5　中近世3）	
300	（年未詳）9月14日	足利義輝御内書	神慮により諸牢人討ち果すことを謝し、太刀一腰・馬一疋を奉納す	（花押）	善法寺	晴忠		如件	「石清水文書」174（『大日本古文書』家わけ）	
301	（年未詳）12月8日	足利義輝御内書写	典薬頭知行越州小森保公用無沙汰につき、内々申し遣わす	義輝御判	近衛殿			恐惶謹言	「金沢市立図書館所蔵文書北国鎮定書札類」（『福井県史』資料編2　43）	
302	（年未詳）12月14日	足利義輝御内書	為官途之礼、太刀一腰・青銅千疋到来を謝す	（花押）	湯河宮内大輔とのへ	晴光		候也	「湯河家文書」『和歌山県史中世史料二』	
303	（年未詳）12月17日	足利義輝御内書断簡	（不明）	（花押）	（不明）				「花押集」（群馬県立文書館所蔵『八木家文書』）	日付と花押のみの断簡、本願寺関係者宛か
304	（年未詳）12月20日	足利義輝御内書案	法金剛院領違乱につき回復を命ず	御判	三好筑前守とのへ	雑掌		候也	「法金剛院文書」（『戦国遺文　三好氏編』1132）	
305	（年未詳）12月25日	足利義藤カ御内書写	浄忠水田代官職のことにつき、奏聞を依頼す	義藤	広橋中納言殿・勧修寺弁殿			如件	『御内書要文』（国立公文書館蔵内閣文庫本）	「和簡礼経」では義晴御内書とあり、おそらく義晴御内書
306	（年月日未詳）	足利義輝一字書出	「義」	（袖判花押）					「毛利家文書」320（『大日本古文書』家わけ）	毛利輝元に対するもの、「義」は使用せず

表２　足利義輝期（天文十六年～永禄八年）幕府主要関係者一覧　※奉公衆・奉行衆など在京奉公の直臣、女房衆、一部陪臣を中心に

	名前	官途・通称・法名	役職・所属・家格	主な活動時期	永禄の変被害	『永禄六年諸役人附』	備考	主な出典
1	安威　藤備	孫二郎か、兵部少輔	奉公衆（二番）、詰衆（三番）、走衆	～永禄		○	「藤治」か	『室町』
2	安威　光脩	美作守	若様走衆	天文～			「光備」とも	『御元服記』
3	あかか		女房か	永禄				『言継』
4	秋本　某	兵衛尉	足軽衆	～永禄		○		『言継』
5	あこ		慶寿院女房	～永禄			永禄8年5月24日死去	『言継』
6	朝倉　賢茂	兵部大輔	奉公衆	～天文			北伊勢在国	『言継』
7	朝日　某	新三郎	詰衆	～永禄	○	○		『言継』
8	荒川　輝宗	与三	御部屋衆	永禄～		○	荒川晴宣息	『言継』
9	荒川　晴宣	治部少輔	申次	天文～永禄	○	○	義晴内談衆荒川氏隆子	『言継』
10	荒川　某	又三郎	奉公衆	天文				『言継』
11	有馬　則景	治部少輔	詰衆（二番）	～永禄				「貞助記〈詰衆五番衆〉」
12	有馬　重則	源次（二）郎	外様衆	～永禄	○	○		『言継』
13	有馬　村秀	民部少輔	奉公衆	～天文～				『言継』
14	有馬　則綱	四郎・式部少輔	奉公衆	～永禄			永禄4年11月28日出仕、同日任式部少輔	『言継』
15	粟生　某		足軽衆	～永禄				『言継』
16	粟津　某	甚三郎	春日局内衆	～永禄	○			『言継』
17	安東　泰職	蔵人	申次、奉公衆（二番）、詰衆（四番）、走衆	～天文～永禄～		○		『室町』
18	飯田　某	左橘右兵衛尉	春日局内衆	～永禄	○			『言継』
19	飯尾　貞遙	右馬助	奉行衆、御前奉行	永禄～		○	堯連子、のち改名して「昭連」	『言継』
20	飯尾　貞広	加賀守、前加賀守	奉行衆、山門奉行、政所寄人	永正～永禄		○		「賦政所方」
21	飯尾　堯連	大和守、前大和守	奉行衆、御前奉行、政所寄人、元服奉行	永正～永禄		○		「賦政所方」
22	飯尾　為忠	与左衛門尉	奉行衆	～永禄		○		『言継』

23	飯尾　某	与三左衛門尉	奉行衆	～永禄			為忠と同一？	『言継』
24	飯尾　光種	肥前守	奉行衆、政所寄人	天文				「賦政所方」
25	飯尾　盛就	彦左衛門尉、中務大夫、散位	奉行衆、政所寄人、証人奉行	天文～永禄		○		「賦政所方」
26	飯川　猿松		詰衆（五番）	～永禄				「貞助記〈詰衆五番衆〉」
27	飯川　忠直	弥四郎	詰衆	～永禄		○		『言継』
28	飯川　信堅	山城守、山城入道	申次	天文～永禄～		○		『言継』
29	飯川　某	彦四郎	詰衆	～永禄		○		『言継』
30	飯川　某	弥九郎	奉公衆（二番）	～永禄				『室町』
31	石谷　光政	孫九郎、兵部大輔	奉公衆（四番）、御小袖御番衆、詰衆（三番）	天文～永禄～		○		『室町』・「貞助記〈詰衆五番衆〉」
32	石谷　頼辰	孫九郎	詰衆（三番？）	永禄～		○	光政養子、斎藤利三兄弟	『言継』
33	伊勢　某	十郎	奉公衆	永禄				『言継』
34	伊勢　某	左衛門尉	申次	～天文				『言継』
35	伊勢　貞助	加賀守	申次	天文～永禄		○	もと「与一入道牧雲斎」、還俗	『言継』
36	伊勢　貞孝	伊勢守	御供衆、政所頭人	天文～永禄			永禄5年に義輝に反旗し、9月11日討死	『言継』
37	伊勢　貞知	七郎左衛門尉	御供衆	～永禄～		○		『言継』
38	伊勢　貞順	六郎左衛門尉	奉公衆	天文～永禄				『蜷川』
39	伊勢　貞倍	因幡守、因幡入道、法名：心栄	御供衆	天文～永禄		○		『言継』
40	伊勢　貞得	又七	申次	～永禄		○		『言継』
41	伊勢　貞満	次郎左衛門尉	御小袖御番衆、詰衆（四番）	～永禄		○		『言継』
42	伊勢　貞良	十郎、兵庫頭	御供衆	～永禄			貞孝嫡子、永禄5年に義輝に反旗し、9月11日討死	『言継』
43	伊勢　猿千代		詰衆	～永禄		○		『言継』
44	伊勢　某	雲松斎	奉公衆	天文～永禄				『言継』
45	伊勢　某	備中守	御供衆	天文～永禄			貞運？	『言継』
46	伊勢　某	備後守	申次	天文～永禄				『室町』

47	伊勢 盛正	肥前守	申次	天文				『言継』
48	伊曽 某	与七郎	詰衆か	～永禄		○		『言継』
49	市 某	民部少輔	奉公衆（五番）、詰衆（三番）	～永禄				『室町』・「貞助記〈詰衆五番衆〉」
50	市 某	次郎	詰衆	～永禄		○		『言継』
51	一河 某		進士内衆	～永禄	○			『言継』
52	いちやの局		慶寿院女房	～天文～永禄				『言継』
53	一色 某	小太郎	奉公衆（五番）、詰衆（二番）	～永禄				『室町』・「貞助記〈詰衆五番衆〉」
54	一色 氏明	刑部大輔	御部屋衆	～永禄		○	吉良殿弟	『言継』
55	一色 輝清	兵部大輔	御供衆	～永禄		○		『言継』
56	一色 輝喜	治部少輔・淡路守	御部屋衆	～永禄～	○	○		『言継』
57	一色 信忠	市正	申次	～永禄		○	永禄7年に駿河下向	『言継』
58	一色 晴家	播磨守	御供衆	天文～永禄				『言継』
59	一色 晴具	式部少輔	御部屋衆、申次	～天文			藤長父、天文19年死去	『言継』
60	一色 藤長	七郎・式部少輔	御部屋衆・御供衆	天文～永禄～		○	天文21年4月13日叙従五位下、任式部少輔	『言継』
61	一色 某	又三郎	奉公衆	～永禄	○		上野与八郎弟	『言継』
62	井上 某	勘介	奉公衆	～天文				『言継』
63	井上 貞秀	越中守	奉公衆	～天文				『言継』
64	今乳人局		慶寿院殿の今乳人、鹿苑院殿御乳人、中﨟？	～永禄				『言継』
65	岩室 某	太郎左衛門	奉公衆（一番？）	天文～永禄			永禄元年6月9日討死	『大友家文書録』閏6月28日付晴光書状の条々
66	岩室 某	治部少輔	奉公衆（一番）、詰衆（二番）	～永禄				『室町』・「貞助記〈詰衆五番衆〉」
67	上野 量忠	孫三郎・民部大輔	御供衆	～永禄～		○	信孝後継、与三郎子（信孝孫）？	『言継』
68	上野 信孝	民部大輔	御供衆、三番衆番頭？	天文～永禄～			永禄6年4月29日死去	『言継』
69	上野 某	与三郎	御供衆	永禄			信孝子？	『言継』
70	上野 某	与八郎	御部屋衆	～永禄	○	○		『言継』

71	上野　某	兵部少輔	御供衆	〜永禄	○			『言継』
72	鵜飼　某	猪助	足軽衆	〜永禄		○		『言継』
73	宇治大路　某	越中守	奉公衆（三番）	〜永禄				『室町』
74	内山　某	弥五太兵衛尉	足軽衆	〜永禄		○		『言継』
75	海老名　いと丸		詰衆	〜永禄		○		『言継』
76	海老名　某	次郎	申次、詰衆（一番）	〜永禄〜		○	頼雄後継	『言継』
77	海老名　頼雄	次郎、刑部大輔	申次、走衆	天文〜永禄		○	摂津晴門弟、海老名高助養子	『言継』
78	大草　公広	三郎左衛門尉・三河守	奉公衆（二番）、詰衆（二番）	天文〜永禄〜				『室町』・「貞助記〈詰衆五番衆〉」
79	大草　宮千代		詰衆	〜永禄		○		『言継』
80	大舘　岩石			〜永禄	○		晴忠子、10才	『言継』
81	大舘　高信	兵庫頭	御供衆	〜天文〜			晴光兄	『言継』
82	大舘　輝氏	左衛門佐	奉公衆（五番）、御供衆、申次	〜永禄			晴光嫡男	『言継』
83	大舘　輝光	十郎	奉公衆（五番）、御供衆	〜永禄		○	輝氏子	『言継』
84	大舘　晴忠	治部大輔・伊予守	奉公衆（五番）・御供衆	天文〜永禄〜		○	高信子	『言継』
85	大舘　晴光	左衛門佐・上総介・陸奥守、法名：常俊	奉公衆（五番）、御供衆、申次、番頭	天文〜永禄		○	義晴期の内談衆、義晴の死に際して一時出家、永禄2年4月1日叙従四位下・任陸奥守、永禄8年4月25（27）日死去	『言継』・『穴太』
86	大舘　藤安	兵部少輔	詰衆	天文〜永禄〜		○		『言継』
87	大舘　宗貞	源五郎	御部屋衆	永禄〜		○		『言継』
88	大舘　某	三郎	御部屋衆	〜永禄				『室町』
89	大西　某	虎介	足軽衆	〜永禄		○		『言継』
90	小笠原　稙盛	備前守	奉公衆（三番）、申次	永正〜永禄〜		○	天文22年閏正月12日叙従四位下	『室町』
91	小笠原　秀清	又六	申次	永禄〜		○	稙盛子	『言継』
92	小川　某	三郎五郎	足軽衆	〜永禄		○		『言継』
93	小田　某	孫三郎	詰衆（二番）	〜永禄				「貞助記〈詰衆五番衆〉」
94	小田　輝長	刑部少輔	五番	〜永禄				『諸役人附』（義昭時代から）

95	小田　光家	右京亮（進）	奉公衆（五番）、詰衆（四番）	天文～永禄				「賦政所方」・『室町』・「貞助記（詰衆五番衆）」
96	御室之児	千秋子		永禄				『言継』
97	春日局		義輝乳母、中臈	天文～永禄～			はじめ「御乳人局」、天文21年ころ「左衛門督局」、弘治3年以降春日局、摂津元造猶子、日野晴光室	『言継』
98	片岡　輝親	与五郎	御小袖御番衆、奉公衆（二番）、詰衆（一番）	～永禄		○	晴親子	『室町』
99	片岡　晴親	与五郎、大和守	御小袖御番衆、奉公衆（二番）、詰衆（四番）	天文～永禄		○		『室町』
100	金山　晴実	常陸介	奉公衆（四番）	天文～永禄				「諸役人附」（義昭時代から）
101	金山　某	兵部大輔	走衆	～永禄				『兼右卿記』
102	狩野　輝茂	孫次郎	詰衆	永禄～		○	狩野光茂子？	『言継』
103	狩野　光茂	孫三郎・左京亮・伊豆守	奉公衆（五番）、御走衆、御詰衆（二番）	天文～永禄				『室町』・「貞助記（詰衆五番衆）」
104	亀井　某	下野守	奉公衆	～永禄			永禄元年6月9日討死	『大友家文書録』閏6月28日付晴光書状の条々
105	河田　某	与左衛門尉	御末	～永禄		○		『言継』
106	河端　某	兵部丞	今乳人内、鹿苑院内衆	～永禄	○			『言継』
107	北村　某	助兵衛尉	足軽衆	～永禄		○		『言継』
108	耆波　国任	宮内大輔	奉公衆	～永禄～			もと「国東（くにふさ）」	『言継』
109	木村　某	小四郎	鹿苑院内衆	～永禄	○		16才、小川の養屋	『言継』
110	金阿弥		慶寿院内	～永禄	○			『言継』
111	久世　某	兵部少輔	奉公衆（五番）	～永禄			永禄元年6月9日討死	『言継』
112	久世　某	弥九郎	奉公衆（五番）、詰衆	～永禄		○		『室町』
113	朽木　稙綱	民部少輔	御供衆	永正～永禄			義晴期の内談衆	『言継』
114	朽木　輝孝	弥十郎	御部屋衆	～永禄～		○	稙綱子	『言継』
115	朽木　藤綱	弥六、刑部少輔	御部屋衆	天文～永禄～		○	稙綱子	『言継』
116	宮内卿局		幕府女房衆、義晴乳人、中臈	大永～永禄			義晴死後に落髪、なお祗候、永禄8年以前に死去	『言継』・『穴太』

117	慶阿弥		同朋衆	~永禄	○	○		『言継』
118	孝阿弥	文次斎	同朋衆	~永禄		○		『言継』
119	高　師宣	和泉守、伊予守	奉公衆（四番）、御小袖御番衆、詰衆（一番）	天文~永禄	○?	○		『室町』・「貞助記〈詰衆五番衆〉」・「足利季世記」
120	小宰相局		慶寿院女房、中臈	~永禄			五条妹	『言継』
121	小坂　某	孫次郎	奉公衆（五番）、詰衆（三番）	~永禄				『室町』・「貞助記〈詰衆五番衆〉」
122	小侍従局		幕府女房、義輝側室、中臈	~永禄			進士晴舎娘、永禄8年5月24日生害	『言継』
123	小少将局		女房、中臈	~永禄			堀川局姉	『言継』
124	後藤　広綱	治部少輔	奉公衆（二番）、詰衆（五番）	~永禄				『室町』
125	小畠　仙千代		足軽衆	~永禄		○	元服して「藤二郎」?	『言継』
126	小畠　某	藤二郎	足軽衆	~永禄			仙千代と同一?	『言継』
127	小林　藤宗	民部少輔	奉公衆（三番）、詰衆（三番）	天文~永禄~		○		『室町』
128	小林　某	左京亮	慶寿院内	~永禄	○			『言継』
129	小林　某	新介	詰衆か	~永禄		○		『言継』
130	歳阿弥		同朋衆	~永禄		○		『言継』
131	西郷　某	四郎	詰衆	~永禄		○		『言継』
132	斎藤　某	兵部少輔	奉行衆	永禄			奉公衆?	『言継』
133	斎藤　基速	越前守・法名：卜数	三好氏奉行人	天文~永禄			もと幕府奉行人家出身、三好氏の奉行となるが、将軍直臣としての出仕もあり、永禄4年3月28日死去	『言継』
134	西面　某	左馬允	慶寿院内	~永禄	○			『言継』
135	左衛門督局		女房衆、中臈	~永禄			摂津氏の出身?	『蜷川』
136	佐子（さ五）の局		女房衆、上臈	~永禄				『言継』
137	佐竹　某	三郎	詰衆	~永禄		○		『言継』

138	佐竹　某		松田右衛門大夫（頼隆カ）内衆	～永禄				『言継』
139	澤路　某	隼人	足軽衆	～永禄		○		『言継』
140	澤村　某	重助	足軽衆	～永禄		○		『言継』
141	真下　某か	九郎	詰衆	～永禄		○	「晴英」？	『言継』
142	治部　千鶴			天文			治部光栄子	『言継』
143	治部　春鶴			天文			治部光栄子、天文19年9月13日死去	『言継』
144	治部　藤通	三郎左衛門尉	奉行	天文～永禄	○	○		『言継』
145	治部　光栄	大蔵丞	奉行衆、政所寄人、	天文～永禄		○		『言継』
146	下津屋　輝信	孫三郎	詰衆	～永禄		○		『言継』
147	下津屋　某	佐渡守	奉公衆（五番）、詰衆（五番）	～永禄		○		『室町』・「貞助記〈詰衆五番衆〉」
148	下津屋　某	三郎	詰衆	～永禄		○		『言継』
149	下津屋　某	越前守	奉公衆（四番）、御小袖御番衆、詰衆（五番）	天文～永禄		○		『室町』・「貞助記〈詰衆五番衆〉」
150	春阿弥		同朋衆	～永禄		○		『言継』
151	正実房　円運		公方御倉	～永禄～		○		『言継』
152	進士　賢光	九郎	走衆	天文			長慶を狙うも果たせず、天文20年3月14日自害	『言継』
153	進士　晴舎	修理亮・美作守	奉公衆（五番）、走衆、申次	天文～永禄	○	○	義輝側室小侍従局父	『言継』・『室町』
154	進士　藤延	源十郎・主馬頭	奉公衆（五番）、詰衆、走衆	天文～永禄	○	○	晴舎子	『室町』
155	進士　某	三河守	詰衆	～永禄		○		『言継』
156	杉原　長盛	与七郎	御部屋衆、奉公衆（三番）	～永禄		○		『室町』
157	杉原　晴盛	兵庫助	奉公衆（三番）、詰衆	天文～永禄	○	○	逃死	『室町』
158	杉原　某	彦五郎	詰衆	～永禄		○		『言継』
159	杉原　吉盛	新兵衛尉	詰衆	～永禄		○		『言継』
160	鈴木　某	勘左衛門尉	足軽衆	～永禄		○		『言継』

161	諏方　俊郷	孫三郎、神兵衛尉、右兵衛尉	奉行衆、政所寄人、	天文～永禄～		○	姉は内侍所の官女「さい」	『言継』
162	諏方　晴長	神左衛門尉、左近大夫将監、信濃守	奉行衆、政所執事代、御前奉行、日吉社家奉行、過書奉行	天文～永禄～		○	天文21年叙従五位下	『言継』
163	諏方　某	神四郎	奉行衆	～永禄		○		『言継』
164	清　某	次郎	奉公衆（五番）、詰衆（一番）	～永禄		○		『室町』・「貞助記〈詰衆五番衆〉」
165	清　某	四郎	奉公衆（五番）	～永禄				『室町』
166	摂津　糸千代			～永禄	○		摂津晴門子、13才	『言継』
167	摂津　晴門	掃部頭	外様衆、評定衆、政所頭人	天文～永禄～		○	元造子、天文22年正月26日叙従四位下	『言継』
168	摂津　元造	摂津守、摂津入道、三位入道、法名：道恕	外様衆、評定衆、神宮方頭人	永正～永禄			義晴期の内談衆、義晴の死に際して出家	『言継』・『穴太』
169	千秋　某	次郎	詰衆（二番）	永禄				「貞助記〈詰衆五番衆〉」
170	千秋　輝季	左近将監	申次	永禄～		○	晴範（季）子	『言継』
171	千秋　晴季	刑部少輔、月斎	奉公衆	天文～永禄～			天文17年2月3日叙正五位下、改名し「晴範」	『言継』
172	曽我　某	又二郎	詰衆（一番）	～永禄				「貞助記〈詰衆五番衆〉」
173	曽我　某	又太郎	奉公衆（一番）、詰衆（五番）	永禄				『室町』・「貞助記〈詰衆五番衆〉」
174	曽我　晴助	上野介	詰衆	天文～永禄～		○		『言継』
175	曽我　某	左衛門尉	足軽衆	～永禄		○		『言継』
176	曽我　某	又四郎	走衆	～永禄				『兼右卿記』
177	田井　某	孫九郎	足軽衆	～永禄		○		『言継』
178	台阿弥		同朋衆	～永禄	○	○		『言継』
179	大弐		足軽衆	～永禄	○	○		『言継』
180	高木　某	右近	慶寿院内	～永禄	○			『言継』
181	高橋　某	新三郎	詰衆（五番）	～永禄				「貞助記〈詰衆五番衆〉」
182	高橋　阿古千代		御末	～永禄		○		『言継』

183	高橋　某		進士内衆	～永禄	○			『言継』
184	竹阿弥		慶寿院内	～永禄	○			『言継』
185	竹内　某	橘兵衛尉	足軽衆	～永禄		○		『言継』
186	武田　某	左兵衛尉	奉公衆	～永禄	○		小林弟	『言継』
187	武田　某	小次郎	御部屋衆	～永禄		○		『言継』
188	武田　某	宮内大輔	申次	～永禄		○		『言継』
189	竹藤　某	右京進	詰衆（四番）	～永禄				「貞助記〈詰衆五番衆〉」
190	竹藤　某	左京亮	奉公衆（一番）	天文			「藤兼」と同一？	『室町』
191	竹藤　藤兼	兵部少輔	御小袖御番衆	天文～永禄		○		『言継』
192	谷口　某	但馬守	宮内卿局内	～永禄				『言継』
193	谷口　某	民部丞	足軽衆	～永禄	○	○		『言継』
194	田村（種村）某	刑部大輔	奉公衆（四番）、詰衆（二番）	～永禄				「貞助記〈詰衆五番衆〉」
195	田村　某	勘左衛門尉	足軽衆	～永禄		○		『室町』・「貞助記〈詰衆五番衆〉」
196	茶々局		幕府女房（御台付）	永禄			白川雅業娘	『言継』
197	角田　藤秀	采女正	奉公衆（一番）、詰衆（二番）	天文～永禄		○		『言継』
198	寺司　某	修理亮	詰衆か	～永禄		○		『言継』
199	寺司　某	与次	詰衆か	～永禄		○		『言継』
200	中井　某	助左衛門尉	春日局内衆	～永禄	○			『言継』
201	中澤　某	玄蕃允	詰衆	～永禄		○		『言継』
202	中澤　某	玄蕃允	奉行衆	～永禄		○		『言継』
203	中澤　光俊	掃部助、備前守	奉行衆、政所寄人、祇園社別奉行	天文～永禄～		○		『言継』
204	中嶋　某	但馬守	足軽衆	～永禄		○		『言継』
205	永嶋　某	新七郎	足軽衆	～永禄		○		『言継』
206	中村　某	勘右衛門尉	足軽衆	～永禄		○		『言継』
207	楢葉　某	近江守	奉公衆（一番）、詰衆（三番）	～永禄				『室町』・「貞助記〈詰衆五番衆〉」
208	二階堂　某	七郎	詰衆（二番）	～永禄				「貞助記〈詰衆五番衆〉」

209	二階堂 有泰	中務大輔	評定衆・外様衆	天文〜永禄				『御元服記』・『言継』
210	二階堂 晴泰	山城守	外様衆、評定衆、御小袖御番衆、詰衆（一番）	天文〜永禄		○	もと「重泰」か、永禄8年5月16日叙従四位下	『言継』
211	二階堂 某	左衛門尉	外様衆か	〜永禄		○	晴泰の後継か	『言継』
212	二階堂 某	右馬助	御小袖御番衆	〜永禄		○		『言継』
213	仁木 某	七郎	御供衆	〜永禄		○		『言継』
214	西川 某	新左衛門尉	春日局内衆	〜永禄	○			『言継』
215	西郡 某	縫殿頭（助）	奉公衆（二番）	〜永禄				『室町』
216	西郡 某	図書頭	奉公衆	〜天文〜				『天文日記』
217	西向局		女房衆	〜永禄				『室町殿日記』
218	二宮 某	弥三郎	御末	〜永禄	○	○		『言継』
219	二宮 某	五郎	詰衆・走衆	〜永禄		○		『言継』
220	沼田 某	弥四郎	奉公衆（二番）、詰衆（三番）	〜永禄				『室町』
221	沼田 某		詰衆（五番）	〜永禄				「貞助記〈詰衆五番衆〉」
222	沼田 某	三郎左衛門尉	奉公衆（二番）	〜永禄				『室町』
223	沼田 光兼	三郎左衛門尉・上野介	奉公衆（二番）、詰衆	〜永禄〜	○	○		『室町』
224	沼田 統兼	弥七郎	詰衆	〜永禄		○		『言継』
225	野垣 某	太郎左衛門尉	足軽衆	〜永禄		○		『言継』
226	能勢 某	左馬助	詰衆（三番）	〜永禄				「貞助記〈詰衆五番衆〉」
227	梅雪庵			〜永禄		○		『言継』
228	橋本 鶴千代		詰衆	〜永禄		○		『言継』
229	橋本 某	与五郎	奉公衆（三番）、詰衆（四番）	〜永禄		○		『室町』
230	橋本 某	与次	足軽衆	〜永禄		○		『言継』
231	畑 某		畠山九郎内衆、16才	〜永禄	○			『言継』
232	畠山 稙元	上野介	御供衆、四番衆番頭？	大永〜天文				『言継』
233	畠山 某	九郎	奉公衆	〜永禄	○		永禄7年12月7日13歳にて元服、14才にて討死	『言継』
234	畠山 某	尉松	御供衆	〜永禄		○		『言継』

235	畠山　某	次郎	御供衆	～永禄～			稙元の後継?、のちの「昭清」?	『言継』
236	波多野　通秀	彦五郎	外様衆	～永禄		○		『言継』
237	八田　某	十右衛門尉	杉原内衆	～永禄	○			『言継』
238	林　某	与五郎	春日局内衆	～永禄	○			『言継』
239	万阿弥		同朋衆	～永禄		○		『言継』
240	疋田　某	弥四郎	御末	～永禄	○	○		『言継』
241	疋田　某	修理進	御末	～永禄		○		『言継』
242	疋田　某	源四郎	御末	～永禄		○		『言継』
243	疋田　尉松		御末	～永禄		○		『言継』
244	彦部　晴直	又四郎、雅楽頭	申次	天文～永禄	○	○		『言継』
245	彦部　輝信	孫三郎	詰衆	～永禄		○	「諸役人附」では「孫三郎」	『言継』
246	彦部　某	孫四郎	詰衆か	～永禄	○		小林弟	『言継』
247	彦部　某	弥四郎	詰衆	～永禄		○	「孫四郎」と同一?	
248	百阿弥		同朋衆	～永禄		○		『言継』
249	広田　某	善兵衛尉	足軽衆	～永禄		○		『言継』
250	福阿弥		同朋衆	～永禄	○	○		『言継』
251	藤波　康忠	祭主、神祇権大副	申次	～永禄		○	直臣か要検討、昵近公家衆扱い?	『言継』
252	布施　某	弥太郎	奉行衆	～永禄		○		『言継』
253	布施　某	奥太郎	奉行	～永禄～			布施元通子	『言継』
254	細川　隆是	宮内少輔	御部屋衆	～永禄	○	○		『言継』
255	細川　輝経	三郎四郎・小四郎・中務大輔	御供衆	～永禄～		○	細川晴経子	『言継』
256	細川　晴経	陸奥守	外様衆	～天文				『言継』
257	細川　晴広	刑部少輔	御部屋衆	～天文			義晴内談衆細川高久子	『言継』
258	細川　藤賢	右馬頭	御供衆	天文～永禄～		○	典厩家当主、細川氏綱弟、天文21年3月21日叙従五位下、任右馬頭	『言継』

259	細川　藤孝	兵部大輔	御部屋衆・御供衆	天文〜永禄〜		○	三淵晴員実子、細川晴広養子、天文21年4月13日叙従五位下、任兵部大輔	『言継』
260	細川　某	彦四郎	詰衆（四番）	〜永禄				「貞助記〈詰衆五番衆〉」
261	堀川局		女房（御台付）、中臈	天文〜永禄			小少将局妹	『言継』
262	本郷　某	源三郎	番方、詰衆（四番）	〜永禄				『言継』
263	本郷　某	新九郎	奉公衆	〜永禄			永禄元年6月9日討死	『言継』
264	本郷　某	三郎	奉公衆	〜永禄			永禄元年6月9日討死	『言継』
265	本郷　信当	与三郎	詰衆	〜永禄		○		『言継』
266	本郷　信富	宮内少輔、判官・大夫判官	奉公衆（一番）	〜永禄			永禄2年正月20日任左衛門少尉、補検非違使、永禄5年9月11日討死？	『室町』
267	本郷　虎猿		奉公衆（一番）	〜永禄				『室町』
268	本郷　方秀	又三郎	詰衆（一番）	〜永禄		○	本郷光泰子	『言継』
269	本郷　光泰	常陸介	奉公衆	天文			義晴期の内談衆	『言継』
270	牧庵			〜永禄		○		『言継』
271	真下　晴英	式部少輔	奉公衆（三番）、詰衆（四番）	〜永禄				『室町』・「貞助記〈詰衆五番衆〉」
272	真下　某	九郎	詰衆（五番）	〜永禄				「貞助記〈詰衆五番衆〉」
273	真下　晴弼	弥太郎	公方御走衆	天文末				『御元服記』
274	真杉　某		番方					『言継』
275	町野　康定	左近大夫将監	評定衆	天文				『御元服記』
276	松阿弥		同朋衆	〜永禄	○	○		『言継』
277	松井　正之	山城守	奉公衆、慶寿院内？	〜永禄				『言継』
278	松井　勝之	新二郎	奉公衆、慶寿院内	〜永禄〜	○		正之子、康之兄、政変後生存	『言継』
279	松井　康之	甚七郎	奉公衆	〜永禄〜			正之子、勝之弟	『言継』
280	松田　某	小十郎	奉公衆（三番）、詰衆（五番）	〜永禄				『室町』・「貞助記〈詰衆五番衆〉」
281	松田　某	右衛門大夫	奉行衆？	〜永禄			永禄元年6月9日討死	『大友家文書録』閏6月28日付晴光書状の条々

282	松田　晴秀	丹後守、丹後入道、法名：宗祥	公人奉行、元服奉行、式評定衆	文亀〜天文			もと「秀俊」	『言継』
283	松田　秀以	八郎左衛門尉	奉行衆	天文			晴秀子	『言継』
284	松田　藤弘	八郎左衛門尉、丹後守	奉行衆、山門奉行、御物奉行、証人奉行	天文〜永禄〜		○	晴秀子、もと「秀以」	『言継』
285	松田　藤頼	二郎左衛門尉	奉行衆、政所寄人、	天文〜永禄			永禄元年6月9日討死	『言継』
286	松田　某	七郎	詰衆	〜永禄		○		『言継』
287	松田　某	又次郎	奉行衆	〜永禄		○		『言継』
288	松田　某	八郎左衛門入道、法名：宗喜	奉行衆	天文				『言継』
289	松田　光秀	孫三郎、主計允	奉行衆、政所寄人、御書奉行	天文〜永禄		○	盛秀子、のち「秀雄」か、妻は「すさみ」	『言継』
290	松田　盛秀	対馬守	奉行衆、侍所開闔、御前奉行、政所寄人、東寺奉行、御堀奉行、御書物奉行、御評定始御判始奉行	大永〜永禄		○	永禄6年1月23日死去	『言継』
291	松田　頼隆	九郎左衛門尉、左衛門大夫、散位	奉行衆、過書奉行、政所寄人、葬礼（義晴）奉行	天文〜永禄〜		○	永禄2年12月23日、叙従五位下	『言継』
292	松田　頼忠	次郎左衛門尉	奉行衆	天文				『御元服記』
293	松任　利運	修理進	奉公衆	〜永禄			永禄元年6月9日討死	『言継』
294	松任　某	知弁法師	奉公衆（一番）	〜永禄				『室町』
295	松永　国松		詰衆	〜永禄		○		『言継』
296	松原　某	小三郎	春日局内衆	〜永禄	○			『言継』
297	的場　某	三郎左衛門尉	足軽衆	〜永禄		○		『言継』
298	三上　輝秀	三郎	奉公衆（五番）	〜永禄〜				『室町』
299	三上　某	式部丞	足軽衆	〜永禄		○		『言継』
300	三上　安好	藤三郎	詰衆（一番）	〜永禄		○	永禄7年10月26日死去	『言継』
301	水上　某	弥兵衛尉	奉公衆（五番）	〜永禄				『室町』
302	水主　某	兵庫助	奉公衆（五番）、詰衆（三番）	〜永禄				『室町』・「貞助記〈詰衆五番衆〉」
303	水主　某	八郎三郎	詰衆	〜永禄		○		『言継』

304	水主　某	主水助	詰衆	～永禄		○		『言継』
305	三淵　晴員	掃部頭、伊賀守・伊賀入道、法名：宗薫	申次、御部屋衆	大永～永禄～		○		『言継』・『穴太』
306	三淵　藤之	弥四郎・弾正左衛門尉	御部屋衆	天文～永禄～			晴員子、細川藤孝兄、のちに「藤英」	『言継』
307	美濃部　某	重右衛門尉	足軽衆	～永禄		○		『言継』
308	村田　某	弥介	杉原内衆	～永禄	○			『言継』
309	籾井　藤安	兵部丞・兵部少輔	奉公衆（五番）、詰衆（一番）、走衆	～永禄				『室町』・「貞助記〈詰衆五番衆〉」・『三好』
310	森田　某	新左衛門尉	慶寿院内	～永禄	○			『言継』
311	矢嶋　慶行	中務丞	奉公衆（三番）、詰衆（三番）	～永禄				「貞助記〈詰衆五番衆〉」
312	矢嶋　定行	次郎	御走衆、詰衆（四番）	天文末				『御元服記』
313	矢嶋　某	治部少輔	奉公衆（三番）	～永禄				『室町』
314	山下　某	孫三郎	詰衆	～永禄		○		『言継』
315	大和　貞勝	彦十郎	奉公衆	～永禄			父は玉蔵軒等祥	『石清水文書』
316	大和　孝宗	治部少輔	御小袖御番衆・申次	～永禄～		○		『言継』・『室町』
317	大和　晴完	刑部少輔・宮内大輔	申次	天文～永禄～		○	弘治3年12月2日叙従四位下	『言継』・『室町』
318	大和　某	小三郎	御走衆	天文末				『御元服記』
319	山名　某	又五郎	奉公衆	～永禄			永禄元年6月9日討死	『言継』
320	山名　某	源三郎	詰衆（五番）	～永禄				「貞助記〈詰衆五番衆〉」
321	山名　某	与五郎	外様衆	～永禄		○		『言継』
322	結城　某	越後入道真斎	奉公衆	～永禄				『言継』
323	結城　貞胤	七郎四郎	走衆、奉公衆（一番）、詰衆（一番）	～永禄				『室町』・『兼右卿記』
324	結城　某	七郎	奉公衆（二番）、詰衆（五番）、御造作奉行	～永禄				『室町』・「貞助記〈詰衆五番衆〉」
325	結城　忠正	山城守	奉公衆	～永禄～			松永久秀に属す	『言継』
326	結城　某	主膳正	奉公衆	～永禄	○			『言継』
327	結城　某	彦七郎	詰衆・節朔衆	～永禄		○	「忠達」？	『言継』
328	結城　某	将監	奉公衆	～永禄			永禄5年9月11日討死	『言継』

329	湯川　直光	宮内大輔	奉公衆	～永禄			紀伊在国奉公衆、「畠山」を名乗る、天文17年12月3日任宮内大輔、永禄5年6月20日討死	『湯川家文書』
330	龍水院			～永禄		○		『言継』
331	緑阿弥		同朋衆	～永禄		○		『言継』
332	林阿弥		同朋衆	永禄8年5月24日死	△	○		『言継』
333	某　輝広	大蔵大輔	奉公衆	～永禄～			「上野」?	『相良家文書』
334	某　信守		奉公衆?	永禄				『山内首藤家文書』
335	某	一卜軒	足軽衆	～永禄		○		『言継』
336	某	喜春軒	足軽衆	～永禄		○		『言継』
337	某女房		慶寿院上臈	～永禄	△		畠山稙元猶子、真下式部少輔女、永禄8年5月21日自害	『言継』
338	某	新左衛門	侍所雑色	天文				『室町家御内書案』
339	某	孫左衛門	御厩者	～永禄				『三好』

凡例：『言継卿記』＝『言継』、『蜷川家文書』＝『蜷川』、『親俊日記』＝『親俊』、『惟房公記』＝『惟房』、『三好亭御成記』＝『三好』、『永禄六年諸役人附』＝『諸役人』、『室町』＝『室町殿日記別録』、『光源院殿御元服記』＝『元服記』、『万松院殿穴太記』＝『穴太』。

※「永禄六年諸役人附」後半の直臣のなかで、「輝」「藤」の偏諱のあるものも含めた。

表3　足利義輝期の大名別申次（また指南や音信あり）

	担当者名	家格・役職	担当（奉書・御内書の副状発給）	担当期間	義晴期より継続	備考
1	伊勢貞孝	御供衆・政所頭人	大内、中国地方（益田）、若狭武田、島津、奥州（結城白河など）・三好・松永（永禄以降）、	天文～永禄5年	○	永禄5年9月討死
2	伊勢貞助	申次衆	三好・松永	永禄		指南
3	上野信孝	御供衆・三番衆番頭？	中国地方（毛利一門・熊谷・阿曽沼・平賀・宮）、伊予河野、伊達、甲斐武田、三木（姉小路）、三好・松永（永禄3年ころより）	永禄初期～永禄6年		
4	上野量忠	御供衆	中国地方（毛利一門・熊谷・阿曽沼・平賀・宮）、伊予河野、由良（横瀬）、六角、三好・松永	永禄6年～永禄8年		信孝死後継承
5	大館輝氏	御供衆	紀伊湯川・大友	～永禄5年ころ		晴光嫡男
6	大館晴忠	御供衆	尼子	永禄初期～永禄8年		
7	大館晴光	御供衆・五番衆番頭	越後上杉（長尾）、伊達、河内畠山、能登畠山、大友、朝倉、由良、佐竹、後北条、甲斐武田、今川、河野（義晴期）、伊勢北畠、紀伊湯川	享禄・天文初期～永禄8年	○	禁裏申次？
8	小笠原稙盛	申次衆	六角	大永～永禄	○	取次？
9	朽木稙綱	御供衆	六角、中国地方（毛利一門）	享禄・天文初期～永禄5年ころまで	○（六角氏）	
10	朽木輝孝	御部屋衆	中国地方（山内首藤）	永禄4年～		
11	進士晴舎	申次衆	尼子、三好・松永、由良（横瀬・音信）	天文～永禄8年		
12	彦部晴直	申次衆	中国地方（益田氏と音信）	永禄初期～永禄8年		
13	細川藤孝	御供衆	肥後相良、日向伊東	永禄7年		
14	三淵晴員	御部屋衆・申次衆	本願寺	天文～永禄～	○	
15	三淵藤之（藤英）	御部屋衆	（由良〈横瀬〉）？	天文末期		晴員子
16	某　信守	？	中国地方（山内首藤）	永禄		音信
17	孝阿	同朋衆	関東・東北地方	天文～永禄		使者
18	緑阿	同朋衆	中国地方（山内首藤）	永禄		指南

※『大日本古文書　家わけ』・『戦国遺文』・『大館記』・『萩藩閥閲録』・『大友家文書録』・『集古文書』参照。

【初出一覧】

総　論

木下昌規「足利義輝政権の研究」（新稿）

第1部　義輝期の京都と幕府構成員

Ⅰ　髙梨真行「将軍足利義輝の側近衆─外戚近衛一族と門跡の活動─」（『立正史学』八四、一九九八年）

Ⅱ　田中信司「松永久秀と京都政局」（『青山史学』二六、二〇〇八年）

Ⅲ　福原透「松井家研究余録　角田因幡守入道宗伊・細川陸奥守入道宗賢の事蹟について」（『熊本史学』七四・七五、一九九八年）

Ⅳ　河内将芳「足利義輝の祇園会見物について─天文一七年六月一四日をめぐって─」（『芸能史研究』二〇三、二〇一三年）

第2部　義輝と伊勢氏・諸大名

Ⅰ　松村正人「室町幕府政所頭人伊勢貞孝─その経済基盤と行動原理をめぐって─」（『白山史学』三五、一九九七年）

Ⅱ　木下聡「『後鑑』所載「伊勢貞助記」について」（『戦国史研究』五七、二〇〇九年）

Ⅲ　宮本義己「足利義輝の芸・豊和平調停　上・下」（『政治経済史学』一〇二・一〇三、一九七四年）

Ⅳ　宮本義己「足利義輝の芸・雲和平調停─戦国末期に於ける室町幕政─」（『國學院大学大学院紀要』六、一九七四年）

Ⅴ　小久保嘉紀「将軍偏諱の授与とその認知─相良義陽の事例から─」（『九州史学』一七三、二〇一六年）

第3部　永禄の変

Ⅰ　山田康弘「将軍義輝殺害に関する一考察」（『戦国史研究』四三、二〇〇二年）

Ⅱ　柴裕之「永禄の政変の一様相」（『戦国史研究』七二、二〇一六年）

Ⅲ　髙梨真行「永禄政変後の室町幕府政所と摂津晴門・伊勢貞興の動向―東京国立博物館所蔵「古文書」所収三淵藤英書状を題材にして―」（『MUSEUM』五九二、二〇〇四年）

第4部　義輝関連史料・関係者一覧

木下昌規 編「史料紹介　岩瀬文庫蔵『室町家日記別録』所収の足利義輝期の番帳について」・「足利義輝発給文書一覧」・「足利義輝期幕府主要関係者一覧」・「足利義輝期の大名別申次」（新稿）

【執筆者一覧】

総　論

木下昌規　別掲

第1部

髙梨真行　一九七三年生。現在、文化庁文化財部美術学芸課文化財調査官。
田中信司　一九七九年生。現在、河合塾日本史科講師、青山学院大学・埼玉工業大学非常勤講師。
福原　透　一九五九年生。現在、八代市立博物館未来の森ミュージアム副館長。
河内将芳　一九六三年生。現在、奈良大学文学部教授。

第2部

松村正人　一九七四年生。現在、埼玉県立越谷特別支援学校勤務。
木下　聡　一九七六年生。現在、東京大学大学院人文社会系研究科助教。
宮本義己　一九四七年生。現在、國學院大學講師。
小久保嘉紀　一九七九年生。現在、桜花学園大学・椙山女学園大学・中京大学非常勤講師。

第3部

山田康弘　一九六六年生。現在、小山工業高等専門学校非常勤講師。
柴　裕之　一九七三年生。現在、東洋大学文学部非常勤講師、千葉県文書館嘱託。

【編著者紹介】

木下昌規（きのした・まさき）

1978年生まれ。

大正大学大学院文学研究科史学専攻博士後期課程単位取得満期退学。博士（文学）。専門は日本中世史（室町・戦国期）。

大正大学非常勤講師を経て、現在は大正大学文学部専任講師。


主な研究として、戦国期における室町幕府・足利将軍家の関連論文のほか、『戦国期足利将軍家の権力構造』（岩田書院、2014年）、「戦国期の将軍と昵近公家衆の一様相」（『小此木輝之先生古稀記念論文集　歴史と文化』所収、青史出版、2016年）、『足利義晴』（シリーズ・室町幕府の研究3、戎光祥出版、2017年）などがある。

シリーズ装丁：辻　聡

シリーズ・室町幕府の研究　第四巻
足利義輝（あしかがよしてる）
二〇一八年一〇月一〇日　初版初刷発行
編著者　木下昌規
発行者　伊藤光祥
発行所　戎光祥出版株式会社
東京都千代田区麹町一―七
相互半蔵門ビル八階
電話　〇三―五二七五―三三六一（代）
FAX　〇三―五二七五―三三六五
印刷・製本　大村紙業株式会社

ISBN978-4-86403-303-9